한국 에로 비디오의 사회사

일러두기

• 한글 전용을 원칙으로 하되, 필요한 경우 원어나 한자를 병기하였다.
• 한글 맞춤법은 '한글 맞춤법' 및 '표준어 규정'(1988), '표준어 모음'(1990)을 적용하였다.
• 외국의 인명, 지명 등은 국립국어원의 외래어 표기법을 따랐으며, 관례로 굳어진 경우는 예외를 두었다.
• 사용된 기호는 다음과 같다.
  신문 및 잡지 등 정기 간행물, 영화, TV 프로그램 등 : 〈 〉
  책(단행본): 《 》
• 작품은 제목과 더불어 연도, 감독, 출연자 순으로 표기했다. 하지만 일부 작품에서는 감독이나 연도를 확인하기 어려워 생략한 경우도 있다. 제작 연도, 극장 개봉 연도, 비디오 출시 연도 등으로 연도가 다른 사례도 있다. 이 경우 빠른 연도로 표기했다.
• 간혹 동일한 회사나 인물이 심의위원회에 다른 이름으로 제출하거나 여러 가명, 예명으로 표기했을 경우 제작사나 감독 이름이 자료마다 일치하지 않는 사례도 있다.
• 인용문, 출처 등의 맞춤법과 띄어쓰기는 원문에 따랐다.

컬처룩 미디어 총서 011

한국 에로 비디오의 사회사

임영호
김은진
홍찬이
지음

애 마 부 인 에 서 　소 라 넷 까 지

culture Lock

컬처룩 미디어 총서 011
한국 에로 비디오의 사회사
애마부인부터 소라넷까지

지은이 임영호 김은진 홍찬이
펴낸이 이리라

책임 편집 이여진
편집 에디토리얼 렌즈
표지 디자인 엄혜리

2018년 7월 20일 1판 1쇄 펴냄

펴낸곳 컬처룩
등록 2010. 2. 26 제2011－000149호
주소 03993 서울시 마포구 동교로 27길 12 씨티빌딩 302호
전화 02.322.7019 / 070.7019.2468 | 팩스 070.8257.7019 | culturelook@daum.net
www.culturelook.net

ISBN 979－11－85521－59－6 94300
ISBN 979－11－85521－06－0 94300(세트)

* 이 도서의 국립중앙도서관 출판예정도서목록(CIP)은 서지정보유통지원시스템 홈페이지(http://seoji.nl.go.kr)와 국가자료공동목록시스템(http://www.nl.go.kr/kolisnet)에서 이용하실 수 있습니다. (CIP제어번호: CIP2018020427)

* 이 책은 '2016년 한국방송학회 방송영상 분야 저술출판 지원'을 받았습니다.

culturelook

차례

머리말

대중문화 콘텐츠 중에는 전문가에게 혹평에 가까운 냉대를 받으면서도 생명력을 꾸준히 유지하는 장르가 많다. 섹스와 액션, 폭력물 등 이른바 B급 장르가 대표적인 예다. 하지만 이러한 장르는 많은 사람의 호응을 받으면서도 정작 연구자 사이에서는 제대로 된 평가는 고사하고 진지한 관심도 받지 못했다. 이 책은 한국형 B급 장르이자 성인물인 에로 비디오 장르의 발생과 부침 과정을 (다소 느슨한 의미에서) 일종의 사회사 관점에서 추적한다. 한국 에로 비디오의 역사라는 다소 '품위 없는' 주제를 집필 대상으로 잡은 데는 대중문화 연구의 엄숙주의에서 유래한 불균형을 바로잡아 보자는 치기 어린 의욕이 크게 작용했다.

하지만 애초에 구상한 것보다 다소 늦게 이 책을 세상에 내놓는다. 의욕 왕성하게 작업을 시작했지만 집필 과정은 예상보다도 더 순탄치 않았다. 자료 수집이 가장 큰 문제였다. 그다지 주목받지 못한 장르이다 보니 영화 연구자가 1980년대 에로 영화에 관해 남긴 일부 논문을 제외하면 관련 연구가 턱없이 부족했다. 여러 시기에 걸친 장르 역사 자료는 단편적인 신문 기사나 개인 블로그 글 따위가 대다수를 차지해 대부분 신뢰성이 미흡했다. 그렇다 보니 간단한 정보조차도 몇 번이고 대조하면서 확인하는 과정을 거쳐야 했다. 이 기록 중에는 에로 마니아의 일방적 시각에서 작성되거나 아니면 언뜻 비판처럼 보이면서도 흥미 위주로 접근한 기사도 많아 학술적 서술의 근거로 삼기에는 난감했다. 일관된 통계 수치도 없을 뿐 아니라, 관계자의 진술 내용 역시 들쑥날쑥해 업계 현황을 파악하는 데도 애를 먹었다. 하지만 어떻게 보면, 이와 같은 자료 부족과 편향되고 엇갈린 평가 자체가 에로 비디오 장르의 특성을 잘 보여 주는 게 아닐까 하는 생각도 들었다. 그 모든 한계를 인정하고 비판의 여지까지 감수한 채 고심의 결과로 이 책을 내놓는다.

극복하기 어려운 자료의 한계에도 불구하고 연구자로서 성인물이라는 이 민감한 주제와 나름대로 거리를 유지하면서 서술하려 노력하였다. 미흡한 부분이 많은 상태이지만 앞으로 후속 작업이 더 나와서 그 공백을 채워 주었으면 한다. 또한 이 작업을 계기로 앞으로 더 많은 연구자가 B급 장르에 애정을 갖고 더 나은 연구 성과를 내주길 바란다.

이 책의 작업은 일차적으로는 필자의 손을 거쳤지만, 보이지 않는 수많은 손이 큰 힘을 보태 주었다. 에로 비디오라는 현상을 이해하는 큰 그림을 그리는 데에는 무엇보다도 여러 업계 관계자들의 인터뷰가 큰 도움이 되었다. 수년 전 에로 비디오 관련 논문 집필을 위해 업계 전 · 현직 제작자 몇 분을 인터뷰했을 때, 이분들은 기꺼이 긴 시간을 할애해 문외한이나 다름없던 필자들에게 업계에 관한 배경 지식과 '현장감'을 전해 주려고 애써 주었다. 이 자리를 빌어 이들에게 감사의 말을 전한다. 또한 오래전 에로 비디오 수용자 연구 과정 중 인터뷰에 참여해 일반 소비자의 관점에서 본 현상의 측면을 일깨워 준 여러 시청자들과 까다로운 출판 작업을 마무리해 준 편집진에게도 감사드린다.

1장

왜 에로 비디오인가

1. 에로 비디오란 무엇인가

조선 시대가 배경인 영화 〈음란서생〉(2006/김대우)은 두 명문가 서생이 의기투합해 춘화 소설을 창작하는 과정에서 일어난 사건을 다룬다. 여기에는 서로 잘 엮이지 않을 것 같으면서도 썩 어울리는 다양한 인물이 등장한다. 당대 명문가 자제이자 최고 문장가로 꼽히는 주인공(한석규)과 뛰어난 춘화를 그려 내는 또 다른 명문가 자제(이범수), 그리고 고귀한 왕의 후궁에서 천한 장사꾼에 이르기까지 귀천 구분을 넘어 온갖 군상이 엮어 내는 이야기는 현대인이 봐도 꽤 현실감이 있다. 또한 '음란'과 '서생'이라는 서로 어울릴 것 같지 않는 단어의 조합도 자연스럽게 느껴진다.

이 영화는 조선이라는 과거를 배경으로 설정했지만 어쩌면 매우 현대적인 경험을 다룬다. 이는 바로 신분의 높고 낮음이나 교양 여부와 무관하게 '성性'이 대다수의 사람에게 절실한 관심사라는 사실을 일깨워 준다. 영화에서 묘사한 대로 모든 것이 법도와 도리에 묶여 있던 조선 사회에서조차 춘화 소설이라는 '망측한' 책이 저잣거리에서 은밀하게 팔렸다면, 이는 성이 시공을 초월해 인간의 원초적인 본능이기 때문일 것이다.

조선 시대에는 글과 삽화로 이루어진 춘화 소설이 성적 호기심을 충족시켜 주는 대표적인 미디어였다면, 에로 비디오는 현대 한국 사회에서 가장 널리 통용된 성 표현물이었다. 에로 비디오는 비디오테이프가 빠르게 보급되던 1980년대 말에 등장해 짧은 기간 동안 전성기를 구가하다가 2000년대 이후 퇴조한 저급한 대중문화 장르를 가리킨다. 에로 비디오는 이 시기 한국 사회의 독특한 환경에서 생겨난 성 표현물이다. 이 책은 바로 에로 비디오가 어떻게 등장하고 진화하면서 현재 단계에 이르렀는지를 사회사 측면에서 살펴본다.

에로 비디오란 무엇인가?● 에로 비디오(혹은 에로물)는 크게 표현 수위, 전달 미디어와 시장 특성을 기준으로 정의할 수 있다.

첫째, 표현 수위 측면에서 에로 비디오는 상대적으로 덜 노골적인 성인용 성 표현물을 지칭한다. 서양의 포르노물에서는 음부가 적나라하게 노출되고, 일본의 핑크 포르노에서는 음부를 노출하되 모자이크로 처리한다. 이에 비해 한국 에로 비디오에는 성기 노출 장면이 거의 나오지 않는다. 한국 사회는 성 표현에 대해 유독 엄격해 에로 비디오는 국가 기구의 엄격한 심의 절차를 거친 후에야 합법적으로 유통될 수 있었다. 물론 이 기준이 절대적인 것은 아니어서, 시대별로 심의 기준 변화에 따라 간혹 노출 장면이 나오기도 한다.

● 여기서는 성 표현물, 포르노, 음란물, 하드코어와 소프트코어 등 관련된 다양한 용어의 계보를 추적하고 정리하지는 않는다. 그보다는 서술 내용과 관련된 특징 위주로 간단하게 용어의 의미를 규정한다.

둘째, 에로 비디오는 전달 미디어와 시장 특성 측면에서도 다른 성 표현물과 차이가 있다. 전달 기술 측면에서 보자면 에로 비디오는 비디오테이프에 담겨 유통되는 성인물을 말하며, 내용을 지칭하는 '에로'와 전달 미디어인 '비디오'라는 용어가 결합해서 만들어졌다. 이렇게 보면 에로 비디오는 1980년대 말에 등장해 2000년대에 사실상 소멸하기까지 한정된 기간 동안 유통된 성인용 비디오물을 지칭하는 용어다. 하지만 여기서는 전달 미디어에만 국한하지 않고 내용이나 시장 전략, 제작자나 제작 시스템 등 종합적 측면에서 에로 비디오를 정의하기 때문에 이보다는 넓은 범위의 성 표현물이 에로 비디오에 속한다. 즉 1980년대 말부터 비디오테이프에 담겨 유통된 합법적 성인물뿐 아니라 이후 DVD나 파일 형태로 수록된 에로물도 에로 비디오로 간주했다. 에로 비디오는 대개 극장 개봉을 목표로 하지 않고 비디오 시장을 겨냥해 저예산으로 제작되는 성 표현물을 지칭한다. 이러한 시장 측면에서 에로 비디오는 에로 영화와 구분된다.

역사적 차원에서 볼 때 에로 비디오는 1988년 서울올림픽을 기점으로 가정의 비디오 보급률이 높아지면서 비디오 시장용으로 등장한 한국산 성인물 장르다. 이렇게 이해하면 에로 비디오의 역사는 1980년대 후반에 시작한다. 그렇지만 에로 비디오라는 새로운 현상이 나타나기 전에도 에로물 역할을 한 영상물이 유통되었다는 점에서 그 전사에 해당하는 시기도 존재한다. 에로 비디오의 기원은 1980년대 한국 에로 영화, 더 멀리는 1970년대 호스티스 영화에까지 거슬러 올라가 볼 수 있다. 분명 에로 비디오는 에로 영화와는 다른 점이 많다. 하지만 에로 비디오는 에로 영화의 많은 부분을 모방하고 그 연장선상에서 형성되었다는 점에서, 여기서는 1970~1980년대의 에로 영화도 함께 다룬다.

에로 비디오에서 '에로'라는 용어 역시 1980년대 에로 영화에서 차용한 것이다. 1970년대 초 한국 영화계는 영화 산업의 침체에 대응해 에로티시즘을 적극 표방한 성인 관객용 영화를 제작하기 시작했다. 1980년대에는 그러한 영화가 주류 영화의 대다수를 차지했다. 여기서 에로라는 용어는 일본의 영향을 받아서 만들어진 것 같다. 일본에서는 이미 1930년대부터 에로티시즘eroticism이나 에로틱erotic을 줄여서 '에로'라 했는데, 1980년대의 극장 개봉용 국내 성인 영화도 일본식 용례를 따라 에로 영화로 불렸다.[1]

에로 비디오가 에로 영화에서 파생되었기 때문에, 두 장르는 많은 공통점을 갖고 있다. 영화 연구자 강소원(2007)은 에로 영화를 여섯 가지 기준에 따라 정의한다. 에로 영화란 "(1) B급 영화의 제작 조건에서 (2) 포르노그래피의 대체물로서 (3) 관습적인 서사 구조 속에서 (4) 성적 에피소드를 나열해 놓은 (5) 비역사적이고 비사회적인 관점으로 (6) 사적 영역을 다룬 영화"를 말하며, "의식적으로 성을 소재로 상업적으로 성을 소비하는 영화"라고 규정했다.[2] 적어도 초창기 에로 비디오는 에로 영화의 이러한 특성을 그대로 이어받았다.

하지만 에로물은 비디오 산업에서 중요한 장르이면서도 공식적인 장르 구분에는 등장하지 않는다.[3] 바로 이러한 이유로 똑같은 비디오라고 해도 어떤 사이트에서는 에로물로 분류되고 다른 곳에서는 멜로물이나 추리물 항목에 들어간다. 극장 개봉작이라 하더라도 성인 코드가 강하게 드러나는 영화는 사실상 에로 영화지만, 공식적인 장르 구분에서는 멜로나 로맨스로 분류되기도 한다. 비디오 시장에서도 비슷한 분류 관행이 작동한다. 에로 비디오에서 대표작으로 통하는 〈젊은 엄마〉 시리즈나 〈맛있는 섹스 그리고 사랑〉 역시 포털 사이트에서는 멜로/로맨스 항목에 들어가 있다. 여기에는 몇 가지 실질적인 이유가 있다. 포털 사이트에서 성인물로 분류된 영화를 이용하려면 이용자는 '성인 인증' 절차를 거치는 불편을 감수해야 한다. 또한 에로물이나 19금 영화에 대한 부정적 인식 때문에 제작자는 가급적이면 자기 작품이 '에로'물로 분류되기를 꺼린다.[4] 에로 장르를 정식 장르로 인정하는 관행이 정착하지 않은 데에는 아마 이처럼 에로 장르에 대한 업계의 경멸적 시선도 크게 작용했을 것이다.

이 책은 기본적으로 에로 비디오의 역사를 다룬다. 좁은 의미에서는 비디오 형태로 유통되는 에로 비디오의 변천사가 주된 초점이지만, 에로 비디오의 부침 과정을 설명하려면 다른 성인물의 역사도 함께 봐야 한다. 에로 비디오의 역사와 관련된 콘텐츠로 성인 영화, 불법 포르노, 몰카(몰래카메라) 등이 있는데, 이러한 일반 성인물의 역사가 에로 비디오와 서로 어떤 관련을 맺고 영향을 미치면서 진화해 왔는지를 규명해야 한다. 이 때문에 이 책에서는 서술 맥락에 따라 에로 비디오나 에로물, 성인물 등 다양한 용어가 번갈아 사용된다. 따라서 여기서 사용하는 용어의 의미나 여러 용어 간의 관계를 좀 더 명확하게 밝혀 둔다.

앞서 언급했듯이 에로 비디오는 좁게는 극장 개봉을 목적으로 하지 않고 틈새시장을 겨냥해 비디오테이프 형태로 출시되는 영상물을 지칭한다. 그렇지만 에로 비디오는 반드시 비디오테이프 형태에 국한되는 현상은 아니며, 기술 발전에 따라 DVD나 IPTV, 케이블 TV 등 다른 미디어로도 유통되었다. 그래서 에로 비디오라는 용어는 비디오테이프라는 초창기 유통 미디어를 강하게 연상시켜 자칫 혼동을 줄 수 있다. 이 때문에 맥락에 따라 에로 비디오와 더불어 이보다는 좀 더 미디어 중립적인 에로물이라는 용어를 호환해서 사용했다. 이 밖에도 성인물은 에로 비디오뿐 아니라 이른바 '몰카물'이나 포르노, 성인 영화 등 다양한 형태를 포괄하는 용어로 사용된다. 틈새시장용 에로 비디오가 쇠퇴기에 접어든 2000년대에는 몰카물이나 불법 해외 포르노 등 다양한 형태의 성인물이 출현한다. 이 성인물이 확산하면서 영향력을 넓혀 가는 과정을 서술하지 않으면 에로 비디오의 쇠퇴 과정을 설명하기 어렵다. 마찬가지로 비디오가 등장하기 전의 에로 영화가 점차 몰락하는 과정을 파악하지 않을 경우, 에로 비디오 장르의 등장 과정도 이해하기가 쉽지 않다. 바로 이러한 이유 때문에 이 책의 제목에는 '에로 비디오'라는 특정 장르의 이름이 붙었지만, 에로 영화나 여타 성인물의 부침 과정을 함께 다루었다. 또한 이러한 변화의 배경과 의미를 이해하기 위해 에로 비디오를 넓은 사회적, 역사적 맥락에서 서술하고자 시도했다.

2. 에로물의 끈질긴 생명력

2008년 무렵 에로 종사자에 관한 글을 쓰기 위해 관련 업계의 전현직 제작자를 두루 만났다. 한때 전성기를 구가하던 에로 비디오 업계가 급속도로 사양길로 접어들고 있었고, 바야흐로 인터넷 시대가 열리면서 비디오 대여점이 하나둘씩 사라지던 시기였다. 이들은 이제 에로 비디오 시대는 "(지나)갔다"고 선언했다. 이들의 말처럼 '에로 비디오'라는 용어 역시 박물관 전시물처럼 지금은 낯설게 느껴진다. 2000년대 이후 비디오 산업이 사양 산업이 되고 장르 자체가 거의 소멸하면서 '에로'라는 단어는 유명 에로 영화 감독인 봉만대의 표현에 따르면 "사어死語"가 되어, 어딘가 '옛날 영화,' '잘 모르는 영화' 같은 느낌을 준다.[5]

인터뷰한 지 10년이 지난 지금, 미디어는 바뀌었지만 에로물은 새로운 전환기를 맞고 있다. 과거 비디오테이프의 조잡한 화질은 IPTV의 생생한 고화질로 바뀌었고, 손바닥만 한 모바일로도 동영상을 시청하는 편리한 시절이 왔다. 업계 전문가가 내린 진단은 완전히 빗나갔다. 에로물은 끈질긴 생명력을 갖고 살아남았다. 이 책은 에로물이 이처럼 변화해 가는 환경에 어떻게 적응하면서 진화해 왔는지를 추적한다. 여기서 다루는 에로물은 시기와 관계없이 다음과 같은 특징을 보여 준다.

첫째, 에로물은 대중의 욕망과 이에 따른 수요를 기반으로 번창해 왔다. 에로물은 남성의 욕망을 대상으로 하는 오락물로서 철저하게 남성 중심으로 구조화되어 있다. 시선의 주체는 남성이고 여성은 오로지 시선의 대상으로 설정되어 남성의 판타지 구현을 본질로 하는 대중문화물이 바로 에로 비디오다. 또한 훔쳐보는 쾌락을 제공한다는 점에서 관음증은 에로물 소비에서 쾌락의 기본 구조를 이룬다.

둘째, 유교적 보수주의가 아직 남아 있는 한국에서는 거의 모든 영상물 심의에서 적나라한 성 표현에 대해 유독 엄격한 잣대를 들이댄다. 에로물은 합법적 심의를 거친 성인물이기 때문에 불법 포르노에 비해 노출 수위가 낮다. 물론 에로물은 도덕적 보수주의자에게는 비난과 규제 대상일 뿐이지만, 자유주의자에게는 표현의 자유가 보장되어야 할 창작 영역이다. 따라서 에로물에 허용되는 성 표현 수위는 시기별로 들쑥날쑥하게 나타난다. 에로물은 대중의 수요와 도덕적 통념, 법적 규제가 만나는 복잡한 경계 언저리에서 아슬아슬하게 줄타기를 해왔다. 간간이 에로물 때문에 발생하는 사회적 논란은 규제 강화를 주장하는 목소리에 힘을 실어 주었고, 규제 수위는 상황에 따라 강화와 완화를 거듭했다.

셋째, 에로물은 저급한 욕망에 영합하는 저질 문화 장르로 손가락질당하면서도 대중문화 산업의 중요한 영역으로 지속되었다. 분단국가 독일이 통일되고 구 동독 지역에 표현의 자유가 허용된 후 가장 먼저 들어간 것이 바로 포르노였다. 영화 산업에서도 에로물이나 포르노는 상당한 지분을 차지하는 효자 종목이다. 사업자에게는 적은 비용으로 안정적인 수익을 보장해 주기 때문에 좋은 투자처로도 통했다. 에로물의 주 활동 공간이 비디오 시장에서 인터넷과 IPTV로 옮아간 후에도 이 점은 바뀌지 않았다. 2013년 골든타이드픽처스는 불과 제작비 1억 원을 투입해 완성한 〈젊은 엄마〉 1, 2편을 IPTV, 케이블 VOD, 웹 다운로드, 웹 · 모바일 스트리밍 등으로 유통시켜 2014년 한 해 동안 약 35억 원의 매출을 기록했다.[6]

넷째, 미디어 기술이 발달함에 따라 에로물이 유통되는 주 플랫폼은 계속 바뀌었다. 영상물을 통한 성적 체험의 장은 영화에서 비디오로, 다시 IPTV로, 이제는 VR(virtual reality 가상 현실)로까지 확장되고 있다. 하지만 미디어 플랫폼은 바뀌어도 기본적인 내용은 변화하지 않았다. 남성의 관음증과 금지된 경험 제공이 에로물의 주 내용을 이루기 때문이다. 이처럼 원초적이고 저급한 욕망 충족에 대한 수요가 존재하기에 에로물은 미디어 기술 진화에 적응해 가면서 수익성 있는 비즈니스로 살아남았다. 사업 영역으로서 에로물의 존재 양식은 이용자층의 취향 충족을 근간으로 하면서도 기술과 시장이라는 환경, 검열이라는 제도적 규제의 틀과 타협하면서 시기별로 독특한 형태로 구체화되었다.

이 밖에도 에로 비디오 장르는 한국만의 특수한 환경에서 독특한 특징을 발전시켰다. 한국 에로 비디오의 특징은 성 장면을 주 볼거리로 하면서도 늘 장편 내러티브를 빼놓지 않는다는 점이다. 이러한 특징은 특히 에로 비디오 장르 초기 단계에서 두드러지게 나타난다. 한국 에로물 시청자는 대체로 성애 장면만 집중해서 볼 뿐, 다른 부분은 눈여겨보지 않는다. 그럼에도 제작자는 여전히 장편 내러티브가 잘 갖춰진 에로 비디오를 중시하고 그러한 방향으로 제작하려 한다. 에로 비디오는 성애 장면을 중시하는 성인물이면서도 장편 내러티브를 중시하다 보니 내러티브에서 정해진 패턴 없이 새로운 요소를 끊임없이 선보였다. 시류에 편승해 그때그때 유행하는 다른 문화 장르, 특히 해외 영화에서 내러티브 요소를 차용하거나 다른 장르와 융합한 형태로 제작하는 양상을 자주 볼 수 있다. 영화판의 동향을 예의 주시하면서 당시 유행하는 스릴러나 공포물 요소를 에로물과 결합한다든지, 일본 핑크 포르노의 구조를 차용한다든지 하는 시도가 대표적인 예다.

3. 에로 비디오 사회사의 시기 구분

에로 비디오의 역사 기술에서, 이 책은 기본적으로 에로 비디오라는 장르의 등장, 성장과 쇠퇴 과정을 연대기순으로 추적한다. 시기별로 주목받은 작품, 주요 인물, 사건의 역사와 함께 해당 장르와 업계 내부 특징을 기술하는 데 주력한다. 하지만 이러한 특징의 변화 과정은 당시의 사회 맥락 속에서 파악해야 그 의미를 더 잘 이해할 수 있다. 에로 비디오 장르는 어떻게 진화해 왔고, 시기별로 어떤 특징을 보이는지, 이러한 시기별 양상을 낳게 한 구조적 맥락과 시대 배경은 어떠한지 등을 살펴볼 것이다.

에로 비디오 장르의 변천사를 살펴보기 위해서는 우선 그 장르가 속한 비디오 산업의 흥망성쇠 과정을 봐야 한다. 김미현 등(2006)은 2006년에 이르기까지 국내 비디오 시장의 변화 과정을 1기 태동기(1980~1986), 2기 성장기(1987~1993), 3기 안정기(1994~1997), 4기 조정기(1998~2002), 5기 재조정기(2003~2006) 등 5단계로 나누어 설명했다(표 1-1).[7] 이는 2006년을 기준으로 정리한 것이어서 그 이후의 시기로 다미디어 공존기(2007년 이후) 등을 추가할 수 있다. 이 마지막 시기에는 전통적인 영상 미디어에 이어 다양한 미디어, 특히 케이블과 IPTV가 주 이용 미디어로 부상한다.

김미현 등이 제안한 비디오 시장 역사의 시기 구분은 주로 영상물 이용 플랫폼의 진화에 초점을 두었다. 이 분류에서는 영상물 플랫폼이 비디오테이프 상영 기기인 VCR●에서 DVD, 인터넷 등으로 진화해 가는 과정에서 나타난 특징, 가령 기술 도입과 보급률을 기본적 고려 사항으로 삼고, 여기에 비디오 산업의 구조적 여건 변화와 관련된 사건들(관련 법규 제정, 대기업 시장 진입, 철수 등)을 감안해 시기 구분을 제시하였다. 비디오는 산업이면서도 동시에 대중문화 장르이기도

● 비디오테이프 녹화 기기는 영문 약자인 VTR이나 VCR로 불렸고, 녹화 방식을 지칭하는 용어인 VHS로 불리기도 했다.

표 1－1 한국 비디오 시장의 변천

구분	내용
1기 태동기 1980～1986	- 1979년 제10회 전자박람회를 통해 VCR을 국내에 처음 소개 - 1981년 '음반에 관한 법률' 2차 개정 때 비디오 관련법 마련
2기 성장기 1987～1993	- 대우, 금성, 삼성, 선경 등 대기업들의 비디오 시장 진출 - UIP-CIC 지사 설립 후 20세기 폭스, 워너브러더스 등 잇따라 국내 시장 진출 - 전국에 비디오 대여점 급증
3기 안정기 1994～1997	- VCR 보급률 80% 도달 - 전체 대여 시장 규모 3000억 원대 - 대우 계열 우일영상과 직배사 CIC가 직판 유통망 구성
4기 조정기 1998～2002	- 국제통화기금(IMF) 체제 이후 대기업 잇단 구조 조정으로 시장 철수 - 비디오 시장의 연간 감소폭 10% 초과 - 1999년 DVD 소프트웨어 국내 첫 출시
5기 재조정기 2003～2006	- 기대를 모았던 DVD 시장 성장 둔화 - 인터넷 등 정보 통신(IT) 환경의 발달에 따른 시장 피해로 어려움 가중 - 전체 시장 크기에 맞춘 시장 재편 진행 중

출처: 김미현 외 (2006), p.46.

하다. 하지만 이들의 역사 기술에서는 콘텐츠의 특징이나 변화 과정은 거의 고려하지 않았기 때문에 한계가 있다.

따라서 여기서는 김미현 등이 제시한 비디오 시장의 기술적, 산업적 진화라는 큰 틀 외에도 좀 더 다양한 요인을 고려해서 에로 비디오 장르의 역사를 살펴본다. 특히 에로 비디오라는 영상 장르의 역사를 다루기 때문에, 시기별 주요 작품, 영상 텍스트의 특징, 주요 제작사와 제작 참여자(감독, 배우 등), 업계 관행 등이 어떻게 진화해 왔는지를 미시적으로 볼 것이다. 한편 이러한 장르 변천사를 기술 플랫폼과 산업 구조, 사회 배경 등 좀 더 넓은 구조적 맥락과 연계해서도 살펴본다.

특정 시기별로 에로 장르의 역사를 살펴보면서 고려한 요인은 다음과 같다. 좁게는 업계 내부 여건, 좀 더 넓게는 에로물이라는 콘텐츠를 제공하는 미디어 플랫폼의 기술, 시장 등 구조적 요인이나 콘텐츠 규제라는 제도적 환경이 있고, 더 나아가서는 당시의 사회적, 정치적 분위기도 영향을 미칠 수 있다. 에로물의 내용은 제작자에게 허용되는 표현 자유의 정도에 따라 영향을 받는데, 이는 해당 시기의 정치적 자유도와 관련이 있다. 이외에도 그 사회의 도덕적 금기나 윤리 규범은 에로물 내용 규제에 영향을 미치는 요인으로 작용한다. 에로물의 구체적 내용은 표현의 자유와 도덕적 제약이라는 상반된 규범 사이의 어딘가에서 한계가 정해진다.

이러한 요인들을 고려해 에로 비디오 산업의 역사를 대략 다음과 같이 여섯 개 시기로 구분하였다. 에로 비디오가 등장하기 이전의 에로 영화 시대, 에로 비디오 장르의 등장기, 에로 장르 관행의 정착기, 전문 제작사의 전성시대, 인터넷 등장과 비디오 시장 쇠락기, 에로 콘텐츠의 귀환기 등이 바로 그것이다. 각 시기는 에로 비디오 업계의 진화 과정에서 두드러지게 나타난 추이나 흐름을 기준으로 분류하였다. 따라서 시기 간의 경계가 서로 명확하게 구분되지 않거나 물리적으로 중첩되는 시기도 존재할 수 있다. 때로는 특정 시점에 지배적인 경향과 새로 부상하는 흐름, 퇴조하는 흐름이 동시에 공존할 수도 있다.

1) 1기: 에로 비디오 이전의 에로 영화 시대(1987년 이전)

1987년 에로 비디오라는 영상물 유통 형태가 등장하기 전에는 영화가 대표적인 에로물 미디어였다. 좁게 보면 1982년과 1987년 사이에는 성을 소재로 한 이른바 '에로 영화'가 쏟아져 나왔는데, 이 시기가 에로 비디오 전사에 해당한다. 하지만 더 넓게 보면 이미 1970년대에 '호스티스 영화'가 본격적으로 성을 다룬 영화 장르로 유행했다는 점에서 에로 영화의 역사는 더 오래전으로 거슬러 올라간다.

넓은 의미에서 에로 영화가 유행하던 기간은 1970년대에서 1980년대까지 권위주의 정치 체제 시기와 대개 일치한다. 서슬 퍼런 유신 정권하에서 호스티스 영화가 유행했고, 1980년대 전두환 정권하에서는 에로 영화가 주요 영화 장르였다. 특히 전두환 정권은 시민들의 정치적 불만을 희석시키려고 향락 문화를 부추겼고, 이 때문에 성을 소재로 한 에로 영화가 활발하게 나왔다.

1980년대의 에로 영화는 극장 상영을 목표로 제작되었기 때문에 비록 에로 비디오와 유통 과정은 달랐지만, 장르 관행이나 제작 방식에서 이후 등장한 에로 비디오 장르의 원형을 제공했다. 이 시기에는 유사한 소재와 표현 방식을 공유하는 영화가 대량으로 제작되어 에로라는 용어를 붙인 하나의 장르로 통용되었다. 특히 에로 영화 장르가 본격화한 것은 〈애마부인〉(1982)이 개봉된 1980년대 초반으로 추정된다. 〈애마부인〉 시리즈의 성공 이후 유사한 '부인물'이 쏟아져 나왔을 뿐 아니라, 〈어우동〉이나 〈변강쇠〉 등의 에로 사극도 잇달아 제작되었다.

2) 2기: 에로 비디오 장르의 등장기(1988~1995)

1980년대 말에 이르면 비디오라는 새 미디어를 통해 에로물이 본격적으로 유통되기 시작한다. 1988년 서울올림픽 개최를 계기로 가정용 비디오가 널리 보급되면서 에로 비디오 시대가 본격적으로 열렸다.

1987년 민주화 이후 이념에 대한 관심이 퇴조하고 X세대와 오렌지족 등으로 대표되는 소비문화가 새로운 시대 정서로 부상했다. 특히 문화계 전 영역에서 에로티시즘이 키워드로 부상했는데, 에로 비디오는 이러한 배경에서 등장했다.

1990년대 들어서 한국 영화계에서 일어난 변화 역시 에로 비디오의 성장에 유리한 환경을 조성했다. 1988년 〈위험한 정사*Fatal Attraction*〉를 시작으로 할리우드 직배 영화가 쏟아져 들어오자 극장용 에로 영화는 빠르게 몰락했다. 비디오 시대가 열리면서 콘텐츠에 대한 수요는 폭발적으로 늘어났지만, 공급은 턱없이 부족했다. 비디오 대여점 진열대를 채워 줄 저렴한 콘텐츠가 절실했는데, 에로 비디오는 이 공백을 메워 주었다. 비디오 시장이 빠르게 성장하고 1994년 중소기업 고유 업종이란 제약이 폐지되자 대기업도 앞 다투어 시장에 진입했다. 해외 영화는 한동안 비디오 콘텐츠를 손쉽게 조달하던 창구 역할을 했는데, 이 무렵 수입가가 천정부지로 뛰어 올랐다. 비디오 시장에서도 대기업 · 직배사와 중소 제작사 간에 양극화가 점차 가속화했다.

영상 산업에서 설 자리를 잃어 가던 중소 제작사나 인력이 비디오 업계에 몰려들면서 비디오 출시만을 염두에 둔 영화가 잇따라 제작되었다. 1980년대 후반에는 유호프로덕션과 한시네마타운 등 에로 비디오를 전문으로 만드는 제작사도 등장했다. 최초의 에로 비디오인 〈산머루〉(1988)를 시작으로 본격적인 에로 시리즈물인 〈야시장〉, 〈금지된 정사〉 등이 제작되었다. 당시의 에로 비디오는 미디어만 비디오일 뿐 에로 영화의 제작 관행이나 장르 관습을 거의 답습했다.

3) 3기: 에로 장르 관행의 정착기(1995~1999)

이 시기에는 에로 비디오가 나름대로 흥행 공식을 정착시키면서 비디오 시장용 장르물로서 자리 잡았다. 당시 김영삼 정부는 신자유주의 정책의 일환으로 영화 산업에 대해 탈규제와 산업 지원 정책을 동시에 추진했다. 1998년에는 멀티플렉스 극장이 도입되고 일본 영화도 개방되었다. 거액의 제작비를 투입한 〈쉬리〉(1999)가 흥행에서 대성공을 거두면서 한국형 블록버스터의 가능성을 보여 준 시기이기도 하다.

영화뿐 아니라 비디오 시장 역시 성장세에 동참했다. 특히 일반 소비자를 대상으로 하는 비디오 대여점이 전국적으로 촘촘하게 들어서면서 비디오 콘텐츠에 대한 수요를 부추겼다. 치열한 경쟁으로 비디오 산업의 수익성은 점차 나빠졌지만, 에로 비디오 장르의 입지는 더 넓어졌다. 에로 비디오는 고정 고객층을 확보하고 있어 안정적 수익을 보장해 주는 효자 상품으로 부상했다. 1990년대 중반 이후 민주화 흐름을 타고 심의 제도가 점차 느슨해진 것도 에로 비디오 제작 활성화에 크게 기여했다.

당시에는 한시네마타운과 유호프로덕션이 쌍벽을 이루는 가운데 10여 군데 에로물 전문 제작사가 경쟁하면서 에로 비디오를 잇달아 내놓았다. 그러던 중 한시네마타운이 제작한 〈젖소부인 바람났네〉(1995)가 흥행에 대성공을 거두면서 에로 비디오 전성기가 열렸다. 〈젖소부인 바람났네〉 시리즈를 계기로 에로 비디오는 일부 마니아 중심의 장르에서 전 국민이 아는 메이저 장르로 부상했다. 에로 장르에서도 처음으로 진도희, 정세희 등의 스타가 등장했다. 소자본과 짧은 제작 기간, 날림 제작을 특징으로 하는 이른바 B급 장르식 제작 방식과 텍스트 관행은 이 시기에 정착되었다.

4) 4기: 전문 제작사의 전성시대(1998~2001)

에로 비디오 업계에서 시장 분화와 체계화가 진행된 시기다. 1997년 말 IMF 구제 금융 체제하에서 밀어닥친 경제 한파로 비디오 시장은 직격탄을 맞았다. 대기업이 비디오 시장에서 철수하고 해외 직배사도 줄줄이 보따리를 싸면서 비디오 산업에도 찬바람이 불었다. 하지만 비디오 산업의 전반적인 불황 속에서도 에로 비디오 업계는 다른 장르에 비해 타격을 덜 받았을 뿐 아니라 에로물 수요는 오히려 더 늘어났다. 정부 역시 심의 기준을 완화해 에로 업계에 숨통을 터주었다. 이 조치 덕분에 수위 높은 에로물도 대거 등장했다.

1998~1999년은 3기인 정착기의 특징은 점차 약해지고, 4기의 특징이 부상하면서 두 시기가 중첩되는 기간이다. 하지만 이 기간을 지나 1999년 이후로 접어들면 큰 변화의 흐름이 더욱 두드러지게 나타난다. 에로 업계가 비디오 산업의 핵심으로 부상하면서 에로 제작사의 춘추 전국 시대가 열린 것이다. 이 무렵 대거 등장한 신생 제작사는 나름대로 독특한 색깔로 업계에 새바람을 일으켰다. 봉만대, 이필립, 공자관 등 스타급 감독이 대중적 인기를 끌면서 흥행의 키워드로 부상했다. 유리, 하소연, 강민서 등 에로 스타도 대거 등장하고 인터넷 팬클럽도 결성되는 등 스타 현상이 본격화했다.

다양한 소재를 다룬 에로물이 등장해 장르의 내용도 크게 바뀌었다. 장르 진화라는 측면에서 보면 에로 비디오는 형식과 스타일을 갖춰가는 '세련화 단계'에 접어들었다.[8] 클릭엔터테인먼트와 씨네프로는 이 시기의 흐름을 대표하는 제작사였다. 과거 에로 비디오의 촌스러운 화면과 틀에 박힌 스토리와 달리, 클릭엔터테인먼트는 배우, 화면, 스토리에서 훨씬 세련된 에로물을 선보였다. 씨네프로는 〈미소녀 자유학원〉 시리즈로 과거의 부인 시리즈에 종말을 고하고 앳된 미성년자 이미지의 여배우 시대를 주도했다.

5) 5기: 인터넷 등장과 비디오 시장 쇠락기(2002년 이후)

1999년 한국 사회는 초고속 인터넷 가입자 1000만 시대를 맞이했다. 인터넷을 통해 영상물을 주고받는 방식이 가능해지면서, 비디오라는 전통적인 영상 유통 방식은 사라지기 시작했다. 'O양 비디오' 인터넷 유포 사건은 인터넷이 에로 업계에 초래할 수 있는 파괴력을 여실히 보여 주었다. 에로 비디오의 5기인 쇠락기를 다룬 6장은 전성기인 4기와 시기적으로는 어느 정도 겹친다. 에로 비디오가 호황을 누리던 바로 그 시기에 이미 그 몰락을 예견하는 흐름이 싹트고 있었기 때문이다. 전통적 비디오 대여 시장이 호황에 취해 있는 동안 인터넷은 에로물 유통에서 서서히 중심적인 플랫폼으로 떠올랐다.

2000년 전후의 연예인 누드집 발간 열풍은 온라인 유통 시장의 잠재력을 과시한 대표적인 사례다. 인터넷과 모바일은 특유의 편의성과 익명성 덕분에 에로물 소비에 적합한 미디어로 부상했다. 인터넷 성인 영화와 성인 방송 사이트 등 온라인 성인 콘텐츠 시장도 성장하고 있었다. 전문 사업자뿐 아니라 일반인까지 불법 음란물 유통에 뛰어들게 된 것도 새로운 추세였다. 유통되는 콘텐츠도 점차 엽기적이고 불법적인 퇴폐 음란물로 바뀌어 갔다. 김본좌 사건이나 소라넷 사건은 새로운 추이의 부상을 잘 보여 주는 사례다.

모바일과 인터넷이 대세로 굳어지면서 에로 비디오 시장은 큰 타격을 받았다. 불법 다운로드가 공공연히 이루어짐에 따라 디지털 유통과 DVD 사업은 초기 단계에서 성장의 싹이 꺾였다. 합법적인 시장 모델은 붕괴된 반면 새로운 수익 모델은 아직 나타나지 않았다. 온라인 음란물의 파급 효과가 커지면서 규제 역시 강화되어 에로 업계는 다시 한 번 치명타를 입었다.

에로 비디오 업계가 휘청거리는 상황에서 이 무렵에는 이렇다 할 흥행작이나 대표작이 없었다. 한편 이 시기에 나온 〈깃발을 꽂으며〉(2002)나 〈푸쉬와 호세인〉(2003) 등은 사회적 논란을 일으켜 주목을 끌기도 했다. 이 시기 성인물의 추세를 그보다 더 잘 보여 주는 것은 리벤지 포르노인 '빨간 마후라'의 유행이다. 제도적 규제를 받지 않는 이른바 '야동'이나 몰래카메라물 등의 일반인 성인 동영상의 시대가 도래했음을 알리는 징후였다.

6) 6기: 에로 콘텐츠의 귀환기(2009년 이후)

2000년대에 접어들면 디지털과 온라인 기반의 미디어 환경이 대세로 떠오르면서 에로 비디오 산업은 거의 몰락을 눈앞에 둔 듯했다. 하지만 예상과 달리 새로운 유통 미디어를 통한 틈새시장의 가능성이 엿보이기 시작했다. 인터넷이나 모바일에 익숙하지 않은 세대는 여전히 TV로 편하게 볼 수 있는 에로물을 선호했다. 이러한 수요에 맞춰 성인 전용 케이블 채널과 위성 방송은 에로물의 주요 이용 미디어로 부상했다. 이 미디어들은 대폭 늘어난 방송 시간을 적은 비용으로 채워 줄 콘텐츠를 찾고 있었고, 에로물은 이들의 수요에 딱 들어맞는 콘텐츠였다. 공자관 감독의 〈젊은 엄마〉 시리즈는 이러한 시장 상황에서 등장한 대표적인 성공 사례다.

물론 시기적으로 케이블TV는 1995년 처음 도입되었고 위성 방송은 2002년에 시작되었다. 하지만 성인 전용 방송이 이 미디어들의 핵심 사업 영역으로 부상한 것은 훨씬 이후인 2000년대 말 무렵이다. 특히 2009년 IPTV 등장 이후에 와서야 에로물은 본격적인 부활의 시대로 접어든다. 이 때문에 실질적으로 6기에 대한 설명은 1995년부터 시작하지만 시기 구분 시점은 2009년 이후로 잡았다.

이처럼 에로 업계는 새롭게 틈새시장을 개척하는 데 머물지 않고 한 걸음 더 나아가 새로 부상하는 미디어 플랫폼에서도 다양한 가능성을 실험하고 있다. 모바일 시장이나 VR 기술은 그 편의성과 체험의 생생함이라는 장점 때문에 에로물의 특징을 잘 구현할 미래의 미디어로 주목받고 있다.

에로물은 시대 흐름과 미디어 변화에 따라 부침을 거듭하면서도 끊임없이 변신하면서 살아남았다. 앞으로도 성 욕망의 대리 만족이라는 인간 본능이 존속하는 한 아마 성인물 사업은 지속될 것이다. 에로물 산업이 존재하는 방식은 변화하는 환경에 맞춰 끊임없이 진화해 왔다. 에로물은 새로운 미디어 기술이 등장할 때 가장 먼저 영향을 받았고 반대로 이를 잘 활용해 살아남기도 한 장르다.

2장

에로 비디오 이전의 에로 영화 시대

에로 비디오는 미디어 기술 측면에서 보면 1980년대 말 비디오 기기인 VCR의 등장과 함께 생겨났다. 엄격히 말하면 이런 면에서 에로 비디오는 그리 오래된 문화 장르라고 할 수 없다. 하지만 대중의 성적 판타지와 욕망을 간접적으로 충족해 주는 사회적 기능이라는 관점에서 보면, 비디오가 등장하기 전에도 에로 비디오와 비슷한 기능을 수행하던 것은 존재했다. 이 시절에는 주로 극장 개봉용 영화가 대중의 성 욕망을 대변하는 기능을 했다. 이른바 '성애 영화'나 '에로 영화'는 에로 비디오 역사의 전사에 해당한다.

성 표현물은 대중의 욕망과 수요에 근거하면서도 동시에 사회의 도덕규범에 비추어 종종 비판 대상이자 논란거리로 부각되었다. 한국 영화에서 성 표현이 논란거리가 되기 시작한 것은 1930년대로 거슬러 올라갈 정도로 오래되었다. 이후 1950년대와 1960년대에는 몇몇 영화가 성을 소재로 다루면서 화제를 뿌렸다. 1970년대에는 이른바 '호스티스 영화'가 붐을 이루면서 본격적으로 성을 소재로 삼는 영화가 잇달아 만들어졌다. 1980년대에는 권위주의 정권의 3S 정책에 따라 소재나 표현이 훨씬 과감해진 에로 영화가 출현해 주류 영화 장르를 이룰 정도로 번성했다. 하지만 1980년대 말 VCR이 빠르게 보급되면서 대중화에 힘입어 에로 비디오는 에로 영화를 밀어내고 주된 에로물 유통 미디어로 부상했다.

1. 1970년대 이전 한국 영화 속의 성

1) 한국 영화의 성 표현과 노출

1930년대부터 1960년대까지 한국 영화는 보수적인 사회 분위기 때문에 신체 노출과 성 표현을 금기시했다. 그럼에도 불구하고 이를 깨뜨린 화제작이 간간이 나와 논란을 일으켰다. 우선 이른바 유부녀 불륜 영화의 효시라고 할 수 있는 〈미몽〉(1936)을 들 수 있다. 유부녀의 불륜을 다룬 것은 1930년대라는 시대 상황을 감안하면 매우 파격적인 시도였다. 〈미몽〉은 경성촬영소의 여섯 번째 발성 영화이자, 현재 남아 있는 가장 오래된 유성 영화라는 역사적 의미 때문에 문화재로 지정되었다.

〈미몽〉은 당시 기준으로는 파격적인 소재를 다루었지만 보수적인 윤리적 통념을 반영해 불륜녀에 대한 처단이라는 권선징악 구도로 접근했다. 여주인공은 욕망을 자유롭게 추구하는 여성상으로 그려지지만 결국 비극적인 최후를 맞는다. 여주인공이 운전을 하다 실수로 자기 아이를 치고 자살하는 결말은 유부녀의 불륜은 처절하게 응징당한다는 도덕적 교훈을 표면에 내세운 것이다.

그림 2-1 1930년대 파격적으로 유부녀의 불륜을 다룬 〈미몽〉.

〈미몽〉은 이후에 나온 〈자유부인〉과 내용이 유사하며, 〈애마부인〉, 〈젖소부인 바람났네〉 등 현대판 중산층 유부녀의 불륜 스토리의 원조격 영화로 볼 수 있다. 하지만 보수적인 시대 분위기 때문에 파격적인 소재에 비해 불륜녀 응징이라는 결말로 마무리되었고, 노출이나 러브신이라고 할 만한 장면도 없었다.

영화에서 성 표현 역시 오랫동안 금기사항으로 통했다. 한국 영화에서 최초의 키스신은 1954년 〈운명의 손〉에서 등장했다. 키스는 가볍게 입술을 대는 수준에 그쳤지만, 배우 윤인자의 남편이 감독 한형모를 고소하는 상황에까지 이르렀다.

〈미몽〉과 비슷하게 유부녀의 불륜을 소재로 삼은 영화로는 1956년 개봉된 〈자유부인〉(한형모/김정림, 김동원, 박암)을 들 수 있다. 이 영화의 원작은 정비석의 동명 소설로 중산층 주부인 교수 부인의 불륜이라는 선정적 소재로 크게 히트한 작품이다. 이 영화 역시 〈미몽〉과 마찬가지로 유부녀의 불륜을 가혹하게 응징하는 것으로 마무리했다. 여주인공은 결국 남편에게 버림받아 가정과 자식을 잃게 되며, 그녀와 함께 춤바람이 났던 친구는 남자에게 사기를 당하고 자결

그림 2-2 〈자유부인〉은 유부녀의 불륜을 가혹하게 응징하는 결말을 보여 준다.

까지 하는 등 비극적 최후를 맞는다.

1960년대에 들어서면 한국 영화에서 처음으로 외설 시비에 휘말린 작품이 등장했다.[9] 유현목의 〈춘몽〉(1965)은 치과 치료를 받던 남녀가 마취 주사를 맞은 뒤 무의식 상태에서 정사를 벌인다는 파격적인 내용으로, 한국 최초로 본격 베드신을 담은 영화로 기록된다. 이 영화는 소재 선정과 성 묘사에서 모두 새로운 시도로 충격을 주었다. 〈춘몽〉은 거의 포르노에 가까운 일본 영화 〈백일몽〉을 각색했는데, 대다수의 장면을 환상으로 표현하는 실험적인 기법을 도입하고 사디즘, 마조히즘까지 등장하는 파격을 선보였다.[10]

이 영화는 특히 여배우(박수정)의 신체 노출로 논란을 일으켰다. 그녀는 사실 나체가 아니라 살구색 타이즈를 입은 채 촬영했고 그나마 편집 과정에서 이 장면은 삭제되었다. 그럼에도 불구하고 검찰은 촬영 현장 사진을 근거로 유 감독을 외설 혐의로 기소했고, 1심 법원

그림 2-3 〈산불〉은 이전 영화들과 달리 여성의 성 욕망을 소재로 다루었다.

은 감독에게 징역 1년 6개월에 영화 감독 자격 정지 판결을 내리는 등 가혹한 처벌을 가했다. 물론 이후 유 감독은 상고해 집행유예로 풀려나 감옥살이는 겨우 면했지만, 이 사건은 영화의 성 표현에 법적 제재를 행사한 나쁜 선례를 남겼다.

김수용의 〈산불〉(1967)은 노골적으로 성이라는 소재를 전면에 부각한 영화다. 한국 전쟁으로 남자들이 거의 죽고 없는 과부 마을에 빨치산 규복(신영균)이 나타나고 그를 숨겨 준 두 여성(도금봉, 주증녀)이 그와 관계를 맺는다는 내용이다. 여자들만 사는 과부촌이라는 설정을 비롯해 사월(도금봉)이 규복을 신고하겠다고 협박하면서 성관계를 맺는다는 내용 등을 감안할 때 전체적으로 '성'과 '욕망'에 관한 영화로 볼 수 있다. 특히 이전과 달리 여성(과부)의 적극적인 성 욕망을 소재로 다루었다는 점에서 주목할 만하다. 이러한 설정은 이후 에로 영화나 에로 비디오에서 단골처럼 활용되는 장르 관습으로 시대를 앞서간 선구적인 시도로 평가할 수 있다. 이 영화는 제17회 베를린영화제에도 출품되었고, 1977년(김수용/선우용녀, 신성일, 전계현), 1989년(김기충/정세일, 한윤경) 두 차례에 걸쳐 리메이크될 정도로 호평을 받았다.

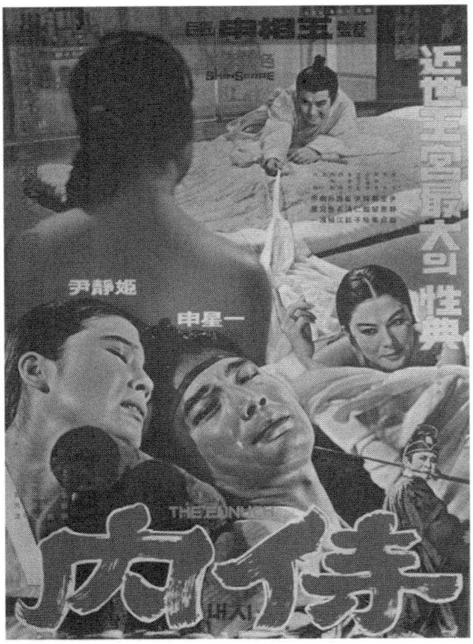

그림 2-4 동성애를 암시하는 장면이 문제가 된 〈내시〉.

1968년에 개봉된 신상옥의 〈내시〉는 후궁(윤정희)과 상궁(도금봉) 사이에 동성애를 암시하는 장면이 문제가 됐다. 검찰은 이 영화를 음란물로 규정해 신상옥 감독을 입건하는 등 강경한 제재를 가했다. 하지만 이 영화는 제19회 베를린영화제에 출품될 정도로 호평을 받았고, 32만여 명의 관객을 동원해 흥행에도 성공했다. 1969년에는 속편인 〈속 내시〉(신상옥/신성일, 문희, 신영균)가 개봉되었고, 에로 영화가 유행하던 1989년에도 리메이크작(이두용/안성기, 이미숙)이 나왔다.

1969년에 나온 〈벽 속의 여자〉(박종호/문희, 남궁원, 남진)는 최의선의 소설이 원작인데 외설 논란으로 유명세를 탔다. 이 영화 역시 법의 칼날을 피해 가지 못했다. 성민(남진)과 미지(문희)가 벌인 5분 동안의 애무 장면을 문제 삼아, 검찰은 박종호 감독을 '음화' 제조 혐의로 입건, 불구속 기소했다. 이러한 논란에도 불구하고 이 영화는 그해 한국 영화 흥행 3위를 기록할 정도로 큰 성공을 거두었다. 1편의 흥행 실적에 힘입어 1970년 속편 〈벽 속의 여자 2〉, 1971년 〈벽 속의 남자〉가 나왔다.

〈벽 속의 여자〉는 약혼자인 성민이 성불구가 되자 여주인공 미지는 우연히 만난 허선생(남궁원)과 깊은 관계를 맺고, 갈등 끝에 결국 이 두 사람을 다 떠나 당당히 홀로서기를 시도한다는 내용이다. 성의 쾌락을 즐기던 여성이 파멸을 맞지 않는다는 결말은 당시로서는 매우 파격적인 설정이었다.

〈벽 속의 여자 2〉(박종호/문희, 남궁원, 신영균)는 유부녀가 다른 남성과 불륜을 저지르지만 처벌받지 않고 가정으로 돌아간다는 내용으로 되어 있다. 이 점에서 1편과 마찬가지로 당시로서는 파격적인 설정이며, 기존 한국 영화(〈미몽〉, 〈자유부인〉)와는 매우 다른 결말을 보여 준다. 여주인공 미지는 의사인 이지완과 행복한 결혼 생활을 하지만, 남편이 일에만 몰두하는 바람에 외로움을 느끼며 방황한다. 우연한 기회에 허선생을 만나 한동안 불륜 관계에 빠져들지만, 결국 다시 가정으로 돌아간다.[11] '평범하게 살아가던 가정주부가 우연히 성욕에 눈뜬 후 가정과 욕망 사이에서 방황한다'는 스토리는 이후 한국 에로 영화에서 공식처럼 반복된다. 〈벽 속의 여자 2〉는 바로 이러한 텍스트 관습을 정립한 영화로 1980년대 이후의 〈애마부인〉에까지 영향을 미쳤다는 평가를 받는다.[12]

이 밖에도 인간의 근원적인 성 욕망을 주제로 다룬 영화로는 김기영 감독의 〈하녀〉(1960)를 빼놓을 수 없다. 〈하녀〉의 성공 이후 〈화녀〉(1971), 〈충녀〉(1972) 등 두 편의 후속작이 1970년대 초에 만들어졌

그림 2-5 시대를 앞서간 걸작으로 평가받는 〈하녀〉. 사진 제공: 한국영상자료원.

지만, 모두 "〈하녀〉의 변주"라고 할 수 있다.• 김기영의 영화는 대부분 인간의 성 욕망을 독특한 시각에서 표현한 것으로 유명하다. 특히 〈충녀〉(1972)에서는 테이블 위에 알사탕을 뿌려놓고 정사를 벌이는 장면이 화제가 되었다. 〈하녀〉의 여주인공 이은심은 이 영화의 강렬한 이미지 때문에 이후 다른 영화에는 출연하지 못했다고 한다. 김기영의 영화는 중산층 부부와 노동 계급 여성의 삼각관계를 축으로 전개되는 등 사회적 메시지를 담았다는 점에서 기존 영화나 이후의 에

• 김기영의 작품 중 〈하녀〉(1960)를 시작으로 여女 시리즈는 〈하녀〉를 비롯해 모두 다섯 편이다. 〈하녀〉, 〈화녀〉와 〈충녀〉(1972)까지를 3부작이라 본다면, 두 작품 모두 〈하녀〉의 변주에 해당한다. 〈하녀〉를 1970년대의 현실에 맞게 각색한 것이 〈화녀〉이고, 〈화녀 82〉(1982) 역시 거의 같은 내용으로 만들어졌다. 이후에 나온 〈육식동물〉(1984)은 〈충녀〉를 리메이크한 작품이다. 주성철 (2017. 5. 23), "화녀(김기영, 1971)," 한국 영화데이터베이스. http://www.kmdb.or.kr/column/masterpiece_list_view_new.asp?choice_seqno=209

로 영화와 차이가 있다.

2) 1970년대 호스티스 영화

1970년대 호스티스 영화는 최초의 본격적인 성인물 장르로 이후의 에로 영화와 에로 비디오의 원조 격에 해당한다. 호스티스 영화는 1970년대에 등장해 사실상 그 시대 한국 영화를 대표하는 하위 장르 구실을 했다. 이 영화들은 주로 밑바닥 삶을 떠돌다 어쩔 수 없는 여건 때문에 매춘녀로 전락하는 비극의 여주인공 이야기를 다루었다. 〈별들의 고향〉(1974/이장호/안인숙, 신성일)과 〈영자의 전성시대〉(1975/김호선/염복순, 송재호) 등이 이 장르의 대표작이다. 당시 한국 영화의 간판 장르답게 '2세대 여배우 트로이카'라 불리던 장미희, 유지인, 정윤희 등이 호스티스 역으로 출연해 화제를 모았다.

〈별들의 고향〉이 흥행에 성공한 후 영화계에서 호스티스 영화는 유행처럼 번졌다. 〈여자들만 사는 거리〉(1976/김호선), 〈내가 버린 여자〉(1977/정소영), 〈미스양의 모험〉(1977/김응천), 〈속 별들의 고향〉(1978/하길종), 〈나는 77번 아가씨〉(1978/박호태), 〈O양의 아파트〉(1978/변장호), 〈꽃순이를 아시나요〉(1979/정인엽), 〈진아의 벌레 먹은 장미〉(1982/정회철) 등 비슷한 소재를 다룬 호스티스 영화가 본격적으로 쏟아져 나왔다.

호스티스물에서 술집이나 집창촌이라는 배경 설정은 당시 급격한 산업화와 도시화의 이면에 있던 어두운 현실을 반영한 것이다. 물론 검열이 있던 시대였기에 이러한 내용을 전면에 부각하지는 않았다. 하지만 여주인공의 인생역정에 사회 현실을 간접적으로나마 다루

그림 2-6 당시 한국 영화 최다 관객 기록을 경신한 〈별들의 고향〉의 신문 광고.

었다는 점에서 사회, 정치적인 성격을 띠었다. 호스티스 영화는 성적인 내용을 보여 주지만, 동시에 여주인공의 굴곡진 인생을 통해 억압받는 하층민의 상황도 영상에 함께 옮겨놓았다. 여주인공이 성매매에 종사하는 것으로 설정되지만 1980년대 에로 영화와는 달리 성적인 내용이 주를 이루지는 않았다. 당시의 엄격한 검열 때문에 신체 노출이나 성 표현도 매우 한정된 수준에 그쳤다.

1980년대 에로 영화와 가장 큰 차이 중 하나는 호스티스 영화에서 여주인공은 성 욕망 없이 생계를 위해 어쩔 수 없이 성매매에 종사한다는 점이다. 1980년대 에로 영화의 여주인공이 주로 중산층 유부녀라면 호스티스 영화는 말 그대로 사회 계층에서 가장 밑바닥 출신 여성이 등장한다는 점도 차이가 있다. 성매매 여성이라는 소재는 1980년대 일부 에로 영화나 1990년대 에로 비디오에서도 이어져 하나의 유형으로 자리 잡았다.

이장호의 데뷔작인 〈별들의 고향〉은 호스티스 영화의 대표작 중 하나로 꼽히는데, 흥행과 비평 양쪽에서 모두 좋은 성과를 거두었다. 베를린영화제 출품작이자 대종상, 백상예술대상을 휩쓸어 작품성을 인정받았고, 흥행에서도 46만 6000여 명을 동원해 한국 영화 최다 관객 기록도 경신했다.[13] 이 작품은 당시 신문 소설 중 1950년대 《자유부인》 이래 가장 큰 화제작이던 최인호의 소설 《별들의 고향》을 영화화한 것이다. 이 영화는 극장 관객을 젊은 층으로 세대 교체하는 데 크게 기여했다는 평가를 받았다.

〈별들의 고향〉은 경아(안인숙)라는 맑고 청순한 처녀가 첫사랑에 실패한 후, 여러 남자를 거치는 동안 사회의 비정함과 배신에 시달리다가 결국 알코올 중독자로 전락해 자살하고 만다는 내용[14]이다. 순진한 젊은 여성의 성적 타락과 죽음으로 이어지는 비참한 결말이라는 설정은 이후 호스티스물의 전형적인 스토리로 활용되었다. 이 때문에 〈별들의 고향〉은 1970년대 호스티스 영화의 효시라는 평가를 받는다.[15]

〈별들의 고향〉 이후 쏟아져 나온 호스티스물은 공통된 특징을 갖고 있다. 여주인공은 대개 가정 형편 때문에 시골에서 상경한 순진한 처녀로서, 온갖 역경을 겪은 후 호스티스로 전락한다. 〈나는 77번 아가씨〉의 여주인공은 아버지의 빚 때문에 원치 않는 결혼을 하지만 남편의 방탕한 생활로 불행한 생활 끝에 딸과 함께 상경해 술집에서 일하게 된다. 〈꽃순이를 아시나요〉에서도 주인공은 시골에서 상경해 '다방레지' 생활을 하다가 성추행, 동거 등 우여곡절을 거쳐 호스티스 생활로 이어지는 경로를 밟는다. 〈미스양의 모험〉에서는 순진한 시골 여자가 서울 남자의 꾐에 빠져 상경하고, 〈진아의 벌레 먹은 장미〉에서는 주인공이 불우한 가정 형편 때문에 술집 여급이 되는 등, 설정은 다양하지만 여주인공들은 공통된 특징을 보인다. 이 영화들은 전형적인 신파극의 특징을 보여 주는데, 결말은 〈별들의 고향〉처럼 비극적으로 마무리되기도 하고, 〈영자의 전성시대〉나 〈나는 77번 아가씨〉에서처럼 행복한 결혼 생활을 하는 해피엔딩으로 이어지기도 한다.

〈별들의 고향〉으로 대표되는 호스티스 영화는 성매매 여성을 소재로 다루면서도 전통적이고 봉건적인 여성관을 그대로 반영한다. "결혼 전에 여자는 절대로 남자와 잠자리를 해서는 안 된다는 생각, 여자 팔자는 뒤웅박 팔자라는 고정관념, 여자는 창녀 아니면 성녀(혹은 선교사 부인)라는 선입견, 연애하는 여자 따로 결혼하는 여자 따로 있다는 통념, 한 번 '남자 맛'을 알게 된 여자는 남자 없이는 살 수 없다는 착각, 남자에게 여자는 트로피 아니면 하수구에 불과하다는 편견 등…… 지금의 시각에서 '여성 혐오적'이라고밖에 말할 수 없는"[16] 여러 가지 통념을 그대로 보여 준다.

하지만 〈별들의 고향〉은 영화 불황기이던 1974년에 국도극장 단관에서만 관객 47만 명을 동원할 정도로 대성공을 거두었다.[17] 〈별들의 고향〉의 성공은 시대 정서를 잘 반영한 결과로 볼 수 있다. 1970년대 청년 문화는 통기타, 생맥주, 청바지와 장발로 상징되는 수입된 서구 문화로서 소비문화인 동시에 저항 문화의 성격을 띠었는데 〈별들의 고향〉은 당시 청년 문화의 코드와 정서를 그대로 영화에 담았다.

원작자 최인호는 '청년 문화 선언'(1974)을 통해 그 대표 주자를 자처했고,[18] 이 영화도 청년 문화의 상징으로 자리매김했다. 1970년대 청년 문화의 아이콘 가수 이장희가 부른 〈나 그대에게 모두 드리리〉, 〈휘파람을 부세요〉, 〈한 잔의 추억〉, 윤시내가 부른 〈나는 열아홉살이에요〉 등의 영화 음악도 대부분 크게 히트해 한국 영화 오리지널 사운트랙(OST)의 시초가 되었다. 이장희의 곡은 서정적 가사와 전형적인 모던 포크의 리듬이 잘 어우러진 노래라는 평가를 받았다.[19] 이 영화의 성공에 고무되어 1978년에 속편(하길종/장미희)도 나왔다.

게다가 〈별들의 고향〉은 시대상을 배경으로 나름의 리얼리티를 잘 구현했다. 호스티스는 1970년대 고도 경제 성장의 그늘로 생겨난 직업이다. 산업화와 도시화의 추세로 젊은이들은 일자리를 찾아 서울로 모여들었다. 시골에서 상경한 처녀들은 주로 공장 여공으로 일하거나 식모살이를 했지만 일부는 우여곡절 끝에 호스티스로 전락했다. 많은 호스티스 영화가 그런 어두운 현실을 신파적으로 그려 냈다.

1970년대에는 교복, 두발 단속과 미니스커트 규제, 야간 통행금지 등 사적인 영역, 신체에 대해 억압과 강제, 감시와 통제가 가혹할 정도로 가해졌다. 영화 역시 국가의 강력한 통제와 감시를 받았다. 이런 상황에서 영화가 다룰 수 있는 소재는 많지 않았다. 이 때문에 호스티스 영화에 대한 부정적인 평가도 많았다. 1970년대의 대표적인 영화 장르이던 호스티스물은 여러 편이 크게 흥행해 한국 영화 중흥에 기여하긴 했지만, 퇴폐적인 내용만 다루었다는 비판도 있었다.[20] 하지만 이 호스티스 영화 현상에 대해 전혀 다른 정치적 해석도 존재한다. 호스티스 영화는 한편으로는 사회의 비천한 영역을 드러내어 국가 정체성을 위협하면서, 다른 한편으로는 도덕적 결말로 사회 정체성을 안정화하는 이중의 기능을 수행했다는 것이다.[21] 즉 호스티스 영화는 당시의 정치적 통제 때문에 생겨난 장르이지만 동시에 간접적으로나마 사회 비판적 내용을 담고 있다는 평가를 받았다.

2. 1980년대 에로 영화 출현의 사회적 배경

1) 3S 정책과 컬러텔레비전 등장

1980년대 들어서 5공 정권의 정책 기조 변화는 에로 영화가 탄생하는 데 영향을 주었다. 대표적인 예가 바로 야간 통행금지 해제 조치다.[22] 해방 직후 야간 통행금지가 도입된 이래, 자정 이후에는 시민들의 모든 활동이 중단되었다. 극장 역시 일찍 문을 닫았다. 36년간 지속된 이 규제가 1982년 1월 5일에야 해제되었는데, 바로 그해 2월 6일 처음으로 심야 영화 상영이 시작되었다.[23] 이때 최초로 심야 상영된 영화가 바로 에로 영화 장르의 대표작인 〈애마부인〉(1982)이다. 〈애마부인〉은 무려 13편이 시리즈로 제작되어 현재까지 '한국 영화 최장 시리즈' 타이틀을 보유하고 있으며, 이후 수많은 '○○애마'를 탄생시키기도 했다. 이전에도 〈빼꾸기도 밤에 우는가〉(1980), 〈앵무새 몸으로 울었다〉(1981) 등의 에로 영화가 있긴 했지만, 〈애마부인〉의 흥행 성공을 계기로 에로 영화는 1980년대를 대표하는 장르로 떠올랐다. 야간 통행금지 해제와 심야 상영 허용이라는 정책 변화는 에로 영화의 성장과 전성기를 가능하게 해 준 일등공신이다.

5공 정권의 3S(Sports, Sex, Screen) 정책과 여러 이벤트도 에로 영화의 등장과 발전에 영향을 미쳤다. 전두환 정권은 쿠데타 집권, 광주민주화 운동 탄압, 언론 통폐합 등 일련의 강압적 정책으로 정치적 정당성과 민심을 잃었는데, 국민의 불만을 잠재우고 관심을 다른 곳으로 돌리기 위해 3S 정책을 도입한 것으로 해석된다. 이에 따라 1980년대에는 각종 화려한 이벤트가 잇따라 등장했다. 1981년의 관제문화 축제인 '국풍81'●을 시작으로 1982년 프로 야구 출범, 장장 138일간 지속된 1983년 이산가족 찾기 운동, 1986년 평화의 댐 모금, 아시안게임, 그리고 1988년 서울올림픽까지 줄줄이 이어지는 화려한 이벤트가 1980년대를 장식했다.[24]

영화 관련 정책 중 에로 비디오 등장과 발전을 촉진한 것으로는 1981년 시나리오 사전 심의제 폐지를 들 수 있다. 한국 영화계에서 검열 제도는 1922년 일제 강점기에 시작해 1970~1980년대 권위주의 정권 시절까지 지속되었다. 1980년까지도 중앙정보부나 국방부 등의 공안 기관이 영화 심의에 참여하였고, 1981년 사전심의제가 폐지되고 나서도 영화 제작 신고 때 대본 제출을 의무화하는 등 사실상 시나리오 검열이 유지되었다. 그러한 제약에도 불구하고 1981년 시나리오 사전 심의제 폐지는 3S 정책과 맞물려 성 표현에서 검열 수위가 완화되는 효과를 가져왔다.

산업 측면에서는 컬러텔레비전 방송 도입 역시 에로 영화 성장에

● 국풍81은 전두환 정부가 1981년 5월 28일에서 6월 1일까지 여의도광장에서 개최한 관제적 성격의 문화 축제다. 당시 청와대 정무제1비서관인 허문도가 5 · 18 1주기를 앞두고 군사 정권에 대한 학생들의 저항을 약화시키고자 기획했다. 전국 194개 대학의 6000여 명의 학생들과 전통 민속인, 연예인 등이 참여해 총 659회의 공연을 벌였다. 주최 측 추산으로는 1000만 명이 이 행사에 참여했다. "국풍팔십일" (2017. 7. 20). 한국민족문화대백과사전. http://100.daum.net/encyclopedia/view/14XXE0068866

중요한 촉진제 구실을 했다. 1980년 12월 최초로 컬러 방송이 시작되었는데 이는 거의 혁명에 가까운 변화였다. 시청자들은 이전에 비해 훨씬 생생한 영상을 안방에서 접하게 되었기에 굳이 돈과 시간을 들여 극장을 찾을 이유가 줄어들었다. 이 때문에 영화는 큰 위기를 맞았다. 이러한 흐름은 전 세계에 걸쳐 공통된 현상으로 영화계는 이에 자극받아 다양한 형태의 돌파구를 모색했다. 미국에서는 1950년대에 컬러텔레비전이 처음 등장한 후, 이에 맞서 영화 업계가 다양한 대응 전략을 내놓았다. 〈십계〉, 〈벤허〉, 〈클레오파트라〉 등 거액의 제작비를 들인 스펙터클한 대작을 잇달아 출시했고, 1953년 2.35:1의 시네마스코프 비율, 1973년에 돌비 서라운드 음향 등 신기술을 도입해 컬러 방송과 차별화된 시청 경험을 관객에게 제공하려 했다.[25] 한국 영화도 컬러텔레비전 등장으로 뒤늦게 큰 위기를 맞았고 TV와 차별화할 수 있는 전략이 절실하게 필요해졌다. 제작비가 많이 들지 않으면서도 안방 TV에서는 볼 수 없는 성인물인 에로 영화는 바로 이 시기 돌파구를 모색하던 영화계에게 가뭄 속 단비와 같은 콘텐츠였다.

최초의 심야 영화이자 사실상 최초의 본격적인 에로 영화로 간주되는 〈애마부인〉은 이러한 맥락에서 등장했다. 〈애마부인〉을 비롯해 에로 영화는 TV와 차별화하기 위해 '여성 신체'의 볼거리를 최대한 강조했다. 당시 〈애마부인〉을 다룬 신문 기사 역시 여배우의 신체와 노출에 관한 내용이 대다수를 차지했다. '육감적,' '풍만한,' '글래머,' '전라 출연,' '우리나라 여배우 중 가슴이 가장 크고' 등의 표현은 〈애마부인〉의 홍보 포인트이자 마케팅 전략에서 핵심 키워드였다. 가령 당시 〈경향신문〉(1982. 1. 6)은 "글래머 안소영 전라 출연"이란 제목으로 여배우의 알몸 연기 장면 사진과 함께 "우리나라 여배우 중 가슴이 가장 크고 육감적"이란 표현으로 여배우의 신체 특징을 강조하였다. 한국 영화에서 여성의 가슴 노출이 가능해진 것은 〈애마부인〉 이후이며, 이는 한국 영화에서 본격적으로 성 표현의 수위를 높인 계기가 되었다.[26] 이처럼 에로 영화의 등장은 1980년대라는 정치 상황과 컬러텔레비전 등장이라는 환경이 낳은 산물인 셈이다.

2) 은밀한 남성 집단 취향으로서의 에로물

표면적으로 볼 때 에로 영화는 1980년대에 나타난 새로운 현상이다. 하지만 에로 영화가 등장하기 이전에도 에로와 유사한 성인물 콘텐츠는 은밀히 유통되었고 성인물을 즐기는 남성 중심의 취향 집단도 광범위하게 형성되어 있었다. 바로 이러한 환경을 기반으로 에로 영화가 성장했고 이후 에로 비디오라는 새로운 성인물 콘텐츠 장르도 탄생할 수 있었다.

에로 영화나 에로 비디오가 나타나기 오래전에도 에로물 관객층은 존재했다. 물론 공식 경로가 아니라 주로 남성들 사이에서 은밀하게 돌려보는 형태의 소비가 주류를 이루었다. 여기에는 VCR 보급이 큰 역할을 했다. 미군 부대나 외국에서 흘러 들어온 불법 포르노를 가정용 VCR이나 불법 비디오방에서 알음알음으로 소비했던 것이다.

VCR은 일찍이 1956년에 세계 최초로 개발되었지만, 국산 VCR은 1979년에 이르러서야 처음 출시되었다. 국산 VCR이 생산되기 전에도 이미 미군 부대 등을 통해 외제 VCR이 유통되었고, VCR용 비디오 콘텐츠도 조금씩 보급되었다. 1982년 말 기준으로 국내 VCR 보급 대수는 20만 대, 비디오숍은 300개 군데에 이르렀다.[27] 특이한 점은 다른 나라들과 달리 국내에서는 비디오가 컬러텔레비전보다 먼저 도입되었다는 것이다. 미국은 컬러텔레비전 수상기가 이미 1950년대에 보급된 데 비해, 한국은 이보다 훨씬 뒤인 1980년에야 컬러 방송을 시작했다.

VCR은 가정에서 혼자나 소수가 보는 미디어이기 때문에 개방된 극장에서 접할 수 없는 높은 수위의 '야한' 영화를 보기에 적합했다. 당시 낮은 VCR 보급률 때문에 비디오 콘텐츠도 턱없이 부족해 외국에서 수입해 보아야 하는 실정이었다. 따라서 외국어 대사를 알아듣지 못해도 상관없고, 외국 문화나 정서를 몰라도 되는 성인물이 인기가 있었다. 가정용 VCR 보급이 점차 늘어나면서 불법 경로로 유통되는 외국 성인물도 증가했다. 에로 영화 전성기인 1980년대에는 이미 "특권층의 사치성 퇴폐 문화 이기로 형성된 블랙 문화권"[28]이 영향을 미치고 있었다. 외국 에로 콘텐츠를 불법으로 몰래 보는 문화에 사람들이 이미 익숙해져 있었다는 것이다.

물론 모든 사람이 VCR을 가정에 구비한 것도 아니고 불법 포르노 비디오테이프를 쉽게 구할 수도 없었다. 그래서 은밀한 공간에 상영 시설을 갖추어 유료로 보여 주는 사업이 1970년대부터 널리 성행했다. 남성 노인들의 구술사 연구인 최현숙(2016)의 《할배의 탄생》을 보면 서울 종로, 청계천, 세운상가 등지만이 아니라 중소 도시에서도 1970년대 말부터 이미 불법 비디오방이 성행했음을 알 수 있다.

> 78~79년도 즈음이야. …… 그러고는 (80년쯤부터) 우리 식구 살던 춘천 살림집을 개조해서 찻집을 내구, 뒤에다 비밀 비디오방을 낸 거야. 불법 섹스 비디오지. …… 그때 서울 종로, 청계천, 세운상가, 그런데서 몰

래 테이프를 사다가 트는 비디오방이 유행하고 난리였어. 여러 비밀 루트를 간첩 접선하듯이 옮겨가면서 몰래 만나서 사는 거야. 한 번 상영에 무조건 2만 원이었다가 나중에 3만 원으로 올렸지. 열이 보든 혼자 보든 무조건 한 번 틀면 3만 원이 나오는 거지. 그룹으로 오기도 하고. 보러 오는 사람은 모두 남자고 여자는 거의 없어⋯⋯ (중략) ⋯⋯ 섹스 비디오방 그게 16밀리 영상으로 서울서 시작했어. 그때도 모집책이 있어서 열 명, 스무 명을 일단 모아. 그러구는 영사기 가진 놈에게 연락해서는 여관이든 창고든 사무실이든 빌리는 거지. 볼 사람들을 미리 다 모이게 해. 딱 시간 맞춰서 영사기 가진 놈이 와서 트는 거야. 완전 첩보 작전이야.[29]

1970~1980년대 이후에도 카페나 만화방, 여관 등 다양한 공간이 불법 비디오 상영장으로 꽤 오랫동안 성업했다. 이곳들은 남자 무리들이 동료애를 다지는 익숙한 공간으로, 당시 청춘기를 보낸 남성들에게는 먼 훗날까지 공통된 추억으로 기억되기도 한다. 불법 비디오 상영은 젊은 층이 많은 대학가에서도 흔히 볼 수 있던 풍속도였다. 당시 국산 에로 비디오테이프가 아직 출시되지 않았고, VCR은 조금씩 보급된 상황에서 외국 불법 성인 비디오나 포르노의 영향력은 상당했다. 심지어 VCR이 충분히 보급된 지 10여 년이 지난 1998년에도 불법 음란 비디오 카페가 성업을 하다가 체포되는 사례도 있었다.[30]

당시 남성들이 성인물을 접하는 경로는 불법 비디오방이나 가정용 VCR 외에도 다양한 형태로 존재했다. 일본과 지리적으로 가까운 부산 등지에서는 일본 텔레비전 방송 채널이 수신되기 때문에 외국 성인 영상물을 일본 방송에서 직접 접할 수도 있었다. 외국 방송이나 성인 비디오와 함께 외국 성인 잡지, 즉 포르노 잡지도 성인물 콘텐츠로 큰 인기를 얻었다. 대개 〈플레이보이〉, 〈펜트하우스〉, 〈허슬러〉 같은 미국 성인 잡지가 미군 부대를 통해 흘러나오면, 남자 청소년이나 성인 또래 집단에서 널리 돌려보았다. 한국 성인 남성들이 장기간 단체 생활을 하는 군대에서도 비슷한 관습을 발견할 수 있다. 1980년대에 군대 시절을 보낸 한 언론인은 이 시절의 경험을 이렇게 회상했다.

> 미군 쓰레기장은 '노다지' 광산과 다름없었다. 부대원들의 사랑을 독차지한 미군 쓰레기는 따로 있었다. 미군들이 보고 버린 성인 잡지가 그것이다. 운 좋게 '플레이보이'라도 주워 오는 날이면 병사들의 철모 속 그림이 일제히 바뀌었다.[31]

비디오가 보편화한 이후에는 군대도 중요한 성인물 상영관이었다. 에로물은 사회와 격리되고 유흥 문화가 거의 차단된 군대 내에서도 허용되는 콘텐츠였다. 이는 아마도 젊은 남성들만 격리 수용된 공간에서 이들이 성 욕망을 배출할 수 있도록 조직 차원에서 배려했기 때문일 것이다. 오늘날까지도 군부대 위문 공연단에 섹시한 여가수나 걸그룹이 빠지지 않는 이유와 같다.

불법 비디오방이나 여관을 통해 유통된 성인물에는 포르노가 많았지만 국내에 아직 출시되지 않은 외국 영화도 있었다. 외국 성인물의 전성기 시절 가장 유명한 에로 스타는 실비아 크리스텔(1952~2012)이었다. 1980년대에 청소년기 이상의 나이였던 한국 남자라면 크리스텔은 모두 다 기억하는 친숙한 이름일 것이다. 2012년 크리스텔이 사망했을 때 국내에서도 그녀를 추모하는 글이 잇따랐다. 다음은 국내 한 블로거가 올린 추모글의 일부다.

그림 2-7 실비아 크리스텔의 대표작 〈엠마뉴엘 부인〉과 〈개인교수〉.

'개인교수'라는 제목의 영화에서 느낄 수 있듯, 실비아 크리스텔은 그 시절에 10대의 나날을 보냈던 사람들에게 여선생님의 느낌으로 남아 있습니다. 정말 문화적으로 척박했던 1980년대, 그 어두웠던 시절에 처음으로 새로운 세계를 열어 주신 분이랄까요.

젊은 친구들에게 농담으로 "한 30년 지나 아○○ ㄷ라●가 죽었다는 얘기를 들으면 아마 너희가 느낄 감정과 비슷할 것"이라고 얘기하기도 했지만, 크리스텔 여사님은 소라 따위와는 비교할 수 없는 포스를 가진 분입니다. 한마디로 레벨이 다른 배우였죠. …… 아무튼 그 시절, 남학생들에게는 '반드시 봐야 할' 몇 편의 영상물이 있었습니다. 브룩 실즈의 〈푸른 산호초〉, 피비 케이츠의 〈파라다이스〉 등이 대표적이었죠. 절대 국

● 일본의 유명 성인 영화 배우 아오이 소라를 가리킨다.

> 내에서 정상적으로 공개되지는 않았지만 갖가지 경로를 통해 반드시 봐야 사람 대접을 받을 수 있는 물건들이었습니다. 어딘가에서는 VHS를 통해 계속해서 복제가 이뤄졌고, 대부분의 남학생들이 볼 수 있었던 건 거의 끊어지기 직전의 더러운 화질이었지만 그래도 당시엔 모두 황홀해 했습니다. 그리고 그 끝, 궁극의 자리에 '엠마뉴엘' 시리즈가 있었습니다.[32]

이 블로거는 추모글에서 크리스텔에 대해 지금도 잊을 수 없는 기억이라면서 "아주 오래전에 포스팅 했던 '책받침 속의 요정들,' 그러니까 브룩 실즈나 소피 마르소, 왕조현 등과는 또 다른 의미"[33]라고 표현했다. 크리스텔은 1980년대에 젊은 시절을 보낸 한국 남성들이 공유하는 은밀한 추억의 상징이었다. 이들에게 크리스텔은 단순히 에로물 주인공이 아니라 청춘의 기억이자, 젊은 남성기의 아이콘으로까지 의미 부여된 셈이다.

크리스텔이 주연한 〈차타레 부인의 사랑〉(1981년 한국 개봉)과 〈개인교수〉(1981년작, 1992년 한국 개봉)는 제작 후 한국에서 개봉되는 데 그리 오래 걸리지 않았다. 하지만 정작 대표작으로 꼽히는 〈엠마뉴엘〉(정규 시리즈는 4편까지 제작되었다)은 1974년 제작인데 한국에서는 1994년에야 정식으로 개봉되었다. 그간 여러 차례 수입 시도가 있었으나, 모두 불가 판정을 받았기 때문이다. 그러다 보니 정식 유통 과정을 거치지 않은 채 불법 복제 비디오를 통해 몰래 보는 상황이 이어졌다. 그러다가 제작된 지 20년이 지난 1994년, 그것도 많은 부분을 삭제하거나 흐리게 처리한 상태로 겨우 개봉되었다. 말하자면 한국 남성들에게 크리스텔은 개봉 영화보다는 불법 복제 비디오와 함께 기억되는 이름이다.

크리스텔의 위상이 어느 정도였는지는 한국 에로 비디오 대표작인 〈애마부인〉이 〈엠마뉴엘〉에서 이름을 따온 것이라는 일각의 주장에서도 짐작할 수 있다. '엠마'뉴엘이 '애마'부인이 되었다는 주장인데, 사실 여부를 떠나 많은 팬들에게 그럴듯한 추측으로 받아들여지고 있다. 크리스텔의 지명도 때문일 것이다. 이처럼 엄청난 인기에 힘입어 1992년 크리스텔은 한국을 방문하기도 했다. 당시 MBC의 인기 프로그램인 〈쇼2000〉에도 그녀가 출연할 정도였으니 그 인기를 미루어 짐작할 수 있을 것이다. 크리스텔은 한국 에로 영화인 〈성애의 침묵〉(1992/정인엽)[●] 등에 출연하기도 했다. 어쩌면 1980년대 에로 영화의 출현과 번성은 바로 이러한 음성적 집단 취향이 양지로 나온 것뿐일지도 모른다.

3. 에로 영화 장르의 탄생

1) 이념의 시대와 에로 영화

1980년대는 한편으로는 급속한 경제 성장의 과실로 풍요를 누리던 시절이었지만, 다른 한편으로는 성장의 그늘 아래 빈부 격차와 권위주의 정권에 저항하는 반체제 운동이 치열하게 전개되던 암울한 시기였다. 정치와 이념의 시대에 영화 역시 현실을 외면할 수는 없었다. 1980년대 한국 영화계에는 암울한 현실을 보는 상반된 두 흐름이 공

● 원래 제목은 〈여자의 성〉이었으나 비디오로 출시되면서 〈성애의 침묵〉으로 바뀌었다.

존했다. 바로 리얼리즘 영화와 에로 영화다.

한국 영화사에서 1980년대는 "각성과 환각의 시대"[34]로 불린다. 한편으로는 엄혹한 정치 상황에서 어두운 현실을 직시하고 영상을 현실 비판 도구로 활용하려는 움직임이 전개되고, 다른 한편으로는 현실을 외면한 채 쾌락에 탐닉하는 흐름이 공존했다. 리얼리즘 태동과 코리안 뉴 웨이브로 이어지는 비판적인 흐름과 더불어, 에로 영화라는 향락적 흐름이 같은 시간대에 존재했다.[35] 다음 글은 지극히 정치적인 리얼리즘 영화와 현실 도피적인 에로 영화가 공존하던 당시의 시대 분위기를 잘 전해 준다.

> 최루탄 연기에 눈물 콧물을 흘리며 신촌의 뒷골목을 달리던 나는 괴상한 영화 포스터 앞에서 발길을 멈췄다. …… 대단히 도발적이고도 곤혹스러운 자태가 인상적인 포스터였다. 그 영화를 나는 아마도 위기철이나 공지영 같은 친구들과 함께 보았던 것 같다. …… 당시 신촌의 신영극장이나 대흥극장에 죽치고 앉아 소주로 병나발을 불며 동시 상영 영화를 보는 것은 우리의 빼놓을 수 없는 즐거움이었다. …… 당시의 대학생이었던 우리는 참으로 그로테스크한 삶을 살아가고 있었다. 낮에는 전두환의 폭압 정치에 맞서 돌을 던지고 밤에는 전두환의 자유화 정책에 발맞춰 싸구려 에로 영화를 보며 킬킬댔던 것이다.[36]

1980년대 당시 리얼리즘 경향을 대표하는 영화로는 〈바람 불어 좋은 날〉(1980/이장호), 〈난장이가 쏘아 올린 작은 공〉(1981/이원세), 〈칠수와 만수〉(1988/박광수), 〈구로 아리랑〉(1989/박종원) 등을 들 수 있다. 이 영화들은 공통적으로 사회 각층 민초의 삶을 소재로 삼았다.

〈바람 불어 좋은 날〉은 시골에서 상경하여 중국집, 이발소, 여관 등에서 일하는 젊은이들의 이야기를 다루며, 〈난장이가 쏘아 올린 작은 공〉은 재개발로 야기된 철거민 문제를 소재로 한 영화다. 〈칠수와 만수〉는 극장 간판을 그리는 칠수(박중훈)와 만수(안성기)의 이야기다. 칠수는 미군 기지촌 출신으로 미군과 결혼해 미국에 사는 누나의 초청장을 기다리고 있으며, 만수는 반공법에 연루되어 장기 복역 중인 장기수 아버지를 두었다. 〈구로 아리랑〉은 1987년 6월 항쟁과 노동자 대투쟁 이후 제도권에서 최초로 만들어진 본격 노동자 영화로서 정치성을 좀 더 강하게 전면에 드러냈다. 이 영화는 중소기업 노동자들이 구로 공단의 비인간적인 처우에 맞서 저항하는 내용을 다루었다.

앞서 언급한 영화들은 중국집 배달부, 철거민, 기지촌 출신, 장기수 등 사회 소외층을 주역으로 삼았기에 사회 문제에 관한 메시지를 담고 있다는 점은 분명하다. 특히 1980년대 초반의 리얼리즘 계열 영화들은 산업화와 근대화 과정에서 나타난 인본주의 가치 상실과 가족 가치 붕괴 현상에 대한 비판에 초점을 맞추는 경향이 있었다.[37]

1980년대 한국 영화에서 리얼리즘 영화와 구분되는 또 다른 흐름으로는 에로 영화가 있었다. 이 영화 장르의 기원에 관해서는 아직 논란이 분분하다. 우선 〈뻐꾸기도 밤에 우는가〉(1980/정진우/정윤희, 이대근)나 〈앵무새 몸으로 울었다〉(1981/정진우/정윤희, 황해) 등의 토속 성인물을 한국 에로 영화의 출발점이나 전신으로 보기도 한다. 현대물로는 1981년작 〈세 번은 짧게 세 번은 길게〉(김호선/장미희, 송재호)를 에로 영화의 기원으로 분류하기도 한다. 한국영상자료원이 2012년 개최한 기획전 "3S 정책과 에로 영화"에서는 〈세 번은 짧게 세 번은 길게〉와 〈앵무새 몸으로 울었다〉 등을 에로 영화로 분류해 상영하였다.

그림 2-8 토속 에로물 장르 〈뻐꾸기도 밤에 우는가〉와 〈앵무새 몸으로 울었다〉.

이는 에로 영화의 기원을 1981년이나 그 이전으로 본다는 뜻이다.[38]

〈뻐꾸기도 밤에 우는가〉와 〈앵무새 몸으로 울었다〉는 그해 각각 대종상 9개 부문과 5개 부문을 석권하는 등 작품성을 인정받았기 때문에 에로 영화로 분류하지 않는 견해도 있다. 하지만 이후 나온 〈뽕〉(1985/이두용/이미숙, 이대근)도 1986년 아시아태평양영화제와 제6회 한국영화평론가협회상에서 여우주연상을 수상했으나 에로 영화로 분류되므로 작품성을 에로 영화의 기준으로 삼기는 어렵다. 앞의 두 영화는 논란이 있긴 하지만 제목과 내용이 이후 토속 에로물 장르와 크게 다르지 않아 에로 영화로 보기도 한다.

에로 영화의 대표작이자 누구나 인정하는 첫 번째 에로 영화는 정인엽의 〈애마부인〉(1982)이다. 〈애마부인〉 이후 〈산딸기〉(1982~), 〈빨간 앵두〉(1982~), 〈변강쇠〉(1985), 〈뽕〉(1985~), 〈어우동〉(1985) 등 대표적인 에로 영화들이 연이어 시리즈물로 만들어졌다. 1985년 개봉한 〈어우동〉은 추석 시즌에 맞붙은 할리우드 액션 대작 〈다이하드*Die Hard*〉보다 더 많은 관객을 동원해 화제가 되었다. 〈깊고 푸른 밤〉은 그 〈어우동〉을 간발의 차이로 누르고 그해 흥행 1위를 기록했다. 〈매춘〉도 1988년 흥행 1위를 기록했다. 당시 흥행에 성공한 극장 개봉작은 거의 에로물일 정도로 에로 영화가 인기를 끌었다.[39]

에로 영화는 성을 소재로 삼았다는 점에서 현실 도피적인 향락 문화라고 매도되면서도, 현실 비판의 성격을 띤다는 평가도 있다. 〈어우동〉 등의 토속 에로 영화에서 드러나듯 정치적 저항을 우회적으로 표현하였고, 기존의 가부장 문화와 권위주의에 도전하는 의미를 내포하기도 했다. 1980년대 에로 영화의 부흥은 어느 정도는 군부 독재 정권의 3S 정책 덕분에 가능했다. 그러나 군부 독재 정권이 시행한 유화적 흐름은 곧 바뀌었다. 1985년을 기점으로 성 표현에 대한 정책 기조는 다시 규제 위주로 돌아섰다.

1985년에는 안소영, 유지인, 오수비를 비롯해 여배우 10여 명이 일본 주간지인 〈헤이본 판치〉에 거의 반라의 사진을 게재한 일로 논란이 불거졌다. 그동안 성 표현 범람을 방관하던 정부는 '음란과의 전쟁'을 선포했다. 공연윤리위원회는 영화, 비디오, 연극 등 대중문화 전반에 걸쳐 심의를 강화했고 선정적인 영화 상영관 간판도 잇달아 철거하는 등 강경한 조치를 취했다. 물론 이후 에로 영화가 바로 사라지지는 않았다. 1980년대 후반에도 많은 편수가 개봉되었지만 내용에 대해 온갖 규제가 가해졌다. 에로 영화는 그간 현대를 배경으로 부부간의 성적 문제 등 엇비슷한 내용을 반복해서 다루었는데, 이 무렵 규제를 피해 시대극 형식으로 전환하기 시작했다.

2) 〈애마부인〉과 부인물

1980년대에 유행한 에로 영화의 간판 격이면서 에로 영화의 정형화된 공식을 잘 보여 주는 영화는 바로 〈애마부인〉(1982/정인엽/안소영, 임동진, 하재영)이다. 〈애마부인〉은 1982년 당시 통금 해제 조치에 힘입어 한국 영화 최초로 심야 상영까지 하면서 개봉 첫해 31만 명을 동원해 그해 최고 흥행작으로 기록되었다. 〈애마부인〉은 개봉 당시 밀려든 인파로 '극장 유리창이 깨지는' 소동을 빚기도 했다.

안소영은 1982년에만 7편의 영화에 출연해 글래머 배우의 이미지를 굳혔고, 이에 힘입어 단번에 한 해 수입이 5000만 원에 이르는 고소득 연기자가 됐다.[40] 단 한 편의 영화로 안소영은 최고 에로 스타로 떠올랐고 〈애마부인〉은 현재까지도 한국 에로 영화의 대표작으로 꼽힌다. 〈애마부인〉은 1996년까지 13편이 시리즈로 만들어졌고, '애마'라는 이름이 붙은 수많은 아류 영화가 쏟아져 나왔다. 이후 나온 에로 비디오 〈젖소부인 바람났네〉 등 각종 '○○부인' 시리즈의 원조 격 영화이기도 하다.●

〈애마부인〉은 정숙한 가정주부인 오수비(안소영)가 남편 신현우(임동진)의 외도에 맞바람으로 대응한다는 내용으로 되어 있다. 남편은 폭행 사건으로 감옥에서 장기 복역을 하게 되고, 오수비는 여행 중

● 애마부인은 한국 성인물 영화에서 글래머 에로 배우를 상징하는 호칭으로 자리 잡았다. '○대 애마'란 수식어는 스타급 성인 영화 배우의 계보를 잇는 여배우로 인정받는다는 의미도 갖고 있었다. 애마부인의 인기에 힘입어 '○○애마' 등 수많은 유사 호칭도 탄생했다. 이러한 현상은 훗날 육체파 에로 배우의 대명사인 '젖소부인' 진도희가 탄생하는 초석 역할을 했다. 안진용(2017. 2. 6), "'애마부인' 꼬리표…… 엄마 안소영이 살아온 '싱글맘 20년'," 〈문화일보〉. http://www.munhwa.com/news/view.html?no=2017020601032312069001

그림 2-9 1980년대 에로 영화의 대명사 〈애마부인〉.

에 김동엽(하재영)을 만나 진실한 사랑을 한다. 그러다 옛 애인을 만나 변태적인 정사를 하는 등 유부녀로서 파격적인 일탈에 빠져들기도 한다. 수비는 동엽과 프랑스로 떠나 새 삶을 찾기로 결심하지만, 결국 때마침 출소한 남편에게 되돌아간다.

유부녀가 욕망을 못 이겨 바람이 난다는 설정은 이후 〈뽕〉, 〈빨간 앵두〉 등 1980년대의 대다수 에로 영화에서도 나타나며 '부인물' 에로 영화의 공통점이기도 하다. 유부녀의 귀환은 1980년대 에로 영화의 한 특징으로 꼽을 수 있다. 일찍이 여성의 성을 소재로 한 초기 영화인 〈미몽〉과 〈자유부인〉에서도 유부녀가 주인공으로 등장했다. 하지만 이후 〈지옥화〉(1958/신상옥/최은희)에서는 양공주, 〈하녀〉에서는 식모, 〈영자의 전성시대〉에서는 식모와 버스 차장에서 호스티스로 전락하는 시대적 여성상으로 주인공 역할이 바뀌었다. 하지만 〈애마부인〉 이후에는 유부녀가 에로 영화에서 주인공으로 되돌아 왔다. 유부녀는 결혼을 통해 정숙함이라는 가치관에 구속된 여성으로 어머니이자 부인이라는 전통적인 여성상을 상징한다. 유부녀의 귀환은 바로 이러한 가치관에서 의미심장한 변화가 일어나고 있음을 시사한다.

〈애마부인〉은 평범한 주부인 유부녀가 바람을 피운다는 점에서 기존 윤리관에 도전하는 새로운 여성상을 보여 준다. 중산층 유부녀가 외도를 한다는 설정은 이전의 영화들과 같지만 결말은 차이가 있다. 〈미몽〉과 〈자유부인〉에서 바람난 주인공은 자결하거나 버림받는 식으로 처절할 정도로 처벌을 받는다. 이와 달리 〈애마부인〉의 주인공은 파리로 함께 떠나자는 애인을 두고 고민하다가 남편에게 돌아간다는 결말로 이전의 영화처럼 큰 도덕적 응징은 당하지 않는다. 이러한 차이는 시대 경과에 따라 성 윤리나 여성관에서 일어난 변화를 반영한 것이다.

이전의 한국 영화에 비해 에로 영화는 여성을 전통적인 가부장제의 가치관에서 벗어나 적극적으로 욕망을 추구하는 주체적 존재로 그렸다는 점에서 진일보한 여성관을 보여 주었다. 하지만 한계 역시 명확했다. 우선 이전의 부인류 영화와 달리 〈애마부인〉의 여주인공은 욕망 추구에 따르는 대가를 치르지 않고 원래 자리인 가정으로 복귀한다. 이 점에서 영화의 시각이 여성의 '일탈'에 대해 이전보다 관대해진 것은 사실이다. 그러나 주체적인 여성상으로 시작한 여주인공이 결국 새 사랑과 인생을 찾지 못하고 남편에게 되돌아간다는 점에서 영화의 시각이 기존 윤리관과 가부장제의 틀에서 크게 벗어나지는 못한 셈이다.

3) 〈어우동〉과 '에로 사극'

1980년대 한국 영화에서 에로물은 크게 현대극과 사극으로 나뉜다. 여기서는 현대극 중 다수를 차지한 유부녀 불륜물을 부인물로 불렀지만 사극도 대개 현대극과 스토리가 크게 다르지는 않다. 다만 에로 사극은 대개 성을 좀 더 과장되고 코믹하게 묘사했고 여성의 욕망도 더 과장되게 표현했다. 〈산딸기〉(1982/김수형/안소영, 남궁원, 임동진), 〈뽕〉(1985), 〈어우동〉(1985/이장호), 〈변강쇠〉(1986/엄종선/원미경, 이대근), 〈감자〉(1987/변장호/강수영, 이대근) 등이 에로 사극의 대표작들이다. 이 영화들은 시리즈물로도 만들어졌다. 이 밖에도 〈사노〉(1987/엄종선), 〈가루지기〉(1988/고우영), 〈고금소총〉(1988/지영호), 〈창부일색〉(1988/박용준), 〈육담구담〉(1989/이운철), 〈여인잔혹사 물레야 물레야〉(1989/이두용) 등은 전통 사회가 배경이며 성을 소재로 삼았다는 점에서 에로 사극으로 분류할 수 있는 영화들이다.

〈변강쇠〉는 당시 무수하게 만들어진 에로 사극의 전형적인 특징을 보여 주는 영화다. 이 영화는 주인공 변강쇠와 옹녀의 성적인 능력을 과장되고 코믹하게 묘사했다. 마을에서 옹녀와 잠자리를 같이한 남자는 모두 복상사한다. 이렇게 해서 마을에 남자가 씨가 말라 버리자 동네 아낙들이 옹녀를 마을에서 내쫓는다. 한편 정력이 남다르게 뛰어난 변강쇠가 옹녀 소문을 듣고 찾아 나선다. 둘은 눈이 맞아 오랜 떠돌이 생활을 마감하고 정착한다. 변강쇠는 한때 노름에 빠져 방탕한 생활을 하지만, 옹녀가 임신을 하자 마음을 잡는다. 그러던 중 변강쇠는 땔감을 마련한다며 마을 장승을 뽑아버린 일로 화를 입어 죽는다. 옹녀는 만삭이 된 몸으로 한 서린 눈물을 흘리며 눈 위를 걸어

간다.[41] 이 영화는 결말이 다소 비극적으로 보이지만, 전체적으로 코믹하고 과장된 설정이 주를 이룬다. 〈변강쇠〉의 내용은 이후 〈무엇에 쓰는 물건인고〉(1993/양병간/김문희, 이미지) 등 다른 여러 에로 사극에서도 이어진다.

당시 에로 사극 중에는 성적으로 자극적일 뿐 완성도가 떨어지는 저질 영화가 많았다. 그렇지만 에로 사극이 모두 저급한 것은 아니었다. 여러 에로 사극은 문학적 완성도나 사실성을 갖춘 원작에 근거해 제작되었다. 〈변강쇠〉는 판소리 "가루지기타령"을 영화화했고 〈어우동〉은 조선 시대 실제 인물과 사건을 바탕으로 삼았다. 1970년대 호스티스 영화도 소설을 각색한 사례가 종종 있는데(〈벽 속의 여자〉, 〈별들의 고향〉 등), 몇몇 에로 사극 역시 유명 소설을 원작으로 삼아 제작되었다. 영화 〈뽕〉의 원작은 나도향의 1925년작 소설, 〈감자〉는 김동인의 1925년작 소설로 둘 다 한국 근대 문학의 중요 작품이다.

하지만 에로 사극은 여성 묘사에서는 문제가 적지 않았다. 가령 〈산딸기〉는 성폭력으로 시작해서 해피엔딩으로 끝나는 어이없는 영화다. 팔월 한가위 날 분녀는 떠돌이 명준에게 겁탈을 당한다. 오랫동안 분녀에게 연정을 품어온 명준은 분녀에게 기다려 달라며 돈을 벌러 금광으로 떠난다. 하지만 분녀는 주변 유혹을 뿌리치지 못하고 다른 남자와 관계를 가지면서 차츰 성에 눈을 떠간다. 결국 분녀는 화전민 마을을 떠나 읍내 작부로 전락하는데, 명준이 나타나 분녀를 데리고 화전 마을로 돌아간다. 남자가 여자를 사랑하는 하나의 방법으로 강간이 등장하며, 피해자인 여성은 그 가해자를 결국 사랑하게 된다는 것이다. 이러한 설정은 베벌리 로스Beverly Ross가 말한 전형적인 '강간 신화rape myth'에 근거한다. 강간에 대한 잘못된 관념을 대중문

그림 2-10 1980년대 에로 사극 〈산딸기〉와 〈뽕〉.

화 장르인 영화가 재현하고 있다는 것이다. 여성은 강간당하고 싶은 판타지가 있다든지, 여성이 "안 돼"라고 거부 의사를 밝히는 것은 사실 "돼"라는 뜻이라든지, 여성은 종종 성폭행과 강간을 도발, 유혹한다든지, 고상한 여성은 강간당하지 않는다든지, 여성이 진정 강간당하지 않으려고만 한다면 강간을 막을 수 있다든지 하는 그릇된 통념이 여기에 해당한다.[42]

물론 여성 묘사의 문제점에도 불구하고 에로 영화가 성적 소재를 통해 정치 풍자나 사회 비판의 성격도 띠었다는 해석도 있다. 에로 사극 중에는 여성을 적극적인 욕망의 주체로 묘사하고, 남성은 성적으로 부재하거나 열등하거나 무능한 존재로 나타내는 작품도 있었다. 어우동은 자식을 못 낳는 바람에 쫓겨나는데, 정작 불임의 원인은 남편의 성적 무능이다. 일부 에로 영화 속의 남성은 이처럼 성적으로 무

그림 2-11 〈어우동〉은 1980년대 에로 영화 중 가장 파격적이며 급진적인 내용을 담고 있다.

능력한 반면, 여성은 성적으로 남성을 압도하는 존재로 그려진다. 〈어우동〉에서 여주인공은 남성이 감당할 수 없을 정도로 성적 능력이 뛰어나다. 〈변강쇠〉에서도 옹녀와 동침하는 남자는 모두 복상사한다.

이러한 설정을 두고 1980년대 에로 영화는 흔히 가부장제 질서에 대한 도발이자 권위주의에 대한 도전으로 해석되기도 한다. 성 자체가 정치 상황에 대한 일종의 비판적 알레고리로 간주된 것이다. 에로 영화 중 성을 정치의 알레고리로 활용한 가장 전형적인 사례가 바로 〈어우동〉이다. 영화의 배경은 여성의 사회적 지위가 매우 낮았던 조선 시대다. 어우동은 양갓집 규수로 태어나 왕가 종친과 혼인했으나 아이를 낳지 못해 쫓겨나는데, 여성의 재가를 금지한 당시 법에 항거하여 자발적으로 기생이 된다. 정조貞操를 지켜야 하는 사대부 여성의 신분을 버리고 몸을 파는 기생이 된 것은 기존 질서에 대한 정면 도전이었다. 영의정을 배출한 가문의 지체 높은 양반인 부친은 어우동을 암살하려 하고, 왕가 종친인 전 남편은 그녀에게 자살을 강요한다. 이는 어우동의 선택이 가문에 대한 모욕을 넘어 정치적 위협이자 유교 사회에 대한 반란이기 때문이었다. 어우동은 심지어 재가금지법을 시행한 왕을 희롱하기까지 한다. 이러한 설정은 가부장제에 대한 풍자이지만 정치권력에 대한 비판으로 읽힐 소지도 충분히 안고 있다. 당시 에로 영화 중에서도 〈어우동〉은 가장 파격적이며 급진적인 내용을 담았다.

영화 속에서 국가 권력을 왕, 아버지, 남편 등 권력을 보유한 남성으로 비유하고, 가부장 질서 비판을 권력 비판으로 해석하는 것은 다른 문화 연구에서도 흔히 볼 수 있는 시각이다. 수잔 제퍼즈Susan Jeffords는 1980년대 로널드 레이건Ronald Reagan 정부가 과거 지미 카터Jimmy Carter 정부를 나약하고 무능력한 "소프트 바디scft body"로, 자신을 강한 백인 남성 "하드 바디hard body"로 규정했으며, 당시 할리우드 액션 영화(〈람보*Rambo*〉, 〈터미네이터*Terminator*〉, 〈다이하드*Die Hard*〉)가 이를 그대로 반영했다고 보았다. 영화 속 남성성은 국가 권력의 표현이라는 것이다.[43]

에로 영화의 현실 비판적 성격은 에로 사극에서뿐 아니라 현대극에서도 나타난다. 1980년대의 현대 에로물에서도 흔히 남편은 부재하거나 무능한 존재로 설정된다. 〈애마부인〉의 남편은 범법자로 감옥에 갇혀 있으며 〈빨간 앵두〉의 남편은 성적으로 불구다. 에로 영화에서 남편의 부재나 무능은 권위주의, 가부장제, 국가 권력에 대한 도전으로 해석될 여지가 크다.[44] 국가 권력이 무능하고 국민은 불만에 가득 차 있다는 것을 직접적인 정치 비판이 아니라 우회적으로 '가장'인 남편의 무능으로 보여 준 것이다. 물론 어디까지가 성적 표현이고 어디부터 정치적 비판인지는 해석에 따라 달라질 수 있다.

에로 영화의 성 정치적 해석은 이론적 시각일 수도 있지만, 〈어우동〉은 감독이 의도한 것으로 볼 수 있다. 이 영화의 감독인 이장호는 '영상시대' 동인으로 새로운 영화를 추구한 의식 있는 영화인이었다. 그는 대마초 파동으로 4년 동안의 공백기를 보내고 1980년 〈바람 불어 좋은 날〉로 복귀한 후 사회적 의식이 뚜렷한 감독으로 자리매김했다. 〈어둠의 자식들〉(1981), 〈바보선언〉(1983), 〈무릎과 무릎 사이〉(1984), 〈어우동〉 등은 흥행에 성공했을 뿐만 아니라 작품성도 인정받은 1980년대 문제작이다. 그의 작품 세계를 볼 때 〈어우동〉의 우화적 메시지를 정치적으로 해석해도 무리가 없을 것이다.

에로 영화의 성 표현을 정치권력에 대한 은유와 비판으로 받아들인 것은 영화 평론가만이 아니었다. 당시 권위주의 정권에서도 이러한 표현을 '불온'하다고 보고 검열에서 삭제했고, 심지어 안기부에서 관련 영화인을 줄줄이 연행해 가는 식의 물리적 탄압을 가하기도 했다. 대표적인 예가 바로 1985년 〈어우동〉 상영 중단 사건이다. "〈어우동〉은 민중사관에 입각해 만들어진 운동권의 의식화된 영화로, 대통령을 조선의 왕에 비유"해 희화화한 불손한 영화라는 투서가 접수되어 영화는 상영 중단되었다. 이후 검열을 다시 한 번 거쳐 대폭 삭제된 판본이 상영되었다. 이 사건으로 공연윤리위원장이 경질되는 등 큰 파란이 일었다.[45]

당시 국가 권력에게 고초를 겪은 것은 〈어우동〉뿐만이 아니었다. 〈변강쇠〉는 불평등한 시대 상황을 소재로 해 체제에 대한 반항과 조롱을 담았다는 사유로, 엄종선 감독이 안기부에 끌려가기도 했다. 이 영화는 우여곡절 끝에 전체 내용의 1/3이 편집되는 고초를 겪었다.[46]

이처럼 1980년대 에로 영화는 야한 영화, 우민화 정책의 산물, 퇴폐 향락 저질 문화로 기억되지만 현실에 대한 비판적 풍자라는 성격도 띠었다. 정치적인 비판이 철저히 봉쇄된 1980년대 군부 독재 시기에, 일부 에로 영화는 야한 성인물 형식 속에 간접적으로 권위와 권력에 대한 비판적 표현을 담으려 했다. 1980년대는 모든 현상이 정치적 의미로 해석되던 시대였다. 1985년 검열 강화 조치 이후 잇따라 발생한 영화계 '필화 사건'은 정치적 억압이 성적 억압과 별개의 현상이 아님을 시사한다.

일부 연구자들은 에로 영화를 리얼리즘과 더불어 1980년대 한국 영화를 이끈 두 흐름으로 보기도 한다. 접근 방식은 다르지만 암울한 현실에 대한 현실 비판의 성격을 띤다고 보는 것이다. 리얼리즘 영화가 암울한 시대 상황을 그대로 보여 주려 했다면, 에로 영화는 자극적인 장면으로 상업성을 추구하면서도 현실에 대한 풍자와 비판을 띠기도 했다는 것이다. 강소원(2007)과 이현진(2014) 등은 1980년대의 성 표현 영화들을 이후 1990년대의 '에로 비디오'와 차별화하기 위해 '에로 영화'가 아닌 '성애 영화'로 이름 붙였다.[47]

하지만 여성이 자유로운 욕망 추구를 통해 성 주체성을 찾는 이야기를 여성이나 억압받는 국민을 대변하는 저항으로 일관되게 해석할 수 있는지는 의문이다. 이후 에로 비디오에서 대개 여성이 성적으로 더 적극적인 것으로 묘사되는데, 이는 어떻게 보면 주로 주요 관객인 남성에게 면죄부를 부여하는 기능을 한다. 남성 관객을 위해 자극적인 볼거리를 제공할 뿐 여성 관객의 시선은 배제되어 있다는 점도 에로 영화와 에로 비디오의 공통점이다. 그렇다면 에로 영화라는 장르가 과연 여성의 성 주체성과 정치적 저항을 보여 준 것인지 의문이다. 다분히 의도적으로 정치적 비판을 담은 〈어우동〉 같은 소수의 사례를 제외하면 지나친 확대 해석이 아닌지도 살펴볼 필요가 있다. 에로 영화가 정치적 은유와 비판을 담고 있다는 해석은 에로 영화를 재평가하는 과정에서 과도하게 의미 부여한 결과일 수 있다.

1980년대의 에로 영화는 당시 한국 영화계를 대표하는 간판 장르였으며 저급한 대중 영화의 한 유형으로 무시해 버릴 수 없는 중요한 문화 현상이다. 권위주의 정치 체제하에서는 대중의 억압된 관심사가 말초적인 문제로 집중될 수밖에 없었고, 정책 역시 그러한 방향으로 유도한 측면이 있다. 또 정치적 표현이 억압된 상황에서 다양한 표현이 억압되다 보니 에로 영화로 제작이 집중되었을 수도 있다. 시대 상황이 낳은 웃지 못할 현상인 셈이다. 이 시기를 지배한 에로 영화는 이후 1990년대를 풍미한 에로 비디오에 많은 영향을 미쳤다. 제작 방식에서부터 소재나 영상 표현 기법에 이르기까지 에로 비디오는 에로 영화 관습을 상당 부분 답습했다.

3장

에로 비디오 장르의 등장

1980년대 말에 이르면 가정용 VCR이 널리 보급됨에 따라 비디오테이프 형태의 에로물이 등장했다. 최초의 에로 비디오인 〈산머루〉(1988)를 시작으로 〈야시장〉, 〈금지된 정사〉 등 본격적인 에로 비디오 시리즈물이 연이어 출시되었다. 유호프로덕션과 한시네마타운 등 에로 비디오를 전문으로 만드는 제작사도 속속 설립되었다.

민주화 이후 소비문화와 향락주의가 새로운 시대 정서로 부상하는 사회 분위기 속에서 에로 비디오는 등장했다. 에로티시즘은 비디오 업계뿐 아니라 문화 전 영역에서 마치 시대정신처럼 부상했다. 1990년대에 들어 극장용 에로 영화가 눈에 띄게 쇠퇴한 것도 에로 비디오 성장에 기여했다. 특히 〈위험한 정사〉 등 성적 소재를 다룬 할리우드 직배 영화가 쏟아져 들어오기 시작하자 극장용 에로 영화는 빠르게 몰락했다. 비디오 시대가 열리면서 콘텐츠 수요는 폭발적으로 늘어났지만, 공급은 턱없이 부족했다. 비디오 대여점 진열대를 채울 저렴한 콘텐츠 수요가 폭증했고, 에로 비디오는 단기간에 다량으로 제작되면서 이 공백을 채웠다.

1. 에로 비디오 등장의 사회문화적 배경

1) 탈이념 시대와 에로티시즘 확산

1987년 6월 시민 항쟁은 한국 사회의 정치 구조뿐 아니라 문화 지형까지도 바꾸어 놓았다. 민주화와 더불어 정치는 사람들의 관심사에서 점차 사라졌다. 동구권 제도 사회주의의 몰락 역시 정치와 이념에 대한 무관심을 부추겼다. 그 대신 문화가 시대를 대표하는 키워드로 떠올랐다. 해외여행 자유화 조치가 내려지고 외국의 문물이 많이 유입되었다. 이후 젊은 층을 중심으로 유럽 배낭여행이 유행하고, 해외 문화 수용과 다양성이 새로운 시대 감수성으로 대접받았다. 오렌지족, 압구정동, 소비문화, X세대 등 향락주의 정서가 사회 전반에 빠르게 확산되었다. 문화계에서도 다양한 표현이 가능해지면서 에로티시즘을 적나라하게 표현하는 조류가 유행했다. 에로티시즘 확산은 출판, 미술, 연극, 영화 등 문화 영역을 가리지 않고 광범위하게 나타났다.

노골적인 성 표현을 담은 출판물이 이 시기에 부쩍 늘어났고, 음란물 논쟁이 심심치 않게 사회적 관심을 끌었다. 1992년 말 국내에서 최초의 연예인 누드집이 발간되었다. 가수 유연실의 누드집 《이브의 초상》은 당시 일본 톱스타 미야자와 리에의 누드집 《산타페》와 비슷한 시기에 나왔는데, 이 책 때문에 출판계에서 '누드집이 음란물인가' 라는 논쟁이 벌어졌다. 결국 《이브의 초상》은 한국간행물윤리위원회에서 음란물로 판정받고, 이를 출판한 큐 출판사는 등록이 취소되었다. 이 사건은 법적 소송으로까지 갔으나 결국 출판사는 패소했다.[48]

이 무렵 음란물 논란으로 징계를 받은 도서도 많았다. 1991년 한

해에만 한국간행물윤리위원회가 "미풍양속 저해와 사회 악영향"을 이유로 도서 49종에 제재 건의, 경고, 주의 결정 등의 조치를 내렸다.[49] 이러한 추세는 당시 민주화 이후의 탈정치화라는 시대 분위기와 무관하지 않다. 1990년대 초 문학에서 성은 변화된 세상에서 주인공들의 일상을 그리는 수단으로 종종 활용되었다. 1980년대에는 사회 변혁을 꿈꾸던 운동권 주인공들이 1990년대에 들어와 삶의 목표를 잃고 방황하면서 허무와 성에 탐닉하게 된다는 것이다.[50] 장정일의 소설 《너에게 나를 보낸다》에서는 김일성의 주체사상과 성을 대비시키기도 했다. 이 밖에도 구효서, 김정환, 김한길, 박인홍, 하일지, 하재봉, 최수철 등은 문학적 장치의 일부로서 노골적인 성 표현을 구사하였다. 하지만 성에 대한 사회적 금기를 깨뜨리면서 시대를 앞서간 일부 작가는 보수적인 법의 철퇴를 맞았다. 1992년 10월 29일 소설 《즐거운 사라》를 쓴 마광수 교수는 논란 끝에 구속되었다.

에로티시즘은 미술, 연극, 영화, 비디오 등 영상, 공연 예술에서도 유행했다. 미술계에서는 1980년대를 휩쓸던 민중 미술이나 노동 미술 등 현실주의 경향이 1990년대에 들어 퇴조하고 그 대신에 에로티시즘이 새로운 사조로 유행하기 시작했다. 여러 유명 서양화가를 비롯해 한국화가, 조각가 등 많은 예술인이 성을 주제로 한 전시회를 열거나, 사회 통념상 포르노에 가까운 미술품을 발표하여 주목을 끌었다.

연극 분야에서도 벗기기 경쟁이 심화되어 심심찮게 파란을 일으켰다. 〈불 좀 꺼주세요〉, 〈침대소동〉, 〈욕탕의 여인들〉, 〈펴포먼서와 콜걸〉, 〈붉은 방〉 등 여러 연극에서는 반라나 전라의 남녀가 등장해서 화제가 되었다. 하지만 많은 연극들이 흥행을 위해 앞 다투어 벗기기 경쟁을 벌이는 바람에 공연 예술의 질을 떨어뜨렸다는 비판을 받기도 했다.[51] 이 중 가장 주목을 끈 것은 여배우가 나체로 연기한 〈미란다〉였다. 1994년 공연한 이 연극은 연출자가 공연음란죄로 집행유예를 선고받아, 공연 예술이 음란을 이유로 유죄 선고를 받은 첫 사례로 기록되었다. 이 연극을 계기로 대학로에서는 선정적인 누드 연극이 유행처럼 번지는 바람에 연극협회가 나서서 자정 운동을 벌이는 지경에까지 이르렀다.[52] 이처럼 1987년 이후 1990년대 초반까지 문화계 전반에서 성과 에로티시즘의 화두가 부각되면서, 영화계에서도 비슷한 경향이 나타났다.

2) 성인물의 음성적 범람

> 서울지검 남부지청 민생특수부(조준웅 부장, 최용석 검사)는 7일 전국을 무대로 음란 서적과 음란 비디오테이프 등 각종 음란물 80억 원어치를 제조, 또는 판매해 온 대규모 음란물제조판매조직을 적발했다. 검찰은 이들 중 미8군에 근무하면서 부대창고에서 〈펜트하우스〉 등 외국도색잡지 24만 권 시가 50억 원어치를 빼내 전국에 공급해 온 [나 모 씨]…… 등 6명을 특수절도 등의 혐의로, 음화첩제조공급책 [백 모 씨]…… 등 12명을 음화제조와 판매 등의 혐의로 각각 구속했다. (……) 검찰 수사 결과 이들이 제조 판매한 물품 중 음란만화 등은 근친상간 등 일반인의 윤리로는 상상조차 할 수 없는 반인륜적인 내용이 주로 들어 있는 것으로 밝혀졌다.[53]

위의 기사는 당시 신문 사회면에서 종종 볼 수 있던 내용이었다. 성적 표현에 대해 유독 엄격한 보수적 사회 분위기와 경찰의 서슬 퍼런 단속에도 불구하고 사람들은 공공연하게 음란물을 돌려 보았고, 이를 은밀히 유통시키는 영업도 번창했다. 이들은 서로 신분과 연락처를 감춘 채 무선 호출기를 이용해 철저한 점조직 방식으로 연락하고, 구매자가 대금을 온라인으로 송금하면 물품을 발송해 주는 식으로 거래해 법의 단속을 피해 갔다.[54]

위에서 소개한 사건 외에도 비슷한 사건이 연이어 언론에 보도되었다. 1991년 10월에는 음란 비디오 복제 혐의로 38명이 구속되었다.[55] 이처럼 성인물 유통은 개인 대상의 은밀한 판매와 돌려 보기 수준에서 더 나아가 조직적으로 이루어졌다. 1991년 11월에는 음란 비디오물을 방영한 6개 유선 방송사가 적발되었고,[56] 12월에는 외제 음란 테이프를 판매한 비디오 가게 주인이 구속되는[57] 등 유사 사건이 잇달아 발생했다.

이 사건들은 표면에 드러난 일부 사례일 뿐, 엄격한 법적, 도덕적 규제와 무관하게 이 무렵 음란물 소비의 저변이 이미 광범위하게 형성되어 있었음을 보여 준다. 실제로 음란물은 규제가 가해질수록 끈질기게 음성적으로 퍼져나갔다. 1989년 한국형사정책연구원이 고교생과 재수생 3200명을 대상으로 조사한 결과, 이 중 74.4%가 음란 서적을 읽은 경험이 있고 67.4%가 음란 비디오를 본 적이 있다고 대답했다.[58] 당시의 도덕적 금기나 엄격한 법적 제재에도 불구하고 성 표현물에 대한 수요는 광범위하게 존재했고, 음란물 이용 행위는 공식적으로는 그다지 떳떳하지 못한 행위이지만 실제로는 많은 사람들이 별다른 죄책감 없이 일상적으로 수용하는 이중적 의식이 퍼져 있었다는 것이다.

당시 문화계 풍토와 사회 분위기를 반영하듯 국내 영화에서도 성 표현 수위가 높아지기 시작했다. 이 때문에 이 무렵 수많은 영화가 외설 논란에 휘말렸다. 1991년 공연윤리위원회의 심의를 받은 에로 영화 121편 중 63편이 연소자 관람 불가로 판정받은 사실이 말해 주듯 상당히 많은 영화가 노골적인 성관계 장면을 담았다. 공연윤리위원회는 〈끼 있는 여자는 밤이슬을 좋아 한다〉, 〈밥만 먹곤 못살아〉, 〈미아리 텍사스〉, 〈산딸기 5〉, 〈변금련뎐〉 등의 영화에서는 상영이 시작되자마자 거의 예외 없이 낯 뜨거운 정사 장면이 튀어나온다고 지적하였다. 공연윤리위원회는 1992년 들어 9월 말까지 심의한 한국 영화 72편 중 39편(54%), 외화 209편 중 109편(52%)을 음란, 퇴폐, 잔악, 폭력 등의 이유로 부분 삭제했다고 밝혔다.[59] 당시 공연윤리위원회는 성 표현물 심의에서 예술성보다 도덕성에 초점을 두고 엄격하게 내용을 규제했다. 하지만 이처럼 보수적이고 엄격한 심의 제도를 거쳐 개봉된 에로 영화로는 이미 고삐 풀린 대중의 욕구를 채워 줄 수 없었다.

당시 성 표현에 대한 대중의 눈높이에 크게 영향을 미친 것은 바로 외국 성인물이었다. 1990년대 초반에는 외국 성인 영화가 잇따라 수입되어 흥행에 성공했다. 이 무렵에 선보인 외국의 성인용 에로 영화로는 〈엠마뉴엘〉 3부작이 대표적인데, 3편인 〈굿바이 엠마뉴엘〉은 1편보다 먼저 국내에서 개봉되어 선풍적인 인기를 끌었다, 이 밖에도 〈세브린느의 형상〉, 〈호기심〉, 〈애욕의 소용돌이〉 등의 수입 영화는 비디오로도 유통되었다.[60]

이뿐 아니라 법적으로는 수입 금지 대상인 해외 포르노물까지도 은밀하게 불법 비디오로 대량 유통되었다. 공식적으로는 유통이 엄격히 금지되었지만, 실제로는 알음알음으로 다수의 청소년, 성인 남성들이 혼자서 혹은 끼리끼리 모여 관람하는 등 비디오를 통해 성인물을 보는 문화가 이미 뿌리를 내렸다. 바로 이러한 수요를 기반으로 한국 에로 비디오 시장이 형성되었다. 국내 비디오 산업의 태동기에 해당하는 1989년 자료를 보면 비디오 심의작 103편 중 90%가 에로물일 정도로 에로 비디오는 빠르게 성장했다.[61]

2. 에로 비디오 등장의 산업적 배경

1) 비디오 대중화 시대의 도래

1988년 출시된 〈산머루〉는 비디오용으로 제작된 첫 영화이자 첫 에로 비디오다. 에로물은 상영관 영화에서 비디오 전용 콘텐츠로 빠르게 무게 중심이 옮아가기 시작했다. 본격적으로 비디오 시대가 시작된 것이다. 에로 비디오 시대의 도래는 당시의 기술적, 산업적, 제도적 변화라는 환경 요인들이 집약적으로 작용한 결과라 할 수 있다.

우선 시장 상황을 보면 컬러텔레비전 방송이 중요한 요인으로 작용했다. 1980년 컬러텔레비전 방송 시작 이후 안방에 컬러텔레비전 수상기가 빠르게 보급되면서 영상 미디어 시장의 판도를 뒤흔들어 놓았다. 영화계는 연간 관객수가 4000만 명대로 떨어질 정도로 극심한 침체기로 접어들었다. 권위주의 정권 말기의 검열 강화 조치 역시 영화의 인기를 떨어뜨린 요인 중 하나였다. 한국 영화계의 여건이 나빠지자 그 공백을 수입 영화가 파고들었다.[62]

이와 함께 VCR이 빠르게 보급되면서 비디오는 점차 영화의 위상을 위협했다. 국내에서 비디오테이프는 1970년대 후반에 처음으로 시

그림 3-1 한국 최초의 에로 비디오 〈산머루〉.

판되었다. 그렇지만 이 무렵까지는 상영 기기뿐 아니라 콘텐츠 역시 외국산이 대다수였다. VCR을 보유한 가정이 일부 부유층에 국한되고 제공되는 콘텐츠 역시 제한적이어서, 미군 부대 PX나 해외여행자를 통해 밀반입되거나 불법 녹화된 테이프로 은밀히 유통되는 콘텐츠가 주류를 이루었다.[63] 국내에서는 1980년대에 이르러서야 기기와 콘텐츠를 제작해 유통하는 비디오 산업이 본격적으로 등장했다. 1981년 국내에서 생산한 VCR 기기가 처음 시장에 출시되고 비디오 제작사도 설립되기 시작했다. 1984년 말부터 삼성, 금성, 대우 등 대기업 가전 3사가 비디오 시장에 진출하면서 비디오테이프 대여 사업의 시대가 시작되었다.[64] 특히 1986년 서울아시안게임과 1988년 서울올림픽은 국내 비디오 산업이 도약하는 계기가 되었다. 두 중요한 국제 행사를 녹화해서 보기 위해 가정용 VCR이 빠르게 보급되었다.[65]

비디오 · 영상 산업의 급속한 성장세에 맞춰 관련 제도도 속속 개정되면서 시장 판도도 크게 변화했다. 1986년 12월 영화법 개정으로 영화 산업이 개방되자 해외의 우수한 영화 콘텐츠가 밀려 들어왔다. 이듬해에는 우일영상이 MGM/UA, 컬럼비아 트라이스타와 독점 판권 대행 계약을 체결하고, 미국 메이저사인 CIC/UIP가 국내에 진출했다.[66] 1987년 10월에는 한국이 세계저작권법 협약에 가입함에 따라 콘텐츠 공급 시장에서도 큰 변화가 일어났다. 비디오 시장의 성장으로 늘어난 수요를 합법적으로 채울 수 있는 콘텐츠 공급선 확보가 절실해진 것이다.

한국 비디오 산업 발전에서는 대여점 중심의 독특한 유통 구조 역시 중요한 역할을 했다. 1980년대 중반 VCR 보급률이 10%를 넘어서면서 8000여 곳의 비디오 대여점이 문을 열었다. 전국 대여점 수는 서울올림픽을 계기로 급신장을 거듭해 1990년 2만 5000개소를 돌파했다. 1990년대 중반에는 VCR 보급률이 80%, 대여점 수는 3만 5000개소까지 늘어났다.[67] 이 많은 수요를 충족할 수 있는 지속적인 콘텐츠 공급 방식이 시급히 필요했다. 이 때문에 비디오 대여 시장에서 에로 비디오는 저렴한 제작비로 안정된 수요를 충족시킬 수 있는 확실한 대안 중 하나로 떠올랐다.

가정용 비디오 기기의 특성 역시 에로 비디오가 성장하는 데 크게 기여했다. 비디오는 이용 방식에서 사적인 성격이 강한 미디어다. 개방된 다중 이용 시설인 극장과 달리 가정용 비디오는 혼자서 남의 시선을 의식하지 않고 영상을 볼 수 있어 포르노물이나 에로물 시청에 적합한 미디어다. 또한 기존 극장에서 상영하는 영화가 미디어의 대중성, 공공성 때문에 상대적으로 엄격한 심의를 거쳐야 하는 데 비해 비디오는 심의 기준이 느슨하고, 심지어 은밀히 구한 불법 영상물까지도 자유롭게 시청할 수 있다. 이 때문에 비디오는 좀 더 자극적인 포르노를 원하는 소비자에게 인기가 있었다. 미국에서는 이미 1977년 비디오를 통해 포르노가 처음 등장한 선례가 있다.[68]

2) 에로 영화 몰락과 저예산 제작 비디오의 등장

1980년대만 하더라도 에로 영화는 한국 극장가를 양분할 정도로 번성했다. 하지만 1990년대에 접어들면서 급격하게 쇠퇴하기 시작한다. 극장 상영을 주 목적으로 하는 에로 영화의 몰락은 에로 비디오 등장에 기여한 요인의 하나다.

에로 영화 몰락의 가장 큰 요인은 1990년대 중반 이후 한국 영화에서 상업 시스템이 구축되면서 영화계의 시장 규모 자체가 커진 것을 들 수 있다. 한국 에로 영화가 저예산으로 만들어지는 동안, 〈접속〉(1997)이나 〈쉬리〉(1999) 등의 비에로물 대작이 대거 등장해 흥행몰이에 성공했다. 특히 〈쉬리〉의 성공은 한국 영화 르네상스의 도래를 예고하는 이정표가 되었다. 한국 영화사에서는 흔히 1960년대, 2000년 전후, 2012년 이후를 세 전성기로 꼽는다.[69] 1960년대의 전성기 이후 줄곧 쇠퇴의 길을 걸어온 '방화'(한국 영화)가 이 시기에 부활하면서, 저급한 에로 영화의 설자리가 좁아졌다. 한국 영화계에도 제대로 된 상업 영화 시스템이 구축되어 감에 따라 충무로의 규모도 크게 확장되었다. 수준 높은 영화가 쏟아져 나오면서 관객의 눈높이는 점차 높아졌고, 에로 영화의 극장 점유율은 점점 떨어졌다.[70] 설 땅을 잃은 에로 영화 업계는 자연스레 신생 비디오 시장으로 눈을 돌렸다.

둘째, 한국 영화계의 규모 확대로 청춘 영화, 코미디 영화 등 영화 장르가 다양해지면서 에로 영화의 입지는 더욱 좁아졌다. 이 시기에 제작된 많은 한국 영화가 상업적인 흥행에도 성공을 거두었고, 외국 영화제에서 상을 받는 작품성 있는 영화도 등장하기 시작했다. 심지어 '영구' 시리즈 등 아동용 코미디 영화도 흥행했는데, 이는 그 시기 한국 영화의 외연이 넓어졌다는 뜻이다.[71] 한국 영화의 선택지가 넓어지면서 기존 에로 영화의 안정된 위치가 흔들렸다. 더구나 비에로 영화들이 진화하면서 에로틱한 내용을 적극적으로 수용함에 따라 에로 영화만의 차별성도 사라졌다. 〈결혼이야기〉(1992/김의석/최민수, 심혜진)가 이러한 추세를 보여 주는 영화다. 이제 국내 에로물은 주류 영화계에서 밀려나 비주류 영역인 비디오숍과 안방에서 근근히 살아남았다.[72]

셋째, 외국 성인물 수입도 한국 에로 영화의 쇠퇴를 가속화하였다. 1988년 할리우드 직배로 수입된 〈위험한 정사〉(애드리안 라인/마이클 더글러스, 글렌 클로스)를 시작으로 해외 성인물이 대거 쏟아져 들어왔다. 할리우드 직배가 한국 영화계를 붕괴시킬 것을 우려해 영화계 안팎에서는 격렬한 반대 운동이 벌어졌다. 저항의 표시로 직배 영화 상영관에 뱀을 푸는 등의 극단적 소동을 벌이기도 했지만, 이미 대세인 개방을 막을 수는 없었다.

1992년 개봉된 〈원초적 본능*Basic Instinct*〉(폴 버호벤/샤론 스톤, 마이클 더글러스)은 관객을 무려 97만 명이나 동원했다. 주인공 샤론 스톤은 과감한 노출 장면으로 국내 관객에게 섹시함의 아이콘이란 강렬한 이미지를 심어 주었다. 여기서 주목할 점은 〈위험한 정사〉, 〈원초적 본능〉 등 당시 화제를 불러일으킨 직배 영화가 모두 에로틱 스릴러 장르에 속했다는 것이다. 이런 상황에서 당시 국내 에로 영화는 〈탄드라 부인〉, 〈데카당스 37°2〉, 〈캉캉69〉 등 이국적인 외국어 제목을 붙

그림 3-2 〈원초적 본능〉은 샤론 스톤의 과감한 노출 장면으로 많은 관객을 동원했다.

여 대응하는 식의 고육책을 내놓았을 뿐이다. 이 중 관객을 5만 명 이상 동원한 흥행작은 단 한 편도 없었다.

이처럼 영화 산업 전반의 변화로 설 자리를 잃은 에로 영화 업계는 새롭게 부상하던 비디오 시장으로 눈을 돌렸다. 이에 따라 에로 영화의 유휴 인력과 노하우가 대거 에로 비디오 제작으로 흘러들어가게 된다. 에로 비디오 시장에 맞게 저예산 제작 방식과 기술도 점차 개발되었다. 특히 기존의 35mm 카메라 대신에 16mm 소형 카메라를 주로 이용해 제작비를 절감할 수 있게 된 것도 에로 비디오의 성장에 크게 기여했다. 16mm나 8mm 등의 소형 카메라는 기존의 장비에 비해 휴대가 편리하고 경제적이다. 화질에서는 다소 뒤지지만 비용 대비 가성비가 뛰어나, 선명한 화질이 필요치 않은 텔레비전용 영화나 단편 영화, 교육용 영화 제작에 많이 이용되었다.[73] 에로 비디오 초기인 당시 가장 대표적인 제작사는 유호프로덕션과 한시네마타운, 무비

표 3－1 에로 영화와 에로 비디오 비교

구분	에로 영화	에로 비디오
촬영 형태 (방식)	35mm 필름 카메라	16mm 필름, U－Matic, 베타캠, 6mm 디지털 비디오 카메라
관람 형태	필름 상영, 극장	비디오 패키지(VHS), 대여와 판매용(대부분 대여용)
명칭 (장르 형태)	에로 영화, 블루 무비, 에로티카, 소프트코어 포르노그래피, 하드코어	성인용 비디오Adult Video, 16mm 에로 비디오, 로망 포르노, 핑크 무비, V시네마, V아니메
소재	성적 판타지, 남녀 정사, 여성 섹슈얼리티, 에로티시즘	• 1989～1990년대 중반: 에로 영화와 비슷한 소재 • 1990년대 후반～현재: 직간접적인 성행위 묘사 중심의 소프트코어, 극영화 작품 패러디 등
제작비	1～5억 원	1000～5000만 원
제작 기간	2～5주	• 10일 전후 (1989년 당시) • 1주일 (1997년 당시) • 1～3일 (2003년 당시)
대표작	〈애마부인〉, 〈매춘〉, 〈뽕〉, 〈산딸기〉, 〈어우동〉, 〈맛있는 섹스 그리고 사랑〉 등	〈산머루〉, 〈야시장〉, 〈성애의 여행〉, 〈젖소부인 바람났네〉, 〈정사수표〉, 〈어쭈구리〉, 〈이천년〉, 〈미소년 자유학원〉, 〈젊은 엄마〉 등

출처: 유병호 (2003), p.6.

뱅크 등이었다. 이 회사들은 16mm 필름으로 제작한 비디오용 저예산 에로 영화를 잇달아 내놓으며, 에로 비디오 시장의 성장을 주도했다.[74]

에로 비디오는 여러모로 기존의 에로 영화와 대비된다. 에로 영화와 에로 비디오의 큰 차이점은 표 3－1에서 볼 수 있듯이 촬영 방식과 출시 경로에서 나타난다. 에로 영화가 극장 개봉을 염두에 두고 고화질인 35mm 필름으로 제작되는 반면, 에로 비디오는 저렴한 16mm 필름으로 촬영된 후 바로 비디오테이프로 복제되어 대여점에 배포된다. 에로 영화나 에로 비디오 모두 성 욕망을 자극하는 소재를 다룬다는 점에서 비슷하나, 에로 비디오는 서사보다는 성애 장면이 주가 된다는 점에서 일종의 소프트 포르노 영화로 분류할 수 있다.

3) 콘텐츠 수요 급증과 판권료 인상

1986년 서울아시안게임과 1988년 서울올림픽이란 초대형 이벤트를 앞두고 많은 가정에서 앞 다투어 VCR을 장만한 덕분에, 비디오 시장의 잠재적 기반은 급격히 확장되었다. 하지만 일단 기기는 마련했더라도 정작 이용할 만한 콘텐츠는 아직 많지 않았다. 비디오 시장에서 소매 대여 업체가 포화 상태에 달할 정도로 빠르게 늘어났다는 점 역시 콘텐츠에 대한 갈증을 부채질했다. 이처럼 콘텐츠 공급이 절대적으로 부족한 상황에서 비디오 업계는 발 빠르게 대처해 나갔다.

우선 업계는 비디오 콘텐츠 시장이 유망하다고 판단하고 해외 업체와 잇따라 판권 계약을 맺었다. 1987년 대우그룹의 우일영상이 컬럼비아 트라이스타, MGM/UA와 비디오 독점 판매 대행 계약을 맺었다. 1988년에는 20세기 폭스와 워너브러더스가 한국 지사를 설립했으며, 외국 직배사인 CIC도 국내에 진출했다. 국내 기업인 삼성그룹의 스타맥스도 블록버스터 영화를 수입해 비디오로 출시하는 사업에 뛰어들었다.[75] 하지만 이 때문에 한국 비디오 시장은 수입 콘텐츠에 절대량을 의존하는 기형적 구조로 형성되었다. 초창기 비디오 대여 시장에 공급되는 콘텐츠는 대부분 해외 프로그램의 판권을 구입해 국내에서 단순 번역, 가공한 것이었고, 자체 제작물 공급은 거의 미미했다.[76]

사정이 이렇다 보니 외국 영화 판권료는 국내 업계가 감당하기 어려울 정도로 치솟았다. 특히 국내 업자 간의 제살 깎아 먹기식 과당 경쟁이 가격 폭등의 주범이었다. 외국 영화제 마켓에 가는 비행기는 전세를 낸 듯 온통 한국 영화업자로 가득 찰 정도로 해외 영화 구매를 놓고 치열한 경쟁이 벌어졌다. 여기에는 수입을 전담하는 영화사들 사이에 외국 영화 수입을 둘러싸고 형성된 기형적인 영업 관행도 큰 영향을 미쳤다.

이 관행을 이해하기 위해 외국 영화 수입 과정을 살펴보자.[77] 국내 영화 시장용이든 비디오 시장용이든 해외에서 수입하는 영화는 대부분 해외 필름 마켓에서 영화가 미완성인 상태에서 구입한다. 미국 로스앤젤레스, 프랑스 칸, 이탈리아 밀라노 세 곳에서 전 세계 영화가 90% 이상 거래되는데, 여기에 국내 영화 수입사가 대거 참여해 영화를 선정하고 거래를 성사시킨다. 수입사는 여기서 제작 계획서만 보고 영화 제작사와 계약을 체결한다. 계약 시 대략 20% 정도를 계약금으로 지불한다. 귀국 후 영화 수입사는 이 계약서를 근거로 비디오 제작사와 판권 교섭을 벌인다. 거래가 성사되면 수입사는 영화 수입 가격의 100% 이상을 판권료로 즉시 챙길 수 있다.

이러한 거래 조건에는 맹점이 있다. 수입사는 계약서에 서명하자마자 거액을 수중에 넣는다. 하지만 완성된 영화의 흥행성은 미지수이며 극장 개봉이라는 계약 조건을 충족하기도 쉽지 않다. 그러다 보니 개봉관을 확보하기에 쉽고 수익성이 높은 작품에 더 매달리게 된다. 이 때문에 정작 작품성이 높은 영화는 개봉 순서에서 밀려나고 흥행 가능성이 높은 영화 위주로 개봉작이 선정된다. 더구나 문제는 판권료가 치솟으면서 수입 영화사가 우후죽순처럼 늘어나고 이들이 작품 확보를 위해 과당 경쟁을 벌이는 바람에 다시 판권료 인상이나 수입 조건 악화 등의 악순환이 지속된다. 그 결과 1988년 280여 곳에 달하던 등록 업체가 줄줄이 도산하고 새로 생겨나는 파행이 반복되다가 그 숫자가 불과 5년 만에 8개 메이저사로 줄어들었다.

이처럼 퇴행적인 업계 관행이 형성된 것은 비디오 시장의 빠른 성장과 무관하지 않다. 해외 영화 수입은 성공이 불확실한 투기성 투자에 가깝지만, 여기서 비디오 시장은 일종의 안전판 구실을 한다. 1988년과 1993년 사이의 짧은 기간 동안에 비디오 시장은 2300억 규모로 2배 이상 성장해, 1000억에서 1300억 정도인 영화 시장 규모를 훌쩍 뛰어넘는 거대 시장을 형성했다.[78] 극장 흥행 성공작은 비디오로도 성공한다는 것이 업계 통념이었다. 아니면 적어도 비디오 대여 시장에서 소비자를 잡으려면 극장 개봉작이라는 홍보 문구가 필수였다. 극장 개봉작을 확보하기 위해 비디오 업체들은 영화업자에게 거액의 판권료를 선뜻 선금으로 지불했다. 이는 비디오 수익률이 워낙 높기에 가능한 일이었다. 하지만 터무니없는 판권료 인상은 질 높은 해외 영화 콘텐츠의 공급 부족을 심화시키는 요인으로 작용했다.

비디오 시장에 콘텐츠로 공급되는 국내 영화 역시 사정이 그리 좋지는 못했다. 해외 영화는 비록 판권료가 많이 오르긴 했지만 연간 250편 이상이 지속적으로 공급되어 비디오 시장의 수요를 맞추는 데는 큰 어려움이 없었다. 하지만 국내 개봉 영화 중 일정한 수준을 유지하는 작품 수는 연간 20편 내외에 그쳐, 공급량이 늘 부족했다. 특히 국내 비디오 시장에서는 수입 영화보다 국내 영화의 수요가 더 컸기 때문에, 국내 영화의 안정적인 공급은 중요한 과제였다. 이 때문에 화제작이나 해외 영화제 수상작일 경우 비디오 판권료가 천정부지로 치솟는 게 일반적이었다. 예컨대 1990년 당시 인기작이던 〈장군의 아들〉(임권택)이나 〈남부군〉(정지영)은 편당 판권료가 1억 2000만 원을 기록했다. 이 무렵 국내 영화의 편당 제작비가 일반적으로 3~4억 정도였고, 대작은 8~10억 원에 불과했다는 점을 감안하면 판권료가 적정한 수준이라고 보기는 어렵다. 불과 2~3년 전만 해도 비슷한 수준의 영화가 2000~3000만 원 정도에 거래되었던 점을 감안하면 엄청난 속도로 비용이 상승한 셈이다.[79]

국내 영화 판권료가 이처럼 빠르게 인상된 것은 수요에 비해 공급이 턱없이 부족했기 때문이다. 1991년 무렵 국내에서 활동하던 비디오 제작사는 숫자상으로는 150여 곳에 달했지만, 제작되는 국산 영화 편수는 100편 내외에 그쳤다. 더구나 비디오 시장의 전망이 밝아지면서 대기업인 금성, 대우, SKC까지도 시장에 뛰어들어 공급물량을 선점해 버렸기 때문에 상황은 갈수록 더 나빠졌다.[80] 이 때문에 정부 역시 비디오 콘텐츠 공급을 활성화하는 방향으로 정책을 마련했다. 비디오 제작업에 대한 세제 금융 혜택이 대표적인 예다. 1993년 5월 정부는 '신경제 5개년 계획'을 수립하면서 지금까지 서비스업의 일종인 오락 · 문화 및 운동 관련 산업으로 분류되던 비디오 제작업(영화 제작업 포함)을 제조업으로 변경하여 각종 세제 · 금융상 혜택을 받을 수 있도록 하였다.[81]

이 무렵의 상황을 요약하자면 짧은 기간에 비디오 산업이 급성장하면서 수요는 엄청나게 늘어났으나 프로그램 공급은 턱없이 부족해 수요 공급의 격차가 심화되는 실정이었다. 당시 국내에서는 비디오테이프 시장이 영세한 대여점 유통 중심으로 되어 있어, 콘텐츠에 고액 투자가 이루어지기 어려운 여건이었다. 이 때문에 비디오 시장의 대

규모 수요를 메울 수 있는 저비용 콘텐츠의 지속적인 공급 체계가 절실했다. 이러한 상황에 적합한 것이 바로 에로 비디오였다. 한국 최초의 비디오 전용 영화인 〈산머루〉가 에로 장르였다는 사실은 이러한 상황을 잘 보여 주는 셈이다. 1990년대에 들어서 극장가에서 에로 영화는 거의 사라졌고 에로물은 이제 비디오라는 새로운 미디어로 이동했다. 에로 비디오 제작 편수도 급격히 늘어났다. 1988년에는 4편에 불과하던 제작 편수가 1990년 69편, 1993년 87편으로 늘었고 1996년에는 약 150편에 달한 것으로 추산되었다.[82] 에로 비디오의 시대가 도래한 것이다.

3. 초창기 에로 비디오의 특징

1) 대표적인 초창기 에로 비디오

앞서 언급했듯이 국내 비디오 시장에서 최초의 에로 비디오로 기록된 것은 〈산머루〉(1988/김영한/곽은경/유호프로덕션)다. 이 비디오의 제목은 이전에 히트한 에로 영화 〈산딸기〉(1982)를 변형해서 붙인 것으로 추정된다. 하지만 두 영화의 내용은 상당히 다르다. 〈산딸기〉가 에로 사극인데 비해 〈산머루〉는 현대물로서 중산층 부부의 불륜이 중심 내용을 이룬다.

이 영화는 이후 시리즈로도 만들어져, 〈산머루 5〉(1994)까지 출시된 것으로 보인다. 스토리는 5편만 구체적으로 확인되는데 대략 다음과 같다. 숙진의 남편 동민은 몰래 상희와 불륜 관계를 맺고 있었는데, 숙진에게 불륜 현장을 들킨 후 죄의식으로 폐인이 되어 간다. 이를 보다 못한 숙진이 상희에게 도움을 요청한다. 숙진과 상희의 정성 어린 노력으로 동민은 정상적인 생활로 돌아온다. 그러나 숙진은 또 한 번 배반당한다.[83] 이처럼 결혼 생활에 문제가 있는 부부 사이에 벌어지는 불륜과 배신이라는 내용은 1980년대 에로 영화를 연상시킨다.

〈산머루〉는 에로 비디오의 역사에서 중요한 위치를 차지하지만, 흥행에서는 크게 성공하지 못한 듯하다. 그래서 이후에 나온 〈야시장〉(1990)을 최초의 에로 비디오로 보는 견해도 있다. 〈야시장〉은 1990년부터 1998년 사이에 12편이 시리즈로 만들어져 초기 에로 비디오의 대표작으로 꼽힌다. 〈야시장〉(지영호/정은수, 이영옥) 1편은 유호프로덕션에서 제작한 것인데, 자료마다 1990년 혹은 1991년으로 제작 연도가 다르게 기록되어 있다. 〈야시장〉을 최초의 에로 비디오로 보는 이유로는 이 시리즈가 1990년대 16mm 에로 비디오의 전성시대를 열었다는 점을 든다.[84]

〈야시장〉 시리즈는 기본적으로 성매매 종사자 이야기를 다루었다. 〈야시장〉 첫 편이 성공한 후 4편까지는 1편처럼 유흥가 세계를 배경이자 소재로 삼았다. 이런 소재와 내용은 충무로의 일부 에로 영화에서 통용되던 흥행 공식을 그대로 가져온 것으로 보인다. 1988년 〈매춘〉(유진선/나영희)이 극장에서 흥행에 성공하고 시리즈로 만들어지자, 〈매매꾼〉, 〈인신매매〉 등 유사한 제목과 내용의 영화가 연이어 개봉되었다. 국내 초창기 에로 비디오인 〈야시장〉은 제목이나 소재면에서도 이전 에로 영화의 계보를 잇고 있다.

그러나 〈야시장〉이 시리즈로 계속 만들어지면서 전형적인 성매매 소재의 에로물이던 1편의 성격은 약해지고 스릴러 등 새로운 요소가

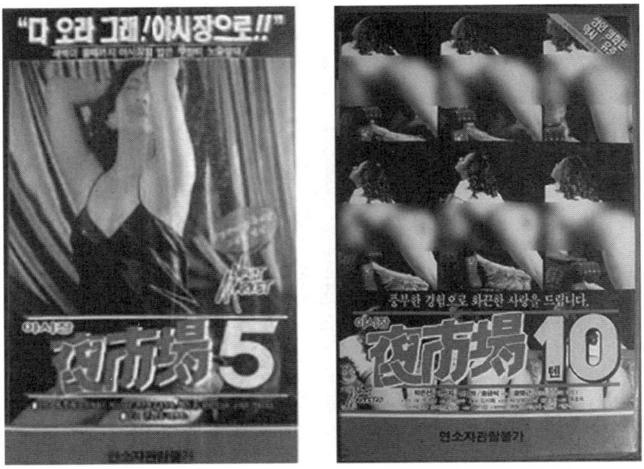

그림 3-3 성매매 종사자 이야기를 다룬 〈야시장〉 시리즈.

추가된다. 〈야시장 4〉까지만 해도 성매매 여성들과 그 세계를 다루었으나 〈야시장 7〉에서는 달라져 음모와 배신의 내용이 추가되고, 〈야시장 10〉(1995) 이후에는 살인 사건이 추가되어 범죄극 성격이 강해진다. 〈야시장 7〉(1993)은 에로물이자 복수극의 구조를 보인다. 여기서 여주인공은 자신에게 상처만 주고 떠난 남자에게 복수하려고 음모를 꾸민다. 〈야시장 10〉은 범죄 추리극에 가까운 에로물로 변신한다. 화재로 모든 것을 잃은 여주인공이 오히려 방화범으로 의심받는다는 내용인데, 마치 범죄 스릴러를 연상시킨다. 〈야시장 11〉(1996) 역시 범죄 스릴러를 연상시키는 에로물로, 여주인공 자경을 둘러싸고 일어나는 의문의 사망 사고가 주된 내용이다.

〈산머루〉와 〈야시장〉이 초창기 유호프로덕션의 간판격 상품이었다면, 〈정사수표〉 1~13편(1992~1996)은 업계 후발 주자인 한시네마

그림 3-4 〈정사수표〉 시리즈는 이전 에로 영화에서 자주 다룬 소재를 차용해 제작했으나 후편으로 갈수록 새로운 장르를 가미했다.

타운이 내놓은 대표적인 초기 히트작이다. 〈정사수표〉 시리즈에는 훗날 〈젖소부인 바람났네〉의 진도희와 더불어 가장 유명한 에로 배우로 꼽히는 정세희가 출연했다. 이 시리즈는 한시네마타운 대표 한지일이 직접 출연한 것으로 화제가 되었다.

〈정사수표〉(김수정/라미, 이무정, 박종혁)는 불륜을 소재로 했다. 부유한 남편과 젊은 아내, 가난하지만 젊은 남자 간의 삼각관계가 기본 스토리를 이룬다. 〈정사수표〉는 〈야시장〉 시리즈와 마찬가지로 이전 에로 영화에서 흔한 소재를 차용해 만들어지기 시작했다. 하지만 〈정사수표〉 역시 후편으로 갈수록 새로운 장르의 요소를 가미해 진화해 나간다. 시리즈 1편은 평범한 부부의 불륜 삼각관계에서 시작하지만, 8편에서는 강간 장면이 나오더니 9편에서는 변사체가 발견되고 의문의 전화와 같은 미스터리 스릴러 요소가 결합된다. 이런 흐름은 〈정사수표 10〉(1995)에서도 이어져 음모와 살해 등이 등장하는 독특한 에로물로 변신한다.

〈정사수표 10〉에서 사장 기명삼은 결혼을 미끼로 비서인 정란을 유혹하고, 정란은 신분 상승을 꿈꾸며 제의를 받아들인다. 명삼의 부인 경희가 쉽게 이혼에 동의하지 않자 정란은 애인인 박관영을 이용해 음모를 꾸민다. 그러나 알고 보니 명삼은 제3의 여자와 결혼하기 위해 정란을 이용한 것이었다. 한편 관영은 정란이 자신을 배신했다는 것을 알고 그녀를 살해한다. 일반 에로물에서 흔히 보던 불륜극은 이처럼 음모와 배신, 살해 등이 얽힌 치정극으로 변신한다. 흥미로운 것은 〈정사수표 10〉의 남자 주인공 이름이 '기명삼'으로 당시 대통령 '김영삼'을 연상시킨다는 점이다. 복합 장르성 영화에 정치 드라마 색채까지 가미한 것이다. 시리즈 후속작인 〈신 정사수표〉에서는 세계 각국 여성을 등장시켜 남성 시청자의 판타지를 충족시키려는 전략을 도입했다. 이러한 스토리 구조는 1990년대 중반 이후 〈성애의 여행〉에서 본격적으로 펼쳐진다.

위에서 언급한 사례 외에도 이 시기의 유명한 에로 비디오로는 〈매화〉(1988/이운철), 〈나녀목〉(1989/이운철), 〈땅꾼과 부인〉(1989/김진국), 〈여교주〉(김종성), 〈매춘25시〉(1989/박일랑), 〈빨간 여우〉(1989), 〈인간 빠리꾼〉(1991), 〈신사동부인〉(1990), 〈서울차타레부인〉(1991), 〈티코 아저씨와 그랜저 사모님〉(1993) 등이 있다.

이 시기 에로 비디오를 연출한 주요 감독으로는 김영한, 지영호, 조명화, 김인수, 김성수, 이명주, 박석규, 이민수 등이 있었고, 에로 배우로는 〈산머루〉의 곽은경, 〈땅꾼과 부인〉의 허나희, 〈서울차타레부

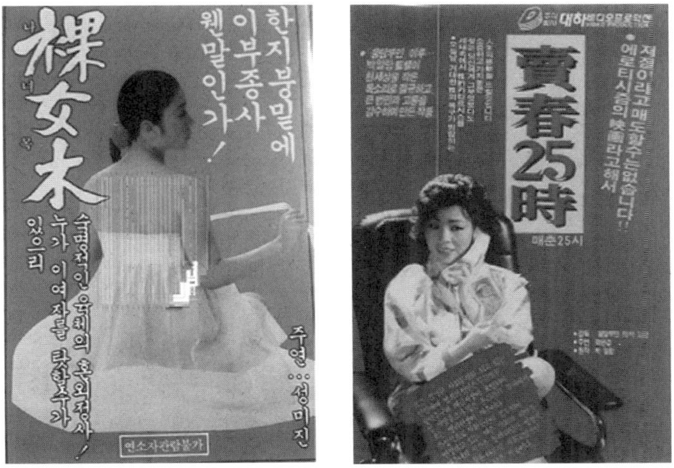

그림 3-5 초창기에 인기를 끈 〈나녀목〉과 〈매춘25시〉.

인〉의 박은선, 〈애마부인〉의 소비아, 〈옹녀의 샘〉의 최수정, 공미희, 손상숙 등이 활약했다.[85]

이 시기 에로 비디오는 1997년 〈젖소부인 바람났네〉 시리즈가 등장하면서 거의 잊혀졌다. 장르 초기이고 해당 시기가 짧아 1997년 이후 시기에 비해 제작 편수도 많지 않았다. 게다가 〈젖소부인 바람났네〉 시리즈와 같은 대중적인 인기나 인지도는 얻지 못했다. 〈젖소부인 바람났네〉 시리즈 이후에는 에로 비디오라는 장르가 널리 알려지고 인터넷도 대중화되어 관련 기사나 블로거의 감상 글이 많이 남아 있지만, 이 시기 에로 비디오와 관련해서 찾을 수 있는 자료는 그다지 많지 않다.

2) 영화에서 비디오로 미디어만 변화

에로 비디오가 등장하면서 에로물을 전담해서 제작하는 회사도 생겨났다. 에로 비디오 초창기인 이 무렵 비디오 시장은 소수의 제작사가 독점하다시피 했다. 이 시기 대표적인 제작사는 유호프로덕션, 한시네마타운, 무비뱅크로 이른바 3강 체제가 업계를 지배했다. 이 중 무비뱅크는 제외하고 2강 체제로 보는 견해도 있다. 이 중에서 이 무렵 가장 독보적으로 활약한 제작사는 유호프로덕션이다. 에로 제작사로는 가장 이른 1987년 설립된 후 최초의 에로 비디오인 〈산머루〉, 〈야시장〉을 비롯해 〈빨간 선인장〉, 〈위험한 여자〉, 〈금지된 정사〉, 〈야생마〉 시리즈 등을 연이어 내놓았다. 한시네마타운은 유호프로덕션보다 늦은 1990년 출범한 후 〈정사수표〉(1992~1996, 1~13편) 시리즈로 두각을 나타냈고,[86] 이후 〈젖소부인 바람났네〉 시리즈로 빅 히트를 쳤다. 그 밖에도 이 시기에 주목할 만한 에로 비디오로는 〈벽장 속의 유부녀〉, 〈금지된 정사〉, 〈빨간 사냥꾼〉, 〈덩쿨장미〉 등이 있었다.

이 시기 에로 비디오는 에로물 전문 제작사에서 만들어지고, 비디오 전용으로 제작되었지만 에로 영화를 연상시키는 특징을 많이 보였다. 소재나 제목도 그렇고, 성적 볼거리 제공을 주 목적으로 삼는 저예산 에로물임에도 스토리를 강조하는 제작 관행 역시 이전 에로 영화의 흔적을 보여 준다. 이는 당시 에로 비디오 제작 종사자 중에 충무로 출신이 많았고, 충무로와 에로 업계 사이에 자유로운 교류가 이루어진 것과도 무관하지 않다. 이 무렵의 에로 비디오는 비디오테이프에 담았을 뿐 사실상 이전 에로 영화의 아류와 마찬가지였던 셈이다.

이 무렵의 에로 비디오에서 가장 주목할 만한 특징은 우선 매춘

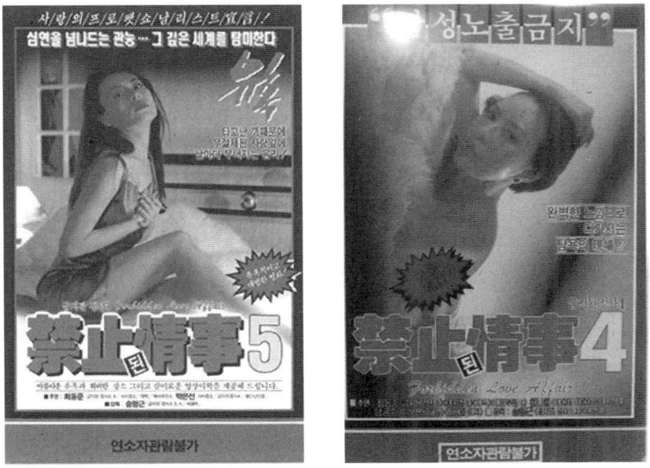

그림 3-6 유부녀의 외도를 다룬 〈금지된 정사〉 시리즈.

이나 유부녀의 불륜을 주된 소재로 다루었다는 점이다. 이 시기의 대표작으로 꼽히는 〈야시장〉 시리즈는 매춘 여성의 이야기를 소재로 했고, 〈금지된 정사〉 시리즈는 유부녀가 외간 남자와 정사를 벌인다는 내용을 축으로 구성되어 있다. 1990년대 초반에는 〈금지된 정사〉(유호프로덕션), 〈비밀 정사〉(1992/송명근), 〈B 타임의 정사〉(1991/이광섭) 등 '정사'라는 제목을 붙인 비디오가 많이 나왔다. 당시 성인용 비디오 고객층이 거의 청 · 장년층 남성이어서 유부녀의 외도를 다룬 '정사'류의 영화가 인기를 끌었다고 한다.[87] 이처럼 유부녀의 불륜이나 성매매 여성이라는 소재는 1980년대 에로 영화에서 흔히 다루던 내용을 답습한 것으로 보인다.

둘째, 이 시기 에로 비디오는 에로라는 장르로 분류할 수 있지만, 정해진 장르 공식 같은 것은 없었다. 따라서 한 시리즈 내에서도 다양한 장르가 혼재하는 독특한 특성이 나타난다. 예컨대 〈정사수표〉와 〈야시장〉 시리즈는 공통된 제목 외에는 하나의 시리즈물로 분류할 수 있을지 의문이 들 정도로 정형화된 장르 공식이 보이지 않는다. 이 두 시리즈는 후편으로 갈수록 에로물보다는 미스터리 스릴러 장르의 요소가 더 강화되어, 얼핏 내용만 보면 에로 영화가 아닌 것처럼 보인다. 심지어 〈야시장 10〉은 대표적인 에로물인데도 포털 사이트 다음에서 드라마/스릴러로 분류되어 있다. 이러한 특징은 아마도 해당 시리즈물 제작 당시 인기를 끌던 외국 에로 스릴러 영화(〈위험한 정사〉, 〈원초적 본능〉 등)의 영향으로 보인다. 에로 비디오는 초창기부터 그때그때 인기 있는 영화의 제목이나 내용을 차용해 시류에 영합하는 방식으로 만들어졌다.

셋째, 이 시기의 에로 비디오는 저렴한 성적 볼거리를 제공하면서도 일반 영화처럼 1시간 이상 일관된 스토리를 갖추고 있었다. 당시 에로 비디오 제작에 참여한 종사자들도 일관되게 강조한다. 이 무렵 에로 업계의 주도적 인물인 한지일은 한시네마타운의 에로 비디오에 대해 이렇게 말한다. "내 영화는 1960년대 〈자유부인〉, 1970년대 〈애마부인〉, 1980년대 〈빨간 앵두〉 등의 맥을 잇는 전통의 에로영화다. …… 나는 에로물에서도 새로운 것을 추구하려고 노력해온 사람이다. …… 영화로서의 완성도가 중요하기 때문에 일부러 야한 장면을 넣지는 않는다."[88] 외부인의 평가와 별개로 당시 에로 업계 종사자들의 이러한 진술은 이들의 직업 성향을 엿볼 수 있는 단서가 된다. 성애 장면은 에로 비디오에서 불가피한 요소이지만, 내러티브가 더 중요하다고 인식한다는 것이다.

에로 비디오 종사자들이 스토리에 유독 집착하는 것은 이들이 충무로에서 영상 제작을 익혔다는 점과 관련이 있다. 이들은 에로 비디오는 스토리가 없는 포르노와 다르다는 점을 거듭 강조했다. 에로 비디오 초기에는 에로물을 32mm 영화에서 16mm로, 개봉관에서 비디오로 제작 기기와 유통 미디어만 바꾼 것일 뿐, 콘텐츠 내용이 기존 에로 영화와 큰 차이가 없었다. 이 시절에는 에로 장르 제작 스태프도 대부분 충무로 출신이거나 충무로 활동을 병행했고, 제작 환경이나 관행 역시 충무로 영화계와 비슷했다. 실제로 하는 일과 무관하게 이들은 자신이 에로물이나 소프트 포르노 제작자가 아니라 영화 제작자라는 직업 정체성을 고수하고 있었다. 당시 업계 제작자들은 이후 에로 업계 종사자들과 자신들 간의 차이를 강조하면서 이렇게 말했다. "당시는 지금처럼 '쌈마이(싸구려)'가 아니고, 최하 200만 원 이상 제작비 들여서…… 촬영 감독들도 대종상 받은 사람들"(전직 에로 비디오 감독 라)이었다는 것이다.[89]

실제로도 이 시기에는 에로 업계와 충무로 종사자 사이에 경계가 뚜렷하지 않았다. 일례로 지영호 감독은 1986년 권투 영화 〈신의 아들〉로 영화계에 입문하였지만, 에로 비디오인 〈야시장〉(1, 3, 4, 8)을 연출했고, 그후에는 에로물과 충무로 영화 작업을 병행했다. 지영호는 〈고금소총〉 1, 2, 3편(1988, 1991, 1995)과 〈에미 이름은 조센삐였다〉(1991) 등 충무로 영화와 에로물 제작에 번갈아 참여했다.

〈정사수표 5〉(1993)를 연출한 박용준 감독도 고두심, 하명중 등이 출연한 〈아침에 퇴근하는 여자〉(1979)로 영화계에 입문한 충무로 출신이다. 이후에도 〈서울에서 마지막 탱고〉(1985), 〈서울에서 마지막 탱고 2〉(1992) 등 주로 성인 대상이긴 하지만, 극장 개봉 영화 제작에 활발하게 참여하였다. 성인물 외에도 남파공작원을 다룬 〈나는 다시 살

고 싶다〉(1984)를 연출하기도 했다.[90]

유명 애니메이션 〈로보트 태권브이〉와 〈우뢰매〉를 연출한 김청기 감독도 '서울동화프로덕션 제작, 김청기필림 판매'라고 명기한 채 〈이브의 먹거리〉라는 에로 비디오를 출시한 적이 있다. 또한 백준기, 주현, 민욱 등 인기 TV 탤런트들이 〈그 여자는 밤배를 타지 않았다〉라는 에로 비디오에 대거 출연한 사례도 있다.[91]

이처럼 당시는 에로 비디오 제작자들이 에로 업계와 충무로를 자유롭게 오가며 활동하던 시절이어서, 양자 간에 엄격한 경계가 지어져 에로 비디오 경력이 낙인처럼 따라다니는 이후 시대와는 사뭇 달랐다. 2000년 전후 봉만대를 비롯해 에로 업계의 스타 감독들이 에로 업계 출신이라는 꼬리표를 떼지 못해 주류 진출에 고전하는 것과는 비교된다.

4장

에로 비디오 장르의 정착

1995년부터 1997년까지 에로 비디오는 저급한 대중문화 장르이자 문화 산업 부문으로 자리 잡았다. 에로물은 영화 시장의 틈새를 겨냥하거나 아류의 성격에서 탈피해 본격적으로 '비디오' 시장을 겨냥한 대중문화 장르로 정착하게 된다. 당시 비디오 시장은 전반적인 침체 상태에 있었지만, 불황 속에서도 에로 비디오는 나름대로 적응 방식을 모색하면서 호황기를 맞이했다. IMF 시기를 전후해 검열 제도 완화 등의 여건 변화 역시 에로 비디오가 성장하는 데 우호적으로 작용했다.

1995년 처음 출시된 〈젖소부인 바람났네〉 시리즈의 성공은 이 시기 에로 비디오 시장의 경향을 보여 주는 대표적인 사례다. 에로물 전문 제작사인 한시네마타운과 유호프로덕션이 시장을 주도하면서 제작 방식에서도 어느 정도 전문화가 이루어졌다. 다양한 에로 비디오가 출시되면서 에로 비디오 장르의 흥행 공식이나 제작 관행도 점차 자리를 잡게 된다. 하지만 에로 비디오의 성공은 다른 한편으로는 여성 비하와 성 상품화라는 사회적 비판이 본격적으로 제기되는 계기가 되었다.

1. 에로 장르 정착과 시장 환경

1) 비디오 시대의 도래와 에로 비디오의 약진

1990년대에 들어서면 VCR 보급률이 완전 보급에 가까울 정도로 확대되면서 본격적인 비디오 미디어 시대가 도래한다. 이에 힘입어 국내 비디오 업계는 한동안 호황기를 누렸다. 표 4-1에서 보듯이 1994년 가구당 VCR 보급률은 80%를 넘어섰고, 비디오물에 대한 수요도 빠르게 증가했다. 이해에는 전국의 비디오 대여점 수도 3만 5000여 곳으로 정점에 달했다. 업계에는 낙관적인 전망이 넘쳐났다. 비디오 산업은 영상 소프트 산업 분야에서 영화 산업과 쌍벽을 이룰 정도로 기대를 한 몸에 받는 '황금 시장'으로 통했다.

당시 비디오 시장에서 흥행작은 주로 수입물에 의존했는데, 대기업과 해외 직배사는 해외 메이저사에서 수익성 높은 비디오 판권을 싹쓸이하다시피 했다. 반면에 종전에 비디오 시장을 움직이던 중소 제작사는 수입 영화 구매 경쟁에서 밀려나 흥행성이 떨어지는 싸구려 영화만 취급하는 신세로 전락했다. 국내 비디오 산업은 점차 대기업 · 해외 직배사와 영세한 중소 제작사로 나누어지는 양극화 구조로 변해 갔다.

국내 대기업이 비디오 시장에 관심을 갖게 된 데에는 몇 가지 요인이 작용했다. 우선 1994년 '중소기업 고유 업종 철폐'[92] 조치로 대기업 진출을 저지하던 제도적 장벽이 사라졌다. 영화, 방송, 비디오를 아우르는 통합 멀티미디어 상품 시장●의 가능성에 대한 낙관적인 전망과 기대감도 이들을 시장으로 끌어들이는 유인으로 작용했다. 영상

표 4 – 1　1990년대 비디오 기기(VCR) 보급과 비디오 출시 현황

연도별	보급 대수 / 보급률(%)	비디오 대여점 수	비디오 총 출시 편수	시장 규모
1991	515만 (45)	31,749	2,400	1,760억
1992	645만 (57)	34,083	2,494	2,500억
1993	805만 (76)	35,670	2,530	2,797억
1994	829만 (80)	35,510	2,455	2,817억
1995	854만 (85)	31,529	2,551	2,676억
1996	903만 (87)	26,450	2,025	2,719억
1997	1,040만 (90)	22,000	2,010	2,305억
1998	1,067만 (92)	16,366	1,642	2,200억
1999	1,090만 (94)	15,550	1,636	2,180억

출처: 신숙 (2005), p.12.

산업의 한 부문에서 경쟁력 있는 콘텐츠를 확보할 경우 다른 시장 부문에서도 우위를 점할 수 있는 좋은 계기가 될 것이라고 기업들은 기대했다. 더구나 비디오 기기 생산을 독점한 대기업에게 소프트웨어 시장 진출은 하드웨어 시장 확대에도 기여할 수 있어, 투자에 충분히 매력을 느낄 만했다.[93]

대기업뿐 아니라 해외 자본도 국내 비디오 시장에 관심을 갖기 시작했다. 전 세계 영화 산업에서 큰손인 다국적 직배사들은 국내 배

● 멀티미디어 시장은 주로 영상 소프트웨어 상품을 토대로 형성되며 영화, 지상파 방송, 비디오, 음반, 유선 방송, 위성 방송, 게임 시장 등으로 구성된다. 이 시장에서는 경쟁력 있는 소프트웨어를 확보할 경우 그 상품의 표적 시장에서뿐만 아니라 다양한 부수 시장에서 이윤을 남길 수 있다(문화관광부, 2000, p.333).

급사와 손잡고 비디오 콘텐츠를 대량으로 보급하기 시작했다. 이 때문에 기존 중소 제작사들은 줄줄이 몰락하거나 시장에서 급격히 영향력을 잃어 갔다. 중소 제작사 콘텐츠의 엉성한 화면과 스토리 전개로는 해외의 수준 높은 영화는 물론이고 비교적 저급한 장르에 속하는 '수입 에로물'의 수준을 따라잡기도 버거웠다.

당시 제작사별 시장 점유율 추이를 보면 대기업과 직배사의 제작 시장 진출이 어떤 효과를 가져왔는지 알 수 있다. 표 4-2는 이 무렵 비디오 콘텐츠 제작사별 매출액 추이를 정리한 자료다. 주목할 부분은 전체 제작사 매출액에서 직배사의 점유율 수치다. 직배사 점유율은 1991년만 하더라도 10.3%에 그쳤지만 점차적으로 증가해 2000년에는 40%에까지 도달했다. 이는 직배사 진출이 중소 제작사 중심의 비디오 시장을 크게 잠식했음을 보여 주는 지표다.

대기업과 해외 직배사의 진출은 유통 분야에도 변화를 가져왔다. 이전까지 영세한 국내 제작사는 대부분 자체 유통망을 갖추지 못했

표 4-2 1991~2000년 비디오 제작사별 매출액 추이

단위: 억 원(%)

구분＼연도	1991	1992	1993	1994	1995	1996	1997	1998	1999	2000
직배사	182 (10.3)	370 (14.8)	811 (29)	661 (23.5)	748 (28)	830 (30.5)	784 (31)	803 (36)	821 (38)	827 (40)
중견 제작사	1,233 (70.1)	923 (36.9)	1,481 (53)	1,508 (53.5)	1,709 (64)	1,634 (60)	1,289 (60)	1,182 (54)	1,001 (46)	975 (48)
중소 제작사	345 (19.6)	1,207 (48.3)	505 (18)	648 (23)	219 (8.2)	255 (9.4)	232 (9)	198 (9)	360 (16)	230 (12)
계	1,760 (100)	2,500 (100)	2,797 (100)	2,817 (100)	2,676 (100)	2,719 (100)	2,305 (100)	2,200 (100)	2,180 (100)	2,052 (100)

자료: 한국영상협회(2001), p.19.

기 때문에 전국 영업망을 확보한 도매상과 대리점에 의존했다. 그러나 대기업과 해외 메이저 기업은 중간 도매상을 거치지 않고 상품을 직접 판매하는 새로운 방식을 도입했다. 1993년 CIC의 비디오 직판 유통 시작을 계기로 유일영상, SKC, 스타맥스, 드림박스, 미디아트 등이 직판 영업 유통망을 속속 구축했다. 하지만 대다수의 영세한 국내 비디오 업체는 여전히 과거의 낡은 유통 체제를 고수하는 바람에 비디오 산업의 급격한 환경 변화에 적응하지 못했다. 특히 1997년 IMF 구제 금융 체제 이후 불어 닥친 가혹한 경기 위축은 중소업체에게 큰 타격을 입혔다. 비디오 업계는 제대로 성장, 성숙하지 못한 상태에서 1996년 말 DVD라는 버거운 경쟁 상대와 맞닥뜨리게 됐다.[94]

대기업과 다국적 배급사의 진출로 콘텐츠 확보가 어려워진 중소 제작사는 해외 영화 수입을 아예 포기하고 그 대신 에로 비디오라는 틈새시장에서 활로를 모색하게 된다. 에로 비디오 사업은 수요가 안정적이고 투자 소요액이 적다. 당시 에로 비디오는 편당 제작비가 평균 3000만~4000만 원에 불과할 정도로 저렴했고, 제작 기간도 1~2주일 정도로 짧아 대규모 투자에 따르는 불확실성이나 위험 부담이 적었다. 게다가 지방 중소 도시 비디오 대여점을 중심으로 1만 장 정도의 고정 소비자층이 형성돼 있어 투자액 회수도 안정적이었다. 에로 비디오 제작으로 대박을 터뜨리기는 어려워도 '최소한 본전은 건진다'는 것이 업계 측의 추산이었다. 에로 비디오 최고 흥행작인 〈젖소부인 바람났네〉는 제작비가 5000여 만 원에 불과했다.[95] 하지만 웬만한 직배 블록버스터 타이틀에 맞먹는 2만 5000장의 판매를 기록하는 '대박'을 터뜨렸다.[96] 이후 〈젖소부인 바람났네〉의 성공에 편승해 저렴하게 제작된 수많은 아류작이 동네 대여점용으로 쏟아져 나왔다.

16mm 저예산 에로 비디오 시장은 '금맥'을 찾아 나서는 투자자와 제작자로 넘쳐났다.[97] 하지만 적은 자본을 들여 속성으로 찍어 내니 콘텐츠 수준이 애당초 높을 수가 없었다. 업계가 단기 이익에 취해 있는 동안, 이러한 풍토는 점차 에로 비디오의 경쟁력을 갉아먹는 구조적 요인으로 작용하게 된다.

에로 비디오 시장이 중소 제작사 중심의 틈새시장으로 자리 잡자, 대기업까지 제작에 눈을 돌리기 시작했다. 그동안 대기업들은 주로 흥행작 수입에 주력했을 뿐 이렇다 할 자체 제작은 적었다. 비록 시장 규모는 작지만 수요가 안정적인 에로 비디오는 투자 위험이 적다는 점에서 매력적인 선택으로 보였다. 당시 대우그룹 계열사인 세음미디어는 시네마트란 브랜드로 에로 비디오 시장에 진출하면서 '고품격' 에로 비디오를 표방했다. 시네마트는 기존의 중소 에로 비디오 제작사가 투입하는 제작비의 2~3배에 달하는 1억여 원을 들여 1995년 〈삐삐 러브〉, 〈샤넬 No.5〉 등을 선보였다.• 이 두 편은 모두 출시 후 한 달도 채 안 돼 판매량이 1만 장을 넘겼다. 그다지 나쁘지 않은 실적이었으나 투자 규모에 비해 성공이라 보기는 어려운 수준이었다.

하지만 첫 출시작의 가능성에 고무된 시네마트는 〈유니폼 정사〉(1995/지영호), 〈에로틱 걸〉(1995/우태영), 〈여자 빨래방〉(1996/배해성), 〈무쏘 남자 무쏘 여자〉(1996/오요섭), 〈사모님 열 받았네 1, 2〉(1996/김인수), 〈요구대로 해줄게〉(1996/김인수) 등을 연이어 시장에 내놓았다. 점차 대기업 진출의 성공 사례가 나타나고 시장 규모도 성장하면서

• 대기업들이 투자한 제작비 규모는 기록마다 차이가 있다. 하지만 당시 에로 비디오 편당 제작비가 3000~4000만 원 정도였다는 점을 감안하면, 8000만~1억 원으로 2~3배 정도였다고 보는 게 적절할 것 같다.

시네마트 외에도 삼성영상사업단, 영성, 새한 등 대기업 계열사들이 앞다투어 에로 비디오 시장에 뛰어들었다.[98]

이처럼 중소 제작사뿐 아니라 대기업까지 에로물 제작에 진출하면서 에로 비디오 장르는 일약 비디오 시장의 노른자위로 부상했다. 여러 통계 수치는 당시 비디오 산업에서 이처럼 높아진 에로 비디오의 위상을 잘 보여 준다. 1996년 기준으로 (국내외 제작을 망라한) 비디오 출시작 총 편수 중 에로 비디오는 8~10%를 차지했다.[99] 또한 1995~1999년 동안 전체 비디오 시장 매출액이 2700억 원이었는데, 이 중 에로 비디오 매출액은 450억 원으로 전체 시장의 약 17%를 차지할 정도로 성장했다.[100]

국내 비디오 제작 현황에서도 에로 비디오 시장의 약진을 엿볼 수 있다. 대기업 진출에도 불구하고 비디오 제작에서는 여전히 중소 제작사의 비중이 컸다. 제작비가 적게 드는 에로물은 영세 제작자의 주력 상품이었다. 당시 국내에서 '창작 극영화' 장르로 분류되는 콘텐츠는 거의 에로 비디오물일 정도로 에로물의 비중이 컸다.[101] 표 4-3을 보면 극영화 제작 편수는 1994년 105편에서 이듬해 221편으로 2배 이상으로 늘어났고, 1998년 한 해 동안 소폭 감소한 것을 제외하면 이후에도 매년 빠른 속도로 증가했다. 이처럼 극영화 제작 편수가 대폭 증가한 것은 극영화의 약 80~90%를 차지하는 에로 비디오 편수의 증가 때문으로 보인다.●

● 국내 비디오 제작물 중 극영화 장르에서 에로 비디오물이 차지하는 비중을 파악하기는 쉽지 않다. 각종 백서나 연감, 신문 기사 등의 수치는 들쑥날쑥해 신뢰성이 떨어지는데다, 연도별 수치를 제시한 자료도 발견할 수 없었다. 단지 《2001 한국비디오 연감》에 에르 비디오물의 비중을 추정할 수 있는 단서가 나와 있다. 이 자료에 따르면 2000년 출시된 국내 비디오 854편 중

표 4-3 국내 비디오 장르별 제작 현황(1994~1999)

단위: 편(%)

연도	극영화	학습 교재	애니메이션	기타(기획 · 다큐 · 스포츠물)	계
1994	105 (17)	159 (26)	4 (1)	343 (56)	611 (100)
1995	221 (27)	273 (33)	11 (1)	329 (39)	834 (100)
1996	306 (38)	153 (19)	37 (5)	306 (38)	802 (100)
1997	309 (43)	134 (19)	18 (3)	248 (35)	709 (100)
1998	302 (48)	73 (11)	32 (5)	229 (36)	636 (100)
1999	470 (56)	64 (8)	21 (3)	278 (33)	833 (100)

자료: 한국영상협회 (2001), p.33.

전체 비디오 시장에서 저비용 콘텐츠인 에로물이 인기를 끌게 된 데에는 1990년대 비디오 유통 시장 특유의 실정도 일조하였다. 1990년대 비디오 시장은 일반 소비자 대상으로 가정 시청용 비디오테이프를 대여해 주는 비디오방 중심으로 형성되었다. 하지만 영세한 비디오 대여점이 우후죽순처럼 늘어나는 바람에 대여 시장에서는 제 살 깎아 먹기식의 치열한 경쟁이 벌어졌다. 그 결과 비디오테이프 대여 가격은 계속 하락해 편당 500~2000원 정도에 그치거나 심지어 일부 지역에는 그 이하로 떨어질 정도로 가격 덤핑이 성행했다.[102] 이처럼 매출액이 영세하고 이윤의 폭도 적은 상황에서는 제작자가 콘텐츠 제작에 많은 투자를 하기 어려웠다. 하지만 역설적으로 비디오 대

극영화 장르는 501편으로 전체의 58%를 차지하고 이 가운데 453편이 에로 비디오물이었다. 다시 말해 에로 비디오물이 극영화의 90%에 가까운 비중을 차지했다. 따라서 1995년 이후 극영화 편수의 급증은 에로 비디오물 증가 때문이라고 추정할 수 있다(한국영상협회, 2001, p.32).

여점에서는 콘텐츠의 질은 높지 않더라도 최소한의 고정 고객층이 보장되는 B급 장르에 대한 수요가 꾸준히 존재했다. 에로 비디오는 바로 이러한 틈새시장을 겨냥해서 성장했다.

1990년대 중반 한국 비디오 시장이 시장 포화로 성장의 정체를 겪던 상황에서 에로 비디오 업계는 오히려 장르의 정착기이자 전성기를 맞이했다. 〈젖소부인 바람났네〉 시리즈의 성공 사례에서 잘 드러나듯이, 에로 비디오 업계는 이러한 열악한 환경에서 자신에게 적합한 시장 전략과 제작 방식, 장르 관행 등을 개발해 내면서 성장해 갔다.

2) 비디오 콘텐츠의 독특한 유통 구조

당시 비디오 업계는 비디오 제작사뿐 아니라 중간 유통업자와 소비자용 대여점 등 여러 유관 업종과 유기적으로 얽힌 산업 생태계를 이루었다. 비디오 업계는 대여점 중심의 유통 구조에 크게 의존했는데, 이는 직판 시장 비중이 매우 낮은 한국 특유의 상황과도 관련이 있었다.

비디오 산업은 대체로 제작과 공급 부문보다 유통 부문이 발달한 산업이다. 비디오 산업에서는 콘텐츠의 자체 제작이 적은 반면, 영화산업 등 인접 산업 부문에서 제작한 원작을 복제, 가공하는 방식으로 콘텐츠를 조달하는 비율이 높다. 이는 비디오 상품의 특성과 관련이 있다. 영상 문화 상품은 오리지널(원작)을 제작하는 데에는 비용이 많이 들지만 이를 복제해 배포하는 비용은 상대적으로 적다. 일단 오리지널을 생산하고 나면 이를 최대한 많이 복제해서 판매하면 추가 비용은 거의 없이 매출액이 급격히 늘어난다. 따라서 비디오 산업은 막대한 비용이 들면서도 흥행이 불확실한 오리지널의 자체 제작에 주력하기보다는 영화 등 유관 산업에서 이미 흥행이 검증된 상품을 복제하여 배급하는 방식을 더 선호한다.[103]

비디오 산업은 크게 제작사Production, 도매상/대리점Wholesaler, 소매상Retailer으로 구성되었다.[104] 여기서 제작사는 비디오를 직접 제작하거나 외국 비디오를 수입하여 자사 브랜드의 직판 라인이나 대리점, 도매상에 넘기는 역할을 하는 기업을 말한다. 도매상과 대리점은 제작사의 상품을 위탁 판매하고 외국에서 수입된 상품을 배급하는 일을 맡는 유통 부문이다. 마지막으로 소매상은 일반 소비자를 대상으로 가정용 비디오테이프를 대여해 주는 대여점이나 소비자에게 상품을 직접 판매하는 판매점을 모두 지칭한다.

비디오 산업의 소매 유통 시장은 대개 판매 시장sale market과 대여 시장rental market으로 구분된다. 판매 시장은 다시 비디오 대여점을 겨냥한 대여 시장과 일반 소비자를 대상으로 직접 판매하는 소비자 직판sell-through 시장으로 구성되어 있다. 국내 비디오 산업에서는 소비자 직판 시장이 활성화하지 않았기 때문에, 소매상 부문에서는 소비자 대상의 판매점이 아니라 대여점 위주의 영업 형태가 발전하였다. 1994년 당시 비디오 산업의 시장 규모는 매출액 기준으로 제작사 공급 부문이 약 2817억 원(24.1%), 소비자 직판 시장은 약 700억 원(6.0%), 비디오 대여점이 약 8150억 원(69.9%)으로 구성되었다.[105] 대여점 시장 의존도가 매우 높은 반면, 소비자 직판 시장의 규모는 상대적으로 미미한 것을 볼 수 있다. 물론 표 4-4에서 1991년에서 2000년 사이의 추이를 보면, 시간이 지남에 따라 대여점 매출액 지분은 점차 감소하고 소비자 직판의 비율은 증가했지만, 대여점 매출 위주의 기본적 형태는 크게 바뀌지 않았다.

표 4-4 1991~2000년 비디오 시장 부문별 매출액 추이

단위: 억 원(%)

연도	1991	1992	1993	1994	1995	1996	1997	1998	1999	2000
제작사	1,760 (24.2)	2,500 (23.8)	2,797 (25.2)	2,817 (24.1)	2,676 (23.1)	2,719 (23.1)	2,305 (21.6)	2,200 (22.0)	2,180 (24.8)	2,052 (25.2)
대여점	5,510 (75.8)	8,000 (76.2)	7,800 (70.3)	8,150 (69.9)	8,000 (69.1)	7,850 (66.7)	7,050 (66.2)	6,500 (65.0)	5,212 (59.3)	4,600 (56.4)
소비자 직판	-	-	500 (4.5)	700 (6.0)	900 (7.8)	1,200 (10.2)	1,300 (12.2)	1,300 (13.0)	1,400 (15.9)	1,500 (18.4)
총계	7,270 (100)	10,500 (100)	11,097 (100)	11,667 (100)	11,576 (100)	11,769 (100)	10,655 (100)	10,000 (100)	8,792 (100)	8,152 (100)

자료: 한국영상협회 (2001), p.19

비디오의 유통 경로는 다시 도매상제와 대리점제, 직판제로 구분할 수 있다. 1992년까지는 일부 제작사를 제외하면 대부분 중간 단계에 위치한 도매상을 거쳐 상품을 판매하는 방식이 일반적이었다. 제작사 상당수가 소규모 기업이라서 자체 유통망을 갖추지 못했을 뿐 아니라, 최말단 소매상인 대여점 역시 구멍가게 수준으로 영세해 제작사에서 직접 상품을 구매하기 어려운 실정이었다. 이 때문에 이들은 모두 전국에 걸쳐 영업망을 갖춘 도매상과 대리점을 통해 상품을 구매했다.

하지만 대기업과 외국 메이저사가 비디오 시장에 진출하자 사정이 달라졌다. 이들은 이전처럼 중간 도매상을 거치지 않고 자체 유통망인 직판 영업소를 거쳐 비디오를 직접 비디오 대여점에 공급하는 직판제를 운영하기 시작했다. 이러한 추세 변화 때문에 1992년부터 전국적으로 30여 개의 도매상이 연쇄 부도를 맞았다.[106] 지금까지 비디오 시장에서 큰손 구실을 하던 많은 중소 제작사는 단순한 복제 제

그림 4-1 비디오 유통 시장 구조

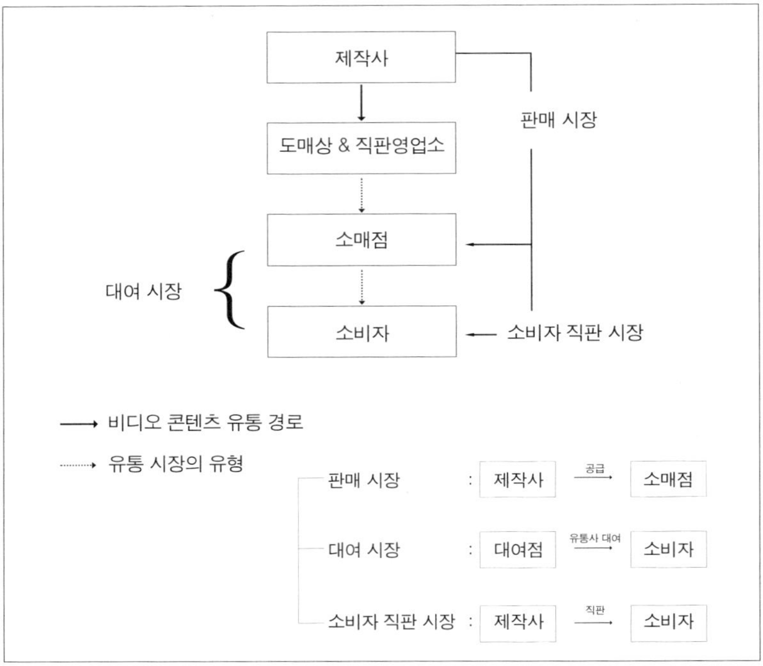

자료: 한국영상협회 (2001), p.28.

작사로 전락했고, 삼성, 대우, 새한, SKC 등 대기업 전문 비디오 콘텐츠 제작사가 비디오 유통 업계를 주도하는 새로운 시장 구조가 형성되었다.[107] 그러나 1997년 IMF 구제 금융 체제는 비디오 시장에 또 한 번 회오리바람을 몰고 왔다. 구제 금융 체제 이후의 경제 상황 악화로 삼성, 대우 등 대기업들은 비디오 시장에서 철수하였고, 기존의 직판제 역시 근간이 흔들렸다. 따라서 1999년 이후에는 직판과 대리점, 도매상이 뒤섞인 절충적 유통 체제가 자리 잡았다.[108]

3) 민주화와 검열 완화

이 시기 에로 비디오 시장이 성장하는 데 결정적으로 기여한 또 한 가지 요인은 성 표현물에 대해 규제 완화 조치가 잇따라 내려졌다는 것이다. 1990년대 중반 이후 사회 전반에서 민주화가 진전되면서, 성 표현물에 대한 검열과 규제도 완화되던 추세였다. 에로 비디오 제작이 막 활성화하기 시작하던 시점에 업계는 큰 도움을 얻은 셈이다.

1990년대 초반까지 비디오물에 대한 정책 기조는 '규제' 위주로 유지되었다. 1980년대에 들어서 비디오물이 유통되기 시작하자 비디오물을 음반 관련 규정에 추가해서 관리했는데, 이 제도는 일본법의 사례를 본뜬 것이었다. 1991년 2월 기존의 음반법이 폐지되고 '음반 및 비디오물에 관한 법률'이 신설되면서 처음으로 '비디오물' 개념이 등장했다.[109] 이 법은 기본적으로 일제 강점기 이후의 관행에 따라 비디오 콘텐츠 보호 육성보다는 규제에 초점을 두고 제정되었다. 음반이나 비디오물 제작은 사전에 공연윤리위원회의 심의를 통과하도록 의무화했고, 음반 제작자 등록 요건에 시설 기준을 포함시켜 소수의 대형 업자 위주로 효과적인 시장 통제가 가능하도록 해놓았다. 특히 1991년의 새 법규에서는 이전에 비해 제작자에 대한 처벌과 규제를 강화했다. 또한 제작자 국적 규정을 삭제해 외국 음반사의 국내 진출을 허용했다. 국내 제작사 입장에서는 규제 강화와 더불어 이중 악재로도 볼 수 있는 조치였다.[110]

그러다가 1995년부터는 잇따른 법률 개정으로 규제가 점진적으로 완화되었다. 이는 사회 전반의 민주화 흐름 속에서 그간 관행적으로 통용되던 관료적 규제 제도에 대해 위헌 판결이 나오기 시작한 것과 관련이 있다. 우선 무등록 음반이나 비디오 대여 · 판매업자의 음반과 비디오물을 반드시 몰수하도록 규정한 '음반 및 비디오물에 관한 법률'의 '몰수' 조항이 폐지되었다. 정책 변화의 계기가 된 것은 관련 업자의 위헌 법률 심판 제청이었다. 1994년 비디오테이프 판매업자인 최 모 씨는 무등록 비디오물을 판매해 오다 적발돼 물건을 모두 압수당했다. 이에 최 씨는 몰수 조항에 대해 위헌 심판을 신청하였다. 서울지법이 이를 인정하고 헌법재판소에 위헌 제청한 결과, 1996년 1월 3일 이 조항은 입법재량권을 자의적으로 행사했으므로 위헌이라는 헌법재판소의 결정이 내려졌다.[111]

그 후에는 사전심의제가 철폐되고 내용에 대한 규제 완화가 속속 이루어졌다. 1987년 민주화 이후 내용 규제가 점차 완화되긴 했지만 사전 심의제는 한동안 그대로 유지되었다. 이 때문에 음반을 발매하려면 먼저 해당 곡과 가사를 공연윤리위원회에 제출해 제작 사전 허가를 받고, 곡을 완성한 후에는 기관에 납본하여 확인을 받는 '이중 심의'가 이루어졌다. 심의 과정에서 내용을 수정하지 않거나 사전 심의를 통과하지 못한 음반은 발매조차 할 수 없었다. 이처럼 엄격한 음반 사전 심의제가 1996년 폐지되었다.

정태춘의 〈아 대한민국〉에는 "새악시 하나 얻지 못해 농약을 마시는," "특급 호텔 로비에 득실거리는 / 매춘 관광의 호사한 창녀들과 함께" 등의 가사가 나오는데, 심의 과정에서 이 부분에 대해 '가사 저속'을 이유로 수정 지시가 내려졌다. 정태춘은 공연윤리위원회의 조치에 불복하여 1990년 10월 사전 심의를 통과하지 않은 채 〈92년 장마, 종로에서〉라는 음반을 발표하였다. 1993년 정태춘은 문화관광부의 고발로 불구속 입건되었다. 이를 계기로 심의 제도의 근거 규정에 대해 위헌 제청이 제기되었고 마침내 1996년 10월 31일 '음반 및 비디오물에 관한 법률' 16조 1항 중 '음반에 대한 사전 심의' 부분은 위헌 판결을 받았다.[112] 이 결정은 영화에도 영향을 미쳐 1997년 4월 10일에 개정된 영화진흥법에 따라 영화 상영 등급 부여 및 보류 제도가 도입되었고, 비디오물도 이를 따랐다. 이후에도 비디오물 표현 규제 조항은 여러 차례에 걸쳐 개정 · 완화되었고, 1999년에는 영화 등급 보류 기간도 6개월에서 3개월로 축소되었다.[113]

정리하자면 1990년대에는 사회 전반의 민주화 흐름을 타고 영상이나 음반의 내용 규제 완화 조치가 잇따라 내려졌다. 비디오물 규제의 법적 근거인 '음반 및 비디오물에 관한 법률'이 1991년 처음 제정되었을 때에는 규제 위주였으나 1996년 개정에서 사전 심의제가 폐지되고 표현의 자유가 확대되었다. 이때 도입된 등급 분류 제도 중에서 등급 보류 조치 기간도 1999년 축소되고, 2008년에는 비디오물 등급 보류 제도도 위헌 판결을 받았다. 이처럼 이 시기에는 규제 완화와 표현 자유 확대가 지속적으로 이루어지면서 에로 업계 역시 성 표현 자유 확대로 큰 혜택을 입었다. 이 과정에서 에로 업계 제작자나 판매업자가 표현의 규제 완화를 위해 직접 발 벗고 나서기도 했다. 2008년 비디오물 등급 보류 위헌 판결에서 위헌 제청을 주도한 사람은 바로 에로 비디오 제작자였다. 1990년대 중반 에로 비디오의 전성기가 도래한 데에는 이러한 제도적 환경 변화도 적지 않은 영향을 미쳤다.

2. 에로물 전문 제작사의 등장

1) 유호프로덕션과 한시네마타운

1990년대 에로 업계에서 업계 전성기를 주도한 양대 제작사는 한시네마타운과 유호프로덕션이다. 한시네마타운(대표 한지일)의 〈정사수표〉 시리즈(1992~1996/김인수, 김성수)와 유호프로덕션(대표 유병호)의 〈성애의 여행〉 시리즈(1994~1997/조금환, 송명근)는 국내 에로물 시장의 성장기를 구축하는 데 크게 기여하였다. 두 제작사의 시리즈물이 연이어 성공을 거두면서 업계에서는 본격적으로 제작 시스템이 갖춰지고 배우의 브랜드 가치에 의존하는 스타 시스템도 등장하는 등 산업 규모에 걸맞은 틀이 점차 마련되었다.[114]

한시네마타운이 제작한 〈젖소부인 바람났네〉는 에로물로서는 파격적으로 2만 5000장에 달하는 매출을 기록했다. 이는 에로 업계에서 초유의 대기록일 뿐 아니라 웬만한 직배 블록버스터 타이틀의 실적에도 맞먹는 규모였다. 〈젖소부인 바람났네〉 시리즈는 엄청난 흥행 기록과 함께 진도희라는 이른바 '거유'(큰 가슴) 스타를 탄생시켰고, 속편도 12편까지 출시되었다. 이 시리즈의 성공에 자극받아 〈자라부인 뒤집어졌네〉부터 〈흑심 품은 연필부인〉 등 수십 종의 아류작이 등장했다. 〈젖소부인 바람났네〉 이후 에로 비디오 산업은 급격하게 성장세를 보여, 마치 〈쉬리〉(1999) 이후 한국 영화의 양적 성장을 연상시킬 정도라는 평가를 받았다.[115]

유호프로덕션은 〈꿀물〉, 〈꿀통〉, 〈꿀단지〉, 〈야시장〉 등을 출시한 데 이어 업계 기준으로는 거의 파격적인 제작비를 투자해 〈성애의 여행〉(1994) 시리즈를 출시했다. 이 시리즈는 당시 에로물로서는 이례적으로 8000만~1억 원의 제작비를 투입하여, 외국 배우를 캐스팅하고 프랑스, 러시아, 일본 등지서 해외 로케이션 촬영까지 했다. 이는 당시 한국 에로 비디오가 국내 시장을 넘어 해외 시장 수출까지도 겨냥하겠다는 야심찬 전략의 산물이었다.[116]

양대 제작사 외에도 몇몇 군데가 더 생겨났다. 업계에서는 한시네마타운과 유호프로덕션에 씨네프로까지 더해 이 시기의 3대 제작사로 간주하기도 한다. 여기에다 무비뱅크 등 5~6곳이 이 시기의 메이저 에로물 제작사로 통했다. 한시네마타운, 유호프로덕션 씨네프로, 그리고 이후 시기(5장)를 대표하는 클릭엔터테인먼트를 한국 에로 업계의 빅 4로 꼽기도 한다.[117]

유호프로덕션

유호프로덕션은 국내에서 가장 역사가 오래된 에로물 전문 제작사로, 초기작인 〈야시장〉 등으로 16mm 에로 비디오의 전성시대를 여는 데 큰 역할을 했다.[118] 당시 정부에서 추진하던 세계화 흐름에 걸맞게 5개국 해외 로케이션을 감행한 〈성애의 여행〉을 기획, 제작한 것도 유호프로덕션이다.

유호프로덕션은 광고 제작사 출신인 유병호가 1987년 부산에서 설립했다. 처음에는 에로 비디오 제작이 아니라 부산 · 경남 지역 CF와 기업 홍보물 제작, 외화 수입 등으로 출발했다. 초기에 유호프로덕션에서 근무한 스태프들은 "당시 부산에는 프로덕션이 2개뿐이라 영상 쪽으로 일을 하려다 보니, 갈만한 곳이 별로 없었다"[119]라면서 영상 일을 하다 보니 에로 업계에 몸을 담게 되었을 뿐이라고 했다. 유호프로덕션은 무협 시리즈, 국내외 에로 비디오, 청소년 드라마, 만화 등 거의 모든 장르를 취급했지만, 결국은 80~90% 정도를 시장성이 좋은 에로 비디오 분야에 주력했다.[120]

유호프로덕션은 에로 비디오를 주로 만들었지만 장기적으로 종합 영상물 제작사를 지향한 것으로 보인다. 당시 유호프로덕션에서 스태프로 근무한 한 직원은 "유호 자체가 유성, 유호 두 개의 종합 프로덕션이에요! 뮤직비디오도 찍었고…… 당시 유호는 그런 게[흔히 생각하는 에로 전문] 아니었어요. 충무로에서 두 번째로 큰 빌딩을 살 정도고…… 당시 모인 사람들이 다 영상을 좋아하던 사람들이구요."[121]

유호프로덕션은 최초의 에로 비디오 제작사일 뿐 아니라, 2003년 기준으로 400여 편의 에로 비디오를 제작해 국내에서 가장 큰 에로물 전문 제작사이기도 하다.[122] 다른 제작사와 구별되는 유호프로덕션의 특징은 여러 가지 새로운 시도를 했다는 것이다. 초기에는 〈애마부인〉 시리즈의 진주희를 비롯해 유호프로덕션의 '5인방 에로 스타'로 불리던 소비아, 박양희, 박은선, 주민희, 이민지 등이 출연하는 일종의 스타 시스템을 운영했다. 그 후 TV 인기 프로그램인 〈경찰청 사람들〉 등을 모방해 직업 배우가 아니라 일반인이 참여하는 듯한 느낌을 주는 다큐멘터리 형식도 선보였다. 특히 〈성애의 여행〉은 일본, 러시아, 프랑스 등 해외 각국을 순회하면서 현지 포르노 배우를 배우로 기용하는 시도를 했다. 제작비가 맞지 않더라도 일본 AV(Adult Video 성인용 비디오) 시장 개방에 대비해 일본 현지에서 에로 배우를 캐스팅해 영화를 제작하는 등 끊임없이 새로운 시도를 했다.

유병호 대표는 에로 업계에서는 드물게 장르 자체에 대해 장기적인 포부를 갖고 있었던 것으로 보인다. 2007년 한 언론사와의 인터뷰에서 그는 "에로 산업을 양성화시켜 긍정적인 평가와 일한 만큼의 대가를 받을 수 있는 문화가 조성됐으면 한다. 대신 우리는 수준 있는 한국적인 에로 비디오를 만들겠다. …… 한국적인 성인문화를 위해 일한다는 자부심으로 일하고 있다"[123]라고 밝혔다. 실제로 국내 에로 업계에서는 최초로 전 스태프에게 월급제로 급여를 지불해 안정된 생활을 보장하려 했다고 한다.[124] 그는 상업적으로 안정된 운영뿐 아니라 문화적 포부까지 드러냈다. 일본 시장에 진출할 계획이라거나 성性 박물관을 만들고 싶다, 삼류라는 인식에서 탈피할 수 있도록 최선을 다하겠다는 등의 발언도 맥을 같이한다.[125]

유호프로덕션의 〈성애의 여행〉은 편당 1억 원 가량의 제작비를 투자해 에로 비디오계의 블록버스터로 불렸다. 일반 에로 비디오가 저예산으로 빨리 찍어내는 데 비해 이는 전무후무할 정도로 과감한 투자였다. 이처럼 장기적 비전 덕분인지 에로 비디오 시장이 쇠퇴기에 접어든 이후 라이벌인 한시네마타운이 일찍 파산한 데 비해 유호프로덕션은 비교적 오랜 기간 건재했다. 2005년의 기사에 따르면 자본과 배우 수급력을 갖춘 제작사 대다수가 도산하는 중에도 유호프로덕션은 여전히 명맥을 유지했다.[126] 하지만 얼마 가지 않아 유호프로덕션 역시 세월의 흐름을 이겨내지 못해, "유명무실한 상태"[127]로 전락하고 만다.

한시네마타운

한시네마타운은 1990년 영화배우 출신 한지일이 설립한 제작사로 〈젖소부인 바람났네〉 시리즈가 대박을 터뜨린 것으로 유명하다. 한시네마타운은 에로물을 총 300여 편 제작했고, 〈젖소부인 바람났네〉,

〈정사수표〉, 〈욕탕 속의 여자들〉, 〈마가씨〉 등은 각각 10편 이상의 시리즈로 만들어져 200여 편이 흥행에 성공했다.[128]

한지일은 1971년 신상옥 감독의 신필름이 제작한 〈천동〉(이유석)에 배우로 발탁되어 데뷔했다.● 처음에는 홍콩 배우 이소룡을 따라 한소룡으로 불렸으나 임권택 감독의 〈길소뜸〉(1985)에 출연하면서 한지일로 개명했다. 이두용 감독의 〈경찰관〉(1978)으로 대종상 신인상, 〈아제아제 바라아제〉(1989)로 대종상 남우조연상을 수상하는 등 당시 충무로에서 나름대로 비중 있는 배우였다. 그러다 1985년 〈빨간 앵두 2〉를 시작으로 에로 영화에 진출했다.

비디오 제작사의 맹아기이던 1989년 한지일은 백상프로덕션을 설립해 배우에서 제작자로 변신했다. 창립 후 첫 제작물은 〈매춘녀의 일기〉(박용준)였다. 이후 1990년에는 한시네마타운을 설립했는데, 〈엄마 울지마〉 같은 일반 드라마도 제작했으나 주력 종목은 어디까지나 에로 비디오였다. 한시네마타운은 곧 유호프로덕션과 더불어 에로 비디오 업계를 대표하는 제작사로 떠올랐다. 유호프로덕션이 〈야시장〉 시리즈와 〈성애의 여행〉 시리즈로 대표된다면, 한시네마타운에는 〈젖소부인 바람났네〉와 〈정사수표〉 시리즈가 있었다. 특히 〈젖소부인 바람났네〉 시리즈는 일반인들에게도 에로 비디오라는 장르의 존재를 알리는 역할을 했다.

한시네마타운은 1995년 무명 신인이던 진도희를 발굴해 〈젖소부인 바람났네〉 시리즈를 성공시키면서, 에로 비디오 업계에 스타 시스

● 데뷔 연도와 데뷔작에 대해서는 기록에 따라 1969년이라고 하기도 하고 1970년이라는 설도 있다.

템을 도입하는 데 기여했다. 진도희 외에도 스타급으로 통하는 에로 여배우를 여럿 배출했다. 〈탈선 춘향전〉(1997/김봉은)은 진도희의 라이벌격인 정세희의 출연작으로 해외 포르노 시장에도 진출했다. 〈정사수표 8〉(1994)과 〈드라큘라〉(1997)에는 외국 여배우를 출연시켜 한국 에로물의 국제화를 시도하기도 했다.[129]

한지일과 유병호는 에로 비디오 업계의 주역으로서 여러 면에서 비슷하면서도 서로 대비된다. 이들의 공통점은 에로물이라는 저급한 장르에서 새로운 시도로 성공을 거두었다는 것이다. 하지만 한지일은 에로물보다는 영상 제작 자체에 대한 애착이 더 강한 듯했다. 한지일은 "나는 에로물에서도 새로운 것을 추구하려고 노력해은 사람이다. …… 영화로서의 완성도가 중요하기 때문에 일부러 야한 장면을 넣지는 않는다"[130]라고 주장했다. 이 때문에 한지일의 스타일에 대한 긍정적인 평가도 있다.

> 한시네타운은 작품성을 고집했다. 그래서 한지일은 카메라도 캠코더가 아닌 16mm를 사용하고 상황 설정이나 정사신에서 상당히 몸을 사린다. 한지일이나 진도희는 인터뷰할 때마다 기자들이나 문화 평론가들과 예술 논쟁을 벌이기도 했다. 이것은 〈젖소부인 바람났네〉의 흥행 요인이기도 하면서 90년대 후반 신흥 비디오 제작업체에게 밀려나는 요인이기도 했다.[131]

한지일은 에로 비디오 업계의 대표 인물로 인정받았지만, 업계에 큰 애착을 지닌 것 같지는 않다. 그는 에로 비디오를 충무로 영화로 가는 중간 과정으로 여긴다거나, 원래는 에로물이 아니라 가족물을 만들려고 했다는 등의 생각을 언론에서 여러 차례 밝혔다. 이 점에서 한지일과 유병호는 달랐다. 유호프로덕션의 유병호가 에로 업계를 대표하고 선도한다는 자부심을 꾸준히 표현한 반면, 한지일은 충무로에 대해 미련을 버리지 못했다.

한지일은 궁극적으로 충무로를 목표로 하고 에로 비디오에서도 완성도가 중요하다고 강변했지만, 사업에서는 자극적이고 저급한 마케팅 전략을 마다하지 않는 이중성을 보이기도 했다. 예를 들어 〈젖소부인 바람났네〉 시리즈를 홍보하기 위해 마침 1997년이 '소의 해'라는 점을 이용해 일종의 노이즈 마케팅 전략을 구사한 사례를 들 수 있다. 1995년 출시된 〈젖소부인 바람났네〉가 인기를 끌자 〈만두부인 속터졌네〉, 〈물소부인 바람났네〉, 〈자라부인 뒤집어졌네〉 등 비슷한 제목을 붙인 아류작이 대거 출시되었다. 이에 대해 여성 단체들은 "여성을 동물에 비유해 비하하는 표현"이라며 항의했다. 공연윤리위원회는 2008년 3월 〈젖소부인 바람났네 5〉를 끝으로 젖소부인이라는 제목에 퇴짜를 놓았다. 이 조치에 대해 한지일은 "경축년 소의 해인데도 왜 〈젖소부인〉 진도희의 출연이 뜸하느냐는 팬들의 전화가 많다"라면서 논란에 불을 붙였다.[132]

2004년에는 쓰레기 만두 파동으로 이슈가 되자 언론 인터뷰를 통해 당시 신작 〈만두부인 열받았네〉를 홍보했다. 1999년 제작된 〈만두부인 속터졌네〉의 주인공으로 원조 만두부인격인 K씨는 "먹는 걸로 장난치는 것은 정말 치사한 일입니다. 우리가 에로영화라는 마이너 장르에서 활동하고 있긴 하지만 우리의 알몸은 최소한 거짓말을 하진 않죠. 우리의 속살을 있는 그대로 보여 주니까요"라고 말했다. 나아가 에로 배우 L씨는 "우리는 무시당하면서도 서민의 심성으로 영화를 찍는다. 서민적 먹거리에 대한 희롱은 에로영화라는 장르가 당하는 희

롱이다"라는 식의 황당한 주장을 펼치기도 했다.[133]

〈젖소부인 바람났네〉 시리즈로 얻은 한시네마타운의 전성기는 그리 오래가지 않았다. 얼마 후 불어 닥친 경제 위기는 한지일의 에로 비디오 사업에도 한파를 불러왔다. 한지일에 따르면 "모은 돈으로 빌딩을 지었을 무렵에 IMF가 터졌다. 사채와 은행 금리가 눈덩이로 불어나고 분양과 임대도 되지 않아 순식간에 100억짜리 빌딩이 경매로 넘어가고 파산했다."[134] 에로 업계의 전설은 이렇게 끝이 나고 말았다.

2) B급 장르와 포스트에로 영화

에로 비디오라는 장르가 점차 정착되면서 한국 에로물 고유의 몇 가지 특징도 확립되었다. 에로 비디오는 저급한 비디오 상품의 특성에 맞추어 제작되면서도 여전히 이전 에로 영화와 비슷한 텍스트 특성을 많이 갖고 있었다. 충무로 영화판 출신이 제작에 많이 참여하다 보니 충무로 감각이 비디오에도 눈에 띄게 반영되었다. 그렇지만 저예산으로 단기간에 완성해야 하는 상품 특성에 맞추어, B급 장르에 적합한 제작 방식과 관행도 점차 정착되었다.

포스트에로 영화

이 무렵에 제작된 에로 비디오는 유통 미디어와 표현 수위 등의 부분에서는 영화와 차이점이 많다. 하지만 당시의 에로 비디오물은 여전히 1980년대 에로 영화의 연장선상에 있으면서 그 그림자에서 벗어나지 못했다. 그래서 이 시기의 에로 비디오는 일종의 '포스트에로 영화'라 불리기도 한다. 이러한 특징이 나타난 데에는 몇 가지 이유를 추론해 볼 수 있다.

우선 에로 비디오 업계에 종사하는 제작 스태프 중에서는 충무로 출신이 많았다는 점을 들 수 있다. 영화계 인력들은 마땅한 일자리가 부족할 경우 에로물 역시 영상 직종의 경험을 살리는 기회라 여겼기에 마다하지 않는 경향이 있었다. 필자들이 인터뷰한 어느 제작자(대상자 마)는 "1990년대 초 에로 비디오 일을 시작하게 되었을 때 배우들은 꺼려했지만 스태프들은 에로를 해도 상관없다는 인식"[135]이 있었다고 진술했다.

충무로 출신은 에로 비디오 제작에 참여할 때에도 여전히 영화계 감각으로 접근하는 경향이 있었다. 긴 내러티브를 중시하는 관행이 대표적인 예다. 에로 비디오 시청자들은 일반적으로 성애 장면에 초점을 두고 시청한다. 특히 비디오테이프 시절 에로 비디오 소비자들은 대체로 리모컨을 이용해 성애 장면을 제외한 부분을 빠르게 넘어가는 식으로 시청했다. 정작 시청자는 에로 비디오에서 내러티브를 그리 중시하지 않았다. 그런데도 당시 에로 비디오는 장편 내러티브를 근간으로 중간 중간 성애 장면이 들어가는 형식을 취하고 제작자 역시 내러티브를 필수 요소로 여겼다. 실제로 인터뷰에 응한 다른 제작자(대상자 사)는 "정사신은 그냥 빨리 찍고 다른 내러티브 부분을 강조하죠"[136]라고 말했다. 물론 여기에는 에로물 자체가 노출 수위가 제한적이라 잘 짜여진 내러티브 없이는 흥미를 자아내기 어렵다는 특징도 작용했다. 하지만 이 관행은 영화계 종사자의 직업 성향이 투영된 것과 무관하지 않다.

내러티브 중심의 구성이라는 특성은 이 시기 대표적인 히트작인 〈젖소부인 바람났네〉 시리즈를 보더라도 쉽게 발견할 수 있다. 〈젖소부인 바람났네〉 시리즈는 여러 부분에서 아직 1980년대 에로 영화의 영향에서 벗어나지 못했다. 한계도 뚜렷했다. 우선 소재나 스토리에서 유부녀의 불륜을 다루면서도 불륜을 통해 사회를 비판하려는 시도도 보였다. 남편을 벗어나 다른 남자와 관계를 맺는 데서 자유를 찾는 유부녀 이야기라는 점은 1960년대 〈자유부인〉에서부터 1980년대 〈빨간 앵두〉 등으로 이어지는 부인물의 계보 안에 머물렀다. 하지만 시대 변화에 따른 차이도 있었다. 이 시기 에로 비디오는 1980년대 에로 영화를 계승하면서도 이전과 달리 진지한 측면은 눈에 띄게 탈색되었다. 1980년대의 일부 에로 영화는 사회에 대한 문제의식이 미약하게나마 있었지만, 에로 비디오에서는 눈요기 장면에만 치중할 뿐 이전의 진지한 메시지는 많이 퇴색했다.

한국의 에로 비디오는 어떤 면에서는 일본의 로망 포르노•에 비교되기도 한다. 일본 핑크 포르노는 기발한 상상력에 사회 의식을 담았고, 작품성도 어느 정도 인정받았다. 로망 포르노는 B급 에로물에서 시작했으나 질적 수준도 인정받았고 메이저 감독까지 여럿 배출했다는 점에서 모든 한국 에로 비디오 제작자에게 '로망'과 같은 존재였다. 일부 에로 비디오 제작자 역시 로망 포르노처럼 인정받는 날을 꿈꾸었지만, 이 희망이 실제로 구현되는 사례는 드물었다. 하지만 이러

• 1960년대 말 일본 영화 산업이 불황기를 맞이하자 일본 5대 메이저 영화사 모두 에로물, 즉 핑크 영화 제작에 뛰어든다. 그중 1971년에 니카츠 영화사에서 '로망 포르노'라는 레이블로 출시한 영화들이 완성도, 대중과 평단의 평가에서 월등했다. 로망 포르노는 17년간 일본 박스오피스에서 승승장구했다. 로망 포르노 영화 중에는 작가주의적 시도와 뛰어난 미장센이 포함된 작품이 많다. 김효정 (2017. 4. 8), "살기 위해 만든 '포르노' 영화, 일본을 뒤흔들다," 〈오마이뉴스〉. http://star.ohmynews.com/NWS_Web/OhmyStar/at_pg.aspx?CNTN_CD=A0002313681&CMPT_CD=P0001

한 모든 한계에도 불구하고 이 시기에 에로 비디오는 다양한 시도를 통해 진화하면서 에로 영화의 아류가 아니라 서서히 에로 비디오 장르만의 특성을 갖추어 나갔다.

B급 장르식 제작 방식과 텍스트 관행

에로 비디오는 대개 싸구려 상품이라는 용도에 맞추어 날림으로 만들어졌다. 이 시기의 에로 비디오는 대여점에서 요구하는 저렴한 콘텐츠를 단기간에 다량으로 공급할 수 있도록 기획되고 제작되었다. 소자본과 짧은 제작 기간, 날림 제작이라는 작업 환경에서, 에로 비디오 특유의 'B급 장르'식 제작 방식과 정형화된 텍스트 관습이 점차 자리잡아갔다.

1996년 무렵의 제작 여건에 관해 한지일은 이렇게 증언했다. 에로 비디오 편당 제작비는 5000만~7000만 원 정도이며, 매출이 1만 장 정도 되면 2000만 원 정도 수익이 발생한다는 것이다.[137] 그러나 제작비에 관한 기록은 다양하다. 1996년 당시 에로 비디오의 편당 제작비는 평균 4000만 원 정도라거나,[138] 2000만~5000만 원이라는 기록도 있다.[139] 1990년대 중반 에로 업계의 경기가 좋았을 때에는 7000만 원짜리 '프리미엄 에로'도 제작됐다고 한다. "당시 멜로 극영화의 제작비가 1억 2000만 원 정도였으니 에로 영화의 퀄리티도 극영화 못지않았다"라고 한지일은 주장했다.[140] 하지만 한지일이 7000만 원짜리를 "프리미엄 에로"[141]라고 부른 것을 보면 당시 에로 비디오 제작비 규모는 그리 크지 않은 듯하다. 1990년대 중반 에로 비디오의 편당 제작비는 보통 2000만~5000만 원 정도로 소규모였고 그 이상은 간혹 있더라도 예외였다.

소자본으로 제작된 만큼 제작 기간도 그다지 길지 않았다. 전성기라 할 수 있는 1990년대 후반에는 제작 기간이 1주일 정도였고, 경기가 나빠진 2000년 이후에는 심지어 하루에 한 편씩 촬영하기도 했다.[142] 총 제작 기간이 이 정도라면 제작비 규모나 제작진의 자질과 무관하게 질적 수준이 높은 콘텐츠를 만들어 내기란 사실상 원천적으로 불가능한 셈이다.

그래도 이후 시기와 비교해 보면 이 시기에는 출연 배우의 수입도 상대적으로 높은 편이었다. 유호프로덕션은 2000년 에로 비디오에 대량 생산 체제를 도입했는데, 이때 에로 배우들의 몸값에 관한 기록이 나와 있다. 유호프로덕션이 에로 배우 인건비 지급 방식을 '날 페이'(일당)로 바꾸었는데, 그전까지는 한 편당 여배우는 200만~300만 원, 남자 배우는 100만~200만 원 선이었다고 한다. 이 시기에는 한 달에 500만 원 이상 버는 배우도 많았지만 2000년대 중반에는 200만 원도 많은 편에 속할 정도로 여건이 열악해졌다.[143] 심지어 2008년 무렵에는 편당 출연료나 다름없는 여배우 일당이 70만 원 정도에 불과했다는 제작자 증언도 있다.[144]

제작비나 투입 시간 등 영세한 여건에 맞추어 에로 비디오는 대개 저렴하고 조잡하게 만들어졌다. 물론 이 무렵에는 이후 시기에 비해 상대적으로 여건이 좋았고 개중에는 제작 기간이 길고 제작비가 많이 투입된 사례도 더러 있었다. 하지만 어느 쪽이든 에로물이 명실상부하게 질적 수준이 높은 A급 콘텐츠로 만들어진 사례는 거의 없었다. 1990년대 중반에 시리즈물로 나온 〈성애의 여행〉은 에로 비디오로서는 드물게 과감하게 거액을 투자한 대작에 해당한다. 하지만 〈성애의 여행〉으로 대표되는 고급화 전략은 일시적이고 예외적인 '반짝'

시도였을 뿐이다. 대다수의 에로 비디오는 내용보다는 선정적인 제목으로 승부를 걸거나 이후에는 점차 몰카 시리즈, 학원물 등 훨씬 자극적이고 변태적인 내용을 강조하는 방식으로 변질해 갔다.[145]

이 무렵 에로 비디오의 내용은 대개 영화처럼 장편 형태의 스토리를 근간으로 하면서 자극적인 장면이 군데군데 삽입된 형태로 구성되었다. 그렇지만 스토리 구성은 유명무실할 정도로 엉성했고, 진짜 핵심에 해당하는 성애 장면의 들러리에 그치는 사례가 많았다. 한시네마타운 출신인 에로 감독 한동호에 따르면 에로물에는 정형화된 공식이 있다. 에로물에는 '대리점에서 원하는 성향,' 혹은 정형화된 상업적 공식이 있는데, 구체적으로는 '5분 스토리, 5분 정사신' 등으로 표현할 수 있다고 한다. 그는 제작자의 창의성을 가로막는 현실적 제약을 이렇게 표현했다.

> 대리점에서 원하는 성향이 있었어요. 흔히들 '에로영화 다 똑같다. 배우만 다르고' 그러는데…… 그게 그 쪽에서 주문하는 거거든요. 모르고 처음 하시는 분들은 다들 시도를 하셨어요. 그러다가 다들 망하니까 그걸로 끝나 버리는 거죠. 두 분[인터뷰어]도 그렇게 생각하실 거예요. 내가 만들어도 저것보다 낫겠다. 근데 막상 오면 그렇게 안돼요. 처음 생각은 다들 그래요. 저도 그랬고.[146]

제작 여건 탓에 어쩔 수 없이 에로 비디오의 질적 수준이 낮을 수밖에 없다는 것이다. 이러한 사정은 2000년대 이후로 가면 더 심각해진다. 공자관 감독의 의견도 비슷했다. 에로 비디오는 일반적인 충무로 영화와 제작 시스템부터 다르기 때문에 같은 잣대로 평가하면 안

된다는 것이다.

> 현장에 가면 감독의 연출 의도 같은 걸 생각할 여유가 없다. 2회차 내에 영화 한 편을 다 찍어야 하니까. 처음엔 나도 얕보고 갔다. 하지만 막상 연출을 맡게 되니까 압박으로 다가오더라. 내가 잘못 찍어서 비디오 판매가 안 되면 내 밥줄이 끊기는 건 물론이고 회사에도 손해가 되니까. 처음에는 너무 웰메이드에 집착하며 찍었다. 그걸 벗어나기 힘들었다. 지금도 감독으로서 내가 해결해야 할 가장 중요한 과제가 웰메이드에 대한 집착이나 영화문법에 대한 집착 같은 것을 깨고 나가는 거라고 생각한다.[147]

그렇지만 영화계 시각에서 볼 때 이처럼 에로 비디오의 텍스트 관습이 다소 저질스러운 것이 꼭 제작 여건 탓만은 아니다. 무엇보다 에로 비디오 장르에 대한 수요가 다른 영상물과 다르다는 점을 들 수 있다. 에로 비디오 이용자는 대개 그다지 진지하지 않다. 이들이 원하는 것은 탄탄한 스토리나 전체적인 짜임새와 거리가 멀다. 스토리의 개연성은 이들의 시청에서 중요한 고려 사항이 아니다. 리모컨을 돌려가며 성애 장면 위주로 보는 선별 시청 행태 역시 에로 비디오 제작자가 내용의 질적 완결성을 중시하지 않는 분위기를 조성하는 데 기여한 요인이다. 김은진의 에로 비디오 수용자 연구에 참여한 한 29세 남성은 이렇게 말했다.

> 극장에서 거는 성인 영화는 그대로 스토리가 있으니까, 줄거리나, 감독이 이야기하고 싶은 것도 보지만. 언더그라운드 쪽으로 내려오면[에로 비디오] 거의 줄거리는 안 보는 입장이고, 여자들, 외모나 섹스 장면, 그

런 거만 찾아보는 거죠. [리모컨으로] 빨리 돌려가지고.[148]

또 다른 중요한 요인은 충무로 출신에 의해 형성된 업계 감각과 타성적 관행의 문제점을 들 수 있다. 이 시기는 에로 비디오의 전성기로 꼽히면서도 정작 내용에서는 이후 시기와 비교해 내세울 만한 독특한 스타일이나 다양성이 부족했다. 큰 가슴을 강조하는 부인류가 넘쳐나면서 에로 비디오의 대표 양식으로 통했고, 이는 에로 비디오의 상식처럼 여겨졌다. 하지만 이후에 유행한 전혀 다른 스타일의 에로 비디오와 비교해 보면 이처럼 타성화된 제작 관행의 한계점이 여실히 드러난다. 2000년대 이후 클릭엔터테인먼트는 스토리와 화면의 질적 완성도를 높인 에로 비디오를 잇달아 선보여 1990년대의 상투적인 에로물과 뚜렷하게 차별화된 흐름을 이루었다. 기존의 에로물과 달리 스토리를 배제하고 짧은 영상으로 승부하는 새로운 스타일도 등장했다. 이는 영화판 출신 일색이던 에로 비디오 업계에 광고처럼 전혀 다른 업종 출신이 대거 진입하면서 나타난 현상이다.

에로 업계에서 특유의 제작 방식과 관행이 자리 잡으면서 예기치 못한 현상도 나타났다. 에로 장르의 저급함은 중소 제작사의 단점이기도 했지만 외부의 위협에서 자신을 보호하는 기능도 했다. 규모는 작으나 안정된 시장 기반을 노리고 한때 대기업들도 에로 비디오 업계에 진출했지만 오래 버티지 못했다. 우일영상, 시네마트 등의 재벌 계열사들은 '고급 에로 영화'를 표방하면서 일반적인 에로물보다 제작비를 두 배 이상 투입해 〈샤넬 No.5〉, 〈제복속의 정사〉 등을 출시했다. 판매량은 일반적 에로물 기준에 비추어 나쁘지는 않았지만 투자 대비 실적은 다소 실망스러웠다. 이때의 실패 경험에서 이들이 얻은 결론은 단순했다. '화끈한 제목, 적은 투자'로 빠르게 시장에 대응하는 방식이 흥행의 지름길이라는 것이다.[149] 투자를 많이 한 고급 에로물이라고 해서 더 잘 팔리지 않는 상황에서는 대기업의 자금력이 기존 중소 에로 비디오 전문 제작사에 비해 별다른 우위를 보장해 주긴 어려웠다.

충무로 진출의 징검다리

직업 전문성 측면에서 볼 때 에로 장르는 넓게는 영상 업계 경력자가 종사하는 분야였다. 이들은 대개 영상 업계 진출의 한 방편으로 에로물 제작에 몸담게 된다. 하지만 에로 장르는 종사자가 애착을 갖기 어렵고, 설혹 성공을 거두더라도 자부심을 느끼기 쉽지 않았다. 이들은 에로물 제작에 몸담으면서도 언젠가 주류 진출의 날이 올 것이라 희망한다. 종사자들의 이러한 성향은 에로물 텍스트에도 뚜렷하게 반영되었다.

한시네마타운 설립자인 한지일이 전형적인 인물이다. 그는 자기 영화가 1960년대 〈자유부인〉 이래의 전통 에로 영화 계승자라는 자부심을 공공연하게 표현하며, 나름대로 에로 장르에 애착을 드러낸다. 하지만 그 역시 에로물에 대해 양면적 태도를 보여 준다. 결국에는 장편 문예 영화 제작이 목표이며 에로 비디오 제작은 그 준비 과정일 뿐이라고 발언하며 충무로에 대한 미련을 버리지 못했다. 최종 목표는 좋은 영화를 만드는 일일 뿐 에로물 제작은 상황이 여의치 못해 하게 된 불가피한 선택이라고 강조한다. 에로 비디오를 시작한 동기에 대해 그는 이렇게 밝혔다.

〈길소뜸〉, 〈아제아제 바라아제〉 등의 영화에 출연해서 호평을 얻었으나 이후에는 출연제의도 잘 들어오지 않았다. 영화는 계속하고 싶었으나 방법은 없고 해서 직접 영화사를 차리기로 한 것이다. 1990년 한시네마타운을 설립, 〈엄마 울지마〉 등 가족영화를 만들었으나 모두 실패한 뒤 1992년 〈정사수표〉가 히트했고, 이후에 총 130편을 찍었다. 장편 극영화를 찍는 것이 꿈이며 에로영화는 그 제작비를 마련하는 과정이다.[150]

그는 좋은 극영화 제작을 위해 제작비를 마련하는 과정이라는 이유로 에로 장르 종사를 합리화한다. 큰 뜻을 품고 제작한 영화는 망해서 살기 힘들었고, 그러다 보니 어쩔 수 없이 "이익이 남는 영화를 만들게" 되었는데 그게 '에로 성인 영화'이었을 뿐이라는 것이다.[151]

필자들이 인터뷰한 업계 사람들도 공통적으로 이와 비슷한 생각을 드러냈다. 지금은 에로 업계에 몸담고 있지만 여기서 경력과 감각을 쌓아 메이저인 충무로로 진출하려는 희망을 간직하고 있었다. 어느 에로 제작자는 에로 분야에서는 이제 나름대로 성공을 거두었으니 앞으로 케이블이나 영화 등 다른 분야에서도 점진적으로 밟아 올라가며 커리어를 쌓아나갈 수 있을 것이라는 포부를 밝혔다.[152] 또 다른 에로 감독(제작자 사)은 박찬욱이나 장진 감독이 자신의 롤 모델이라며, 특히 장진이나 류승완은 정식 코스를 밟은 사람이 아니어서 마치 자신의 미래 모습인 듯해 애착을 더 느낀다고 밝혔다.[153]

3. '젖소부인' 시리즈와 진도희

1) 〈젖소부인 바람났네〉 시리즈

〈젖소부인 바람났네〉는 최고의 흥행작이자 에로 비디오의 대명사로 통하며, 에로 비디오라는 장르가 정착하는 계기를 만든 시리즈물이다. 〈젖소부인 바람났네〉는 내용과 형식상의 특징 외에도 흥행 공식 측면에서 이 시기 에로 비디오의 전형적인 특징을 보여 준다.

한시네마타운이 출시한 이 비디오는 '젖소'라는 제목에 걸맞게 가슴이 큰 여배우 진도희를 발굴해 전면에 내세웠다. 〈젖소부인 바람났네〉는 1995년 처음 출시된 후 2004년 12편까지 속편이 나올 정도로 인기를 끌었다. 〈젖소부인 바람났네〉 시리즈가 선풍적 인기를 끌면서 아류작도 잇따라 나왔다. 〈만두부인 속터졌네〉, 〈낙타부인 물만났네〉, 〈자라부인 뒤집어졌네〉, 〈콤파스부인 다리벌렸네〉, 〈연필부인 흑심 품었네〉 등은 유사한 제목의 패러디 영화로서 원작의 인기에 편승했다. 당시 〈젖소부인 바람났네〉 시리즈가 가져온 소비자 반응을 소개하면서 비평가 남기환은 다음과 같이 평가했다.

> '젖소부인'의 열기는 말 그대로 폭발적이었다. 비디오숍에서 슬슬 눈치를 보며 빌려가던 사람들이 아예 드러내놓고 성인물을 찾게 된 것도 이때다. 〈젖소부인 바람났네〉는 눈에 띄는 제목 탓에 그 자체가 유행어가 됐다. 그 뒤 한 시네마타운이 '부인'류의 제목을 단 영화를 줄줄이 내놓으면서 한국 에로 비디오 시장은 열기를 더해갔다. 〈젖소부인 바람났네〉가 한국 영화계에 끼친 영향은 막대하다. 더 이상 에로 영화는 무시해버

그림 4-2 12편까지 시리즈가 나올 정도로 선풍적인 인기를 끈 〈젖소부인 바람났네〉.

릴 수 없는 존재가 되었다. 마침내 에로 비디오가 그늘에서 벗어나 시장에서 소비자와 직접 만나는 시대가 온 것이다.[154]

이전 시기의 〈정사수표〉나 〈야시장〉 시리즈가 스토리를 암시하는 제목을 붙인 반면, 〈젖소부인 바람났네〉는 무엇보다 과장되고 코믹한 제목으로 주목을 끌었다. 〈젖소부인 바람났네〉 시리즈는 1980년대 에로 영화의 영향을 많이 받은 이전 시기의 에로 비디오와 마찬가지로 스토리가 뚜렷하고 유부녀의 불륜이 중심축을 이루었다. 시리즈 후반으로 갈수록 여기에 성폭력이나 스릴러 요소를 결합한 복합 장르를 선보였다. 이처럼 에로 비디오는 시리즈물에서도 정해진 공식을 고집하지 않고, 그때그때 유행하는 다른 장르의 요소를 가미해 흥미를 높이려는 유연한 전략을 구사했다.

〈젖소부인 바람났네〉 1편은 성 기능에 문제가 있는 남편과 성욕이 넘치는 부인 간의 비정상적 부부 관계에서 발생하는 에피소드를

그림 4-3 〈젖소부인 바람났네〉의 인기에 편승해 나온 아류작들.

중심으로 구성되었다. 외딴 지역에 소재한 전원 주택을 배경으로 한 부부가 주인공으로 등장한다. 중년의 남편(김기석)은 겉으로 보기에 남부러울 것 없을 정도로 사회적으로 안정된 위치에 있고 잘생긴 남자이지만 성 불능 상태인 반면, 젊은 아내 '젖소부인'(진도희)은 밤마다 섹스를 갈구한다. 젊은 아내가 운전사와 식모의 섹스를 엿보며 자위를 하는 장면은 그녀의 숨겨진 욕망을 보여 준다. 그러다가 남편의 후배라는 젊은 남자가 등장하고, 젖소부인은 욕망 앞에서 잠시 주춤하다가 결국 그 남자와 관계를 맺는다. 〈젖소부인 바람났네〉 시리즈를 비롯해 이 시기의 에로물은 크게 보면 1960년대 〈자유부인〉 이후 이어지는 한국 불륜 영화의 기본 구도와 큰 차이가 없다.

1편이 이처럼 전형적인 불륜극 형태로 구성된 반면, 2편에서는 에로틱 스릴러로 전혀 다른 분위기로 바뀌면서 유혈극이 전개된다.

당시 영화 잡지 〈스크린〉의 김형석 기자는 기고문에서 1, 2편은 볼 만하지만 3편부터는 볼 필요가 없다고 평가 절하했다.[155] 후속작들은 1편의 유명세에 힘입어 만들어졌을 뿐 질적 수준이 그리 높지 않다는 뜻이다.

〈젖소부인 바람났네〉 시리즈는 이 시기 에로물의 전형적인 스토리 구조를 보여 준다. 우선 불륜극이든 에로 스릴러 형태이든 스토리 전체를 관통하는 내러티브 형식을 갖추었다. 에로 비디오의 목적은 성애 장면으로 시청자의 성적 판타지를 자극하는 것이고, 시청자들은 리모컨을 이용해 성애 장면 외에는 대충 넘겨 가면서 본다는 사실은 제작자도 잘 안다. 그럼에도 굳이 장편 극영화 형식을 갖추고 있는 것이다. 그 이유는 우선 내러티브가 중심이고 부분적으로 성애 장면을 가미한 1980년대 한국 에로 영화의 기본 패턴이 영향을 미쳤다고 볼 수 있다. 또한 에로물의 스토리 구조는 불륜, 치정극 등을 소재로 다루기 때문에, 윤리적 비난에 시달릴 가능성이 크다. 이 때문에 나름대로 인과응보와 권선징악의 메시지를 표면에 내세워 제작자와 시청자에게 일말의 윤리적 알리바이를 제공하는 전략이 필요했다.

〈젖소부인 바람났네 3〉이 전형적인 예다. 3편에서 주인공은 아내가 성폭행 당해 숨진 이후 그 기억에서 헤어나오지 못한다. 아내의 죽음 당시 경찰에 붙잡힌 성폭행범이 "당신 아내는 숨지는 순간까지 '세게, 더 세게!'를 요구했어"라면서 비아냥거렸는데, 이후로도 주인공은 계속 이때의 악몽에 시달린다. 그는 다른 여자들에게 똑같이 무차별적 복수를 감행하기로 결심한다. 주인공은 자신을 유혹한 여자들과 성관계를 벌이다가 아내의 마지막 장면을 떠올리며 살인을 저지른다. 어느 날 죽은 아내를 닮은 여자를 우연히 만난 후 뒤따라가 성폭행을 시도한다. 이 여자 역시 다른 여자들과 똑같을 것이라고 단정하고는 거칠게 옷을 벗기지만 여자는 끝까지 저항한다. 무력으로 여자를 제압해 추행하는 순간 여자는 눈물을 흘리며 숨을 거둔다. 주인공은 그제야 참회하며 자수하러 경찰서에 들어가는 것으로 끝난다.

이러한 스토리는 언뜻 보기에도 매우 부자연스러운 전개와 억지스러운 권선징악식 교훈을 깔고 있다. 하지만 따지고 보면 이러한 교훈적 결말 자체가 에로 비디오의 목적이 아니라, "단지 벗은 몸매, 과장된 몸짓과 '부적절한 관계'에서 오는 흥분 상태를 다양하게 꾸며서 보여 주는 수단일 뿐"[156]이라고 보면 납득이 된다. 강간 피해자인 아내가 성폭력을 당하면서도 즐겼다거나, 남편이 성폭행범이 아니라 아내에게 복수심을 품는다거나, 복수 방식이 무차별적인 성폭행이라는 식의 전개는 보통 사람들이 납득하기 어려운 극히 비상식적인 발상이다. 현대인의 도덕적 관점에서 판단하더라도 영화의 결말을 권선징악으로 받아들이기도 어렵다. 특히 내러티브 구성 방식에서 여성의 관점은 완전히 배제되어 있다. 그러나 〈젖소부인 바람났네〉 시리즈뿐 아니라 이 시기에 출시된 에로물은 내용에서 비슷한 패턴을 보이며 유사한 문제점도 안고 있다. 이는 에로물에서 스토리 자체가 목적이 아니라 눈요깃감 제공의 부수 장치에 불과하다는 점을 보여 주는 근거다.

한편 저급한 오락물로 인식된 당시의 에로물 속에도 사회와 권력에 대한 비판이 내재한다는 해석도 있다. 이 시기의 에로물은 사회적으로 성공했지만 성 능력에 결함이 있는 남성과 관능적인 젊은 부인이라는 설정을 기본 구조로 삼았다. 여기에 가난하지만 남성의 '힘'은 부족함이 없는 젊은 남성이 끼어들고, 사모님은 부유한 남편 대신 젊은 남자에게 매력을 느낀다. 이처럼 대비되는 남성 간의 관계 설정은 계급 간 격차가 갈수록 강화되고 있는 한국 사회에서 관객에게 계급 전복의 판타지를 제공한다. 여주인공은 상층 계급의 사장님과 결혼이라는 성적 결합을 매개로 일시적으로 신분 상승을 이루지만, 경제 능력이 없는 젊은 남자와 바람이 나면서 다시 성에 의해 자기 파괴의 길을 걷는 패턴을 보여 준다. 반면 젊은 남자는 하층 계급에 속하면서도 사모님을 성적으로 소유하는 방식으로 기존의 위계적 계급 구조를 위협한다. 젊은 남성들은 이러한 에로 비디오의 설정을 보면서 상상의 세계에서나마 계급 전복의 판타지를 즐긴다는 것이다.[157]

2) 〈젖소부인 바람났네〉와 여성 비하 논란

〈젖소부인 바람났네〉 시리즈는 독특하고 기억하기 쉬운 제목으로 큰 인기를 거둔 반면, 뜨거운 사회적 논란도 불러일으켰다. 물론 에로 비디오라는 장르의 성격 자체가 성상품화라는 비판을 피할 수 없다. 그렇지만 특히 〈젖소부인 바람났네〉 시리즈는 제목부터 여성의 신체적 특징을 '젖소'에 비유해 여성 비하라는 비난을 자초했다. 흥행 성공작이어서 비난의 강도도 유독 컸다. 일부 여성 단체들은 〈젖소부인 바람났네〉가 "여성을 동물에 비유해 비하하는 표현"이라며 항의를 제기했고 공연윤리위원회는 1997년 〈젖소부인 바람났네 6〉의 제목에 퇴짜를 놓았다. 〈젖소부인 바람났네 6〉은 결국 〈젖소 바람났네 2〉로 제목을 바꾸어 출시했다.

해당 비디오를 출시한 한시네마타운 측은 공연윤리위원회의 조치에 대해 거세게 항의하면서 재고를 호소했다. 주연 배우인 진도희 역시 이 조치에 항의해 공연윤리위원회에 재심의를 요청하는 호소문을 보냈다. "이미 매스컴에 보도됐듯이 '젖소부인'은 나의 닉네임이 되었다"라며, "저는 동물 '젖소'가 아니고 사람 '젖소부인'입니다"라면서 항변했다.[158]

하지만 공연윤리위원회는 기존의 조치를 바꾸지 않았고 〈젖소남편 바람났네〉 등 유사한 제목에 대해서도 줄줄이 불허 조치를 내리는 등 강경한 입장을 유지했다. 공연윤리위원회 관계자는 "〈젖소부인 바람났네〉를 허가하면 유사한 제목들이 다시 쏟아져 나올 것은 뻔한 일"이라고 불허 사유를 밝혔다. 이미 텔레비전 코미디 프로그램에서도 '맷돌부인 돌아가네,' '배추부인 겉절이됐네' 등의 저속한 표현이 유행하던 것도 중요한 근거로 꼽혔다. 물론 제작사인 한시네마타운은 "제목을 되찾을 때까지 끝까지 투쟁하겠다"면서 물러서지 않았다.[159]

'젖소부인'이라는 제목을 둘러싼 논란은 표현 자유와 심의 제도 간의 갈등이라는 이슈 외에도 혐오 표현에 대한 규제 수준 문제와도 관련된 사례였다. 하지만 에로 업계에서는 이러한 논란 자체를 오히려 상업적으로 활용하는 '노이즈 마케팅'에 몰두하는 듯했다. 진도희는 〈젖소부인 바람났네〉 시리즈로 최고의 에로 스타 자리에 오른 후 '젖소' 이미지를 적극 부각시켜 눈길을 끌었다. 진도희는 한 주간 신문과의 인터뷰에서 장래 희망을 묻는 질문에 "제가 젖소잖아요. 그래서 우유 CF를 찍고 싶어요"라고 대답했다.[160]

3) 진도희와 에로 스타의 등장

이 시기 에로 비디오의 대표작인 〈젖소부인 바람났네〉는 진도희라는 스타를 탄생시켰다. 진도희라는 스타급 에로 여배우의 출현은 단순히 개인 차원의 성공담을 넘어 에로 비디오 산업의 진화 과정에서 다른 시기와 획을 달리하는 의미 있는 현상으로 주목할 만하다. 평론가 김형석은 진도희가 한국 에로 비디오 역사에서 갖는 의미를 이렇게 평가했다.

> 한국 에로비디오의 역사는 진도희 전과 후로 나뉜다. 그녀는 이른바 '비디오용 에로영화'를 음지에서 양지로 끌어올렸고, '젖소 부인' 신드롬은 마니아층을 넘어 대중문화 전체로 확산되었다. 그러면서 진도희라는 이름은 고유명사를 넘어, '에로틱한 그 무엇'을 상징하는 보통명사가 되었다.[161]

진도희는 다른 여배우와 마찬가지로 전형적인 경로를 거쳐 연예계에 입문했다. 그녀는 고등학교 졸업 후 모델 활동을 하다가 1993년 대전엑스포 미인대회에서 선으로 입상했다. 이후 소속사를 통해 한지일을 만나 비디오 영화인 〈키스 키스〉(1993)로 데뷔하였다. 진도희는 〈그 여자의 숨소리〉(1994)에서 타고난 성욕을 숨길 수 없어 괴로워하는 여자 역을 맡았는데, 이 작품으로 첫 극장용 장편 영화에 출연했다.

그 후 진도희는 에로 비디오 한 편으로 일약 스타덤에 올랐다. 1995년에 출연한 〈젖소부인 바람났네〉로 진도희는 '장안의 글래머'로 부각되었다. 12편까지 제작된 〈젖소부인 바람났네〉 시리즈에서 1편부터 9편까지 주연으로 출연했다. 1980년대를 풍미한 〈애마부인〉(1982)의 안소영 이후 이른바 '글래머' 여배우의 계보가 진도희를 통해 부활했다는 평가까지 받았다. 진도희라는 이름은 사람들이 비디오를 선택하는 기준으로 자리 잡았다.[162] 에로 업계에서도 이름만으로 흥행을 좌우하는 '스타'가 탄생한 것이다.

진도희는 〈젖소부인 바람났네〉 시리즈 외에도 〈내 남자를 탐한 여자〉(1993/황동주), 〈보쌈부인〉(1994/오일수), 〈춘자의 전성시대〉(1994/송명근), 〈물꺼리〉(1994/조명화), 〈거기 누구 없소〉(1994/김정철), 〈욕탕 속의 여자들 3〉(1996/박용준), 〈욕탕 속의 여자들 4〉(1997/박용준), 〈야참〉(1997/김인수) 등 다양한 영화에 출연하였다. 하지만 〈젖소부인 바람났네〉만큼 성공한 출연작은 없었다.

진도희는 에로 비디오 업계에서 쌓은 유명세를 기반으로 주류 미디어로 무대를 넓히려 애썼다. 1997년 〈욕망의 섬〉으로 연극 무대에 섰고, 1998년엔 텔레비전 드라마 〈단단한 놈〉에서 코믹한 배역을 맡기도 했다. 예능 프로그램에도 종종 얼굴을 내밀었고 군장병 대상인 〈우정의 무대〉에도 출연했다. 하지만 주류 진출이라는 그녀의 꿈은 끝내 이루어지지 못했다. 〈젖소부인 바람났네〉를 극장용 장편 영화로 찍으려던 계획도 성사되지 못했고, 한지일과 함께 계획한 누드집 발간도 무산됐다. 그러는 동안 에로 비디오 업계의 상황도 점차 바뀌어 진도희의 입지는 줄어들었다. 진도희처럼 풍만한 유부녀 스타일은 한물가고 그 대신 미소녀 컨셉의 에로 배우가 잇달아 등장해 인기를 끌었다. 에로 비디오 산업 자체도 전성기가 끝나고 하향세에 접어들어 스타급 배우의 입지도 크게 위축되었다.[163] 긴 공백기 끝에 진도희는 〈장마가 시작될 때〉(2003)라는 영화에서 조연으로 출연하는 등 여러 차례 복귀를 시도했으나 예전 같은 시절은 다시 오지 않았다.

〈젖소부인 바람났네〉 시리즈의 성공은 진도희라는 여배우에게는 스타 탄생을 가능케 한 축복이자 족쇄와도 같았다. 여기에는 젖소부인이라는 배역이 주는 강한 이미지와 더불어, 에로 장르 출신이라는 낙인이 동시에 작용했다. 영화로 에로물이 만들어지던 1980년대에는 에로 영화 출연 여배우도 에로의 이미지에만 구속되지는 않았다. 이들은 다양한 영화에 출연해 이미지 변신을 시도했고, 설혹 섹시한 배우 이미지를 지녔더라도 운신의 폭은 넓었다. 하지만 진도희에게는 〈젖소부인 바람났네〉의 에로 배우라는 강렬한 이미지가 계속 따라다니면서 변신을 제약했다. 물론 진도희 이후의 시기에는 에로 배우도 사정이 조금 나아졌다. 이들은 에로 배우라는 이미지에서 탈피하지는 못했지만, 최소한 하나의 이미지로 고착되는 것은 피할 수 있었다. 진도희는 〈젖소부인 바람났네〉로 엄청난 인기와 인지도를 얻었지만, 역설적으로 바로 그 때문에 다른 영역에서 성공하지 못한 셈이다.

에로 비디오의 역사에서 〈젖소부인 바람났네〉 시리즈와 진도희는 산업 측면에서도 중요한 전환점이 된다. 에로 비디오 업계에도 스타 시스템이 생겨나는 계기가 되었다는 것이다. 평론가 김형석은 〈젖소부인 바람났네〉의 진정한 기여는 에로 비디오에서 여배우의 존재를 인식시켰다는 점이라고 평가했다.[164] 대여점에서 비디오 재킷 사진의 선정도와 시리즈 제목을 보고 비디오를 고르던 고객들이 〈젖소부인 바람났네〉 시리즈를 계기로 배우 지명도를 중시하는 쪽으로 점차 바뀌었다는 것이다. 시청자가 여배우를 보는 눈도 점차 까다로워져 진도희에 버금가는 미모와 '신체 조건'을 기대하게 되었고, 이를 충족시키는 여배우의 출연이 흥행에 필수조건이 되었다.

진도희의 성공에 자극받아 이후 수많은 유명 에로 배우가 탄생했다. 여배우의 이름이 흥행에서 중요한 브랜드가 될 수 있음을 제작사들이 깨달은 셈이다. 가령 정세희, 송혜주를 비롯하여 〈서비스 만점〉, 〈미치겠어 정말〉(대준프로덕션)의 오혜수, 〈빨간 애마〉, 〈복카치오 5〉(매체문화)의 문선경, 〈끓는 냄비〉, 〈포르노 여인〉(무비뱅크)의 이혜정

등이 인기를 끌었다.[165]

이 밖에 진도희와 함께 1990년대 에로 비디오계를 대표하는 배우로는 정세희를 들 수 있다. 정세희는 대학을 졸업한 후 탤런트 시험에 응시했으나 낙방했다. 한 지역 미인대회에서 1위를 했고, 지역 방송사 리포터를 거쳐, 에로 비디오 〈미인촌〉(1994/강구연)으로 데뷔했다. 정세희는 상대적으로 호리호리한 몸으로 "글래머 육체보다는 매력적인 외모와 어떤 '필'을 통해 섹슈얼한 느낌"을 풍기는 배우였다. 당시에 인기를 끈 글래머 스타일은 아니었지만 정세희는 2000년 이후 등장한 새로운 에로 여배우 스타일을 선보였다. 이후 에로 여배우의 트렌드인 비글래머 혹은 미소녀 계보가 바로 정세희에서 시작해 이규영, 하소연과 성은으로 이어진다.[166]

정세희는 다양한 에로물에 출연했다. 〈토요일 밤부터 일요일 새벽까지 2〉(1995/박세민), 〈성의 실크로드 2〉(1995/서필현), 〈성 그리고 에로스〉(1995/김인수), 〈빨간 애마〉(1995/유세기), 〈매매꾼 2〉(1995/조명화), 〈사랑은 뭘로 하지〉(1996/김인수), 〈말타고 뛰어봐〉(1996/김인수), 〈뜨거운 뉴스〉(1996/김인수), 〈탈선 춘향전〉(1997/김봉은), 〈옹녀와 뽕녀촌〉(1997/서윤모), 〈야참〉(1997/김인수), 〈신락원〉(1997/김정식), 〈매춘 유격대〉(1997/박재호), 〈뒷구멍〉(1997/우태영), 〈넌 내꺼야〉(1997/안승호), 〈처녀성〉(2000/서대산) 등이 정세희의 대표적인 출연작이다.

정세희는 소신 있는 발언과 튀는 행각으로도 에피소드를 많이 남겼다. 40여 편의 영화에 출연한 후, 개인의 성 경험과 사생활을 적나라하게 담은 책 《난 이제 당당하게 벗을 수 있다》(2000)를 출간해 화제를 불러일으켰다. 그녀는 "분명히 '에로 배우'라는 직업도 엄연한 하나의 직업이며 '예술'이라는 개인적인 소신이 있기 때문에 책을 쓰게 됐다"라고 밝혔다. 이후 인터넷 성인 방송 MC로 활동했고 신문과 인터넷 저널에 기고도 했으며 모델로 화보집도 냈다. 2001년엔 로마 바티칸 성당 앞에서 누드를 찍다가 경찰의 제재를 받아 물의를 빚었다. 영화 〈대한민국 헌법 제1조〉(2003)에서는 "국회의원을 복상사시키는 킬러(?)" 역을 맡기도 했다. 2005년 칸 영화제와 동시에 열린 포르노 영화제에서는 외국 포르노 배우들과 누드를 찍는 등 다방면으로 활동했다.[167]

다른 많은 여배우들이 에로 배우로서 오래 버티지 못한 반면에, 정세희는 최근까지도 활동을 이어가고 있다. 다른 배우들이 에로 배우 경력을 감추고 그 이미지에서 탈피하려 애쓴 것과 달리, 정세희는 자신의 경력을 내세우고 확장해 이용한 드문 사례에 해당한다. 정세희 팬클럽은 포털 다음에 2000년 7월에 개설되었고, 최근에는 활동이 뜸하지만 2018년 현재까지 남아 있다.

4. 에로 비디오 경향과 흥행 공식

1) 시리즈물 유행과 새로운 시도

이전의 에로 비디오에서도 시리즈(〈야시장〉, 〈정사수표〉 등)는 있었으나 〈젖소부인 바람났네〉 이후에는 유독 성공한 시리즈가 많았다. 유호프로덕션의 〈성애의 여행〉 1~10편(1994~1997)과 〈어쭈구리〉 1~9편(1996~1998) 등이 여기에 해당하는 예다. 유호프로덕션은 폴란드의 유명 예술 영화 감독 크쥐시토프 키에슬로프스키Krzysztof Kieslowski의 세 가지 색 시리즈를 패러디해 7가지 색 시리즈(옐로, 오렌지 등)도 내놓았다. 시리즈물의 성공은 스타 시스템과 더불어 에로 제작사에게 안정된 기획과 수입을 가져다주었다. 나아가 이러한 시리즈물은 일부 마니아층을 넘어 문화 전반에서 에로 장르의 인지도를 높이는 기능도 했다.

대형 기획작 〈성애의 여행〉

이 시기에 가장 주목할 만한 시리즈물로는 우선 〈성애의 여행〉을 들 수 있다. 유호프로덕션은 에로 영화로는 파격적인 규모인 8000만~1억 원의 제작비를 투입하고, 외국 배우를 캐스팅했을 뿐 아니라 유럽, 일본 등 해외 현지에서 촬영해 시리즈로 출시했다. 물론 에로 비디오로서 〈성애의 여행〉만이 해외 로케이션을 시도한 것은 아니다. 한시네마타운의 〈정사수표 8〉(1994) 역시 필리핀 보라카이에서 촬영했다. 하지만 해외 제작으로서 기획이나 투자 규모 면에서 〈성애의 여행〉을 능가하는 에로 비디오는 이전에도, 이후에도 없었다.

유호프로덕션이 1994년부터 1997년까지 이어간 〈성애의 여행〉 시리즈는 폴란드, 러시아, 헝가리 등 사회주의 체제 붕괴 이후의 동구권과 파리, 암스테르담 등 유럽 주요 도시를 돌며 한국 남자와 백인 여성의 섹스라는 한국 남자들의 오래된 '판타지'를 구현했다. 이 시리즈는 에로 비디오로서는 새로운 시도일 뿐 아니라 나아가 외국 시장 수출 확대까지 노린 야심작이었다. 특히 "구성은 탄탄한데 한국 여배우 몸매가 좋지 않다"는 외국 소비자들의 평가를 의식해 이들의 구미에 맞추기 위한 목적도 있었다는 해석도 나왔다.[168]

이 시기 에로 비디오는 비슷한 내용의 반복으로 흥행의 안정성을 추구하는 시리즈물이 주류를 이루는 중에 새로운 시도도 나왔다. 기획의 참신성 측면에서 〈성애의 여행〉 시리즈는 바로 이러한 흐름을 대표한다. 적어도 1990년대 에로 비디오는 싸구려가 아니었다고 제작자들이 자랑스럽게 회고할 때 늘 빼놓지 않고 언급하는 사례이기도 하다. 에로 비디오로서는 이례적으로 과감한 투자와 대규모로 제작했으며, 5개국 해외 로케이션으로 무대를 해외로 확장한 것도 새로운 시도다. 당시 김영삼 정부가 추진하던 세계화라는 정책 흐름 역시 이러한 국제화 시도에 영향을 미친 것으로 보인다. 하지만 〈성애의 여행〉은 다소 예외적인 사례로, 이후 이처럼 큰 규모의 실험은 다시는 이루어지지 않았다.

에로와 코미디의 조합 〈어쭈구리〉

〈어쭈구리〉(1996~1998)는 유호프로덕션이 제작한 코믹 에로물로서 1996년에 1편(강구연)이 출시된 이후 1998년까지 9편(김성수)까지 시리즈로 나왔다. 코믹한 제목과 내용으로 다른 에로 비디오와 차별화되면서 상당한 인기를 끌었다. 물론 흥행에도 성공했고 고객 반응도 좋았다. 나름대로 스토리도 갖추었고 코믹한 내용이라 에로물을 많이 접하지 않은 사람도 거부감 없이 볼 수 있는 비디오라는 평가를 받았다.

어느 네티즌은 "뽕의 수많은 리메이크 중 하나. 당시 비디오 에로영화 중에는 최고의 완성도"[169]라는 평을 남겼고, 또 다른 팬은 "유호프로덕션 최고의 작품으로 꼽는 어쭈구리 시리즈는 에로와 코미디가 황금 블랜딩을 이루던 수작이었다"[170]라는 평가를 내렸다. 에로 배우 유리는 이렇게 회고했다. "고등학교 때 친구들하고 유호프로덕션에서 나온 〈어쭈구리 1〉을 본 적이 있어요. 너무 웃겼어요. 친구들끼리 막 웃으면서 봤지요."[171]

성인용 애니메이션 〈누들누드〉

〈누들누드〉(1998)는 에로 비디오로서는 이례적으로 애니데이션으로 제작되어 큰 성공을 거두었으며 2편까지 만들어졌다. 인기 작가인 양영순의 만화를 성인용 애니메이션으로 제작한 것이다. 원작자 양영순은 1995년부터 1997년까지 한 성인지에 단편 만화를 연재했는데, 이를 모아서 5권의 단행본으로 출간했다. 만화 단행본 〈누들누드〉는 무려 50만 부가 팔리며 초대박을 터뜨렸고 이 인기에 힘입어 1998년과 1999년 두 차례 애니메이션으로도 제작됐다. 〈누들누드〉는 극장 개봉을 거치지 않고 바로 비디오로 출시되었다.

〈누들누드〉는 11편의 독립된 '야한' 이야기를 옴니버스형으로 모은 애니메이션 영화라는 점이 독특했다. 가령 1편에서 제8화 '좋은 친구들'의 내용은 이렇게 되어 있다. 두 여자가 침대에 누워 있는데, 두 친구는 각자 자신의 은밀한 곳에 삐삐(무선 호출기)를 넣어두고 서로 호출을 해 준다. 화면에는 진동을 즐기는 두 친구의 모습이 비춰진다. 〈누들누드〉 1편은 이처럼 섹스와 관련한 에피소드를 기발한 상상력으로 표현한 여러 에피소드로 구성되었다. 거의 모든 에피소드에서 남성 성기나 전라의 여성을 등장시킬 뿐 아니라 성행위를 직간접으로 암시하는 내용도 코믹하고 과장되게 묘사했다.

네티즌들은 "과감하다. 발칙하다," "재미있는 에로코미디. 야하다기보다는 그냥 웃긴 편임," "양영순은 천재다!," "가끔씩 케이블 밤늦게 상영되면 다시 첨부터 끝까지 낄낄거리며 보게 되는 영화"라고 평했다.[172] e매거진 〈Chaeg〉에서 유대란은 〈누들누드〉 시청 소감을 이렇게 적었다.

그림 4-4 성인용 애니메이션의 성공 사례가 된 〈누들누드〉 시리즈.

야심한 시간에 케이블 채널을 돌리다가 야릇한 탄식 소리와 살색이 메우는 화면에 정착했다. 머지않아 이어지는 화면에는 난데없는 액션이 등장하고 스토리는 발칙하고 예상치 못한 방식으로 흘러갔다. 성에 관한 스토리지만 은밀한 감이 전혀 없고, 시종일관 웃음이 나왔다. 파안대소를 터뜨리자 곤히 자던 반려견이 깨서 꼬리를 흔든다. 고요하고 외로웠던 시간이 유쾌함으로 젖었다. 어느 새벽 시간을 이토록 유쾌하게 바꿔놓은 건 바로 애니메이션 〈누들누드〉였다.[173]

〈누들누드〉는 에로 비디오 중 거의 전무후무한 애니메이션물로 상당한 인기를 끌었으며 이후 케이블 TV에서도 오랫동안 재방송되었다. 1999년 대학로에서 누드 모델 유미호를 주연으로 연극으로 상영되기도 했으며,[174] 2001년에는 누들누드닷컴이라는 성인 전용 포털 사이트까지 등장했다.[175] 〈누들누드〉는 성인 애니메이션은 흥행이 안 된다는 통념도 깨뜨렸다. 1994년 극장 개봉 성인 애니메이션 〈블루시

걸〉은 무려 제작비 15억을 들이고 최민수와 김혜수를 성우로 기용하는 대규모 투자를 했지만, 졸작 중의 졸작이라는 평가 속에 사라졌던 뼈아픈 선례가 있다. 이에 비해 〈누들누드〉는 에로 팬들의 평가도 좋았고 비디오 출시 후에도 대여 순위 2위에[176] 3만 8000장이나 팔리는 등[177] 흥행에도 크게 성공했다. 〈누들누드〉는 애니메이션 장르의 특성을 잘 살려 과장된 표현으로 코믹함을 부각해 창의적이라는 찬사를 받았다. 하지만 여타 에로 비디오와 마찬가지로 철저히 남성 시선의 내용이라는 비판도 받았다.

2) 아류작과 패러디: 제목으로 승부한다

이 시기 에로 비디오가 사업으로서 정착하면서 유독 제목을 중시하는 장르 관행이 형성되었다. 내용보다는 특히 코믹한 제목에 심혈을 기울이는 관행은 일종의 흥행 공식처럼 굳어졌다. 이 점에 대해 어느 비디오 제작사 관계자는 이렇게 말했다. "내용은 두 번째다. 에로 비디오의 성패는 대리점 영업사원들 손에서 판가름 나는데 이들은 먼저 제목이 화끈하게 눈에 들어오는 것을 갖고 영업에 나선다"는 것이다.[178]

이 시기 에로 비디오 제목의 특징은 대략 다음과 같다.[179]

스토리와 무관하게 여성의 육체나 남성의 성 능력을 과장

〈젖소부인 바람났네〉, 〈쌍코피 부부 난리났네〉, 〈연필부인 흑심 품었네〉 등의 제목은 해당 비디오의 스토리나 전체적인 흐름과 아무 관련 없이 제목을 붙인 전형적인 예다. 그 대신 여성의 신체나 성적 상상력을 자극하는 단어가 제목으로 차용되었다. 이러한 제목은 단어의 지나친 과장과 노골성 때문에 오히려 외설스러움보다는 익살과 흥미 효과를 유발한다. 이러한 제목 유형은 아래에서 언급할 특징에 어느 정도는 공통적으로 적용된다.

물론 이러한 시류에 편승하지 않은 영화도 있었다. 유호프로덕션의 〈성애의 여행〉 시리즈가 대표적이다. 〈성애의 여행〉은 한 한국 남자가 세계 각지를 순회하면서 '성애의 여행'을 즐긴다는 내용으로, 제목이 영화 스토리와 정확히 일치하는 사례다.

아류작의 범람

에로 비디오에서는 하나가 인기를 끌면 비슷한 제목을 붙인 아류작이 연이어 등장하는 것이 특징이다. 이 시기에는 특히 〈젖소부인 바람났네〉의 대성공 이후 다른 에로 비디오 제작사도 앞 다퉈 '부인'이라는 단어를 붙인 에로물을 대거 내놓았다. 〈만두부인 속터졌네〉, 〈쉬리부인 쏘가리 만났네〉, 〈김밥부인 옆구리 터졌네〉, 〈냄비부인 몸 달았네〉, 〈옆집부인 담 넘었네〉, 〈밍크부인 털 뽑혔네〉, 〈호랑이부인 이빨 빠졌네〉,[180] 〈연필부인 흑심 품었네〉 등 여기에 해당하는 예는 이루 셀 수도 없을 정도다. 이 외에도 이후 시기의 사례지만 〈처제의 일기〉(2000)가 흥행하자 〈나도 처제가 있었으면 좋겠다〉, 〈형수님과 열아홉번〉, 〈친구 엄마〉 등 각종 친척 이름이 제목에 총동원되기도 했다.

수용자에게 친숙한 다른 이름을 패러디한 제목

이는 유명한 개봉관 영화, 방송 프로그램, 광고 등 이용자에게 이미 친숙한 콘텐츠 제목을 변형해서 활용하는 방식이다. 특히 1997년 중반을 넘어서면서 에로 비디오 제목에 패러디가 크게 유행했다. 패러디한 제목에서 발생하는 코믹한 효과 외에도, 내용에서도 어처구니가 없을 정도로 낮은 완성도가 자아내는 실소가 쾌락의 원천이었다. 구체적으로는 개봉관 영화, 방송 프로그램, CF, 게임, 만화 제목 등 패러디 대상도 매우 다양했다. 에로 비디오에서 패러디 제목은 이 시기에 가장 두드러진 특징이지만 이전, 이후 시기에도 일부 찾아볼 수 있다. 따라서 편의상 3장과 5장 시기의 사례까지 일부 포함하여 분류하였다.

유명 개봉관 상영작의 제목을 빗대 패러디한 사례는 셀 수 없이 많다. 몇 가지 예를 들면 다음과 같다(괄호 안의 제목이 원작 영화). 〈털밑썸씽〉(〈텔미 썸씽〉), 〈JSA(Joint Sex Area) 공동정사구역〉(〈공동경비구역 JSA〉), 〈인정상 사정할 수 없다〉(〈인정사정 볼 것 없다〉), 〈곧세우마 금순아〉(〈굳세어라 금순아〉), 〈공공의 젖〉(〈공공의 적〉), 〈귀신이 싼다〉(〈귀신이 산다〉), 〈넣는 내 운명〉(〈너는 내 운명〉), 〈말죽거리 복상사〉(〈말죽거리 잔혹사〉), 〈부라자 휘날리며〉(〈태극기 휘날리며〉), 〈체위의 재구성〉(〈범죄의 재구성〉), 〈해준대〉(〈해운대〉), 〈황홀해서 새벽까지〉(〈황혼에서 새벽까지〉), 〈마스크오브조루〉(〈마스크오브조로〉), 〈문란〉(〈뮬란〉), 〈짜장면 배달부는 벨을 두 번 누른다〉(〈우편 배달부는 벨을 두 번 울린다〉), 〈목표는 형부다〉(〈목포는 항구다〉), 〈반지하의 제왕〉(〈반지의 제왕〉), 〈박하사랑〉(1999)(〈박하사탕〉), 〈처녀들의 야참〉(〈처녀들의 저녁식사〉), 〈내게 욕을 해봐〉(〈내게 거짓말을 해봐〉), 〈반칙여왕〉(2000)/〈변태왕〉(〈반칙왕〉), 〈에로스트 검프〉(〈포레스트 검프〉), 〈딸딸이 일병 구하기〉/〈라이언 일병과 하기〉/〈노브라 일병 구하기〉(〈라이언 일병 구하기〉), 〈접촉〉(〈접속〉) 등이 대표적인 예다.

다음 사례는 유명 방송 프로그램을 본뜬 것이다. 〈용의 국물〉(〈용의 눈물〉), 〈발기해서 생긴 일〉(〈발리에서 생긴 일〉), 〈FD수첩〉(1998)/〈정

그림 4-5 시사 프로그램의 제목을 차용한 〈정사수첩〉.

사수첩〉(시사 프로그램 〈PD수첩〉), 〈꼬꼬마 에로토비〉(어린이 프로그램 〈꼬꼬마 텔레토비〉), 〈변태보감〉(2000)/〈부부생활 동의보감〉(2000, 드라마 〈동의보감〉), 〈그것을 알려주마〉(시사 프로그램 〈그것이 알고 싶다〉), 〈왕초 2〉(드라마 〈왕초〉), 〈신혼여행 특공대〉(1992, 교양 프로그램 〈VJ특공대〉), 〈섹스파일〉(미국 드라마 〈엑스파일〉), 〈섹스 매거진 2782580〉(1999, 시사 프로그램 〈시사매거진 2580〉) 등이 있다.

CF의 유명 카피를 이용한 제목도 나왔다. 〈날 물로 보지마〉(1999, 음료 광고 카피 "날 물로 보지마"), 〈니들이 살맛을 알아〉(2002, 롯데리아 광고 카피 "니들이 게 맛을 알아"), 〈선영아 나랑 해〉/〈선영아 그만 해〉(2000, 포털사 마이클럽 광고 카피 "선영아 사랑해"), 〈나는 18년이다〉(1999, 통신사 018 광고 카피 "나는 18살이다"), 〈20세 찌찌엘〉(1999, SKT TTL 광고 카피 "20살의 011") 등 나름대로 세태를 반영하는 사회 풍자나 유행어가 비디오 대여점용 에로물의 제목으로 활용되었다.

게임이나 영화 등에서 차용한 제목도 있다. 〈메딕 처녀 알몸 러쉬〉(2001)는 세계적인 온라인 게임 '스타크래프트'에서 착안한 제목이다. 메딕은 이 게임에서 유일한 지구인으로 병사들을 치료하는 위생병 역으로 나오는데, 이 캐릭터가 여성이라는 점에서 힌트를 얻어 이렇게 붙인 것 같다. 또한 '러쉬'라는 이름은 그대로 적진(혹은 남자들)을 향해 '돌진'한다는 이중적 의미도 있어 에로물 제목으로 원용되었다. 이 밖에도 유명 영화 잡지 〈씨네 21〉에서 따온 〈쎄네 21〉이나, 당시 유명 연재만화 제목 〈광수생각〉에서 차용한 〈광순생각〉(1992), 〈광순생각 2〉(1999)라는 제목까지 나왔다.

사회상이나 화제가 된 몰카물을 패러디한 제목

에로 비디오 출시 당시 화제가 된 사건이나 사회상을 반영한 제목도 있었는데, 〈투명 팬티 로비사건〉(정치권의 옷로비 사건의 패러디), 〈탈옥녀 신창순〉(신창원 탈옥 사건), 〈벤처 제비〉(2000), 〈원조교제〉 등이 전형적인 예다. 몰카 형태의 음란물이 음성적으로 범람하자 이를 연상케 하는 비디오도 대거 시장에 등장했다. 〈K양의 비디오〉는 출시 당시 이슈가 된 'O양 비디오'를 모방한 제목이다. 이 밖에도 〈여대생 졸업 누드앨범〉, 〈몰카 자유학원〉, 〈공중화장실〉, 〈포르노 출장카메라〉, 〈여학생 기숙사〉 등은 몰래카메라의 분위기를 그대로 살린 에로 비디오 제목들이다. 미성년 몰카물 '빨간 마후라'를 패러디한 〈빨간 보자기〉도 이 유형에 해당한다.

에로 비디오 업계에서 이처럼 독특한 패러디 제목이 유행한 이유는 에로 비디오 시장 자체의 구조적 특성과도 관련이 있다. 에로 업계에서는 사실상 거의 비슷비슷한 내용을 미리 촬영해 둔 상태에서 출시 직전에 제목을 결정하는 관행이 자리 잡았다. 여러 편을 미리 제작해 창고에 쌓아두고 있다가 극장가 동향을 살피면서 출시 여부를 판단하는 것이다. 개봉한 지 얼마 안 된 영화를 패러디한 제목일수록 비디오 대여점에서 잠재적 고객의 흥미를 끌기 쉽다. 개봉 영화를 패러디한 에로 비디오는 시의적이어서 소비자의 호기심을 자극할 수 있고 '아니 벌써 출시되었나'라는 감탄까지도 이끌어낼 수 있다. 하지만 이런 방식으로 출시를 결정하다 보니 패러디물에서 제목과 관련된 내용을 찾기란 쉽지 않다. 물론 패러디는 표절 문제를 유발할 우려도 있지만, 실제로 심의 과정에서 문제가 되는 일은 거의 없다.[181]

이처럼 저급한 패러디 방식은 한국 에로 비디오 업계에만 통용되는 관행은 아니다. 실제로 미국의 포르노 영화도 패러디 제목을 즐겨 붙인다. 〈드라이빙 미스 데이지 크레이지*Driving Miss Daisy Crazy*〉는 아카데미 작품상 수상작인 영화 〈드라이빙 미스 데이지*Driving Miss Daisy*〉에서 따왔다. 〈최종 분석*Final Analysis*〉은 'Final'에서 글자 하나를 빼서 'Anal'로 바꾸어 〈항문 분석*Anal Analysis*〉으로 변신했다. 좀 더 은근한 제목도 있다. 알 파치노 주연의 영화 〈여인의 향기*Scent of a Woman*〉에서 'Scent'(향기)를 'Assent'(동의)로 대체해 〈여인의 동의*Assent of a Woman*〉로 붙인 것도 있다. 글자 한두 자로 전혀 다른 분위기의 영화로 변신한 사례도 있다. 〈말콤 XXX〉는 스파이크 리Spike Lee의 영화 〈말콤 X*Malcolm X*〉에서 X를 세 개로 늘렸을 뿐인데, 원작의 강한 사회 비판적 색채는 사라지고 에로틱한 이미지만 남았다. 〈섹스칼리버*Sexcalibur*〉에서는 사극인 〈엑스칼리버*Excalibur*〉에 S자 단 한 자를 추가해 포르노물로 바꿔놓았다.[182]

노골적인 제목에서 심의 회피용 교묘한 제목으로

〈젖소부인 바람났네〉로 시작된 코믹한 제목 열풍은 〈자라부인〉, 〈만두부인〉 시리즈 등 끝없는 아류작을 낳았지만, 곧 여성을 비하한다는 비난에 시달렸다. 실제로 〈젖소부인 바람났네〉 시리즈는 심의 과정에서 제목이 반려되는 수난을 겪기도 했다. 하지만 이 난국을 타개하기 위해 좀 더 교묘해진 코믹 제목이 연이어 등장했다. 〈어쭈구리〉, 〈야리꾸리〉, 〈한밤에 OK! OK!〉 등은 의도하는 바를 명확하게 전달하면서도 심의를 교묘하게 빠져 나갈 수 있도록 영리하게 제목을 붙인 사례다.

명사 단어 형태에서 서술형 제목으로

초창기의 에로 비디오에서는 제목이 〈야시장〉, 〈정사수표〉 등 명사 단어 형태를 띤 데 반해, 이 시기에 와서는 특히 서술형 제목이 유행했다. 서술형 제목도 대부분 자극적이지만 교묘해서 심의 과정을 통과하는 방법으로도 활용되었다. 대표적인 서술형 제목으로는 〈만득아 조개 받아라〉, 〈고추밭에 뭔 일 있수?〉, 〈사모님 열 받았네〉 등을 들 수 있다. 이 중 〈애들은 재웠수?〉라는 제목은 공전의 히트를 기록하며 유행어 반열에 올랐다. 서술형 제목은 점점 길어져 〈무엇에 쓰는 물건인고〉(1993), 〈요구대로 해줄게〉, 〈야한 것도 좋아하세요〉, 〈마님은 왜 돌쇠에게만 쌀밥을 주는가?〉, 〈당신의 부인은 오후 2시에 무엇을 할까요?〉 등의 다소 긴 제목도 등장했다. 〈마님은 왜 돌쇠에게만 쌀밥을 주는가?〉는 그대로 혹은 변형된 형태로 지금도 식당, 술집 이름, 소설 제목 등으로 남아 있을 정도로 크게 인기를 얻었다.• 당시 한국 영

• '마님은 왜 돌쇠에게만 쌀밥을 주시나'는 서울 피맛골에 소재한 식당으로 2016년까지 운영

화계에서 〈접속〉(1997), 〈쉬리〉(1999), 〈약속〉(1998), 〈친구〉(2001) 등 두 글자 제목이 크게 유행하던 것과 대비되는 현상이다.[183]

된 것으로 확인되었다. '마님은 왜 돌쇠에게만 술을 주시나'는 서울 종로에서 영업 중인 술집 이름이다.

5장

전문 제작사 전성시대

1997년 IMF 구제 금융 체제는 한국 경제에 한파를 몰고 왔다. 비디오 시장 역시 위기를 견디지 못하고 대대적인 구조 조정에 들어갔다. 문어발처럼 비디오 시장을 파고들던 대기업과 해외 직배사도 연이어 비디오 시장을 떠났다. 하지만 비디오 산업 불황 속에서도 에로물 수요는 오히려 늘어나 에로 업계는 절호의 기회를 맞았다. 더구나 정부가 심의 기준을 완화하게 되자 수위 높은 에로물도 다수 출시되었다. 에로 비디오 업계는 이 호황기 동안 산업으로서의 체계도 점차 갖춰 나갔다.

에로 업계에서 신생 제작사가 대거 등장하고 제작도 활발해지면서 에로 전문 제작사 춘추 전국 시대가 열렸다. 신생 제작사들은 다양하고 새로운 시도로 흥행을 주도했다. 봉만대, 이강림, 이필립 등 스타급 감독이 인기를 끌고, 새로운 에로 스타도 대거 등장해 감독이나 배우의 인지도가 흥행의 핵심 요소로 부상했다. 이 무렵에는 배우 팬클럽도 형성되는 등 스타 현상도 나름대로 자리 잡았다. 에로물은 내용과 스타일에서도 새로운 색깔로 승부했다. 과거 에로 비디오의 틀에 박힌 스타일은 한물가고, 소재와 스토리, 영상 처리 등에서 훨씬 세련된 에로물이 쏟아져 나왔다. 〈미소녀 자유학원〉 시리즈는 불륜 부인물을 밀어내고 앳된 미소녀 이미지의 여배우 시대를 열었다.

1. IMF 시대의 에로 비디오

1) 불황 속 나 홀로 호황

1998년에서 2000년에 이르는 짧은 기간 동안 국내 비디오 시장은 전례 없이 급격한 변화를 겪었다. 우선 비디오테이프 보급망인 비디오 대여점이 점차 정체 상태에 접어든 가운데, 1997년 말 IMF 구제 금융 직후의 경제 한파가 직격탄을 날렸다. 비디오 콘텐츠 제작 부문은 대기업들의 잇따른 구조 조정으로 큰 변화를 맞았다.[184] 국내 비디오 산업에서 한동안 큰손 구실을 하던 대기업들은 외화 수입을 대폭 줄였고, 그룹 구조 조정의 일환으로 영상 사업에서도 축소하거나 철수했다. 특히 당시 SKC, 삼성, 대우, 새한 등 대기업 브랜드가 비디오 시장에서 줄줄이 철수하는 바람에 전체 출시 편수가 급격히 감소했다.[185]

구제 금융 체제의 여파로 비디오 산업에도 찬바람이 불었다. 하지만 이 시기에 에로 비디오 업계는 다른 장르에 비해 타격을 덜 받았다. 표 5-1을 보면 에로물이 대다수를 차지하는 극영화 제작 편수는 1997년 이후 오히려 증가했다. 전체 비디오물 중 극영화 비율도 1997년 43.6%에서 2000년 56.6%로 크게 늘어났다. 이처럼 불황 속에서 유독 에로물이 호황을 누린 것은 경제 침체기의 암울한 상황을 잊고자 하는 대중의 욕구와 관련이 있었다. 〈딴지일보〉에서 인터넷 성인 사

표 5-1 1998~2002년 국내 비디오물 장르별 제작 현황

단위: 편(%)

연도	극영화	학습 교재	애니메이션	기타(기획 · 다큐 · 스포츠물)	계
1998	302 (47.5)	73 (11.5)	32 (5.0)	229 (36.0)	636
1999	469 (56.3)	64 (7.7)	22 (2.6)	278 (33.4)	833
2000	461 (56.6)	19 (2.4)	14 (1.8)	320 (39.3)	814
2001	432 (54.8)	50 (6.3)	26 (3.3)	281 (35.6)	789
2002	363 (40.0)	115 (12.7)	35 (3.9)	94 (43.4)	907

자료: 한국영상협회 (2001), p.33; 문화관광부(2003), p.337.

이트를 운영하던 김원주 씨는 "IMF 이후 가부장적 권위가 급격 쇠락하기 시작한 뒤 가장 억압적이었던 성에 대한 열망이 봇물 터지듯이 발산되면서 엄청난 성인물이 범람"했다고 당시 상황을 회고했다.[186]

이 무렵 에로 비디오 시장은 제작업체와 유통업체, 대여점에게 모두 수익성이 높은 매력적인 투자처로 통했다. 우선 제작업체의 입장에서 에로 비디오는 원가 대비 수익률이 뛰어난 효자 상품이었다. 2000년 기준으로 에로 비디오의 장당 가격은 1만 8000원이었는데, 대체로 제작업체와 유통업체가 7 대 3 비율로 수입을 배분하였다. 제작업체 몫 중에서 제작비를 뺀 순이익이 75~80%에 달할 정도로 원가 대비 수익률이 높았다. 이 때문에 업계에서는 한 편을 제작해 8000장 이상만 팔아도 '대박'이라 불렀다.[187] 대금 결제 관행도 투자자에 유리했다. 당시 비디오 시장에서는 제작사 규모와 상관없이 모든 결제가 한 달 단위로 이루어졌다. 비디오 판매 대금은 대부분 '현찰 월말 결제'가 원칙이라 투자자에게 위험 부담도 적었다. 일반 영화는

제작 기간이 수년에 달해 투자금 회수에 시간이 많이 걸리고 위험 부담도 큰 것과 대조되는 상황이었다.[188]

에로 비디오는 대여점에서도 선호하는 품목이었는데, 무엇보다 일반 비디오에 비해 대여 수명이 길었기 때문이다. 일반 극영화는 비디오 가게에서 대여 수명이 대개 1개월 남짓에 그치는 데 반해, 에로 비디오는 1년 정도 꾸준히 나갔다. 게다가 에로 비디오는 저렴한데다 제작 편수도 많아서 적은 돈으로 대여점 진열대를 채우기에 적합한 상품이었다. 업계 특유의 영업 관행 역시 출시 편수를 늘리는 데 기여했다. 제작사들은 대부분 비디오 가게에 이른바 '밀어주기'식 판매를 했다. 이는 일단 비디오테이프를 3개 정도씩 끼워서 대여점에 제공한 후, 대여점이 원하는 상품만 구입해도 되는 관행이었다.[189] 일반 비디오테이프는 '개포'(비디오테이프의 포장을 뜯는 것)가 되면 대여점에서 의무적으로 구입해야 했다. 하지만 에로 비디오는 반품 기간이 길고 개봉한 상품도 인기가 없으면 반품할 수 있었다.[190] 이처럼 에로 비디오는 대여점에게 구입하는 데 부담도 없고 안정된 수입을 보장하는 '효자 종목'으로 통했다. 따라서 에로 비디오 시장에는 늘 투자 희망자로 넘쳐 났다.

그러나 에로 비디오 업계의 호황은 그리 오래가지 않았다. 표 5-1에서 제작 편수 추이를 보면 2000년을 정점으로 극영화 제작 편수가 급격히 줄어들었다. 에로 비디오 편수 감소는 기본적으로 비디오 시장의 구조적인 불황과 관련이 있지만, 업계 전반의 추세 변화 역시 요인으로 작용했다. 특히 새로 등장한 성인물 미디어는 기존 에로 비디오의 위상을 점차 위협했다. 인터넷이나 모바일 등 새로운 플랫폼으로 제공되는 짧은 동영상 형태의 성인물인 기획 영상물이 새로운 경쟁자로 부상한 것이다. 표 5-1에서 기획 영상물을 포함해 기타 영상물 제작 편수는 2001년 281편(35.6%)에서 2002년 394편(43.4%)으로 크게 증가했다. 이 수치는 모바일 성인물이라는 새로운 이용 양상이 점차 증가하는 추세를 시사한다. 영상물 시장의 흐름이 VHS나 DVD 등 물리적 형태의 미디어 중심에서 온라인 서비스 형태로 넘어가는 조짐이 뚜렷이 나타난 것이다.[191]

2) 불경기 속 규제 완화와 성인물 호황

IMF 구제 금융 체제하의 경제 환경은 비디오 산업에도 적지 않은 타격을 입혔다. 하지만 당시의 경제 위기는 직간접적으로 에로 비디오 산업에 유리한 부수 효과도 낳았다. IMF 외환 위기로 고통을 겪는 서민들의 애환과 분노를 누그러뜨리기 위해 정부는 '3S'(스포츠, 섹스, 스크린)에 대한 규제를 완화했다. 정부는 오랫동안 에로물을 규제 일변도로 관리했는데, 경제 위기를 계기로 규제 기준을 대폭 완화하는 조치를 잇달아 도입했다. 이 때문에 제작자에게 표현의 자유가 좀 더 확대되었고, 그 결과 에로 비디오에서 성적 표현 수위도 점점 높아졌다. 이 조치는 에로 비디오 업계가 경기 불황 속에서도 짧은 호황기를 누리는 데 크게 기여했다.[192]

당시 영상물 내용 규제는 점차 완화되는 추세였다. 이는 1987년 6월 시민항쟁 이후 문화 산업 정책 기조가 규제 중심에서 창작과 표현의 자유 보장 위주로 옮아가던 시대 흐름과 관련이 있다. 문화 산업에 대해 관행적으로 가해지던 관료적 규제 장치는 이러한 기조에 따라 대폭 완화되었다. 오랫동안 국민 정서와 미풍양속 보호라는 명목으로 시행되던 '음반 및 비디오물에 대한 사전 심의제'가 1996년 헌법재판소의 위헌 판정을 받았다. 이 판결에 따라 정부는 영화와 음반 사전 심의제를 폐지하였다.● 1998년 집권한 김대중 정부는 탈규제와 민영화, 개방화 등 신자유주의 노선을 취했고, 문화 정책도 예외는 아니었다. 김대중 정부는 문화 산업의 가치 존중과 더불어 "지원은 하되 간섭은 하지 않는다"는 원칙하에 문화 부문, 특히 영화 부문에서 적극적으로 개선책을 내놓았다. 심의 문제와 관련해서는 창작과 표현의 자유 보장과 검열 철폐를 기조로 삼고 완전 등급 분류제, 심의 기구 운영 개선, 등급 외 전용관 설치 등의 새로운 제도를 도입하였다.[193]

1999년 5월 15일 '음반 · 비디오물 및 게임물에 관한 법률'이 공표됨에 따라 등급 분류 제도가 처음 시행되었다. 1999년 6월에는 창작과 표현의 자유를 보장하고 등급 분류제의 효율성을 높인다는 취지를 표방하며 영상물등급위원회가 출범했다. 등급 분류 제도는 비디오 내용물을 일정한 기준에 근거하여 시청 허용 연령층별로 구분해 유통하도록 하였다.[194] 영상물등급위원회는 "스토리가 뒷받침되는 작품이라면 약간의 음모 노출은 허용한다"며 심의 기준을 대폭 완화하였다. 이에 따라 높은 수위의 성인 영화가 연이어 출시되었다.[195] 심의 기준

● 독립영화집단 장산곶매는 광주항쟁을 소재로 만든 16mm 영화 〈오! 꿈의 나라〉를 1988년 12월 공연윤리위원회의 심의를 거치지 않은 채 상영하였다. 이에 문공부장관은 이듬해 1월 무등록 영화 제작과 사전심의 미비를 이유로 대표 홍기선을 고발했다. 예술극장 한마당 대표 유인택 역시 심의를 받지 않은 채 영화를 상영했다는 이유로 고발당했다. 제작자 강헌은 이에 불복하고 1993년 10월 헌법재판소에 영화법 해당 조항의 위헌 심판 재정 신청을 냈다. 1996년 10월 4일과 31일 헌재는 공윤의 영화 사전 심의를 규정한 영화법 제12조 1, 2항과 제13조 1항과 음반 및 비디오물에 관한 법률 중 음반 사전 심의 조항인 제16조 1항에 대해 재판관 전원 일치로 위헌 결정을 내렸다(배수경, 2004, p.55).

완화로 에로 비디오 업계에서도 창작의 자유가 크게 확대되었다. 이 덕분에 젊은 신인 감독이 대거 등장했다. 에로 업계의 성장은 이러한 정책 환경 변화에서도 힘입은 바 컸다. 〈AV매거진〉 취재팀장 이용인은 이 조치의 의미를 이렇게 평가했다.

> 지금의 '영상물등급위원회'의 전신인 '공윤'의 비디오 심의분과에서는 1999년 말 "스토리만 뒷받침되는 작품이라면 약간의 음모노출은 허용한다"는 우리나라 심의사에 기록될 만한 선언을 했던 것이다. 그야말로 자그마한 노출 정도의 차이로 흥행이 왔다 갔다 했던 에로영화 제작사로서는 두 손 들어 박수치며 환영하지 않을 수 없는 일이었다. 이제 약간씩의 음모 노출은 가능한 상황이고 그렇다면 그 전제 조건인 스토리가 뒷받침되는 작품을 만들어야 할 상황. 에로영화 제작사들은 제작비를 두 배 이상 투자하면서 제대로 된 스토리와 강도높은 노출수위의 에로영화를 양산해내기 시작했다. 그러다 보니 재능 있는 감독들이 그 재능을 마음껏 펼칠 기회가 제공됐고, 봉만대 감독처럼 에로로 그 능력을 인정받은 감독들이 대거 등장했던 것. 영화제작자들이 심의기관에 고마워한 경우는 그때가 처음이자 마지막이 아닐까 싶다. 지금도 에로비디오 마니아들 사이에서는 2000년에 출시된 에로비디오가 제일 재미있다는 이야기가 회자되는데 그 이유가 바로 이런 배경에서 나온 것이다.[196]

1999년 영상물등급위원회 주도로 새로운 등급제가 도입된 후 에로 비디오에서 성 표현 수준은 점차 대담해졌다. 처음에는 '에로티카'(에로틱한 성 표현물) 성격의 성인물에서 조금 더 진전된 '소프트코어 포르노' 수준의 성인 에로물이 주류를 이루다가 차츰 강도 높은 성인물이 출현했다. 그러다가 2001년에는 하드코어 포르노와 소프트코어 포르노 수준의 경계선을 넘나들 정도로 음란성과 폭력성이 훨씬 더 심한 선정적인 콘텐츠도 등장했다.[197]

그러나 이러한 자유의 시절은 오래가지 못했다. 성 표현이 갈수록 대담해고 불법적인 행위도 잦아지면서 사회적 논란과 반발도 거세졌다. 심지어 2000년 12월 영상물등급위원회에서 통과된 필름을 몰래 짜깁기 편집해 출시한 비디오 제작자를 검찰이 소환해 수사에 들어간 사건도 있었다. 검찰은 "성 표현 수위 조절은 영상물등급위 소관이다. 그러나 영상물등급위 심의 필름과 출시 필름의 내용이 다른 것은 엄연한 불법이고, 수사대상에 해당된다"라면서 죄질이 무거운 사람은 구속하는 등 불법적 출시 행태를 뿌리 뽑겠다고 밝혔다. 당시 어떤 제작사는 영상물등급위 심의에서 통과된 필름에 국부 노출 영상을 추가해 출시했는데, 이 비디오가 엄청난 판매량을 기록해 업계 내부에서조차 논란이 되었다.[198]

이 밖에도 법 규정을 어기며 미성년자를 에로 비디오에 출연시켰다가 구속된 사례도 있었다. 2000년 12월 서울지검 형사7부는 10대 청소년을 성인용 비디오에 출연시킨 이 모 씨(C엔터테인먼트 대표)와 영화제작자 강 모 씨를 청소년보호법 위반 등의 혐의로 구속 기소했다. 이들은 2000년 초부터 11월까지 제작 배포된 성인용 비디오에 박 모(17)와 이 모(18) 양 등 미성년자를 출연시켜 나체로 성행위 장면을 연기토록 한 혐의로 구속되었다. 특히 이 씨는 박 양을 아예 전속 배우로 고용해 성인 영화 일곱 편에 주연급으로 고정 출연시킨 것으로 밝혀졌다. 경찰이 청소년을 성인 영화에 출연시킨 영화 · 비디오 제작업자를 사법 처리한 것은 이 사건이 처음으로 그만큼 사회적 파장도

켰다. 물론 이 사건과 비슷하게 2000년 초 영화 〈춘향뎐〉(임권택)에서도 17세에 불과한 미성년자 여주인공이 정사신에 출연해 논란이 된 사례가 있었다. 그렇지만 이 영화는 예술 작품이라는 점이 고려되어 제작 관계자가 처벌을 면했다. 하지만 에로 비디오는 사정이 전혀 달랐다. 검찰 관계자는 "음란성이 짙은 성애 비디오 영화 등에 청소년을 출연시키는 사례는 강력히 단속할 방침"이라고 밝혔다.[199]

에로 비디오의 표현 수위가 사회적 논란거리가 되자 여러 사회단체도 문제 제기에 나섰다. 특히 성 문제에 보수적인 기독교 사회 단체인 기독교윤리실천운동은 2000년 하반기 6개월 동안 에로 비디오 30여 편을 모니터링한 결과를 근거로 에로 비디오의 선정성이 위험 수위를 넘어섰다고 비판했다. 에로 비디오에 묘사된 내용은 실제 성행위와 구분이 어려울 정도로 적나라했고, 동성애, 성폭행, 혼음 등 사회 통념과 도덕적 금기를 벗어나는 소재를 거리낌 없이 다루었다는 것이다. 에로 비디오의 선정성과 음란성이 한계를 넘었다는 비판이 잇따르자 전문가들은 건전한 비디오 문화를 조성하려면 심의를 강화해야 한다고 주장했다.[200]

이처럼 에로 비디오의 문제점을 이슈로 부각하는 사건이 연이어 터지면서 비판이 거세지자 에로물 규제를 강화하자는 여론도 덩달아 높아졌다. 2001년 영상물등급위원회는 이전보다 훨씬 강화된 새 심의 기준을 도입했다. 이에 따라 1990년대 중반 이후 일련의 완화 조치로 에로 비디오 제작자들이 잠시 누린 표현의 자유는 이전 수준으로 되돌아갔다.

2. 제작 시스템의 정착

1) 에로 제작사의 춘추 전국 시대

유호프로덕션, 한시네마타운, 무비뱅크는 1990년대 중반 에로 비디오 업계의 호황기를 개척했다. 그러나 이들의 3강 체제는 오래가지 못했다. 에로 비디오에 대한 수요가 증가하면서 에로물을 전문적으로 제작하는 회사, 이른바 '에로덕션'(에로 비디오+프로덕션)이 이 시기에 무수하게 생겨났다. 1990년대 후반에 등장한 씨네프로와 클릭엔터테인먼트를 비롯해 수많은 신생 제작사는 기존의 3강 체제를 위협하면서 에로물 제작사의 춘추 전국 시대를 열었다.

클릭엔터테인먼트, 씨네프로, 초록스크린, 대박필름, 프리존21, 빨간고추 등의 신생 제작사들은 새로운 스타일의 에로 비디오를 속속 내놓으면서 인기를 끌었다. 에로 비디오 전문 제작사는 짧은 기간 내에 40여 곳으로 급격히 증가해 좁은 시장을 놓고 서로 치열한 경쟁을 벌였다. 특히 2001년에는 그 숫자가 무려 70여 개소에 달했다.

이처럼 제작사가 난립하는 바람에 업계 수익은 점차 나빠졌다. 정확한 집계 수치는 없지만 2000~2003년 사이에 에로 비디오 업계 시장 규모는 대략 연간 120억 원, 출시 편수는 300편, 제작사 수는 평균 20여 곳으로 추산되었다. 전체 비디오 시장에서 에로 비디오의 점유율은 10%에 달하는 것으로 알려졌다. 당시 에로 비디오 제작사들은 전국적으로 1만여 곳에 달하는 비디오 대여점을 잠재적인 고객으로 삼았지만, 편당 평균 판매량은 3000장 정도에 불과할 정도로 영세했다. 이 수치는 이전 시기(1995~1999)에 비해 다소 하락했지만 그래도

이 기간은 상대적으로 에로 비디오 업계 역사에서는 호황기 중 하나로 꼽혔다.[201]

당시 국내 에로 비디오 제작이 활발해진 요인으로는 무엇보다 소자본으로 제작이 가능하다는 점을 들 수 있다. 일반 영화는 수억 원에서 수십 억 원의 제작비와 1년 이상 제작 기간이 소요되는 반면, 에로 비디오는 소자본과 소수 인력으로도 충분했다. 2001년 당시의 에로 비디오 제작 기간은 보통 1주일, 길어도 15일 정도에 불과했다. 촬영 장소가 대부분 수도권 인근의 러브호텔이나 콘도 등이고, 제작에 투입되는 촬영 스태프도 13~18명 정도면 가능해 최소 경비만으로도 제작이 가능했다.● 에로 비디오 한 편을 찍는 데는 배우 출연료를 포함한 촬영 · 제작비가 2000만~2500만 원 정도 들고, 비디오테이프 제작비까지 합하면 총 6000만 원 정도에 불과할 정도로 저비용 제작이 일반적이었다.[202]

제작사 난립과 치열한 경쟁, 그리고 영세한 시장 규모 때문에 에로 비디오 제작사의 수명은 길지 않았다. 쉽게 생겼다가 금세 문을 닫는 제작사가 많아 에로 비디오 업계는 현황 파악이 어려울 정도로 부침이 심했다. 영화와 같은 영상물로 분류되기는 하지만 에로 비디오에 대한 사회적 편견 때문에 배우 수도 많지 않았고 그 수명도 길지 않았다. 에로 배우는 에로 전문 제작사보다 숫자가 더 적어서 30명이 채 안 될 정도로 소수에 불과했다. 눈요기식 벗기기 경쟁에 치중하는 영화인만큼 주인공은 물론 여자여야 하고, 조연 1~2명을 더 쓰는 것이

● 에로 비디오 제작에 투입되는 촬영 스태프는 구체적으로 감독을 필두로 조감독 2명, 촬영과 조명의 각 파트 3명, 메이크업 2명, 제작부 2명, 소품과 효과맨이 수시로 투입된다(유병호, 2003, p.67)

일반적인 관행이었다. 매달 새로 출시되는 에로 비디오가 약 30편 정도(1999년 이후 기준)였음을 감안하면 배우들은 한 달에 2~4편에 겹치기 출연했다는 계산이 나온다. 다작은 에로 제작사는 물론 에로 배우에게도 피할 수 없는 업계 관행이었다.[203]

2) 제작자 이름값이 흥행 키워드로

1990년대 말 대거 등장한 신생 제작사들은 치열한 경쟁 속에서도 에로 비디오 업계에 새로운 바람을 일으켰다. 씨네프로(대표 이강림), 클릭엔터테인먼트(대표 이승수), 이지필름(대표 임소연) 등은 이 시기의 흐름을 주도하던 대표적인 제작사들이다. 이들은 이전에 일반적이던 〈젖소부인 바람났네〉식의 정형화된 틀을 허물고 새로운 스타일을 선보이면서 에로 비디오의 르네상스 시대를 이끌었다는 평가를 받는다.

이 제작사들은 각자 나름대로 개성 있는 에로물을 제작했다. 특히 당시 에로 비디오 업계의 '지존'으로 통하던 클릭엔터테인먼트는 침체된 업계에 새 바람을 일으킨 주역이었다. 이전의 부인물 스토리와 차별화된 내러티브, 좀 더 짜임새 있는 스토리 구성, 어두운 조명을 통한 관능적 분위기 조성 등은 이 회사 제작물의 특징으로 꼽혔다.

이 밖에도 이들과 경쟁하면서 다양하고 새로운 비디오를 내놓은 제작사도 적지 않았다. 씨네프로는 이강림 감독의 〈미소녀 자유학원〉 시리즈 등을 통해 새로운 에로 배우상을 선보였다. 이전의 진도희처럼 육감적인 유부녀 스타일과 달리, 유리, 유진 등은 미성년자 이미지로 주목을 끌었다. 디바필름은 일본 분위기를 풍기는 엽기적인 스타일의 영화를 선보였다. 프리존21은 '여성들을 위한 에로티시즘'을 표방하는 특색 있는 제작사로 꼽혔다. 대박필름은 〈모텔 성인장에서 생긴 일〉(1997년작 이미연, 정우성 주연의 〈모텔 선인장〉을 패러디한 제목)을 제작하면서 몰래카메라 스타일로 유명세를 탔다. 뻔한 스토리와 비슷비슷한 이미지의 배우, 예상을 벗어나지 않는 화면 등 진부함을 특징으로 하던 에로 비디오 업계에 변화의 바람이 불었다.[204]

새로운 강자 클릭엔터테인먼트

이 무렵 에로 비디오 업계에서는 여러 개성 있는 제작사가 등장해 이전의 3강 체제를 허무는 데 일조했다. 이 중 가장 눈에 띄는 강자를 들자면 단연 클릭엔터테인먼트다. 클릭엔터테인먼트는 업계에서 손꼽히는 유능한 감독을 여럿 영입해 새로운 형식의 에로 비디오를 연이어 내놓았다. 당시 업계 최고의 영향력을 보여 주었다는 평가를 받는 송명근, 봉만대와 더불어, 신예 이필립과 그의 조감독 출신인 공자관 등을 영입해 수많은 화제작을 제작했다. 바로 이들의 손을 통해 클릭엔터테인먼트는 이른바 '스토리'형 에로 영화의 전성기를 구가했다.

특히 이필립 감독은 1999년 여배우 이규영을 발굴해 〈바람꽃〉(1999/이필립)과 〈쏘빠때〉(쏘세지가 빠다를 만났을 때)(1999/홍단) 등의 화제작을 내놓았다. 이규영은 출시하는 비디오마다 1만 장을 훌쩍 넘는 판매량을 기록했는데, 이는 에로 비디오 업계 기준으로는 엄청난 성공작이었다. 이 덕분에 이규영은 편당 개런티가 에로 업계에서는 높은 수준인 500만 원 이상에 달하는 대우를 받았다. 이후 이필립은 은빛, 하소연, 이메일 등 새로운 여배우를 지속적으로 발굴해 성공작을 잇달아 터뜨리면서 클릭엔터테인먼트가 업계 최고의 제작사로 부상하는 데 크게 기여했다.

2000년 전후 클릭엔터테인먼트가 내놓은 에로 비디오는 업계에서 상식처럼 통하던 관행에서 벗어나 여러 가지 새로운 시도를 했다. 무엇보다 스토리와 영상미 등 기존의 에로 비디오가 소홀히 하던 부분에서 완성도를 높이려는 시도가 엿보인다. 비록 영화계 기준으로 보면 엉성할지라도 나름대로 차별화된 스토리와 영상 미학을 추구한 에로 비디오가 이 무렵 등장했다. 봉만대나 이필립의 연출작에서는 이전의 에로 비디오와 달리 영상에서도 실험 정신이 엿보였다. 무명 여배우의 벗은 몸매 보여 주기에 치중하던 관행에서 벗어나 하소연, 이메일, 은빛, 정희빈, 이규영처럼 스타성을 지닌 여배우들을 발굴해 배우 이름값을 마케팅 전략의 일환으로 정착시킨 것도 성공적인 시도로 평가할 만하다.

이 시기 클릭엔터테인먼트의 특징은 한마디로 '고급스러운 에로 영화'를 표방했다는 점이다. 클릭엔터테인먼트에서 출시한 에로 비디오는 '노골적인' 노출에만 치중하는 저급 에로물이 아니라 예술성을 갖춘 영화라는 느낌을 제공하려고 했다. 이는 대여점에서 에로 비디오 코너에 기웃거리는 고객에게는 타인의 시선을 피하는 구실을 제공한다는 점에서 소비자에게 호평을 받았다. 클릭엔터테인먼트 출시작은 제목부터 에로 비디오답지 않았다. 〈가족〉(2001), 〈연어〉(2000), 〈바다 속의 자전거〉(2001), 〈굿바이〉(2000), 〈눈물〉(2000) 등이 좋은 예다. 에로 비디오는 따로 홍보를 하기 어렵기 때문에 소비자는 사전 정보가 전혀 없는 상태에서 대여작을 선택해야 한다. 신규 출시작은 오로지 대여점 진열대에 꽂힌 상태에서 제목과 그 밑에 보이는 작은 사진만으로 소비자의 눈길을 사로잡아야 한다. 이 때문에 대부분 패러디 등 과장되고 눈에 띄는 제목, 눈길을 주기 부끄러울 정도로 노골적인

표 5-2 1998~2001년 대표적인 제작사

구분	대표 작품	대표 감독	대표 배우
클릭엔터테인먼트	〈바람꽃〉(1999), 〈쏘빠때〉(1999), 〈이천년〉(2000), 〈연어〉(2000)	이필립, 봉만대	이규영, 하소연, 은빛
씨네프로	〈자유학원〉 시리즈(1998~), 〈유리〉 시리즈(1999~), 〈처제의 일기〉 시리즈(2000~)	이강림	유리, 유진
이지필름	〈귀족〉(2000), 〈퀸〉(2000), 〈포르노를 향해〉(2001)	임소연	이선영
프리존21	〈바다〉(2001), 〈불〉(2001)	김현태	강민서
빨간고추	〈누나 길들이기〉(2000), 〈여자 콜렉터〉(2000)		고아라, 엄다혜
와우필름	〈헌팅〉 시리즈(2000~)	윤승호	
디바필름	〈모모〉(2001), 〈발기해서 생긴 일〉(2004)		
대박필름	〈모텔 성인장에서 생긴 일〉(1997)	한성진	

사진을 사용하는 것이 일반적인 업계 관행이었다. 클릭엔터테인먼트는 이런 관행을 과감하게 깬 것이다.

장르물 내용이나 표현 형식에서도 새로운 요소가 많이 도입되었다. 전통적인 에로물의 내러티브에 다큐멘터리나 TV 시사 프로그램 형식을 섞는 등 장르 혼합 방식도 종종 사용되었다. 에로 영화에 액션, 스릴러 장르의 요소를 접합시키기도 했다. 이러한 변화는 특히 IMF 경제 위기 이후 방송과 CF 업계 출신이 에로 제작 업계에 대거 진입하면서 일어난 변화로도 볼 수 있다. 소재에서도 동성애, 양성애, 그룹 섹스처럼 전통적인 남녀 관계 패턴에서 벗어난 파격적인 소재를 도입하는가 하면 스와핑이나 누드라는 자극적인 단어를 사용한 에로 비디오도 다수 제작했다.[205]

개성 있는 제작사

이 시기에는 클릭엔터테인먼트 외에도 개성 있는 제작사가 많이 등장해 에로 비디오 업계에 활력을 불어넣었다. 씨네프로나 이지필름, 프리존21, 빨간고추, 와우필름 등의 신생 제작자들은 나름대로 특색 있는 에로 비디오를 내놓았다.

우선 씨네프로는 에로 비디오 업계 스타 감독인 이강림이 대표를 겸한 제작사였다. 씨네프로는 유리와 유진이라는 배우를 발굴해 당시로서는 파격적 액수인 각각 5000만 원에 전속 계약해 업계 관계자들을 놀라게 했다. 1999년에는 유리가 주연을 맡은 〈자유학원〉 시리즈로 화제를 일으켰고, 2000년에도 유진을 내세워 그해 업계 최고 히트작으로 꼽히는 〈처제의 일기〉 시리즈를 내놓았다.

이지필름은 여성 감독인 임소연이 대표를 맡은 회사로 유명했다. 이 프로덕션은 지금까지도 에로 업계에선 전설로 통하는 억대 연봉의 에로 배우 이선영과 전속으로 계약했다. 이지필름은 이선영이 주역을 맡은 〈귀족〉(2000), 〈퀸〉(2000), 〈포르노를 향해〉(2001) 등을 제작해 상업적 성공을 거두었다. 프리존21은 자칭 '여성들을 위한 에로티시즘'을 표방한 에로 비디오를 내놓았다는 점에서 독특했다. 또한 강민서라는 여배우를 발굴해 마니아 사이에서 한동안 화제가 되었다.

이 밖에도 여러 제작사가 활발하게 에로 비디오를 제작했다. 빨간고추라는 제작사는 에로 배우 고아라와 엄다혜를 출연시킨 〈누나 길들이기〉(2000) 등 이른바 누나 시리즈로 흥행 대열에 동참했다. 와우필름은 글래머 배우를 대거 섭외해서 많은 마니아층을 형성했다. 대표작으로는 성폭력과 사도마조히즘sadomasochism,• 몰카 형식까지 도입한 〈헌팅〉(2000~) 시리즈가 꼽힌다. 디바필름은 일본 분위기의 엽기 영화를 선보였으며, 대박필름은 몰래카메라 스타일을 도입한 에로 비디오로 유명했다. 이 회사의 연출과 카메라 워킹은 업계에서도 화제였다고 한다. 대표작으로는 〈모텔 성인장에서 생긴 일〉(1997)이 꼽힌다.

3) 브랜드 에로 감독 시대

다양한 제작사의 등장과 함께 주목할 만한 감독도 대거 출현했다. 이른바 '에로 비디오의 작가주의 시대'가 바로 이때 도래했다. 젊은 감독들은 업계에서 새로운 흐름을 만들어 에로 비디오에 대한 일반인의 인식을 바꿔놓는 데에도 기여했다. 이들은 이후에도 업계를 주도하는 세력으로 활동했다.

새로운 감독이 에로 업계에 대거 등장한 것은 대략 1998년 말에서 1999년 초 사이였다. 국내 에로 비디오의 최대 전성기로서, 출시했다 하면 1만 장 판매가 기본일 정도로 에로 비디오에 대한 수요가 넘쳐나던 시기였다. 그 당시 매월 40~50여 편의 에로 비디오가 쏟아져 나올 정도로 제작 물량이 많아 이미 활동 중인 한정된 인력만으로는 감당하기가 어려웠다. 이 때문에 업계 외부, 특히 방송사나 광고 업계에서 영상 작업 경력을 쌓은 인력이 에로 비디오 업계에 대거 진출했다. 이러한 변화는 영상 업계 촬영 기술의 변화 추세와도 관련이 있다. 에로 영화 제작 방식은 16mm 필름에서 베타테이프로 바뀌었고, 이후 디지털 카메라로 빠르게 옮아갔다. 이전처럼 영화 제작 기술이

● 사디즘과 마조히즘의 합성어로 가학적인 성향과 피학적인 성 취향을 동시에 드러내는 현상을 뜻한다.

꼭 필요치 않게 되다 보니, 자연스레 에로 업계 스태프도 충무로 영화판 출신 일변도에서 CF 업계 경력자로 대체되었다. 물론 CF 업계 출신 중에서도 충무로에서 일하다가 CF로 옮겨간 사람이 많았다. 이 시기 에로 업계에서 감독으로 이름을 날린 봉만대나 박선욱도 바로 이런 경로를 밟았다.[206]

물론 에로 비디오 업계에는 물리적 제약이 많았다. 여배우 노출이나 섹스 장면이 반드시 상당량 포함되어야 한다는 묵시적인 요구, 몇천만 원대에 불과한 제작비, 기껏해야 대여섯 명 정도인 출연 배우만으로 팔리는 영상을 만들어야 한다는 압력이 작용했다. 열악한 제작 여건에다 주어진 작업 시간조차 많지 않았다. 심할 때는 하루 이틀 안에 모든 촬영을 마쳐야 했다. 영화판에서와 달리 감독의 개성을 에로 비디오 화면에 구현하기는 어려운 상황이었다. 이처럼 열악한 시스템보다 제작자들을 더 좌절케 한 것은 "에로 영화에 무슨 감독이 필요해…… 여배우만 있으면 되지"라는 식의 외부 인식이었다.[207]

하지만 이들은 열악한 환경 속에서도 이전에 보지 못한 새로운 스타일의 에로 비디오를 잇달아 내놓았다. 이들은 상영관 개봉을 거치지 않고 비디오 포맷으로만 출시되는 에로 영화의 특성에 맞춰 디지털 카메라를 채택하고 새로운 영상 기법을 다양하게 시도했다. 신생 감독들은 독특하고 짜임새 있는 시나리오와 감각적 영상으로 에로 비디오 마니아들의 시선을 사로잡았다. 에로 비디오에 컴퓨터 그래픽이라는 새로운 기법도 처음 도입했다. 저급한 B급 상품인 에로 비디오의 속성을 충족시키면서도 거기에 자신의 개성을 덧붙인 콘텐츠를 만들어 낸 것이다. 일본의 로망 포르노에서는 베드신만 들어가면 감독이 원하는 영상을 마음껏 만들 수 있는 환경이 구현되었는데, 국내

표 5-3 1998~2001년 대표 감독과 대표 작품

감독	대표 작품
봉만대	〈연어〉(2000), 〈이천년〉(2000), 〈아파바〉(2000) 등
이강림	〈자유학원〉 시리즈, 〈유리의 가출〉 등 유리 시리즈(1999~)
박선욱	〈몰카자유학원〉 시리즈(1999~), 〈천애〉(2000), 〈요코하마 천사〉(2000), 〈주홍글씨〉(2000)
이필립	〈바람꽃〉(1999), 〈쏘빠때〉(1999), 〈푸쉬와 호세인〉(2003), 〈동거〉(2001), 〈새 됐어〉(2001), 〈섹스 목걸이〉(2001)
김현태	〈바다〉(2001), 〈안개〉 시리즈(2001~), 〈좋은 거 배워왔다〉(2002)
송명근	〈쇼킹넘버〉 시리즈(1998~), 〈노리꼬의 일기장〉 시리즈(2001~)
임지연	〈퀸〉(2000), 〈포르노를 향해〉(2001), 〈귀족〉(2002)

에로 비디오 업계에서도 유사한 상황이 조성되었다.[208]

신세대 감독들이 에로 비디오에서 보여 준 새로운 스타일은 업계나 평론가 사이에서 '작가주의'라고 불린다. 에로 비디오의 작가주의를 구현한 대표작으로는 봉만대 감독의 〈이천년〉, 〈일심〉, 〈연어〉 등이 손꼽힌다. 그의 연출작은 점프 컷이나 몽타주 같은 화려한 카메라 기법을 활용해 영상 기술을 업그레이드했고 내러티브의 중요성을 다시 일깨워 주었다는 평가를 받는다. 장면 구성에서도 섬세함을 가미했다. 2001년 출시작 〈아파바〉(하이비젼)는 한 AV 사이트에서 '올해의 AV 비디오'로 선정되기도 했다.

봉만대와 더불어 1970년 전후 출생한 감독 5~6명이 이 무렵 작가주의 흐름을 주도했다. 이들 중 박선욱은 봉만대와 함께 신세대 에로 감독의 쌍두마차로 불리는데 한때 같은 CF 제작사에서 근무한 친구 사이기도 하다.[209] 평론가 김형석은 작가주의 흐름을 대표하는 5인

의 감독으로 이강림, 박선욱, 이필립, 김현태, 봉만대를 지목했다.[210]

이강림은 CF 감독 출신으로 에로 영화 제작사인 씨네프로를 설립해 대표이자 감독으로 활동했다. 〈자유학원〉 시리즈와 〈유리〉 시리즈를 통해 일본 AV의 주요 흐름 중 하나인 '미소녀 장르'를 한국에 도입했다. 미소녀물은 말 그대로 앳된 소녀를 주인공으로 등장시킨다. 기존 에로 비디오에서 주인공이 주로 원숙한 유부녀인데 비해 연령대가 대폭 낮아졌다. 심의를 의식해 재수생 등으로 설정했지만 마치 고등학생을 연상시키는 어린 배우를 선호했고, 심지어 실제로 미성년자를 기용했다가 제작자가 구속되는 사례도 있었다. 이강림은 초기작부터 앵글과 체위 설정 등에서 파격적 실험을 했다. 그의 영화에는 아슬아슬한 경계 같은 것이 느껴진다고 평론가 김형석은 평가했다.[211] 에로 영화에 컴퓨터 그래픽이나 애니메이션을 접목하는 독특한 기법도 선보였다.

박선욱은 〈천애〉(2000/White제작사) 등으로 알려졌는데, 특히 "묘한 느낌과 과감한 노출"로 에로 마니아에게 강한 인상을 남겼다. 박선욱 연출작들은 특히 "에로틱 콘셉을 골라내는 데 탁월한데 말로 꼬집어 지적할 순 없지만 하여튼 오금을 저리게 한다"[212]는 평가를 받았다. 그는 에로에 액션을 결합한 〈요코하마 천사〉(2000)와 〈주홍글씨〉(2000)로 주목받았다.

이승수는 클릭엔터테인먼트의 대표이면서 이필립이라는 예명으로 활동한 감독이다. 이필립은 정사 장면에 어두운 조명을 사용하고 다양한 로케이션 촬영을 시도하는 등 "에로 비디오의 영역을 두 뼘 정도는 넓혔다"고 평가받는다. 그의 연출작 중 〈동거〉(2001)는 일본 진출에까지 성공한 드문 사례인데, 섹스 장면을 최소화하고 내러티브를 극대화했다.[213] 〈바람꽃〉(1999), 〈쏘빠때〉(1999), 〈새 됐어〉(2001),

〈섹스 목걸이〉(2001), 〈푸쉬와 호세인〉(2003) 등이 대표작이다.

이처럼 젊고 재능 있는 감독들이 비교적 자유롭게 개성을 발휘한 이른바 '작가주의'는 흥행 시장에서도 적지 않은 성공을 거두는 선순환으로 이어졌다. 이러한 흐름은 2000년도에 정점을 맞았다. 봉만대 감독의 〈이천년〉은 짜임새 있는 스토리 구성과 감각적 영상에다 매력적인 여배우가 3박자를 이루고 파격적인 베드신까지 더해져 흥행에 성공했을 뿐 아니라 에로 영화의 수준을 한 단계 높였다는 평가도 받았다. 〈이천년〉의 성공 뒤에는 봉만대 감독, 1만 5000명의 팬클럽 회원을 거느린 여배우 이규영이라는 요인 외에도 공연윤리위원회의 심의 기준 완화라는 시대 환경이 작용했다.[214]

4) 변방에서 주류로 진출: 봉만대 감독

2000년 전후 에로 비디오 업계에서 작가주의의 흐름을 주도하던 봉만대 감독은 2003년 〈맛있는 섹스 그리고 사랑〉이라는 영화로 마침내 충무로에 진출했다. 봉만대의 충무로 진입은 에로 비디오 업계와 영화 업계에서 모두 큰 화제가 되었다. 하지만 양측에서 이 사건을 보는 시각은 미묘한 차이가 있었다. 오랫동안 에로 업계와 충무로는 서로 밀접한 관련을 맺고 있으면서도 전혀 별개의 세계처럼 인식되었기 때문이다. 이러한 인식을 감안할 때 봉만대의 성공은 변방에서 주류 진출에 성공한 매우 예외적인 사례였다.

에로 감독의 충무로 입성이 봉만대 사례 덕분에 갑자기 화제로 부각되었지만 사실 오래전부터 두 업계 사이에는 교류가 활발하게 이루어졌다. 에로 비디오도 초창기에는 비디오가 아니라 영화처럼 35mm 필름으로 촬영했다. 일자리가 많지 않은 영화판의 특성 때문에 많은 제작 인력이 영화판과 에로 업계를 오가며 작업했다. 실제로 1990년대 에로 비디오 시장에는 충무로 출신이 꽤 많았다. 잘 알려진 영화 감독 중에서도 에로 영화 제작 경력이 있는 사람이 적지 않았다. 〈젖소부인 바람났네〉의 김인수 감독은 충무로 B급 장르 영화의 달인이었고, 에로 비디오 〈모텔 성인장에서 생긴 일〉로 유명한 강구연 감독은 충무로 영화인 〈인생이 뭐 객관식 시험인가요〉(1992)를 연출한 바 있다. 〈있잖아요 비밀이에요〉(1990)의 조금환 감독, 배우로서는 〈애마부인〉 시리즈 출신의 여배우 소비아도 이러한 사례에 해당한다. 〈매춘〉의 유진선 감독이나 〈안개도시〉(1989)의 김성수 감독처럼 충무로에서 활동하면서 에로 비디오를 겸업하는 사례도 다반사였다.[215]

이 밖에도 극영화로 데뷔했지만 흥행에 실패한 감독이나, 단편 영화로 인정받은 감독, 충무로에서 기획과 시나리오를 맡은 사람 중에서도 에로 업계 경력자가 종종 있었다. 일반 영화 제작에서 감독이 친분 있는 에로 영화 감독에게 베드신만 맡기는 사례도 있었다. 일반인에게는 잘 알려지지 않았지만 이처럼 충무로와 에로 업계 사이에는 꾸준히 인적인 교류가 이루어졌다.

하지만 이러한 교류에도 보이지 않는 장벽은 존재했다. 충무로에서 활동하던 감독이 에로 비디오 연출을 겸하는 사례는 상당수 있었지만, 그 반대로 에로 비디오로 시작해 충무로 진출에 성공한 사례는 거의 없었다. 이러한 차별은 배우에게도 적용되었다. 에로 업계 스타인 정세희는 에로 배우 출신으로 극영화에 출연한 매우 드문 사례였는데, 그 희소성 때문에 출연 시에 큰 화젯거리가 되었다. 에로 업계에서는 대스타인 진도희가 〈젖소부인 바람났네〉의 여세를 몰아 지상파 TV로 진출한 적이 있지만 그것도 잠깐에 그쳤을 뿐 주류 안착에는 결국 실패했다. 과거 극영화에서 빛을 보지 못한 배우가 에로 비디오를 찍는 사례는 종종 있었지만 에로 배우 출신으로 영화계로 진출한 사례는 매우 드물었다. 어느 에로 배우는 개봉 영화 배역의 최종 오디션에 합격했지만 에로 배우 출신인 것이 밝혀져 출연이 취소됐다. 또 다른 개봉작에 조연으로 출연한 배우는 에로 비디오 출연 경력이 알려질까 봐 철저하게 숨겼다고 털어놓았다.[216]

이 사례들은 에로 업계 출신에 대한 충무로의 벽이 그만큼 높았음을 말해 준다. 성적 배설용으로 취급되면서 천대받는 에로 비디오 감독으로 시작해, 극장용 영화를 제작하는 감독으로 올라선 사례는 봉만대 감독이 사실상 처음이었다. 이는 에로 업계가 영상 산업에서 천대받는 주변부로 인식되었고, 이 때문에 에로 업계 출신에 대해 보이지 않는 차별이 작용했다는 뜻이다. 이 점에서 봉만대의 충무로 진출은 예외적이면서도 흥미로운 사례로 살펴볼 만하다.

봉만대는 충무로에서 첫 경력을 시작했다. 1994년 〈용호의 권〉, 〈휘파람 부는 여자〉 등에 조감독으로 참여했고, 이듬해부터 시나리오를 쓰기 시작했다. 영화 〈언더그라운드〉에서는 제작사의 각본을 각색하는 일을 맡았고, 〈킬링게임〉과 〈킬러〉 등의 영화 시나리오도 썼다. 영화 촬영이 없을 때에는 방송 쪽 일을 맡아 촬영 스태프로 활동했고, 조감독 시절엔 종종 단역 배우로 카메라 앞에 섰다.[217]

하지만 IMF 구제 금융 이후의 경기 한파로 제작 편수가 급격히 줄어들면서, 봉만대는 실업자 신세로 전락했다. 이 무렵 지인 소개로 제작사에서 에로 비디오 연출 제안이 들어왔다. 한·일 합작 프로젝트였고 개런티가 100만 원 수준이라는 점도 솔깃했지만, 무엇보다 연출을 할 수 있다는 기대에 제안을 선뜻 수락했다. 그는 어렸을 때부터 남달리 성에 관심이 많아 〈무릎과 무릎 사이〉, 〈뽕〉, 〈나인하프위크〉 등의 영화를 비롯해 《소녀경》 같은 고전과 《부부클리닉》류의 실용 서적까지 섭렵했다. 그러다 보니 '에로'에 대해 그다지 거부감이 없었다. "충무로에서 나를 어떻게 볼까" 하는 두려움도 없었다며, "너 멜로 할래, 나 에로 할게" 하는 식의 태도를 보였다. 그는 "에로가 저열하다는 생각은 예나 지금이나 가져본 적이 없다"라고 당당히 밝혔다. 이렇게 해서 일본까지 가서 촬영한 것이 1999년 출시작 〈도쿄 섹스피아〉였다.[218]

〈도쿄 섹스피아〉로 에로 업계에 데뷔한 봉만대 감독은 상업적 흥행에서 성공했을 뿐 아니라 에로 비디오 마니아들이 첫 손가락에 꼽는 '작가주의 감독'으로 인정받았다. 에로 마니아들이 "여배우가 아니라 감독을 보고 비디오를 고르게 만든 첫 번째 감독"이라는 수식어가 그의 이름에 따라다녔다.[219] 그의 영화는 화면 구성, 화면 분할, 들고 찍기, 내러티브, 음악을 비롯한 사운드 효과 등의 기법을 다양하게 활용하고, 폭력이나 살인 등 다른 B급 영화의 요소도 가미했다. 이 때문에 봉만대의 영화는 에로물을 '영화식'으로 즐기는 젊은 층에게 남다른 흡인력을 발휘했다는 평가를 받는다.[220]

봉만대의 영화는 확실히 기존의 에로 비디오와 달랐다. 〈연어〉(2000)에서는 야외에서 옷을 입고 관계를 갖는 장면 연출에서 주로 얼굴만으로 섹스의 느낌을 전달하는 방식을 사용했는데, 이는 에로 비디오에서는 흔치 않은 연출 기법이었다. 〈귀공녀〉(2000)는 에로 영화 업계 제작자와 감독, 여주인공이 파멸로 치닫는 과정을 세밀하게 그렸는데, 말하자면 영화에 관한 영화였다. 권투도장에서 벌어지는 "질퍽

그림 5－1 기존 에로 비디오와 달리 드라마를 전면에 내세운 봉만대의 〈이천년〉.

하고도 코믹한 섹스신"을 보여 준 〈스파링 파트너〉(2000), 2001년 최고의 에로 영화로 선정될 정도로 스토리와 영상미가 뛰어난 〈아파바〉(2000) 등 다양한 소재와 틀에 박히지 않은 에로물로 눈길을 끌었다.[221]

클릭엔터테인먼트에서 출시된 〈이천년〉은 봉만대 감독의 두 번째 연출작이자, 팬들에게서 2000년 최고의 에로 비디오라는 찬사를 받았다. 흥행에서도 크게 성공했다. 〈이천년〉은 원래 "핑크 펑크"라는 원제로 충무로 진출을 겨냥해 시나리오 작업에만 6개월이나 투입할 정도로 공을 들였다, 그러나 받아주는 제작사가 없어 결국 섹스 장면을 늘려 에로 비디오로 제작해 출시하게 되었다.

〈이천년〉은 기존 에로 비디오와 달리 드라마를 전면에 내세웠다는 점에서 봉만대 연출작의 특징을 잘 보여 준다. 이 영화에서는 오토바이 레이서를 꿈꾸는 용수, 평범한 삶을 거부하고 무작정 가출한 천년, 영화 감독이라는 희망만 부여잡고 사는 주민, 하루 벌이를 위해 용만과 사귀는 길거리 여자 소아, 주민과 용수의 친구인 소매치기 철수 등 다양한 인물이 등장한다. 영화 감독 지망생인 주민은 용수의 오토바이를 팔아넘긴 돈으로 캠코더를 구입하고 용수의 여자 천년과 포르노를 찍는다는 스토리로 되어 있다. 스토리는 대충 넘어가고 성애 장면에만 주력하는 식의 여타 정형화된 에로 비디오와 달리 〈이천년〉은 나름대로 리얼리즘을 추구했다. 〈이천년〉은 짜임새 있는 시나리오와 영상미로 한국 에로 비디오를 한 단계 업그레이드시켰다는 평가까지 받았다.

〈이천년〉은 2000년 정초부터 감방에 갇힌 세 젊은 남녀의 행적을 플래시백 형식으로 추적한다. 이 영화는 매순간 빠른 호흡의 영상으로 전개된다는 점도 독특했다. 하지만 무엇보다 다양한 모습으로 밑바닥 인생을 살아가는 청춘들의 삶을 다루면서 돈에 젊음을 저당 잡힌 이들의 엇갈린 욕망을 그려냈다는 점에서 주목을 받았다.[222] 도시 하층민 삶의 고단함과 낙오자가 된 젊은이들의 삶을 그렸다는 점에서 마니아들 사이에서는 정우성, 고소영 주연의 충무로 영화 〈비트〉•와 비교되기도 한다. 홍콩 영화 〈메이드 인 홍콩〉•• 같은 느와르 장르 분위기, 전혀 에로틱하지 않은 정사신, 플래시백, 점프 컷 등의 테크닉으

• 1997년 개봉한 한국 영화로, 허영만의 동명 만화를 김성수 감독이 영화화했다. 20대 젊은이들의 방황, 사랑과 우정을 그린 영화다. 〈비트〉는 박진감 넘치는 액션신, 실험적 장치와 기법을 통한 고감도 화면이 영화의 완성도를 높였고, 과장과 극단이라는 만화식의 구성을 유지하면서도 젊은이의 감성과 표현 방식을 잘 살려내 리얼리티를 확보할 수 있었다는 평단의 호평을 받았다. 이희용 (1997. 4. 24), "[영화評] 고감도 화면 돋보인 '비트'," 〈연합뉴스〉. http://v.media.daum.net/v/19970424171400681?f=o

•• 프루트 챈 감독의 〈메이드 인 홍콩〉은 중국 반환을 앞둔 1990년대 홍콩의 사회상을 그린 영화로, 1997년 로카르노국제영화제 심사위원 특별상과 부산국제영화제 국제비평가협회상을 수상했다. 이 영화는 가정과 학교에서 내몰려 뒷골목을 방황하는 홍콩 젊은이들의 분노, 고통, 절망과 허무를 뮤직비디오 스타일의 감각적인 화면에 담았다는 평가를 받았다. "[새영화] 홍콩판 나쁜 영화 '메이드 인 홍콩'" (1998. 4. 21). 〈연합뉴스〉. http://v.media.daum.net/v/19980421135000454?f=o

로 에로 마니아들을 사로잡았다.

한 달에 2편씩 찍어 내는 감독도 흔한 에로 업계에서 봉만대는 과작寡作 감독에 속했다. 그는 2000년에 〈연어〉, 〈스파링 파트너〉, 〈일심〉, 〈이노미〉, 〈아파바〉, 〈귀공녀〉 등 모두 6편, 2001년에는 〈모모〉, 〈딴따라〉, 〈고자질〉, 〈디지털 비디오〉 등 4편을 연출하는 데 그쳤다. 제작비가 최소한 2500만 원 이상이어야 한다는 원칙을 내세우는데다 "과감한 노출과 다양한 체위만이 최선은 아니다"라는 지론을 고수했다. 이 때문에 유명해진 뒤에도 정작 에로 비디오 업자 사이에서는 선호도가 그리 높지 않았다고 한다. 다만 신생 제작사에서 그의 유명세를 빌리기 위해 작업을 요청하는 사례가 종종 있었다.[223]

봉만대는 에로 비디오 열다섯 편으로 인기를 얻은 뒤 마침내 2003년 〈맛있는 섹스 그리고 사랑〉으로 충무로에 진출했다. 〈맛있는 섹스 그리고 사랑〉은 1980년대를 풍미하던 에로 영화의 부활을 선언한 영화이기도 하다. 기존의 에로 영화가 성을 일탈적이고 은밀한 대상으로만 묘사한 데 비해, 이 영화는 성을 마치 맛있는 음식을 먹는 것처럼 즐거운 행위로 묘사하는 등 솔직하고 당당한 신세대 감성이 돋보인다는 평가를 받았다.[224]

봉만대는 충무로 진출에 성공한 후 영화와 TV를 넘나들며 다양한 에로물을 제작했다. 2004년에는 케이블 영화 채널 OCN이 제작비 15억 원을 전액 투자한 최초의 HDTV 영화 〈동상이몽〉을 연출했다. 이 영화는 장르나 형식에 얽매이지 않고 기존의 지상파 방송에서 볼 수 없던 차별화된 소재와 역순 편집, 화면 분할, 다각적 관점 등의 새로운 기법으로 스크린과 브라운관의 경계를 허물었다는 해석도 나왔다.[225] 2006년에는 성형을 소재로 한 공포 영화인 〈신데렐라〉를 연출

그림 5-2 〈맛있는 섹스 그리고 사랑〉은 1980년대를 풍미하던 에로 영화의 부활을 선언한 영화다.

해 에로물 이외의 다른 장르로 활동 무대를 확장하려 했다.

최근까지 봉만대는 다양한 미디어를 넘나들며 활동하고 있다. 장편 극영화 〈섹스, 거짓말 그리고 비디오테이프〉(2012), 성인 코미디 영화 〈아티스트 봉만대〉(2013), 섹슈얼 범죄 스릴러 장르 영화인 〈덫: 치명적인 유혹〉(2015) 등은 극장 개봉용으로 제작한 영화들이다. 케이블 TV용 프로그램도 제작했는데 CGV에서 4부작으로 방영된 〈TV 방자전〉(2011)이 대표적인 예다. 그는 포털이나 스마트폰 등 새로 떠오르는 기술을 제작에 활용하기도 했다. 〈떡국열차〉(2015)는 한 회당 5~10분 분량에 총 10부작으로 기획한 패러디 드라마로 포털 사이트를 통해 공개되었고, 〈맛있는 상상〉(2010)과 〈앱 브라더스〉(2013)는 스마트폰으로 촬영한 단편 영화다. 이처럼 봉만대는 온갖 미디어를 오가며 활동했지만, 주로 에로물이나 '에로틱'함을 강조하는 영화를 주로 연출했다.

3. 정통 에로물과 결별

1) 파격과 엽기를 넘나드는 연출 방식

이 시기에는 70여 곳에 달할 정도로 에로 비디오 전문 제작사가 급격하게 늘어나면서 경쟁이 더욱 치열해졌다. 심의 기준 완화로 표현의 범위도 크게 확대되었다. 그 결과 이전에는 금기시되던 거의 파격적이고 비윤리적인 소재까지도 에로 비디오에서 등장했다. 물론 이러한 파격적 변화에는 광고 업계 경력자처럼 과거 에로 비디오의 관행이나 통념에 물들지 않은 새로운 인력이 대거 업계에 충원되었다는 점도 요인으로 작용했다.

이처럼 업체 간 경쟁이 가열됨에 따라, 에로 비디오에서는 거의 파격과 엽기에 가까울 정도로 비윤리적이고 기괴한 소재가 넘쳐났다. 지금까지 에로 비디오 업계에서는 성애 장면을 묘사하더라도 연출에 의존할 뿐 실제 성행위를 보여 주지는 않는다는 '성행위 비공연성의 원칙'을 묵시적으로 지켰다. 비록 전통적 성윤리나 규범에 반하는 소재를 다루거나 선정적인 장면을 묘사할 때도 있었지만, 불륜극 정도에 그칠 뿐 한계를 넘지 않는다는 묵시적 관행도 있었다. 하지만 소재 선정이나 장면 묘사에서 이러한 불문율은 이제 사실상 사라졌다.[226]

과거에는 소재를 선정할 때도 이성애의 범위를 벗어나지 않았지만, 이 시기에는 동성애는 물론 양성애처럼 금기시되던 요소도 종종 다루어졌다. 그룹 섹스, 스와핑, 몰래카메라, 성폭력과 강간 장면, 사디즘과 마조히즘 등 해외 포르노그래피에서나 보던 소재나 장면까지도 종종 등장했다. 물론 제작자들은 편집과 수위 조절에 신경을 기울여, 이러한 시도가 심의에서 거부되는 사례는 많지 않았다. 하지만 이 시기의 에로물은 과거 에로 비디오에 익숙한 소비자에게는 상당히 충격적인 수준으로 변해 갔다. 이전 기준에 비추어 보면 에로 비디오라기보다는 거의 포르노 수준의 내용도 등장하기 시작했다.[227]

에로 비디오 심의를 담당하는 영상물등급위원회 자료는 이 무렵 에로 비디오 내용에서 드러난 경향을 이렇게 정리했다.[228] 첫째, 당시 영화계의 흥행 코드이던 조폭과 엽기적인 유행 조류인 살인이나 폭력을 소재로 삼고 극영화를 패러디한 에로 비디오가 많았다. 〈엽기 그리고 섹스〉(2000), 〈마누라친구〉(2001), 〈엽기적인 꽃뱀들〉(2001), 〈엽기 알바〉(2001), 〈깡패마누라〉(2001), 〈조폭애인〉(2001) 등이 전형적인 사례에 해당한다.

둘째, 오리지널 창작 극영화라기보다는 사회적 이슈나 세태의 흐름을 반영한 제목이 많았다. 당시 유행하던 테마나 영화 제목, TV 드라마 이름을 노골적으로 패러디한 제목이 급증했다. 〈겨울동화〉(2001, 드라마 〈가을동화〉를 패러디), 〈에로관심법〉(2001, 역사 드라마 〈태조 왕건〉의 내용을 차용), 〈다찌리〉(2001, 단편 영화 〈다찌마와 Lee〉의 패러디), 〈신여인천하〉(2001, 드라마 〈여인천하〉의 아류작), 〈섹스는 아무나 하나〉(2001, 드라마 〈사랑은 아무나 하나〉의 패러디), 〈처녀의 달밤〉(2001, 영화 〈신라의 달밤〉 패러디) 등이 좋은 예다.

셋째, 일본 대중문화 개방 정책에 편승해 일본의 성 풍속을 다루거나 현지 촬영을 한 에로물, 일본인 에로 배우를 기용한 변태적이고 선정적인 에로물이 급증했다. 〈도쿄리포트 2〉(2000), 〈노리꼬의 일기장〉(2001), 〈신쭈쿠넘버원〉(2001), 〈오사카킬러 그리고 포르노〉(2001) 등이 대표적인 예다.

넷째, 에로물 주인공이 과거 〈젖소부인 바람났네〉에서처럼 육감적인 유부녀형에서 20대 초반의 미소녀형으로 바뀌었다. 〈자유학원〉 시리즈나 〈처제의 일기〉 등의 유행이 이러한 추세를 잘 보여 준다.

이 시기의 흐름을 잘 보여 주는 에로 비디오는 〈자유학원〉과 〈처제의 일기〉 시리즈물이다. 〈자유학원〉 시리즈의 유행을 열어 준 〈미소녀 자유학원〉(1998)은 일본의 에로 비디오 혹은 로망 포르노 계열의 영화에서 여러 요소를 차용했다. 〈미소녀 자유학원〉은 고복 입은 어린 소녀를 주인공으로 채택했다는 점에서 이전의 에로 비디오와 크게 차별화된다. 일본 에로물에서는 학교를 배경으로 설정했지만, 국내에서는 심의 문제 때문에 이를 학원으로 살짝 바꿨다. 〈자유학원〉 시리즈는 미술 학원 등의 학원을 배경으로 여러 여자 학원생(대학생이나 재수생)과 남자 선생 간의 관계를 축으로 스토리가 전개된다. 여자 학원생을 고등학생으로 설정할 경우 심의 과정에서 거부될 수 있기 때문에 재수생으로 대체했다. 이 시리즈는 학원을 배경으로 미소녀들의 정사 장면을 마치 CF 찍듯 미화해서 표현했고 유례없이 노출 강도가 높은 장면으로 주목을 끌었다.

하지만 새로운 스타일의 에로물은 미소녀라는 제목과 스토리 설정에서 엿볼 수 있듯이 롤리타 콤플렉스lolita complex● 등 파격적인 소재와 장면 묘사로 논란을 일으켰다. 이 에로물에서는 어린 여성에 대한 남성의 욕망을 반영하는 장면이나 설정이 자주 등장한다. 남자 주인공이 여자들을 비교하며 재수생에 비해 대학생을 늙은 여자 취급한

● 성 도착증의 한 형태로 미성년 소녀를 대상으로 하는 성적 취향을 지칭하는 용어다. 블라디미르 나보코프Vladimir Nabokov의 소설 《롤리타*Lolita*》에서 유래한다.

다거나, 극 중에서 여자 학원생이 재수생인데도 교복 차림으로 나오는 장면이 대표적인 예다. 〈미소녀 자유학원〉 시리즈가 성공을 거둔 후 에로 비디오 업계에서는 미성년자에 대한 성적 판타지를 부추기는 에로물이 크게 늘었고, 소재도 더 다양해졌다. 〈미소녀 자유학원〉은 1998년 1편이 등장한 이후 2002년까지 총 8편이 제작되었다. 〈미소녀 자유학원〉의 성공에 자극받아 아류작인 〈몰카 자유학원〉 시리즈도 출시되었다. 이 시리즈는 1999년 5월에 처음 출시된 후 그해에만 무려 네 편이나 나왔다. 이 시리즈 중 6편을 제외하면 모든 속편을 이강림 감독이 연출하였다.

〈처제의 일기〉 역시 〈미소녀 자유학원〉처럼 롤리타 콤플렉스의 경향을 보여 주는 비디오다. 이 에로 비디오는 사촌 언니의 남자 친구와 관계를 맺는 고3 수험생을 다루었다. 아직 미성년자인 고등학생을 소재로 삼았다는 점 때문에 출시 직후 전량 수거되었다. 게다가 사실상 형부와 다름없는 남자와 처제 간의 관계를 다룬 근친물이기에 비난 받기에 충분했다. 이러한 파격은 배역 설정뿐 아니라 내러티브 구조에서도 잘 드러난다. 예비 형부를 짝사랑하게 된 여주인공은 언니가 집을 비운 사이 형부와 관계를 맺고, 일기에 그 내용을 적는다. 우연히 일기를 보게 된 언니는 배신감에 치를 떨며 두 사람을 독살한다. 〈처제의 일기〉는 상투적인 불륜 에로에 강렬한 치정극의 요소를 가미해 강도 높은 성인물을 선보였다.

〈처제의 일기〉가 인기를 끈 이후 2000년대에도 지속적으로 〈착한 처제〉(2015)나 〈젊은 처제〉(2015) 등 '처제' 시리즈가 출시되면서 일종의 트렌드가 형성되었다. 이후 시기에는 처제뿐 아니라 형수, 엄마 등 각종 유사 근친물이 앞 다투어 등장하는데 처제 시리즈는 이러한 유사 근친물 장르의 효시로 볼 수 있다. 물론 심의 과정의 제재를 피하기 위해 아는 처제, 아는 형의 부인, 친구 엄마 등의 애매한 관계로 설정하는 '꼼수'를 썼다. 하지만 '친구 엄마' 시리즈를 제외하면 대다수 에로 비디오의 제목에는 그냥 처제나 형수로 표기해 다소 의도적으로 근친의 색채를 풍겼다.

이 시기 에로 비디오 마니아들은 이러한 변화에 대해 새롭고 신선한 내용이라며 열렬한 호응을 보냈다. 그러나 달리 보자면 미성년자에 가까운 어린 여자(재수생 등)에 대한 욕망, 유사 근친물, 성폭력과 몰카 형식 등 변태적이거나 엽기적인 성 묘사 등은 마치 지금까지 불법으로 간주되던 포르노물을 연상시킨다. 비록 장면 묘사 측면에서는 완화된 노출과 영상미 추가 등으로 포장했지만, 소재나 내러티브 메시지는 사실상 온건한 에로물에서 금기시되는 포르노 영역으로 옮아갔다고 할 수 있다. 어떤 점에서 이 시기의 에로물은 CF적인 영상 감각으로 장식된 포르노물로 규정할 수 있다.

2) 세대 교체와 에로물의 변신

이 시기에는 방송사나 CF 업계에서 종사하던 인력이 대거 에로 업계로 진출하면서 영화 작업 관행에서도 새로운 방식이 다양하게 나타났다. 봉만대와 박선욱을 비롯한 신진 감독들은 비디오로만 출시되는 에로 영화의 특성에 맞춰 과감하게 디지털 카메라로 촬영했다. 연출기법에서도 이전의 에로 영화에 비해 새롭고 짜임새 있는 시나리오와 감각적인 영상으로 승부했다. 비디오 재킷도 이전의 조잡한 '빨간 딱지' 스타일에서 벗어나 고급스러운 디자인으로 바뀌었다. 제작 인력의 세대 교체에 따른 에로물의 '고급화' 추세는 이 시기 에로 비디오의 두드러진 특징이었다.

이 무렵 에로 비디오 업계에서는 영상미를 강조하는 연출 기법이 널리 유행했다. 심지어 에로 비디오 촬영 과정에 컴퓨터 그래픽을 도입한다든지, 수중 정사나 자동차 폭파 장면, 대규모 액션 장면을 시도하는 등 촬영 기술과 화면 구성 기법이 비약적으로 발전했다. 당시 내용 심의 기준이 완화된 것도 영상 표현의 발전을 촉진했다. 노출 수위도 과감해져 신체 특정 부분의 직접 묘사를 제외하면 사실상 금기가 사라졌다.[229] 당시 에로 비디오 업계에 새로 진출한 제작 인력들은 충무로나 광고 업계 경험을 살려 새로운 영상 스타일을 가미한 에로 비디오를 추구했고, 이 시도가 흥행에도 좋은 결과를 낳았다. 이들은 베드신 등 상업적 필요성에 따른 내용 제약, 소자본과 짧은 제작 기간 등의 열악한 제작 여건 속에서도 나름대로 자기 색깔을 구현했다.

이 시기에 두드러진 또 한 가지 변화는 '스토리형' 에로 비디오의 유행이다. 감독들은 기존의 상투적인 에로 비디오와 차별화된 에피소드를 발굴했고, 그 결과 다양한 스토리를 에로 비디오에 실험하였다. 〈미소녀 자유학원〉 시리즈로 잘 알려진 이강림 감독은 이때의 흐름을 이렇게 표현했다. "예전의 에로 영화에서는 남녀가 지나가다 눈만 맞으면 여관으로 직행하는 식이었지만 지금의 감독들은 적어도 왜 베드신이 나오는지 스토리를 연결시키려고 노력한다."[230]

특히 클릭엔터테인먼트는 〈바람꽃〉, 〈쏘빠때〉 등을 잇달아 성공시켜 스토리형 에로 비디오 전성기를 열었다. 〈바람꽃〉과 〈쏘빠때〉는 최고 스타인 이규영이 출연했다는 점만으로도 화제를 불러 일으켰고, 베드신 횟수와 노출 수위에만 치중하던 기존의 에로 비디오와 차별화된 스타일도 선보여 주목을 끌었다. 〈바람꽃〉은 세 명의 남성과 관계를 맺는 유부녀의 방황을 그렸는데, 나름대로 개연성 있는 스토리에 화면 연출도 인상적이라는 평가를 받았다. 〈쏘빠때〉는 신혼부부가 사는 집에 여자 후배가 잠시 머물게 되면서 펼쳐지는 불륜과 질투 등을 미스터리 에로 장르 스타일로 풀어나갔다.[231]

성애 장면을 묘사하는 기법에서도 이전의 정형화한 스타일에서 벗어나려는 시도가 잇달아 이루어졌다. 성행위 장면에서 다양한 체위와 노골적 묘사를 선보인 것은 이 시기에 주목할 만한 특징이다. 특히 씨네프로의 이강림 감독은 초기 연출작에서 다양한 앵글과 체위를 시도하는 실험적 접근으로 마니아들에게 화제가 되었다.[232] 그 후 성애 장면 표현에서 새로운 스타일의 시도가 유행처럼 번졌다. 다양한 장소, 독창적인 체위 등 이제까지 보지 못한 온갖 기법과 묘사 방식이 경쟁적으로 등장했다. 그러다 보니 에로 비디오의 성애 장면이 "체위 버라이어티 쇼"[233] 같다든지, "체위는 점점 곡예에 가까워지고 노골적인 묘사가 스너프 필름snuff film● 버금"[234]간다는 조롱까지 나왔다.

이 무렵 유행한 에로 비디오들은 이전에 비해 좀 더 새롭고 '탄탄해진 스토리,' 세련된 화면 연출 등으로 에로 마니아와 비평가들을 열광시켰다. 그러나 이들이 말하는 탄탄한 스토리란 과거 에로 비디오의 정형화된 불륜물 위주의 소재가 여타 포르노에서처럼 엽기적이고 변태적인 내용으로까지 확장되었다는 의미다. 에로 비디오에서도 이제는 소재에서 금기 사항이 사실상 사라져 에로물과 포르노 간의 경

● 살인 장면을 상업적으로 보여 주는 영상으로, 포르노에서는 주로 남성이 성관계 상대인 여성을 살해하는 상황이 등장하는 장르를 지칭한다.

계가 점차 흐려졌다. 세련된 영상미라고 찬사를 받은 부분 역시 이 시기 출시작의 일반적인 흐름이 아니라 클릭엔터테인먼트 같은 일부 제작사 출시작에서만 나타나는 특징일 뿐이다. 물론 대다수의 에로물 영상은 과거 에로 비디오에서 보던 홈비디오 수준의 화면과 비교해 좋아졌을 뿐 아직 일반 영화 수준에까지 미치지는 못했다.

4. 에로 스타 전성시대

1) 에로 배우와 스타 시스템

〈젖소부인 바람났네〉 시리즈의 진도희가 흥행몰이에 성공한 이후 업계에서는 개성 있는 에로 배우들이 개인적 지명도를 바탕으로 시장에서 영향력을 발휘하기 시작했다. 에로 배우 내에서도 관객 동원력을 기준으로 스타와 비스타의 격차가 커졌다. 에로 비디오 시장이 커지면서 제작사들은 배우 이름이 중요한 마케팅 전략이 될 수 있다는 사실을 깨달았다. 에로 여배우 이름은 비디오 재킷에서 제목과 함께 표시될 정도로 중요한 마케팅 포인트로 부상했다.

이러한 변화는 영화 산업에서 일반화한 스타 '시스템'이 에로 업계에서도 이제 본격적으로 자리 잡기 시작했음을 말해 준다. 스타 시스템 정착이라는 현상은 제작사 판도 측면에서 보자면 유호프로덕션과 한시네마타운의 양대 산맥 구도가 씨네프로와 클릭엔터테인먼트의 등장으로 군웅할거 구도로 넘어가던 시점과 대략 일치한다. 이 무렵 씨네프로의 이강림 대표와 클릭엔터테인먼트의 이승수 대표는

"뉴 페이스 없이는 새로운 에로는 있을 수 없다"는 인식에서 출발해 새로운 시도를 감행했고 이는 대성공으로 이어졌다.[235] 이들의 주도로 유리와 유진을 비롯해 수많은 에로 여배우가 배출되어 시장을 주도했다. 진도희를 비롯해 한두 명의 명성에 의존하던 방식에서 스타 시스템이라는 조직적인 운영 체제로 바뀐 것이다.

물론 영화계 스타에 비해, 스타급 에로 배우의 몸값이나 위상은 비교할 수 없을 정도로 열악했다. 당시 에로 업계에서 요구하는 얼굴, 몸매, 연기력을 골고루 갖춘 1급 배우는 소수에 불과했다. 이들은 다른 배우와 구분되는 특별 대우를 받았지만, 개런티로 고작 50~60만 원 정도의 일당을 받는 데 그쳤다. 편당 촬영 기간이 4~5일 정도이므로 편당 출연료는 200만~300만 원 정도에 불과했다. 물론 제작사 전속 신분이 되면 연간 계약금으로 1000만~2000만 원을 따로 받았다. 톱스타는 좀 더 높은 액수로 계약하기도 했다.[236] 당시 씨네프로는 유리, 유진과 각각 5000만 원에 전속 계약을 맺어 화제가 되었다. 특히 이선영은 이지필름과 억대 연봉으로 전속 계약을 체결해 지금까지도 업계에서 '전설'로 통한다. 이선영은 〈귀족〉, 〈퀸〉, 〈포르노를 향해〉 등에 출연해 제작사에 엄청난 수익을 올려 주었다.[237]

이 시기에 스타급으로 대우받은 에로 배우로는 이규영, 유리, 이선영, 은빛, 하소연, 엄다혜 등을 들 수 있다. 이 중 이규영은 '에로계의 심은하'라 불릴 정도로 주목을 끌면서 새로운 흐름을 선도한 배우였다. 이 무렵 대거 등장해 인기를 끈 여배우들은 이전의 에로 배우가 갖지 못한 특징이 있었다. 바로 전혀 에로 배우 같지 않은 '안티 글래머' 스타일이었다는 점이다. 정희빈, 조영원, 은빛, 박혜린, 이천년 등 당시 인기 여배우들은 육감적 글래머 스타일 대신 미소녀 이미지, 즉

어리고 청순한 외모를 갖추고 있었다. 이규영은 이처럼 새로운 에로 배우상에 가장 잘 맞는 인물로 평가되었다.[238]

이규영은 모두 다섯 편의 영화에 출연했고, 활동 기간은 6개월도 채 되지 않을 정도로 짧았지만 강렬한 인상을 남겼다. 이규영의 데뷔작은 〈불타는 해석남녀〉(1999)인데, 여기서 첫 남자를 잊지 못하는 청순가련한 '신파적' 캐릭터를 연기했다. 이후 〈미친 밤〉(1999)에서도 아버지를 살해한 킬러와 사랑에 빠지는 음대생 역을 맡았다. 하지만 후기작에서는 훨씬 도발적이고 적극적인 캐릭터를 연기했다.[239] 이규영은 에로 스릴러 〈쏘빠때〉와 〈바람꽃〉 등 연이어 성공작을 냈다. 〈바람꽃〉은 이규영의 청순한 이미지와 수려한 화면 연출이 결합된 에로물을 선보이면서 일부 팬에게서 '세기말 최고의 히트작'이라는 찬사를 받았다.[240] 이규영은 이어 〈이천년〉을 마지막으로 팬들의 시야에서 사라졌다. 이후 이규영은 어디서 무엇을 하는지조차 알 수가 없어, 팬들 사이에 더욱 신비감을 풍기는 '에로의 전설'로 남아있다.

평론가 김형석은 이규영에 대해 '동안의 요염 천사'라는 호칭을 사용하면서 다음과 같이 평가했다.

> 이규영이 에로 팬들에게 가장 크게 어필했던 지점은 '판타지'였다. 아직 젖살이 빠지지 않은 다소 통통한 몸에 160센티미터가 채 되지 않는 아담한 키, 어려 보이지만 왠지 모를 요염함이 깃든 마스크와 어딘지 모르게 외로워 보이는 느낌. 그녀의 모습은 전형적이며 이상적인 '귀여운 여자 친구' 이미지였고 여기에 파격적 장소와 콘셉의 섹스 신이 결합했을 때 그 시너지 효과는 대단했다.[241]

그림 5-3 하소연의 출연작 〈로또걸〉과 〈만덕이의 보물상자〉.

이규영이 짧은 활동을 끝으로 사라진 뒤 그 공백을 메운 대표적인 스타급 여배우가 하소연이다. 2001년 하소연은 에로 배우인 친구를 따라 〈새 됐어〉 촬영 현장에 왔다가 엉겁결에 단역으로 출연했다. 대사는 단 한마디밖에 없었지만 이를 계기로 본격적으로 에로 영화에 출연하게 된다. 그녀가 갓 스무 살이 되던 무렵이다.[242]

하소연은 두 번째 출연작 〈오빠의 불기둥〉(2001)에서부터 주연급으로 등장해 단숨에 에로 비디오 업계의 스타 반열에 올랐다. 코미디, 멜로, 판타지 등 다양한 하위 장르를 오가며 많은 에로물에 출연했다. 〈밤의 황제〉(2001), 〈하소연〉(2001), 〈언톨드 스토리〉(2002/이수), 〈이쁜이〉(2002), 〈만덕이의 보물상자〉(2002), 〈깃발을 꽂으며〉(2003), 〈로또걸〉(2003), 〈하지마〉(2003), 〈마지막 연인〉(2003), 〈이태원 버스〉(2003) 등 2001년부터 2003년 사이에 약 25편의 에로 비디오에 출연했다.

하소연 역시 당시의 추세인 '안티 글래머' 계열에 속하는 캐릭터였다. 앳된 외모에 허스키한 목소리, 반달 모양의 눈웃음을 치는 독특한 이미지로 마니아 사이에서 인기를 끌었다. 김형석은 하소연의 독특한 이미지에 대해 '에로의 아이콘'이라는 호칭을 붙였다. 한국 에로비디오에서 이른바 미소녀 계보는 바로 하소연에서 시작된다는 평을 얻었다. 초기작에서는 어린 외모를 강조하는 역을 했지만 이내 이미지를 바꿔 성적 갈등을 겪는 젊은 유부녀 역을 맡기도 했다. 하소연은 에로 여배우로서는 처음으로 공식 팬클럽까지 결성될 정도로 신드롬을 일으켰다.[243]

유리는 씨네프로의 이강림 감독에 의해 발탁되어 당시 최고 히트작인 〈자유학원〉 시리즈로 단번에 스타로 부상했다. 1998년 〈미소녀 자유학원 1〉로 데뷔한 후 1999년 한 해 동안 무려 4편이나 나온 〈미소녀 자유학원〉 시리즈(2~5편)에 모두 출연했다. 이후 〈유리의 가출〉(1999), 〈유리의 순결상실〉(2000), 〈유리의 첫 경험〉(2000), 〈유리의 침실〉(2000) 등 자신의 이름을 내건 성인물로 인기를 누렸다. 유리는 특유의 귀엽고 깜찍한 이미지가 에로 팬들에게 큰 호응을 받았다.[244] 그녀는 2005년까지 에로 배우로 활동하다가, '성은'으로 개명하고 가수 겸 연기자로 전업하였다.

하지만 극소수를 제외하면 에로 배우의 수명은 짧았다. 에로 비디오 소비자들은 대개 새로운 여배우를 선호해, 대다수는 평균 6개월을 넘기지 못한다. 물론 인기 있는 에로 배우는 한 달에 몇 편씩도 출연해 짧은 기간 동안 수십 편에 얼굴을 내미는 사례도 드물지 않았다. 하지만 일단 소비자가 외면하기 시작하면 일자리도 줄어들어 이들은 다른 업종으로 전직을 모색할 수밖에 없었다. 일부는 유흥업소로 빠지기도 했고,[245] 외국 진출을 시도했다가 타지에서 포르노 배우로 전락한 사례도 있다. 살아남은 배우 중에서도 극소수만이 에로물 소비자 사이에서 인지도를 인정받는 스타급으로 성장했다.

에로 여배우의 수명이 이처럼 짧은 것은 업계에서 요구하는 배우상과 밀접한 관련이 있다. 업계에서는 늘 외모뿐 아니라 연기력을 갖춘 배우가 드물다고 불평한다. 하지만 이들이 배우에게서 원하는 것이 정말 연기력을 가진 배우인지 새롭고 신선한 얼굴뿐인지는 사실 의문이 든다. 에로 업계는 여배우의 이미지에서 섹시함만 강조하기 때문에, 에로 비디오에 출연하는 순간 이들에게는 낙인이 찍힌다. 1980년대의 대표적인 에로 영화 〈애마부인〉의 안소영은 이 영화 출연으로 평생 주홍 글씨이자 굴레에 시달렸고, 당시의 영화 출연 결정에 대해 "후회막급"이라며 고개를 저었다.[246] 어떤 기사는 안소영을 "에로영화 제단에 봉헌된 비운의 글래머 스타"로 소개했다. 안소영뿐 아니다. 모두 13편의 〈애마부인〉 시리즈 여주인공 중에서 극소수를 제외하면 모두 단 한 편 반짝 출연 후 잊혀졌다. 이 중 이후에도 연예 활동을 계속한 사람은 안소영을 비롯해, 김부선, 유혜리 등 세 명뿐이다.[247]

에로 비디오 업계에서는 사정이 더 열악하다. 에로 비디오가 아니라도 국내외에서 노출이 심한 영화로 데뷔한 경우 이후 에로물에만 몇 편 더 출연하는 정도일 뿐 여배우로 경력을 이어가는 사례를 보기 어렵다. 영화에서 맡은 배역의 이미지가 배우 자신에게로 고정되어 버리기 때문이다. 에로물 배역의 강렬한 이미지는 에로 업계에서 강조하는 마케팅 전략의 산물이기도 하다. 이런 상황에서 에로물 제작진이 연기력과 스타성을 갖춘 배우를 찾는다는 것은 다소 모순이다.

물론 드물긴 하지만 스타급 에로 배우 중 몇몇은 업계를 벗어나 영화나 가요계 등 주류에 진출했다. 에로 배우 출신으로서 가수로 데뷔한 성은(유리)과 하유선(하소연)이 대표적인 사례다. 성은은 가수 외에도 배우로도 활동했다. 텔레비전 드라마 〈며느리 전성시대〉와 영화 〈못말리는 결혼〉(2007)에도 출연했다. 하유선 역시 가수로 데뷔한 후 에로 배우 시절의 이름인 하소연을 버리고 개명했다. 2005년에 싱글 1집 '본 어게인 0.5(Born Again 0.5)'을 냈고, 1년 반 후에는 싱글 2집 '원투쓰리포에버(1234Ever)'를 발표했다. 그녀는 대학 축제와 군부대 공연 활동 외에도 케이블 TV를 중심으로 방송 활동도 했다.[248] 이들은 스타급 에로 배우 중에서도 주류 진출에 성공한 극히 소수의 사례에 속한다.

2005년 성은은 한 라디오 프로그램에서 "가수로 데뷔한 이상 '에로 배우' 출신이라는 그늘에서 벗어나 노래와 무대를 통해 인정받고 싶다"라고 소망을 밝혔다. 주류에 진출한 에로 배우 출신들은 '에로 배우'가 아니라 가수나 배우로 인정받기 위해 노력했고, 그녀의 발언은 바로 이들의 절실한 소망을 피력한 것이었다. 하지만 이들에게는 '에로 배우 출신'이라는 딱지가 늘 따라다녔다.

주류 진출 후에도 에로 배우에 대한 편견이란 장벽은 극복하기 어려울 정도로 높다. 일부 에로 배우가 주류 진출에 '성공'했다고 하지만, 이 사례가 에로 업계 탈출을 의미하는 것인지는 여전히 의문으로 남는다. 하유선은 주류 진출 후에도 가수 활동보다는 '가슴 노출 사고'와 같은 선정적 에피소드가 더 부각되면서 에로 배우 출신이라는 사실이 시청자에게 계속 환기됐다. 성은의 주류 활동 역시 여전히 에로 배우 시절을 연상시키는 부분이 많다. 성은이 2015년에 발매한 싱글 음반 제목은 "해줘요"였다. 영화 출연 역시 '섹시녀,' '정씨부인' 등 섹시함을 강조한 단역이거나 〈아티스트 봉만대〉에서 성은 본인으로 출연한 것이 전부다. 그렇다면 이들의 활동을 과연 주류 진출 '성공'으로 볼 수 있을지는 애매하다. 주류에서 계속 활동하려고 시도하지만 흥행이나 인지도에서 성공한 사례가 아직 없기 때문이다. 간간이 언론 보도에 오르내린다는 점에서 일반 무명 연예인보다 인지도가 높은 것은 사실이다. 하지만 이러한 인지도가 상당 부분 에로 배우 이미지에 의존한다는 점에서 일반적인 가수나 연예인으로 인정받은 것인지는 불확실하다. 이러한 현상이 의도적인 노이즈 마케팅의 결과인지, 아니면 대중의 호기심에 편승한 언론의 황색 저널리즘 행태에 의한 것인지는 판단하기 어렵다.

2) 스타와 팬클럽

스타급 에로 배우가 등장하자 이들을 개인 수준에서 좋아하는 데 머물지 않고 팬으로서의 경험을 집단적으로 공유하는 팬덤 현상도 나타났다. 에로 비디오에서 팬덤 현상은 유명 에로 배우 팬클럽이나 동호회 형태로 나타났다. 주로 인터넷에서 특정 배우 팬클럽이 형성되었고 때로는 온라인 단체 활동이 오프라인으로도 이어졌다.

당시 팬클럽이 형성된 대표적인 배우는 유리, 하소연, 강민서 등의 인기 여배우였다. 인터넷에서는 10여 곳의 팬클럽이 결성되어 활동했다. 가장 규모가 큰 것은 유리 팬클럽(cafe9.daum.net/eroyuri)으로 다음 카페에서 결성되었고, 회원수가 3만 8000여 명에 달했다. 하소연 팬클럽(cafe26.daum.net/hasoyoun) 역시 다음 카페에서 등록 회원 수가 1만 8000명의 규모를 자랑했다. 이 밖에도 강민서 팬클럽(cafe23.daum.net/eromin) 역시 당시 활동이 활발하던 곳이다. 이 중 대다수는 얼마 안 가 시들해졌지만 비교적 최근까지 유지된 팬클럽도 있다.

에로 배우 중에서 팬클럽이 처음 생긴 배우는 하소연이다. 에로 비디오 스타로서 하소연의 사례가 흥미로운 것은 최초로 공식적인 차원의 팬덤을 조성했다는 점이다. 하소연은 데뷔한 지 얼마 되지 않아 에로 마니아 사이에 하나의 신드롬을 불러일으키며 공식 팬클럽까지 낳았다. 그동안 에로 비디오의 인기는 음성적인 마니아층에만 의존했지만, 하소연을 계기로 양지로 나올 수 있었다는 평가까지 나왔다.[249]

에로 스타에 대한 팬덤은 다른 주류 스타와 양상이 크게 다르지 않다. 대부분 20대인 팬들은 좋아하는 배우가 출연한 영화 내용 리뷰, 에로 비디오 추천, 공개 팬레터 등으로 팬 사이트를 꾸며 놓았다. 일부 팬클럽 활동은 온라인에서 그치지 않고 오프라인으로도 이어져, 간혹 에로 배우와 팬이 직접 만나는 정기 모임이 마련되기도 했다. 팬들은 배우와 다정하게 찍은 사진을 팬 사이트에 올려놓는 등 배우에게 다양한 형태로 애정을 표시했다. 심지어 일부 팬은 스타의 생일 파티까지 열어 줄 정도로 열성적이었다.[250]

5. 에로 비디오 비평의 등장

1) 주류 미디어를 통한 전문 비평의 유행

> 거창했던 시작에 비해 평범한 진행으로 "에이, 이게 뭐야"라는 생각이 들 무렵, 서서히 반전이 이뤄진다. 누군가의 한마디. "이 섬에 들어와서 살아나간 사람이 없대." 그러면서 '야한 밤'은 낮엔 에로비디오로, 밤엔 호러

영화로 변한다. 텐트 주위의 피 묻은 나무 십자가. 사람들은 하나씩 없어지고 홀로 남아 비명을 지르던 여자는 누군가에게 린치를 당해 쓰러진다.

에로비디오 본연의 임무에 충실하기 위해 도저히 맥락에 안 맞는 섹스 신이 무리하게 삽입되긴 했지만 '야한 밤'은 에로비디오 안에서 나름대로 훌륭하게 호러 장르의 관습을 소화한다. 게다가 그 벤치마킹 대상이 '블레어위치 프로젝트'라니.

제목 패러디에 급급했던 과거 에로비디오에 비한다면 '야한 밤'의 성과는 눈부시다. 최대한 현실감을 살리는 배우 이슬비, 박희수, 이두발, 이민호의 리얼 연기는 일품이며, 마녀의 전설 대신 무인도의 괴담을 대입시키고 숲을 섬으로 바꾼 재치는 높이 사줄 만하다. 그런데 아무도 없는 곳에서 두 남녀가 섹스 신을 벌일 때 그 장면을 세세히 잡아냈던 카메라는 누구의 시선일까. 만약에 '블레어위치 프로젝트'처럼 배우들이 서로 촬영한 것으로만 영화를 구성했다면, '야한 밤'은 훨씬 더 야심찬 프로젝트가 되었을지도, 여기저기 팬사이트가 생겼을지도 모른다.[251]

여기서 소개한 내용은 2002년 〈문화일보〉에 실린 에로 비디오 비평 기사의 일부다. 당시에 출시된 에로 비디오 〈야한 밤〉에 대해 촬영 기법, 장르 특성, 연기력 등 다각적 측면에서 나름대로 비평을 시도해 여느 영화 비평에 비추어도 손색이 없는 글이다. 이 글은 평론가 김형석이 2002년 1월부터 8월까지 〈문화일보〉 문화면에 연재하던 '헉! 에로 비디오'라는 연재물의 한 꼭지였다. 김형석은 당시 자타가 공인하는 에로 비디오 전문가로, 여러 신문, 잡지에 에로 업계 동향이나 작품, 감독, 배우 등에 관해 칼럼을 부지런히 연재했다.

흥미로운 부분은 김형석이 에로 '비평가'가 아니라 '애널리스트'

로 자처했다는 점이다. 이는 증권가의 시장 분석가인 '애널리스트'를 연상시키는 용어로서, 에로 비디오 역시 증권 시장 분석처럼 전문 지식과 분석력이 필요한 영역으로 인식하고 있음을 보여 준다. 아니면 에로 비디오를 예술 영화가 아니라 상업적 콘텐츠로 분석한다는 뜻으로 풀이할 수도 있다. 주류 대중문화 장르에서도 산업의 성장과 더불어 독립된 비평 영역이 등장하는 사례를 볼 수 있는데, 영화 비평이 대표적인 사례다. 특정 장르가 성숙기에 접어들고 콘텐츠 공급이 증가하면, 질적 수준에 따른 평가를 통해 이용자의 선택을 도와주는 기능이 필요하게 된다. 이 무렵 에로 비디오 비평의 등장은 에로 업계 역시 양적으로나 질적으로 크게 성장했음을 시사하는 한 징후인 셈이다.

김형석 외에도 당시에 적극적으로 활동하던 몇몇 전문 비평가가 있었다. 가령 이명구는 에로와 포르노도 문화이자 산업이라고 주장하면서, 국내외 업계를 10여 년간 관심을 갖고 취재해 왔다. 그는 주간 신문인 〈일요시사〉와 〈스포츠서울닷컴〉 기자로 활동하면서 에로 비디오 관련 글을 썼다. 그는 주로 인터넷 성인 방송국과 에로 비디오 촬영 현장이나 에로 영화 제작사 관련 동향을 취재해 소개했다. 이명구는 《성의 바다: 인터넷 포르노사이트 기행기》(1998)와 《음란한 예술: 에로틱 아트》(2002)라는 에로물 관련 저서도 출간했다.

에로 비평가들은 나름대로 객관성과 지식을 갖춘 전문가로 자처하면서 여타 에로 마니아와 차별화된 글쓰기를 표방했다. 실제로 이들이 여느 에로물 마니아와 달리 업계 현황이나 에로 장르에 해박한 지식을 구사한 것도 사실이다. 하지만 이 비평가들의 글에서는 에로물에 대해 일반 마니아와 비슷한 정서와 시각을 엿볼 수 있다. 이들은 에로 비디오의 전성기가 한참 지난 후에도 여전히 나이 들어가는 남성 중심의 시각에서 사라져 가는 에로물에 대해 애정과 집단 추억이라는 정서를 강하게 드러내는 글을 썼는데, 이는 아마 마니아 집단의 내향적 시각과 무관하지 않을 것이다. 에로 비평가들이 일반 에로 마니아들과 크게 다르지 않은 시각을 공유하는 것은, 이들의 활동이 대개 에로물 마니아로서의 개인 경험에서 출발하기 때문이다. 김형석은 "나를 키운 건 8할이 유호프로덕션"[252]이라고 스스로 밝히면서, 에로 비디오에 대해 개인적 애정과 추억을 표현했다. 오늘날 남아 있는 에로 비디오 관련 기사나 글은 대개 에로 비디오에 긍정적인 시각으로 편중되어 있는데, 이는 아마 에로 비평의 이러한 편향성과 무관하지 않을 것이다.

2) 온라인 성인물 전문 미디어의 등장

이 무렵 에로 비디오 업계가 번창하면서 에로 콘텐츠 전문 미디어도 출현했다. 이러한 추세는 인터넷 보급과 밀접한 관련이 있다. 온라인으로 콘텐츠 전송이 가능해지면서 저렴한 비용으로 콘텐츠를 제공하는 비즈니스 모델이 등장했다. 에로 비디오는 바로 이러한 추세에 딱 들어맞는 틈새 사업이었다. 이에 따라 인터넷으로 성인 전용물을 제공하는 실시간 방송이나 에로 관련 정보를 제공하는 웹진 형식의 미디어가 앞다투어 문을 열었다.

1999년 10월 처음 출범한 엔터채널(www.enterchannel.com)은 사이버 공간에서 성인 전용 미디어 시대를 예고하였다. 엔터채널은 성인용 토크쇼를 전문으로 하는 인터넷 방송인데, 야한 옷차림의 MC가 등장해 이용자와 실시간으로 채팅을 하는 형식으로 운영되었다. 엔터채널이 성공한 후 성인 전용을 표방하는 인터넷 미디어가 잇달아 등장했다. AV매거진(www.avmagazine.co.kr), AV뉴스(www.av-news.com), 에로파크(www.eropark.co.kr)도 비슷한 유형의 미디어였다. 2000년 4월에는 69넷(www.69net.co.kr)이 출범했고, 누드TV(www.nudetv.co.kr)도 본격적으로 유료 방송을 시작했다. 이처럼 성인 전용 방송이 우후죽순처럼 개설된 것은 사업 전망이 밝았기 때문이다.[253]

이 무렵 등장한 인터넷 성인 전용 미디어를 보면 크게 세 가지 유형으로 나눌 수 있다. 첫째는 야한 차림의 MC가 생방송으로 진행하는 토크쇼 전문 미디어였다. 앞서 언급한 엔터채널이 대표적인 사례다. 이 회사는 "옷 벗는 MC가 진행하는 생방송"을 표방하고 방송을 개시해 화젯거리가 되었다. 이 덕분에 월회비가 1만 원인 유료 방송인데도 불구하고 얼마 되지 않아 회원수 1만 명을 손쉽게 확보했다. 엔터채널의 성공에 고무되어 69넷과 누드TV도 비슷한 포맷으로 생방송을 시작했다.

두 번째는 주문형 비디오(VOD) 방식의 인터넷 성인 전용 영화관을 들 수 있다. 2000년 2월 씨네로닷컴이 운영하는 에로파크나 두루넷의 에로티카는 16mm 에로 비디오를 전문적으로 방영하기 시작했다. 당시 경쟁적으로 생겨나던 인터넷 영화관도 비슷한 성인물 코너를 잇달아 개설했다.[254]

세 번째로는 AV뉴스나 AV매거진(www.avmagazine.co.kr) 같은 성인 웹진을 들 수 있다. 이 유형의 웹진은 소비자에게 비디오 선택에 유용한 정보 제공을 목적으로 삼았다. 에로 비디오는 매달 40여 편이 쏟아져 나오지만, 소비자는 대여점 에로 비디오 코너에서 기껏해야 비디오 재킷이나 제목만으로 어림짐작해 비디오를 고를 수밖에 없었다.

개봉관 상영을 거친 비디오는 그나마 좀 나은 편이지만 비디오 전용 에로물을 선택하는 데 참고할 정보는 거의 없었다. AV매거진이나 AV뉴스는 바로 이러한 수요를 겨냥해 유용한 정보 창구를 표방하면서 창간되었다. AV매거진은 2000년에 창간된 후 잡지처럼 성인 에로 비디오 리뷰, 배우 소개, 메이킹 필름, NG 모음 등 다양한 정보를 제공했다. 이 종합 웹진은 회원제로 운영되는 성인 사이트로서, 이용자는 1개월이나, 3개월 단위로 회비를 지불하고 가입해야 했다.

이 웹진 콘텐츠에서 가장 주목할 만한 부분은 비디오 내용에 대한 평가 등급을 제공해 이용자의 선택을 돕고자 한 것이다. 여기서는 국내외 성인 비디오에 관한 자세한 리뷰와 별점 형식의 평가 등급도 제공했다. 여느 영화평과 달리 여배우와 정사 장면에 대한 상세한 평도 제공하고, 특히 에로 영화에 등장하는 베드신 횟수나 노출 수위, 강도 등을 수치화하는 방식으로 작품성을 평가한다는 점이 독특했다.

이 밖에도 AV매거진은 오프라인 잡지처럼 에로 비디오 팬에게 다양한 읽을거리, 볼거리와 실용적 정보를 제공했다. 무엇보다 핵심적인 정보는 출시작 관련 소식을 제공하는 '신작 비디오' 소개였다. '에로 비디오 대여 순위,' 에로 비디오 업계나 종사자의 소식 등 에로 업계 뉴스도 있었다. 이 밖에도 에로 배우 인터뷰라든지, 촬영 현장에서 찍은 여배우 셀프 카메라 사진처럼 에로 팬이 관심을 둘 만한 읽을거리나 볼거리도 실었다. 'AV 스타' 코너는 유명 남녀 배우와 감독의 홈페이지를 제공했고, 영화 스틸 사진을 제공하는 '누드 갤러리,' '촬영 현장 탐방'도 실었다. '프로덕션 탐방'에서는 씨네프로, 빨간고추, 디바필름 등의 회사 관계자 인터뷰를 실었다. 에로 비디오의 고정 마니아를 위해 'AV 박물관'도 운영했는데, 1980년대의 국내 성인 비디

오의 역사를 연도별, 장르별로 분류하고 사진과 동영상도 제공했다.[255]

에로물 콘텐츠 전문 서비스뿐 아니라 에로물 관련 정보 웹진까지 이처럼 다채롭게 운영될 수 있었던 것은 오래전부터 탄탄한 고정 시장 기반이 마련되었기 때문이다. 특히 에로 비디오 시장에서는 에로 마니아를 중심으로 일정한 규모의 충성스런 고객층이 존재했다. 물론 에로물의 고객 규모나 시장 현황을 체계적으로 집계한 자료는 없지만 일부 자료를 통해 대략적인 양상을 짐작할 수 있다. 2000년 무렵 수행된 에로물 수용자 대상 연구에 따르면, 심층 조사 대상자 남성 10명 중 4명이 한국 에로 비디오를 100편 이상 본 적이 있고, 그중 2명은 200편 이상 시청했다고 밝혔다. 이들은 일주일에 몇 번 정도는 습관처럼 비디오 대여점에 들러 에로 비디오를 대여해 본다.[256] 에로 마니아는 주로 20대~30대 남성이 많다. 이들은 평가와 무관하게 신작이 나오면 무조건 빌려본다. 이들은 예전 것을 반복해 보는 일은 없고 늘 신작을 찾는 소비자층이다.[257] 에로 비디오의 고정 고객층은 이처럼 에로 비디오 시청을 일상의 한 부분처럼 받아들이는 이들이다.

미디어 기술의 빠른 발전과 더불어 에로물의 소비 양상도 바뀌어 가고 있다. 온라인 성인 채널과 웹진의 등장은 이러한 새 흐름을 시사하는 징후였다. 이제 에로물 마니아들은 대여점에서 단편적 정보와 인상에 근거해 즉흥적으로 비디오테이프 형태의 콘텐츠를 고르던 방식에서 벗어났다. 온라인 플랫폼에서는 에로 관련 콘텐츠와 정보 선택의 질과 폭이 크게 확대되었다. 하지만 온라인이라는 익명의 플랫폼에서는 새로운 문제점도 나타났다. 특히 온라인 환경에서는 미성년자인 청소년이 성인물에 쉽게 노출될 위험도 커졌다. 기대와 우려 속에 이제 에로물의 중심은 온라인으로 넘어가고 있었다.

6장

인터넷 등장과 비디오 시장의 쇠락

1. 인터넷 성인물 시장의 등장

1) 'O양 비디오' 인터넷 유포 사건

1999년 'O양 비디오' 인터넷 유포 사건은 거대한 스캔들이자 인터넷의 폭발적 영향력을 보여 준 사건이다. 겉으로만 보면 이 일은 유명 여성 연예인의 사생활 유출 사건으로, 선정적인 언론 보도와 근거 없는 입소문이 합쳐져 전국을 떠들썩하게 만든 연예계 스캔들이었다. 동시에 이것은 인터넷이라는 온라인 공간을 통해 소식이 전파되고 증폭되면서 여론이 전개되는 양상을 보였다. 특히 많은 사람을 인터넷에 끌어들이는 계기가 되었다는 점에서 '전 국민의 컴맹 탈출에 기여했다'는 말까지 나돌았다. 하지만 이 사건이 한국 에로 업계의 미래까지 바꿔 놓을 것이라 예상한 사람은 별로 없었을 것이다.

O양 비디오는 유명 탤런트가 데뷔하기 전 찍은 섹스 비디오로, 흑백과 컬러로 각각 24분과 15분 분량으로 찍은 2개의 비디오테이프

였다. 이 비디오테이프가 첫 소장자인 상대 남성의 관리 소홀로 분실된 것인지 아니면 다분히 의도적으로 유출되었는지는 확인할 수 없다. 다만 여성의 동의 없이 유출된 불법 몰카물인 것은 분명하다. 이 테이프는 세운상가와 청계천 등지에서 불법 복제 테이프로 유통되다가 누군가의 손을 거쳐 CD 동영상으로 재탄생했다. 파일로 변환된 이 영상은 인터넷 개인 홈페이지와 불법 자료 교환 사이트에 노출되면서 급속도로 퍼져나갔다.[258]

이 과정에서 비디오 속 인물이 유명 연예인 'O양'이라는 소문이 퍼지면서 비디오는 더욱 빠르게 번져나갔다. 비디오를 둘러싸고 선정적인 보도가 난무했고, 사회적으로도 뜨거운 논란이 벌어졌다. 그러자 1999년 3월 초 검찰은 비디오 유통 경위에 대한 수사에 착수했고, 그 결과 중간 판매상을 비롯해 비디오 관련 업자들이 검거되었다. 이후 한 스포츠 신문이 O양의 실명을 공개했고, 다른 스포츠 신문은 O양과 인터뷰 기사를 1면에 게재했다. 나아가 각종 일간지, 주간지와 월간지까지 이 사건을 다각도로 보도하자 O양 비디오 유출 사건은 전 언론계의 핫 이슈로 부상했다. 물론 PC 통신과 인터넷에서도 격렬한 토론이 전개되면서 전 국민의 호기심을 부추겼다.[259]

O양 비디오를 둘러싼 논란은 크게 섹스 비디오에 초점이 맞춰진 보도의 선정성 논쟁, 대중의 관음증과 성에 대한 이중적 잣대, 인터넷을 통한 음란물 확산 우려 등의 몇 가지 이슈로 나눌 수 있다. 몇몇 신문 기사 내용에서 그 당시 부각된 쟁점들을 유추해 볼 수 있다.

먼저 논란의 출발점이 된 스포츠 신문들은 O양 동향, 비디오 촬영 과정과 유통 동기 등 사건의 경과를 선정적으로 기사화했다. "O양 본지와 첫 단독 인터뷰…… 5월 귀국해 진상 밝히겠다," "O양의 섹스비디오…… 수정판 '속편' 유통," "연예계 '섹스비디오' 공포 확산" 등 선정적인 제목으로 확인되지 않은 소문까지 마구 보도했다. 이처럼 자극적이고 선정적인 보도는 대중의 호기심과 관음증을 유도하고 부추기는 방식으로 진행되었다. "H씨와 또 다른 섹스비디오도 유포된다는 소문이 파다한 가운데…… ," "또 다른 2~3명 연예인과의 비디오테이프도 유포될 것이란 소문이 돌고 있어 연예계를 긴장시키고 있다" 등의 추측성 기사를 확대 재생산해 독자의 관음증을 자극하였다. 심지어 기사와 함께 비디오 장면을 사진으로 첨부하거나 비디오가 유통되는 인터넷 음란 사이트를 소개하면서 모자이크로 처리한 사진도 같이 게재하였다.[260]

선정적인 보도가 피해자의 인권을 유린했다는 지적과 함께 사건을 대하는 언론의 태도에 대한 근본적인 비판도 나왔다. 언론은 여성이자 피해자인 O양의 사생활 권리는 묵살하고 단지 대중의 말초적 호기심을 충족시키는 데 집중했다. 이러한 상황에 대해 여성계를 중심으로 O양의 인권을 보호해야 한다는 주장도 나왔다. 비판의 목소리가 높아지자 "'O양'은 인터넷의 최대 피해자다"(《서울경제》), "'O양'의 인권은?"(《한국일보》) 등 O양을 사회적 폭력에 의한 피해자로 조명하는 기사도 연이어 나왔다. 피해자가 단지 여성이라는 이유만으로 피해보다는 성적 호기심과 관음증의 대상으로 조명되는 데 대한 비판이 제기된 것이다.

마지막으로 O양 비디오와 같은 음란물이 인터넷이라는 새로운 유통 경로의 등장으로 걷잡을 수 없을 정도로 확산된 데 대한 우려도 논쟁의 한 축을 이루었다. 인터넷에서는 표현의 자유와 정보 민주주의를 우선해야 한다는 주장과 음란물의 무분별한 확산을 막으려면 법적인 규제와 제재를 가해야 한다는 입장이 충돌하면서 논란이 분분했다.

이처럼 당시 부상하던 인터넷은 O양 비디오가 일종의 사회적 신드롬으로 확대되는 온상을 제공했다. 인터넷과 CD-ROM처럼 전문가나 일부층만 사용하던 새로운 정보 미디어가 일반 시민에까지 보급된 것이다. O양 비디오가 인터넷에 떠다닌다는 소문이 돌자 평소 인터넷에 관심조차 두지 않던 일반인까지 인터넷 사용법을 배우느라 정신이 없었다. 한 신문에서는 이 무렵의 분위기를 잘 보여 주는 기사를 실었다.

> 대기업에서 근무하고 있는 李모 과장. 그는 PC(개인용 컴퓨터)를 지금까지 단순한 문서작성용 정도로만 사용해왔으나 'O양 비디오'가 인터넷에 있다는 정보를 듣고 주변 사람이나 서적을 통해 평소에 관심이 없던 인터넷을 배우기 위해 많은 시간을 투자했다. 처음에는 검색엔진, 도메인(주소) 등 인터넷에 대해 아무런 지식이 없던 李과장은 현재 회사동료에게 인터넷 사용법을 알려줄 정도로 인터넷 사용 기술이 늘어나 인터넷을 통해 각종 유용한 정보를 얻고 있다. 李과장은 앞으로 퇴근 후 인근 학원에 개설돼 있는 인터넷 강좌도 신청해 본격적으로 인터넷을 배울 생각 중이다. 이 같은 현상은 사회 전반으로 확산되어 기업은 물론이고 대학 전산실이나 심지어는 정부부처에서도 직원들이 퇴근을 미룬 채 A양 관련 인터넷 사이트를 검색하는 모습을 쉽게 찾아볼 수 있다. '동動영상' 파일은 용량이 크기 때문에 전용 접속망이 잘 발달되어 있는 회사에서 다운받는 것이 편리하기 때문이다. 이로 인해 인터넷 사용이 폭증하여 심야시간에 인터넷에 접속하기는 하늘에 별 따기만큼 어렵다.[261]

이제 디지털 기술과 인터넷 덕분에 동영상 파일 복사와 유포가 마우스 클릭 한 번이면 충분할 정도로 수월해졌다. 사람들은 마치 전

염병에 감염된 것처럼 O양 비디오를 퍼뜨렸다. 당시 동영상을 내려받으려고 초고속 인터넷에 가입한 사람이 100만 명에 이른다는 말이 나돌 만큼 O양 비디오는 인터넷에 대한 대중의 관심을 촉발시켰다.[262] 여러 자료는 이 소문이 나름대로 근거가 있음을 확인해 준다.

2000년에 발간된 〈한국인터넷백서〉에 따르면, 1994년 3월 처음으로 일반인에게 인터넷 가입과 이용이 가능해진 이후[263] 불과 5년 만인 1999년에 국내 인터넷 이용자 수가 1000만 명을 돌파하였다. 이 수치는 1998년 이용자 수가 약 310만 명에 불과한 데 비해 1년 새 3배 이상으로 늘어난 것이다. 국내 사이트 도메인(.kr) 숫자로 보면 1998년 2만 6166개에서 20만 7023개로 약 8배 가까이 성장했다. 여기서 흥미로운 부분은 1999년을 기점으로 급속히 증가한 후 다시 그 증가세가 둔화된다는 것이다. 인터넷이 상용화한 지 10년이 지난 2004년에는 3158만 명이 인터넷 서비스에 가입을 했고, 인터넷 이용률은 70.2%에 달할 정도로 한국 사회는 정보 사회로 급속히 진입했다.[264]

이처럼 한국이 첨단 인터넷 사회로 진화하는 과정에서 O양 비디오 같은 사생활 동영상 유출 사건이 사람들의 관심과 참여를 촉발했다는 점은 역설이 아닐 수 없다. 실제로 이 사건 이후에도 'B양 비디오' 등 인터넷을 통한 성 동영상 유출 사례는 심심치 않게 되풀이되었다. O양 비디오 사건은 의도치 않게 사생활 동영상 '유출'로 주목을 끌었지만, 장차 인터넷이 불법 몰래카메라물 배포에도 악용될 수 있는 가능성을 적나라하게 보여 주었다. 더구나 새로운 형태의 영상 배포는 파급 효과도 훨씬 더 클 뿐 아니라 기술적으로 규제하기도 어렵다. 한국 사회의 정보화는 음란물에 의해 도약의 계기를 마련했지만, 동시에 사이버 공간에서 음란물 범람이라는 예기치 않은 골칫거리를 낳은 셈이다.

2) 누드집 발간 열풍과 온라인 유통

2000년대 초반 연예계에서 난데없이 누드집 발간 열풍이 불었다. 이 열풍은 몇 해 전인 1997년 이승희 누드집에서 비롯했다. 재미 누드 모델 이승희는 누드집을 펴낸 후 미국 유명 성인 잡지 〈플레이보이〉지 모델 출신이라는 점을 크게 부각시켜 책을 마케팅했다. 누드집에 대한 거부감은 여전히 남아 있었지만, 해외 유명 잡지 모델이라는 점 때문에 대중의 반발도 덜했고 관심도 컸다. 이승희 이후에도 여러 연예인이 줄줄이 누드집을 내, 흥미와 논란을 유발했다. 탤런트 서갑숙(1999)과 정양(2001), 가수 하리수 누드집(2002) 발간이 대표적인 사례다.[265] 누드집 열풍은 2003년 그 정점에 달했다. 그룹 '룰라'의 가수 김지현, 배우 성현아, 권민중, 이혜영, 고소영, 함소원 등 그해 누드집을 발간하거나 모바일로 누드를 공개한 연예인은 10여 명에 이르렀다. 여자 연예인 누드 열풍은 남자 연예인이나 운동선수에까지 확대되어, 그룹 신화와 핸드볼 국가 대표 최현호, 전 쇼트트랙 국가 대표 김동성 등이 화보집을 발간했다.[266]

당시의 열기는 불과 10년 전인 1991년 가수 유연실이 《이브의 초상》이란 누드집으로 된서리를 맞은 데 비해 격세지감을 느낄 만한 변화였다. 유연실은 누드집 발간 후 큰 고초를 엮었지만, 2000년대에 들어서 누드집을 대하는 대중의 태도에는 예전과 달리 묘한 호기심과 비난, 충격이 뒤섞여 있었다. 10년도 채 안 되는 동안 누드집에 대한 대중의 태도가 눈에 띄게 변화한 것이다. 여전히 부정적 반응도 많았지만 비난 일색이던 유연실 사건 때에 비해 누드를 대하는 시대적 정서가 달라진 것은 분명했다.

1990년대에 발간된 누드집은 한결같이 외설 논란에 휘말려 여론의 질타를 받았고, 여론에서는 법적 처벌 여부가 주된 관심사였다. 유연실은 물론이고 이승희가 누드집을 냈을 때에만 해도 논란이 적지 않았다. 1998년 10월 이승희의 나체 사진을 인터넷에 올려 기소된 사건이 발생했는데, 서울지방법원은 이에 대해 "체모가 드러나 있다"는 점을 근거로 음란물로 판단하고 업자에게 벌금형을 선고했다.[267] 그러나 2003년에 등장한 누드집은 이전과 같은 여론의 지탄이나 음란물이라는 오명에서는 상대적으로 자유로웠다. 1997년 《이승희 누드집》과 1999년 O양 비디오 파문 등을 계기로 성 표현물에 대한 사회적 인식도 서서히 변해 가고 있었다.

당시에 이 같은 누드 열풍이 일어난 원인은 무엇일까? 아마 누드 사진에 대한 사회적 인식이 바뀐 데다가 누드집 제작으로 막대한 수익을 얻을 수 있었기 때문일 것이다. '연예인 누드에는 불황이 없다'는 업계 풍문처럼 사업자들에게 누드집은 확실한 수입을 보장해 주는 효자 종목이었다. 당시에는 경기 침체로 심지어 유망한 신흥 산업인 정보 통신 분야까지도 고전을 면치 못했다. 하지만 연예인 누드집 사업은 예외 없이 흥행에 성공했다.[268] 누드집의 이러한 흥행 성공은 바로 인터넷과 모바일 덕분에 가능했다.

1990년대만 해도 누드집은 화보 책자 형태로만 발간되어 수입원이 제한적이었다. 하지만 이제는 책 발간과 동시에 인터넷과 모바일을 통해 유통되면서 소비자가 훨씬 손쉽게 구매할 수 있게 되었다. 당시 가장 큰 화제가 된 미스코리아 출신 배우 권민중의 누드집은 야후, 네이버, 엠파스 등의 인터넷 포털 사이트와 네이트, KTF 같은 모바일을 통해 제공되면서 한 달도 안 돼 접속 건수 500만 건, 수익금 70억 원을 기록했다.[269] 성현아 누드집은 해킹 때문에 매출 손실이 적지 않았다고 하는데도, 무려 800만 명의 접속 기록을 세웠다. 인터넷 · 모바일 1회 다운로드 비용이 300~1000원으로 어떤 누드집을 100만 명이 한 번씩만 접속했다고 가정할 때 매출액이 최소 10억 원에 달했다는 계산이 나온다.[270]

누드집에 출연한 연예인이 모두 스타급은 아니었다. 오히려 인기 정점에서 약간 벗어나 이른바 '한물간' 스타나 'B급' 연예인으로 평가받는 인물이 누드집 발간에 더 많이 참여했다. 누드집을 기획한 업체는 대부분 수십억 원대에 달하는 엄청난 매출을 올렸다. 이러한 흥행 성공은 인터넷 확산이 가져온 사회 변화와 떼놓고 생각할 수 없다. 인터넷에서는 예술적이건 퇴폐적이건 벗은 몸이 곳곳에 나돌기 때문에, 사람들은 이미 누드에 익숙해졌다. 이들은 더 이상 연예인이라는 공인의 벗은 몸에 경악하거나 반윤리적이라는 거부 반응을 보이지 않았다. 인터넷이나 모바일 이용이 보편화하면서, 이제는 수많은 네티즌이 화제가 된 누드 사진을 거의 동시에 접속할 수 있다. 연예인 누드 사진 사업이 번창한 것은 바로 인터넷 미디어 덕분이었다.[271]

이처럼 인터넷과 모바일이 보편화되면서 에로 비디오가 설 자리는 점차 좁아졌다. 번거롭게 남 눈치 봐가며 비디오 대여점을 들락거릴 필요 없이 모바일이나 가정용 컴퓨터만 켜면 야한 동영상을 얼마든지 손쉽게 볼 수 있다. 뉴 미디어의 주요 콘텐츠로 스타 누드 사진이나 동영상이 각광 받으면서 바야흐로 전통적인 에로 비디오의 수요를 대체하는 'IT 에로' 시대가 열렸다는 평가도 나왔다.[272] 특히 모바일은 편의성 때문에 주된 에로물 소비 미디어로 떠올랐다. 모바일은 에로 비디오에 비해 화면도 작고, 긴 영상을 보기에는 불편하다는 약점이 있었다. 반면에 인터넷에 비해 해킹 위험이 적고, 결제가 용이하며, 때와 장소를 가리지 않고 손쉽게 볼 수 있다는 점에서 TV나 인터넷보다 편리했다. O양 비디오가 컴맹 세대의 인터넷 실력을 향상시켰다면, 연예인 누드는 30~40대 폰맹에게 모바일 콘텐츠 이용법을 가르쳤다는 주장도 나왔다.[273] 물론 우스갯소리였지만, 시대 변화의 핵심을 꼭 짚어 낸 말이었다. 이처럼 단기간에 미디어 이용 습관에서 일어난 변화는 결국 전통적인 에로 비디오 시장의 몰락을 재촉했다.

누드에 대한 인식 변화는 에로물뿐 아니라 여러 분야에 영향을 미쳤다. 누드 열풍은 대중문화 장르뿐 아니라, 오페라와 무용을 비롯해 미술, 사진, 판화 등에서도 유행처럼 번졌다. 2003년도 한 해에만 파격적인 누드 공연이 여러 차례 이루어져 화제를 모았다. 그해 가을에는 베르디의 오페라 〈리골레토〉 공연에서 실오라기 하나 걸치지 않은 남녀가 연출하는 파격적인 장면이 선보였다. 비슷한 시기에 프랑스 현대 무용 〈불의 제전〉 공연에서는 여성 무용수가 약 7분 동안 알몸으로 춤을 추는 장면이 화제가 되었다.[274] 미술계에서도 '한국의 누드 미학 2003전'과 같은 전시회가 열려 눈길을 끌었다.

누드를 더 이상 충격으로 받아들이지 않는 분위기가 되면서, 누드집에 대한 관심은 일반인에게까지 번졌다. 디지털 카메라가 대중화하면서 일반인이 스스로 자신의 벗은 몸을 찍어서 공개하는 '셀프 누드'도 점차 유행했다. 속칭 '디씨,' 즉 디시인사이드 사이트●에는 젊

● 디시인사이드는 디지털 카메라 커뮤니티 사이트로 시작했지만 젊은 남성이 많이 모여들고, 그 안에 여러 하위 갤러리가 파생되면서 온라인에서 영향력 있는 공간으로 성장했다. 이곳은 음담패설이나 음란물 유통 공간일 뿐 아니라 일베(일간베스트)와 메갈(메갈리아)의 전신 역할도 했다.

은 미혼 여성뿐 아니라 애 딸린 주부나 펑퍼짐한 중년 남성이 찍은 갖가지 셀프 누드도 올라왔다. 다음이나 프리챌 등 커뮤니티 사이트에도 누드 카페나 커뮤니티가 상당수 개설되었다.[275] 일반인의 '셀프 누드'가 늘어나자 이와 관련한 독특한 행사가 줄줄이 열리기도 했다. 인증된 회원수가 90만 명에 이르는 성인 사이트 베드러브(bedlove.net)는 2002년과 2003년 두 차례에 걸쳐 셀프 누드 페스티벌을 개최했다. 회원들이 직접 찍은 누드 사진을 전시하는 행사였다. 이 기간에 500여 건의 누드 사진이 올라왔는데, 그중에는 자위나 성행위 따위의 자극적인 사진도 섞여 있었다. 논란이 되자 검찰은 음란 행위를 방치했다는 죄목으로 사이트 운영자를 구속했다.[276]

3) 인터넷 성인 콘텐츠 시장의 등장

"요즘 누가 비디오 가게에서 성인 비디오를 빌리나요? 보고 싶으면 인터넷에서 다 구할 수 있는데……"[277] 2003년 무렵 어느 학생이 신문기자와 인터뷰에서 한 말이다. 인터넷과 모바일이 모든 사람의 필수품으로 보급되자, 성인물 이용 방식도 빠르게 바뀌어 갔다. 인터넷을 통해 유통되는 성인 콘텐츠 시장은 갈수록 규모가 커졌다. 비디오테이프만 취급하는 오프라인상의 비디오 대여 시장은 이러한 변화로 큰 타격을 받았다. 새로운 성인물 유통 채널로 부상한 인터넷 성인 콘텐츠 시장은 크게 인터넷 성인 영화 사이트와 인터넷 성인 방송으로 나눌 수 있다.

인터넷 성인 영화 사이트

인터넷 영화 사이트는 1999년 국내에 처음 등장한 후 바로 이듬해에는 유료 서비스 사이트만 30개를 넘을 정도로 빠르게 늘어났다. 이 무렵의 대표적인 인터넷 영화 사이트는 시네파크, 아이씨너, 웹시네마, 인터무비, 마구리, 씨네로닷컴, 좋은친구들 등으로 옛날 영화에서 최신 개봉작까지 다양한 국내외 영화를 온라인으로 제공했다.[278]

한 실태 조사에 따르면 인터넷 영화 사이트에서 상영되는 가장 대표적인 장르는 바로 성인 에로물(38.2%)이었고, 그다음으로 액션물(22.4%), 멜로/드라마(21.2%) 순이었다.[279] 이처럼 인터넷 영화 사이트에서 성인 에로물이 인기를 끌자 성인물만 상영하는 전용관이 우후죽순처럼 생겨났다. 2000년 5월 문을 연 인터넷 성인 영화관 엔트랜드는 당시 800여 편의 에로물을 보유해 국내 최대 규모를 자랑하는 에로 전용 사이트였다. 엔트랜드는 유료 사이트임에도 불과 개장 두 달여 만에 1만 5000명의 회원을 확보했고 이후에도 빠른 속도로 성장했다.[280]

인터넷 성인 영화 사이트가 인기를 끌자 대기업인 대형 포털 사이트까지 소리 소문 없이 에로물 시장에 뛰어들었다. 포털 사이트로는 드림엑스가 2000년 4월에 가장 먼저 성인 콘텐츠 서비스를 시작했다. 뒤이어 코리아닷컴이 2000년 12월 성인 채널을 열었고, 연이어 라이코스코리아, 프리챌, 심마니도 서비스를 시작했다. 포털 사이트는 청소년까지도 손쉽게 접근할 수 있는 곳인데 성인물 전문 채널을 개설하자 공공연히 '섹스 장사'를 한다는 여론의 따가운 시선에 시달렸다. 그럼에도 이들이 앞다투어 성인물 서비스에 뛰어든 이유는 손쉽게 큰돈을 벌 수 있기 때문이다.[281]

예를 들면 포털 사이트 인티즌은 2001년에 발간되어 세간의 화제가 된 정양의 누드집을 유료로 제공해 큰 수익을 올렸다. 당시 언론과 인터뷰한 인티즌 관계자에 따르면 "정양 누드집을 선보이기 전에는 하루 평균 200만 원 정도였던 콘텐츠 매출액이 요즘은 700만 원에 육박한다"라면서 "이 가운데 30% 이상이 정양 누드집 덕택"이라고 밝혔다. 게다가 "정양 누드집을 구하기 위해 인티즌을 찾는 네티즌이 늘어나면서 다른 콘텐츠 매출까지 덩달아 오르고 있다"라며 "어떻게 알고 찾아오는지 신기할 정도"라고 말했다.[282]

다른 포털사이트에서도 비슷한 현상이 나타났다. 코리아닷컴, 드림엑스, 웨피 등의 사이트도 성인 영화를 비롯해 성인 전용 서비스를 개설해, 월 수천만 원에서 수억 원의 매출을 올렸다. 포털 업계 어느 관계자는 "성인 콘텐츠를 제공하면 페이지뷰가 눈에 띄게 올라가고 수익도 금방 낼 수 있다"라며 "페이지뷰가 늘면 배너 광고 유치도 쉬워져 사업자 입장에서는 '일석이조'"라고 말했다.[283]

이처럼 손쉬운 돈벌이의 유혹에 빠져 포털 사이트마다 성인물에 매달리자 사회적 비판도 거세게 일어났다. 논란이 일자 2001년 4월에 정보통신윤리위원회는 국내 30개 성인 영화 사이트를 모두 청소년 유해 미디어물로 지정해 버렸다.[284] 그럼에도 불구하고 인터넷을 통한 음란물 성행이나 청소년 모방 성범죄 따위의 문제가 이어지자 2005년 3월에는 검찰이 나섰다. 검찰은 성인 영상물을 제공해 온 다음, 네이버, 야후코리아 등 대형 포털 사이트 법인과 성인 사이트 운영자 38명을 기소하는 등 대대적인 단속에 나섰고, 이후 해당 업체들은 성인물 서비스를 전면 중단했다.[285]

이에 해당 업체나 에로 업계는 검찰의 단속에 크게 반발했다. 사실 검찰이 음란물로 규정한 영상물은 모두 영상물등급위원회나 정보

통신윤리위원회의 심의를 거친 합법적인 에로물이었다. 업계는 동네 비디오 가게나 케이블 TV에서 정상적으로 유통되는 에로물인데도 유독 인터넷 업계만 문제 삼는 것은 부당하다고 항변했다. 검찰의 기소 대상이 된 3대 포털 관계자들은 "법을 어겼다면 모를까 관련법을 준수하며 영업을 해 왔는데 갑자기 이런 조치를 당하게 돼 당혹스럽다"라면서 불만을 토로했다. 한 포털 관계자는 "영등위의 심사를 통과한 걸 다시 기소한 것은 이해가 되지 않는다"면서 "영등위 심사는 왜 한 것이냐"라고 따졌다. 인터넷기업협회는 업계를 대변해 보도 자료를 내고 "포털 등 인터넷 기업은 성인 고객을 대상으로 한 동영상 서비스와 관련된 현행 법적 규정을 준수하고 있다"라고 강조하면서 검찰 기소가 부당하다고 주장했다.[286] 반면 검찰은 허술한 성인 인증 절차 때문에 청소년들이 음란물에 손쉽게 노출된다며 강경한 입장을 고수했다.[287] 더구나 인터넷 성인 영화 사이트는 이미 큰 타격을 받은 뒤라 어쩔 수 없이 다른 판로를 모색해야 했다.

인터넷 성인 방송

성인 영화 전용 사이트 외에도 다양한 성인물을 제공하는 인터넷 방송 서비스도 등장했다. 인터넷 방송은 가정 내 초고속 통신망이 보급되고 오디오 · 영상 정보 압축 · 복원 기술이 발달하면서 급속하게 늘어났다. 국내 최초의 인터넷 방송은 1997년 7월 개국한 M2스테이션이었다. 이후 2000년 2월 개국한 엔터채널을 비롯해 에로파크, 야시시, 케이비알티비, 두루넷의 에로티카, 바나나TV, 쌩쑈, 유호TV, 몰카TV, 오아이오TV, 69TV, 스타2000, 모모TV, 코리아 스트립 등이 우후죽순처럼 생겨났다.[288]

인터넷 성인 방송은 처음 개국할 당시만 해도 유료 회원이 5000여 명에 불과했다. 하지만 회원 수가 곧 기하급수적으로 늘어나 2001년 1월에는 유료 회원 100만 명을 돌파했다.[289] 엄청나게 빠른 증가 속도였다. 인터넷 성인 방송의 이처럼 선풍적인 인기는 선구자 격인 엔터채널의 운영 방식을 보면 그 이유를 짐작할 수 있다. 이 사이트는 '옷 벗는 MC가 진행하는 생방송'을 표방해 개국하자마자 유료 회원 1만 명을 확보하는 경이로운 실적을 올렸다. 5억 원 안팎의 소자본 투자로 매달 1억 원 이상 수익을 거둔다는 소문이 나자 다른 인터넷 사업자도 너나없이 성인 방송에 뛰어들었다.[290]

인터넷 성인 방송은 대부분 선정적인 여성 IJ(인터넷 자키)가 등장해 네티즌과 실시간 채팅을 하거나 네티즌의 짓궂은 요구에 따라 야한 동작으로 반응하는 식으로 진행한다. 따라서 채팅 도중 음담패설과 인격 비하성 욕설이 다반사로 사용되고 음란한 행위도 등장한다.[291] 이후 기존 업체와 차별화해 새로운 시도를 모색하는 업체도 등장했다. 주간지 〈사건 25시〉에서 운영한 인터넷 성인 방송 케이비알티비는 여대생 인터넷 자키가 시청자와 채팅으로 대화하는 일반 토크쇼 형식으로 진행했다. 또한 야시시는 에로 영화뿐만 아니라 일반 영화 뉴스도 함께 제공하는 사이트로 다양한 장르의 영화계 소식을 웹진 형태로 제공했다.[292]

비디오 대여 시장 침체로 판로를 잃은 에로 비디오 업계는 인터넷 성인 방송이라는 새로운 시장 개척으로 제2의 전성기를 눈앞에 둔 듯했다. 그러나 에로 업계의 봄날은 오래가지 않았다. 우후죽순처럼 생겨난 성인 방송은 회원 확보 경쟁이 치열해지자 에로 비디오를 상영하는 수준에서 벗어나 방송 내용의 수위를 점차 높여 갔다. 가령 '성

고백 라이브 토크쇼,' '동성애,' '성행위 훔쳐보기,' '혼음,' '집단 난교' 등 변태적 프로그램을 방송해 음란성과 선정성 논란에 불을 지폈다.[293]

논란이 계속되자 2000년 8월 정보통신부는 인터넷 방송에 대한 규제를 강화했다. 인터넷 방송 설립 절차를 임의 신고제에서 의무 신고제로 바꾸고 심의 기준도 더 엄격하게 강화했다. 청소년의 접촉을 차단하기 위해 회원 가입 시 전자 서명 제출도 의무화했다.[294] 성인 방송의 주 고객이 10대 미성년자라는 소문이 공공연하게 퍼지자 검찰도 단속에 나섰다. 2001년 1월 검찰은 인터넷 성인 방송에 대한 전면 수사에 착수해 관련 업체 대표 7명을 전기통신기본법 위반 등의 혐의로 구속 기소했다. 검찰의 대대적인 수사로 심각한 타격을 입은 인터넷 성인 방송은 자체 가이드라인을 만들어 자율 정화 활동을 벌이는 한편 '벗기는' 콘텐츠 외에 다양한 콘텐츠를 개발하려고 안간힘을 썼다.[295]

하지만 검찰의 연이은 단속 후 인터넷 성인 방송에 대한 네티즌의 관심이 점차 식으면서 유료 회원 수는 급감하고 영업도 난관에 봉착했다. 그러자 이른바 '해외 이민'을 돌파구로 선택하는 업체도 생겨났다. 이들은 국내법 적용을 받지 않는 해외에 서버를 두고 현지에서 방송하는 서류상의 해외 진출이라는 편법을 사용했다. 아니면 교포 출신 사업가와 합작, 제휴해 운영하는 방식을 선택하기도 했다. 이러한 부류의 성인 방송은 치부 노출은 물론, 자위행위, 성관계 등 낯 뜨거운 장면을 여과 없이 내보내면서 더 심각한 '음란성 시비'를 불러왔다. 해외에서 운영하는 성인 인터넷 방송 때문에 국내 소재 업체의 여건은 더 나빠졌다. 한층 더 자극적인 해외 성인 방송으르 회원이 빠져나가는 바람에 국내 업체들은 운영에 큰 타격을 받았다.[296]

2. 불법 성인 콘텐츠 시장의 확산

1) 음란물 대량 유통과 '김본좌' 사건

인터넷이 대중화하기 전 음란물은 청계천이나 영등포역 인근에서 책이나 비디오테이프 형태로 유통되었다. 음란물을 접하는 데는 시간과 노력이 많이 들었고 남의 시선도 의식해야 해서 한계가 있었다. 그러다 인터넷을 통한 음란물 콘텐츠 거래가 등장했다. 초창기의 대표적인 사례가 바로 2001년 발생한 'CD사랑' 사건이었다. 그 당시 국내 최대의 불법 CD 유통업자이던 CD사랑 조직은 인터넷 홈페이지로 불법 복제 프로그램 CD를 주문받은 후 택배로 보내 주는 방식으로 4억 원어치의 매출을 올리다가 적발되었다.[297] CD사랑은 리스트에 오른 사람들을 대상으로 매일 2~3회 스팸 메일을 집요하게 보내는 식으로 영업을 했다. 이 판매업자는 발신자나 주소를 수시로 바꾸는 수법으로 단속을 피해 가면서, 잠재적 고객층에게 '요청하신 자료입니다,' 혹은 'CD리스트입니다' 등의 제목으로 된 판촉 메시지를 발송했다.[298]

불법 유통은 CD 복제 방식뿐 아니라 인터넷으로도 이루어졌다. 특히 이른바 '야동'이 사회 전반에 확산한 것은 초고속 인터넷 때문이다. 초고속 인터넷망이 보급되면서 가정이나 회사 컴퓨터로 음란물을 쉽게 접할 수 있게 되었다. 음란물은 인터넷으로 더 빠르고 광범위하게 전파되었고, 누구든지 손쉽게 다운로드 받고, 전송하고 보관하기도 편리해졌다. 이처럼 급속한 기술 발전 때문에 음란물 규제도 훨씬 어려워졌다. 당시 인터넷을 통한 음란물 확산 양상은 '김본좌' 사건을 통해 잘 들여다 볼 수 있다.

2006년 10월 이른바 김본좌라는 한 20대 남성이 음란물 유포 혐의로 체포되었다. 그는 국내에서 유포되는 일본 포르노물 중 무려 70% 가량을 공급해 왔다고 알려졌다. 김 씨는 2004년 3월부터 일본 음란물을 간단한 한글 설명과 함께 인터넷 웹하드 T사이트에 올리기 시작했다. 김 씨가 올린 음란물 조회 수가 하루 1만여 건을 넘는 등 뜨거운 호응을 얻게 되자, 그는 누리꾼 사이에서 거인이나 최고수를 뜻하는 인터넷 용어인 '본좌'로 불렸다. 김 씨는 웹하드인 T사이트에 'kimcc'라는 클럽을 개설해 최신 일본 음란물을 꾸준히 제공했다. 그러다가 유명세 덕분에 2005년 10월 웹하드 S사이트에 스카우트되었다. 그는 지분율 50 대 50으로 계약을 체결할 정도로 파격적인 대우를 받았다.[299] 하지만 김본좌는 결국 체포되었고 법원에서 유죄 판결(집행유예)을 받았다.

당시 김본좌가 체포된 사건은 2006년 디시인사이드 이용자가 선정한 '올 한해 인터넷 이슈 베스트 10'에서 2위를 차지할 정도로 큰 반향을 일으켰다. 1위에 선정된 황우석 논문 조작 사건 다음으로 중요한 사건으로 인식된 것이다. 김본좌는 음란물 배포라는 범죄 행위로 체포되었는데도, 많은 남성 네티즌이 그의 체포에 거세게 반발하는 소동이 벌어졌다. 김본좌 관련 기사 댓글 난에는 '지켜주지 못해서 미안해'라는 문구와 함께 근조 리본이 걸렸고, 다양한 패러디 시와 명언이 봇물처럼 쏟아져 나왔다. 이 사건 이후 '지못미(지켜주지 못해 미안해)'라는 표현은 한동안 유행어로 통용되었다.[300] 다음은 네티즌이 올린 김본좌 관련 글의 일부다.

> 조사실에 계시던 김본좌께 담당형사가 물을 건네매, "목이 탈것이니 드

시오"하니, 본좌께서는 "아니오. 빨리 수사를 마치고 집으로 돌아가 업로드를 마쳐야 하오. 나를 기다리는 수십만 명의 사람이 있소" 하시니 담당 형사와 조사관들이 이내 숙연해지며 닭똥같은 눈물을 흘리더라. — 본좌 복음 수사편 25절 3장[301]

위의 글은 성서 구절을 패러디하여 김본좌의 행적을 영웅시, 혹은 신격화한 것으로 인터넷 글 특유의 장난기가 강하게 풍긴다. 하지만 당시 온라인에서 거의 신드롬을 이루다시피 한 김본좌 사건의 특성과 네티즌의 정서를 이 글에서 엿볼 수 있다. 이 게시물의 제목은 "너희들 중에 하드에 야동 한 편 없는 자, 나에게 돌을 던져라"다. 이는 음란물 공유와 유포에 대해 윤리적 불감증이 만연했을 뿐 아니라 이용자 사이에 일종의 공범 의식까지 형성되었다는 뜻이다. 또한 게시물에서 "나를 기다리는 수십만 명의 사람이 있소"라는 구절은 김본좌 덕분에 수많은 음란물을 이용하고 그에게 감사해하는 네티즌이 광범위하게 존재했다는 사실을 시사한다. 김본좌 사건은 한 개인의 범행에 그치지 않고 일종의 대중적 현상의 반영이었다. 김본좌는 익명이지만 네티즌 사이에서는 이미 유명인이자 스타 반열에 올라선 존재였다. 이들은 별다른 죄의식 없이 김본좌가 제공한 음란물을 즐겨 이용했고, 김본좌 구속으로 서비스가 중단된 데 대해 집단으로 당당하게 불만을 표시한 것이다. 이러한 집단적 윤리 불감증과 공범 의식은 아마 인터넷이라는 사이버 공간이 주는 익명성 때문에 가능했을 것이다.

이후에도 김본좌 사건과 유사한 사례는 잇달아 발생했다. 2009년 12월에는 업로드 물량에서 김본좌를 능가한다는 평가를 받으며 '포르노 지존'이라 불리던 정 모 씨가 구속되었다. 정 씨는 미국과 일본 등지의 해외 음란 포르노 동영상을 대량으로 국내 웹하드 동영상 사이트에 올려 유료로 서비스해 1000여만 원의 이익을 챙겼다. 그가 구속되기 전 3개월 동안 올린 음란물은 무려 2만 6000여 건에 달했다.[302] 이후에도 양본좌, 서본좌, 박본좌 등의 인물이 유사한 죄목으로 구속되었다. 일부 네티즌은 이 다섯 명을 일컬어 5대 본좌로 불렀다.[303]

음란물이 무분별하게 확산하자 경찰의 단속은 더욱 강화되었다. 경찰, 방송통신위원회와 음란물 유통업자 사이에 쫓고 쫓기는 숨바꼭질 같은 전쟁이 한동안 계속되었다. 2000년대 초중반에는 방송통신심의위원회가 음란 사이트의 주소 IP나 URL을 확인해 차단하면, 해당 사이트는 즉시 주소 이름만 살짝 바꿔 피해 가는 방식으로 대응했다. 업자들은 일종의 기술적 우회 접근법인 프록시 서버를 이용해 차단을 무력화하기도 했다.

이용자가 직접 인터넷 사이트를 방문하는 유통 방식이 차단되자 이번에는 웹하드가 대안으로 등장했다. 웹하드는 인터넷 공간의 대용량 파일 저장 창고로 이용자가 접속해 자유롭게 자료를 올리거나 내려 받을 수 있는 디지털 공유 공간이다. 경찰 단속을 피해온 음란물 때문에 수많은 웹하드가 순식간에 음란물 유통 시장으로 변질했고, 돈벌이 목적으로 여기에 대량의 음란물을 올리는 김본좌나 정본좌 같은 헤비 업로더도 다수 등장했다. 이들은 불법 성인물을 조직적으로 수집해 유통시키는 사실상 익명의 개인 사업자였다.

이에 대응해 정부는 웹하드가 음란물 유포 공간으로 악용되는 것을 차단하기 위해 특정 단어가 포함되면 검색이나 전송이 아예 안 되는 '금칙어' 설정 방법을 도입했다. 수사 기관은 웹하드 업자를 집중 수사했고, 느슨하게 신고제로 운영되던 웹하드 개설을 등록제로 변경

했다. 연이은 단속으로 웹하드 업체가 타격을 입자 이번에는 P2P(Peer to Peer) 서비스가 대안으로 떠올랐다. 어떤 공유 공간을 활용하던 웹하드와 달리, P2P는 개인 이용자끼리 주고받는 방식이라 적발하기 쉽지 않았다. 2012년 경찰은 웹하드와 P2P 사이트에 대해 대대적으로 특별 단속을 벌였는데, 그 후에는 이를 피해 토렌트 서비스라는 새로운 유통 기법도 등장했다. P2P가 '일대일' 방식인 데 비해, 토렌트는 다수의 공급자에게서 파일 조각을 조금씩 내려 받는 '일대다' 방식이다. 야동 한 개를 여러 명이 쪼개서 공급하는 방식으로 운영되다 보니, 수사 기관이 이를 단속하기는 훨씬 더 어려워졌다.[304]

이처럼 인터넷을 통한 음란물 유통이 일반화하면서 전에 보지 못한 많은 변화가 일어났다. 이제 음란물은 어떤 도덕적 규범이나 윤리적 잣대에서도 벗어나 더욱 자극적인 내용으로 변질했다. 이전과 달리 직업 제작자-사업자와 아마추어-애호가 간의 구분도 모호해졌다. 많은 정보를 확보하고 기술 활용에 익숙한 음란물 마니아라면 언제든 유통업자로 변신하는 것도 가능해졌다. 음란물을 유통시키는 기술도 갈수록 정교해져 법적 규제 노력은 번번이 수포로 돌아갔다. 이제 사이버 공간은 음란물 유통을 놓고 업자, 이용자와 정부 규제 기관이 서로 숨바꼭질을 벌이는 두뇌 싸움의 장으로 바뀌어가고 있다.

2) '소라넷'과 온라인 음란물의 기업화

인터넷 기술이 발전하면서 제작자나 사업자뿐 아니라 일반 개인도 음란물 제작과 유통에 뛰어들었다. 개인이 불법 해외 음란물이든, 셀프 누드 사진이든 자유롭게 유통시키는 관행이 점차 일반화했다. 인터넷 사이트, 웹하드나 P2P 사이트를 거쳐 불법 음란물이 빠르게 유통되자 국내 에로 영화 시장은 직격탄을 맞았다. 사실 이처럼 자극적인 불법 성인 콘텐츠를 무차별적으로 확산시킨 주범은 인터넷 성인 방송이었다. 이에 대응해 검찰과 관련 기관의 철퇴가 가해지자 이번엔 다른 형태의 문제점이 발생했다. 즉 국내 사이트가 시들해지자, 해외에 서버를 둔 불법 성인 음란 사이트까지 등장해 해외 포르노나 불법 영상을 대량으로 유통시키는 바람에 국내 에로물은 발붙일 곳이 더욱 줄어들었다. 특히 2000년대 중반 단속을 피해 해외로 피신한 불법 인터넷 성인 방송들은 온갖 변태적인 영상을 제공해 물을 흐려놓았다.[305]

불법 사이트가 제공하는 변태적 프로그램에 익숙해진 네티즌은 이제 노출 수위가 더 높고 훨씬 더 자극적인 콘텐츠를 원했는데, 이들의 눈길을 끈 것이 몰래카메라(이른바 몰카)였다. 몰카물을 유통시킨 대표적인 불법 음란 사이트가 바로 소라넷이다. 소라넷이 논란의 중심이 된 이유는 몰래카메라처럼 개인의 사생활을 노출한 수많은 영상물을 유통시켜 사실상 범죄 온상지로 변질했기 때문이다. 몰카는 다른 성인 콘텐츠와 달리 일반인이 등장하는 것이 특징이다. 실제로 소라넷에는 일반인의 다리 같은 신체 부위를 촬영한 사진, 여자 친구나 부인의 나체 사진, 심지어는 일반인이 화장실을 사용하는 모습을 촬영한 사진까지도 무차별적으로 게시되었다.[306]

음란물 온라인 유통은 워낙 은밀하게 음지에서 이루어지는 현상이어서 대다수의 사람들에게는 잘 드러나지 않았다. 점차 많은 사람들이 심각한 범죄에 빠져드는 현상에 대해 대다수는 무관심했고, 일각에서 제기한 비판의 목소리는 잘 전해지지 않았다. 오히려 이 현상을 당연시하면서 옹호하는 대담한 목소리도 나왔다. 한 성인 콘텐츠 전문가는 신문 기고문에서 몰카에 대한 관심을 뜬금없이 '성인 콘텐츠 업계의 유기농 열풍'에 비유하면서 다음과 같이 변호했다. 이는 음란물 애호층과 일반 시민 사이에 존재하는 큰 인식차를 확인해 준 발언이었다.

> "자극적인 음식을 피해 유기농 음식을 찾는 이들이 많아지(듯이) […] 성인업계 역시 비슷하다. 이미 극도로 자극적인 성인 콘텐츠에 익숙해진 요즘 네티즌들은 더 이상 자극적인 것에 반응하지 않는다. 그러다 보니 자극성은 떨어지지만 리얼리티가 살아 있는 몰카를 찾는 트렌드가 대세다. 포르노 스타나 에로 배우들만큼 예쁘고 다듬어진 몸매는 아니지만 주변에서 흔히 접할 수 있는 여성의 벗은 몸에 열광하는 게 바로 그런 까닭이다. 일반인 성관계 몰카 역시 마찬가지다. 화질이나 카메라 구도, 사운드 등은 포르노에 현저히 떨어지지만 실제로 이뤄지는 연인 사이의 성관계라 리얼리티는 100%다. 여기에 네티즌들이 열광하고 있다. 여전히 자극적인 것을 원하는 이들은 화장실 몰카를 본다. 아무리 이성의 특정 부위라지만 대소변을 보는 모습을 담긴 영상이다. 이보다 더 자극적인 성인 콘텐츠가 또 어디에 있겠는가."[307]

소라넷은 1999년에 '소라의 가이드'라는 사이트 이름으로 서비스를 시작했다. 초기 사이트의 성격은 웹 매거진이었다. 익명의 이용자들이 야한 소설이나 야한 사진을 이 사이트에 주로 올렸다. 이후 2003년에는 사이트명을 '소라넷'으로 바꾸면서 회원제 커뮤니티로 개편했다. 이때부터 소라넷은 운영진이 올린 음란물을 보는 단계에서 벗어나 일반 회원이 성 경험과 은밀한 성적 취향을 공유하는 사이트로 변질했다. 회원들은 '도촬'(도둑 촬영) 사진 · 영상에서 '리벤지 포르노revenge porn'•까지 공유하며 콘텐츠의 수위를 높여갔다. 또한 스와핑swapping••과 윤간을 제안하거나 성매매 알선, 강간 모의 등의 엽기적이고 불법적인 메시지까지 올라왔다. 소라넷은 점차 험악한 성범죄 온상으로 변해 갔다.[308]

더구나 소라넷은 경찰 단속을 피해 매우 지능적이고 조직적으로 영업해 단속하기도 쉽지 않았다. 소라넷 운영자들은 명문대를 졸업한 지능범으로 소라넷에서 번 돈으로 여러 국가의 영주권을 취득해 도피생활을 하는 등 교묘하고 조직적으로 법망을 피해 갔다. 이들은 광고 수익만 해도 웬만한 중소기업 이상의 규모에 해당하는 100억 원 이상을 소라넷에서 벌어들였다.[309]

소라넷은 온갖 구설수에 휘말려 폐쇄와 재운영을 반복하면서도 17년간 무려 100만 명 이상의 회원을 유지했다. 하지만 2016년 4월 마침내 소라넷에도 최후의 날이 왔다. 방송통신심의위원회 회의록에 따르면 소라넷은 출범한 1990년 이후 무려 200여 회 이상 사이트 차단 조치를 당했다. 소라넷 퇴출에 힘을 실어 준 결정적인 계기는 다음 두 사건이었다.[310]

첫 번째는 의사를 포함해 사이트 회원 두 명이 병원에서 한 여성을 이른바 '능욕(성폭행)'한 뒤 사진으로 찍어서 일종의 '인증샷'으로 올린 사건이었다. 이 사진은 '충격적인 소라넷 병원'이라는 제목으로 여러 커뮤니티에 퍼졌고, 트위터 글로도 2200건 넘게 리트윗되면서

• 헤어진 연인에게 복수하려 유포하는 성관계 동영상을 말한다.

•• 두 쌍 이상의 연인이나 부부가 서로 상대를 바꿔 성관계를 갖는 행위다.

파장을 일으켰다. 이 게시물에는 두 회원이 모의해 시나리오까지 짜서 여성을 성폭행한 사건 경위와 인증 사진이 올라왔다. 게시물을 올린 회원은 아무도 없는 시간에 병원에서 검사를 빙자해 자기 여자 친구를 의사가 성폭행하도록 한 후 그 광경을 지켜보았다는 충격적인 내용을 고백했다. 더욱 논란이 된 부분은 일부 회원이 이 게시물에 열광적인 반응을 보였으며, 심지어 추가 범행을 모의하는 글까지 올라왔다는 점이다.

두 번째 사례는 서울 왕십리 강간 모의 사건이다. 어느 소라넷 이용자가 남긴 글을 캡처한 이미지가 트위터에 올라와 이슈가 되었는데, 여기에는 술 취한 여성에 대한 강간을 모의하는 정황이 담겨 있었다. 사진에는 '서울 왕십리 골뱅이• 여친'이라는 제목으로 소라넷 회원이 작성한 글이 달려 있었다. 이 회원은 자기 여자 친구와 성관계를 맺을 사람을 공개적으로 모집했고, 몇몇 회원이 자원하고 나섰다. 이 글을 본 한 누리꾼이 경찰에 신고했는데, 경찰은 강간 모의 정황만으로는 처벌이 불가능하다고 판단해 실제 처벌이 이루어지지는 않았다. 이후로도 소라넷에는 '실시간 골뱅이,' '골뱅이 동창' 등의 제목으로 술 취한 여성 사진과 함께 대담하게 강간 지원자를 모집하는 충격적 내용의 글이 줄줄이 올라왔다.

이렇게 잇따른 사건으로 소라넷이라는 이름이 떠오르자 비판의 목소리가 더욱 높아졌고, 결국 소라넷은 2016년 4월 폐쇄 조치되었다. 하지만 소라넷 폐쇄 조치로 모든 불법 퇴폐 성인 사이트가 사라지지는 않았다. 소라넷 폐쇄 조치를 비웃기라도 하듯 유사한 사이트는

• 여성에게 술이나 약물을 먹여 의식을 잃게 한 뒤 강간하는 것을 뜻하는 은어다.

계속 생겨나고 번창했다. 여탑, 밍키넷 같은 소라넷 유사 사이트도 있었고, 소라넷을 모방한 아류 사이트도 온라인에 우후죽순처럼 생겨났다. 춘자넷, 오야넷, 꿀잼넷, 무야넷, 소녀경, 떡방닷컴 등 온갖 저질스런 이름의 퇴폐 사이트는 법의 규제를 피해 다니며 사이버 공간에 넘쳐 났다. 특히 성매매 금지법 이후 음지로 흘러든 유흥업소는 인터넷 외에는 딱히 홍보 방법이 없기 때문에, 퇴폐 사이트를 후원하면서 서로 일종의 공생 관계를 유지했다.[311]

소라넷 폐쇄가 음란물 유통의 종말이 아니라는 사실을 환기해 준 것은 바로 제2의 소라넷 사건이다. 2017년 5월 경기남부지방경찰청은 AVSNOOP.club이라는 음란 사이트 운영자 안 모 씨를 구속했다. 안 씨는 이 사이트에 성인 비디오를 의미하는 AV와 염탐꾼이라는 뜻의 Snoop를 합성한 이름을 붙이고 회원끼리 음란물과 성 경험담을 공유하는 커뮤니티로 운영했다. 안 씨는 사이트 회원 121만 명을 모집해 음란물 46만여 건을 올리도록 했고, 사이트 이용 요금과 광고비 명목으로 17억 원의 이득을 챙겼다. 그는 서버를 미국에 두고, 거래 대금을 비트코인으로 결제하도록 하는 등 매우 조직적이고 체계적으로 사업을 운영하면서 법의 단속을 피해 갔다.[312]

온라인 공간에서 불법 성인물 유통은 이제 뿌리깊이 정착되었다. 이용자들은 이미 강도 높은 퇴폐 음란물에 익숙해져 더 자극적인 퇴폐 사이트를 찾아서 옮겨 다니는 음지 문화가 형성되었다. 인터넷 사이트들은 법의 규제도 아랑곳하지 않은 채 불법 음란물을 제공하고, 이용자는 더 강도 높은 콘텐츠를 끊임없이 요구하는 악순환이 이어졌다. 바야흐로 '퇴폐 사이트 전국 시대'가 도래한 셈이다.

3. 무너지는 비디오 시장

1) 디지털 유통과 비디오 시장 붕괴

디지털 기술과 인터넷은 몰카 등 저질스런 불법 동영상의 유통을 촉진하는 데 그치지 않았다. 인터넷은 이제 기존의 합법 콘텐츠를 불법적으로 복제, 유통시키는 데도 활용되었다. 이 때문에 영화-비디오 제작과 영화관, 비디오 대여점 등으로 이어지던 비디오 산업의 생산-유통 구조가 뿌리부터 흔들리기 시작했다.

당시 유행했던 "산업화에서는 뒤졌으나 정보화에서는 앞서 나간다"라는 구호에서 볼 수 있듯이, 1990년대 말 이후 한국은 인터넷 보급률과 속도에서 세계 선두를 다투며 IT 강국으로 부상했다. 특히 10대부터 30대에까지 이르는 젊은 연령층은 세계 최첨단을 자랑하는 온라인 환경에서 인터넷을 자유자재로 구사하는 세대였다. 하지만 이처럼 뛰어난 인터넷 이용 기반은 한참 성장하던 국내 영상 산업에는 엄청난 악재로 작용했다.

특히 막 개봉된 영화를 웹하드에서 파일로 불법 다운로드 받는 관행은 디지털 기술에 힘입어 빠른 속도로 번져 나갔다. 인터넷에 익숙한 사람이라면 잠깐 사이에 영화 한편을 웹하드에서 손쉽게 다운로드를 받거나 온라인으로 서로 주고받았다. 불법적인 동영상 유통은 지인 간에 사적으로 이루어지는 데 그치지 않았다. 온라인에서 파일 저장 서비스를 제공하는 웹하드는 이러한 불법 행위의 온상이 되었다. 한편으로는 동영상을 음성적으로 수집해 다량으로 웹하드에 올리는 업로드족이 있다면, 다른 한편으로는 불법인 줄 뻔히 알면서도 영상을 다운로드해서 보는 다운로드족이 광범위하게 형성되었다. 온라인 서비스업자는 이른바 P2P 사이트나 웹하드로 불법 콘텐츠 유통을 중계해 주는 온라인 복덕방 구실을 하면서 불법 행위를 조장했다. 이용자 사이에서 디지털 파일은 공짜라는 인식이 만연했기 때문에 이러한 행위에 죄의식을 느끼는 사람도 많지 않았다.

당시 조사를 보면 이미 평균 1000만 명 이상이 불법 다운로드를 하고 있었고, 10대의 90% 이상이 불법 다운로드 경험이 있었다. 다른 조사에서도 중고생 인터넷 이용자 중 91%가 불법 다운로드 경험이 있는 것으로 나타났다. 온라인 불법 파일 공유용으로 사용되는 웹하드 이용자 수는 무려 월 평균 1000만 명에 달하는 것으로 집계되었다. 더욱 심각한 문제는 (2005년 조사에 따르면) 청소년의 80% 이상이 인터넷 파일 유포와 다운로드 행위를 범죄로 인식하지 않는다는 점이었다.[313]

영상을 파일로 다운로드 받아 보는 관행이 만연하면서 영상물 판매와 대여 사업 모두 심각한 타격을 받았다. 영화를 비롯한 영상물은 오리지널 생산에 많은 자금이 투입되는 반면 회수는 불확실해 투자의 리스크가 높은 상품이다. 일단 완성된 상품은 극장이라는 창구를 통해 일차적으로 매출을 확보하지만 그 후 DVD 비디오, 방송, 유료 방송 등 다른 창구(부가 판권 시장)를 통해 반복적으로 판매하는 방식으로 매출액을 올려 간다. 2005년 기준으로 미국 시장에서는 영화 시장에서 극장 시장의 비중은 25% 정도인 데 비해, 나머지 부가 판권 시장이 75%를 차지했다. 다른 국가에서도 비슷한 패턴이 나타났다. OECD 국가 평균치를 보면 영화 콘텐츠 산업에서 극장 매출은 30% 정도인 반면, 부가 판권 시장 매출액은 70% 정도를 차지한다. 반면에 한국 영화 시장은 극장 매출의 비중이 무려 75%에 달하는 기형적인 양상을 보였다. 한국에서는 부가 판권 시장이 거의 유명무실해졌다는 뜻이다. 더욱 우려할 일은 이 비율이 해마다 조금씩 증가하고 있다는 점이다.[314]

부가 판권 시장 위축은 영상 관련 산업 부문에 연쇄적으로 부정적인 파급 효과를 불러왔다. DVD 업계 몰락, 대여점 유통 구조 붕괴, 제작사의 콘텐츠 투자 감소 등이 당장 눈앞에 가시화하기 시작했다. 이 중에서도 대부분 극장 개봉 없이 바로 비디오로 출시되던 에로 비디오 업계가 가장 큰 타격을 받았다 해도 과언이 아니다.

2) DVD 시장의 때 이른 몰락

디지털 기술이 일반화하면서 DVD는 한때 새로운 대안으로 주목받았다. 1990년대 후반에 등장한 DVD는 비디오(VHS)와 콤팩트디스크(CD)를 대체할 최첨단 미디어로 불렸다. 1999년 삼성, LG 등 가전 업체들이 DVD 플레이어 양산 체제에 들어가고, 영상물등급위원회에서도 그해부터 DVD 타이틀을 심의 대상에 포함시켰다. 해외 기업도 새로운 시장에 뛰어들었다. 해외 거대 기업인 소니픽쳐스는 1999년 6월 〈아름다운 비행*Fly Away Home*〉이라는 DVD 영화를 국내 최초로 출시하면서 DVD 시장에 진출했다. 비디오테이프 중심이던 국내 영상 산업에서 본격적으로 DVD 시장이 열렸다. 적어도 관련 업계는 그렇게 기대했다.

초창기 DVD 시장의 성장세는 언뜻 이런 기대치에 부응하는 것처럼 보였다. DVD 심의 편수는 심의가 시작된 이듬해인 2000년 582편에서 2001년 1795편으로 1년 만에 3배가 증가했다. 이는 당시만 해도 DVD 영화 시장이 유망했음을 보여 준다.[315] DVD 시장은 2002년 월드컵을 계기로 본격적으로 제자리를 잡았다. 한동안 침체되던 비디오 시장이 다시 도약의 기반을 마련할 것이라는 기대도 덩달아 커졌다. 업계에서는 그동안 비디오 시장의 중심축을 이루던 대여점 시장과 더불어 DVD 소비자 직판 시장도 함께 성장할 것이라는 희망에 부풀었다. 고화질을 장점으로 하는 DVD 특성 때문에 소장용 수요가 증가할 것이라고 예상했기 때문이다. 이에 따라 여러 국내 업체도 DVD 시장에 진출했다. 스펙트럼DVD, 비트윈, 씨넥서스 등 비디오 분야에서 성장한 기존 제작사도 향후 시장을 염두에 두고 DVD 제작에 뛰어들었다. 기존의 비디오 업체도 대부분 비디오테이프와 함께 DVD 타이틀을 출시하였다. 이에 따라 2003년 DVD 제작사는 20여 군데로 늘어났고, 시장 규모도 1000억 원대를 기록했다.[315]

하지만 DVD 시장의 성장세는 당초 예상보다 훨씬 빨리 벽에 부딪쳤다. 비디오테이프 시대가 끝나 감에 따라 기존 비디오 대여점 시장은 점차 축소된 반면에, 이를 대체할 DVD 시장은 채 성숙하기도 전에 성장세가 너무 일찍 꺾여 버렸다. 영상물 부가 판권 시장 전체에 위기가 다가오고 있었다. 이런 상황을 초래한 가장 큰 요인은 바로 불법 다운로드의 만연이었다. 업계는 하향세가 확연하던 비디오 시장에 DVD가 대안 미디어로 등장해 시장 성장을 주도해 줄 것이라고 기대했지만, 인터넷 불법 다운로드가 모든 예상을 물거품으로 만들었다. DVD는 디지털 저장 방식에 의존하기 때문에 화질과 보관에서 뛰어난 장점을 갖추었는데, 바로 그 장점이 불법 이용을 손쉽게 하는 단점으로 변한 것이다.[317]

웹하드 서비스를 통한 영상물 파일 유통이 만연하고 '카피본'이라 불리는 불법 영상물이 범람하면서 DVD 산업은 완숙기에 채 접어들기도 전에 순식간에 무너졌다. 웹하드에서 최신 개봉 영화를 단돈 몇백 원으로 다운로드 받을 수 있고, 길거리 노점상에서는 최신 영화 DVD 복제품을 2000원에 판매하는 상황이 되면서 상대적으로 고가의 정품 DVD는 설 자리를 잃었다. 특히 복제품이 정품 화질과 거의 동일한 상황에서 한번 싼 맛에 길들여진 소비자를 되돌리기는 쉽지 않았다.[318]

DVD 업계는 이러한 상황에 가격 할인 전략으로 대응했다. 2004년 무렵 워너, 파라마운트, 폭스 등 직배사들이 가격 할인을 시작했고, 고가 정책을 고집하던 브에나비스타도 할인 대열에 동참했다. 5500원이나 7080원짜리 초저가 타이틀이 기획 행사라는 이름으로 쏟아져 나왔다. 특히 직배사는 국내 회사에 비해 판권비나 추가 제작비의 부담이 적기 때문에 이처럼 저렴한 가격 할인까지도 감수할 여력이 있었다. 그런데 2004년 국내 제작사인 CJ엔터테인먼트마저 2002년 이후 한국 영화 주요 출시작 22편을 1만 4800원에 판매하겠다고 나서면서 시장은 돌이킬 수 없는 제 살 깎아먹기에 빠져들었다. 이러한 할인 경쟁이 기대처럼 새로운 수요 창출 효과를 낳았는지에 대해서는 업계 판단도 부정적이었다.[319] 1990년대만 해도 DVD 타이틀은 1만 장 이상 팔려야 '대박'으로 통했지만, 2000년대 말경에는 상황이 더 나빠져 이 기준이 1000장 내외로 떨어졌다. 2003년부터 시장 규모는 매년 반토막이 날 정도로 빠르게 내리막길을 걸었다.[320]

이처럼 불황과 덤핑이라는 악순환은 한국인 특유의 비디오 영상물 이용 관행과 밀접하게 관련되어 있다. 비디오테이프 시절에도 소장용 판매가 아니라 대여점용 위주로 시장이 형성된 상황에서 DVD

표 6-1 1999~2005년 국내 DVD 시장 규모 추이

구분	1999	2000	2001	2002	2003	2004	2005
시장 규모 (판매액, 원)	20억	100억	230억	850억	1,000억	1,085억	800억
판매량 (추정치)	8만	60만	200만	712만	850만	750만	700만
타이틀 (누계 편수)	65 (120)	500 (추정치)	793 (1377)	1675 (3052)	1700 (4752)	1585 (6337)	1,500 (7837)
플레이어 (보급률)	1만 (0.1)	10만 (1)	50만 (5)	150만 (15)	350만 (35)	450만 (45)	550만 (55)

출처: 김미현 외 (2006), p.53.

주 1. 2003년 이후 데이터는 추정치임

2. 시장 규모는 DVD 대여 시장 출하량과 DVD 소비자 직판 시장 규모를 합산한 것임.

3. DVD 플레이어 보급률은 DVD롬 등 DVD 재생 기기(하드웨어) 전체를 합산한 추정치임.

도입은 소장용 시장을 키우지는 못하면서 대여점용 시장 붕괴만 초래했다. DVD 사업자인 소니픽쳐스홈엔터테인먼트의 한 관계자는 "대한민국은 DVD라는 윈도가 사라지는 전 세계 유일한 나라가 될 수 있다"라는 말로 위기감을 드러냈다. 그는 국내 DVD 산업이 처음부터 방향을 잘못 설정했다고 비판했다.[321]

대여점 중심의 비디오 시장이 소장용 중심의 DVD 시장으로 재편될 것이라고 업계에서 기대한 건 순전히 판단 착오였다. DVD는 뛰어난 영상과 음향에다 다양한 서플먼트(부가 영상)가 제공되기 때문에 이용자에게 소장 가치가 높다고 업계는 판단했다. 그러나 업계가 'DVD는 소장용'이라고 우긴다고 해서 소장용 구매가 일반화하지는 않았고, 가족 단위 놀이 문화조차 흔치 않은 나라에서 '홈 엔터테인먼트'를 외친다고 홈 엔터테인먼트가 가족 문화로 형성되지도 않았다.

사실 한국 사람들의 통념으로는 영화는 한 번 보고 나면 그만이고, 온 가족이 함께 보기엔 텔레비전이면 충분했다.[322] 가뜩이나 판매 확대가 정체되던 참에 때마침 급성장한 초고속 인터넷은 DVD 산업에 찬물을 끼얹었다. 초고속 인터넷망이 집집마다 깔리면서 영화 동영상 파일 유포가 식은 죽 먹기처럼 쉬워지자 DVD가 끼어들 자리는 더 좁아졌다.

더구나 에로 비디오는 진작부터 한 번 시청하고 버리는 싸구려 상품으로 인식했기에 굳이 구입할 이유는 더더욱 없었다. 또한 온라인에서 손쉽게, 그리고 사실상 공짜로 온갖 성인물을 구할 수 있으니, 예전에 비디오테이프를 빌리려고 그나마 이용하던 대여점조차도 더 이상 방문할 필요가 없어진 것이다. 불법 복제와 유통이 공공연하게 퍼진 데에는 저작권에 대한 국민의 인식이 부족한 점도 중요한 요인으로 작용했다. 기술 변화 속도는 눈부시게 빨라지는데 저작권 문제 같은 정책이나 제도적 조치는 이에 따르지 못하는 것도 문제였다. 심지어 업계에서는 "정부가 IT 산업 진흥을 위해 콘텐츠 산업의 희생을 묵인했다"는 불만의 소리도 터져 나왔다.[323]

이런 상황이 지속되자 외국계 대형 DVD 제작사는 속속 한국 철수를 결정했다. 2006년 20세기 폭스와 유니버설, 파라마운트에 이어 2007년에는 브에나비스타, 2008년에는 소니픽쳐스의 한국 법인이 문을 닫았다. 워너브라더스홈비디오코리아는 시장 점유율 1위라는 수치를 믿고 2009년까지 버텼지만 결국 철수를 선택했다. DVD 시장의 때 이른 몰락이었다.

3) 대여 시장의 붕괴

영상물 온라인 유통 시대가 본격화하면서 전통적인 에로 비디오 시장은 빠르게 쇠락의 길로 접어들었다. 비디오 대여 시장은 한동안 국내 비디오 산업에서 가장 중요한 유통 부문 시장이었다. 비디오 대여 시장은 1988년 서울올림픽 이후로 꾸준히 성장하다가 IMF 경제 위기 이후 내리막길을 걸었다. 표 6-2를 보면 1998년에 1만 6000여 개소에 달하던 비디오 대여점은 2003년에는 8000곳에 그쳐, 불과 5년 사이에 반 토막이 났다. 국내 에로 비디오 산업은 대여점 시장 의존도가 유독 높았기 때문에, 이러한 변화는 비디오 업계 전체의 붕괴를 예고하는 뼈아픈 징후였다.

2010년 11월 〈경향신문〉은 황량할 정도로 몰락한 대여점 시장의 실태를 이렇게 소개했다. 서울 회기동 휘경시장 일대는 한때 비디오와 DVD 대여점이 20곳이 넘었고, 그중에서도 미래영상은 전국에서 보유 타이틀 수가 가장 많은 곳으로 유명했다. 그러나 이 일대에서 그 많던 대여점은 모두 문을 닫았고, 미래영상 역시 전업을 고민하고 있었다.

표 6-2 1997~2003년 국내 비디오 대여점 규모의 추이

구분	1997	1998	1999	2000	2001	2002	2003
비디오 대여점 수 (점)	22,000	16,366	13,550	12,000	10,500	9,000	8,000
시장 규모 (억 원)	6,500	5,769	5,212	4,600	3,500	3,010	2,700

출처: 한국영상협회 (2001), pp.80~81.

1990년대 후반에는 전국에 비디오방과 대여점이 5만 2000여 곳에 달했다. 하지만 기사가 나온 2010년 11월 당시 영화산업진흥위원회 집계에 의하면 전국의 DVD 대여점 수는 2000곳 미만, 비디오방도 300곳에도 채 미치지 못했다. 그나마 2009년 이후에는 업체 수 집계조차 중단되었다. 도서 대여점을 겸한 '멀티방' 형태로 일부 비디오 대여점이 명맥을 유지했을 뿐, 비디오테이프나 DVD만 대여해 주는 업소는 전국에서도 몇 곳이 안 될 것이라고 위원회 관계자는 추산했다.[324]

비디오 대여 시장의 몰락은 업계 외부의 시장 환경 변화와 내부의 고질적 문제점이 결합해서 낳은 참사였다. 외부적으로는 인터넷을 통한 파일 공유뿐 아니라 케이블 TV나 디지털 위성 방송 등 소비자에게 성인 콘텐츠를 더 편리하게 공급하는 경쟁 플랫폼이 등장해 대여 시장을 위협했다. 2000년대 초 위성 방송 스카이라이프 가입자 수는 이미 150만 가구를 넘어섰다. 더구나 케이블 TV나 위성 방송은 마케팅 비용을 대거 투입해 공격적으로 기존의 비디오 이용자층을 공략하면서 대여점 시장을 잠식해 나갔다. 2004년 한 해 SK텔레콤이 투입한 마케팅 비용만 1조 8600억 원에 달했다. 반면에 DVD 업계 전체가 한 해 동원할 수 있는 마케팅비는 160억 원 정도에 그쳐, 애당초 경쟁 상대가 되지 못했다. 이러는 동안 젊은 층은 인터넷으로 영상을 보는 데 익숙해졌고, 상대적으로 나이 든 중장년층은 TV 화면으로 시청하는 데 점차 길들여졌다.[325] 이제 비디오 대여 시장은 영화 콘텐츠의 부가 판권을 창출하는 창구 역할을 사실상 상실했다.

비디오 유통 업계 내부의 한계 역시 대여 시장 몰락을 부추겼다. 위성 방송이나 인터넷처럼 더 편리한 비디오·영화 시청 플랫폼 등장뿐 아니라 게임, 모바일 콘텐츠 등 오락물의 포맷도 점차 다양해지면서 전통적인 비디오 이용자층의 기호나 이용 습관 역시 점차 바뀌어 갔다. 하지만 비디오 대여점은 이전의 낡은 감각과 영업 방식에서 탈피해 변신하는 데 실패했다.[326] 스펙트럼DVD의 관계자는 "기업형 유통이 부재했다"고 진단하면서, "자본 규모와 마케팅, 고객 관리 능력이 떨어지는 소규모 영세 유통 위주로 진행되다 보니 결과적으로 단골 고객 외에 신규 고객 창출 능력이 없었다"라면서 유통과 대여 업계의 낙후성에 개탄했다.[327]

비디오 대여 시장 감소는 에로 비디오 시장에도 치명타를 가했다. 온라인을 통한 불법 복제물 유통은 공짜라는 특성 외에도 익명성이라는 결정적인 이점이 있었다. 에로물은 타인의 시선을 의식할 수밖에 없는 장르이기 때문에, 많은 사람이 드나드는 대여점보다는 집안에서 남몰래 즐길 수 있는 인터넷이 에로물 이용에 더 적합한 미디어였다. 더구나 초고속 인터넷망은 국가 차원의 정보화 정책에 힘입어 전국 구석구석까지 보급되면서 비디오 대여점이라는 유통 구조를 무너뜨렸다. 주 수입원이던 비디오 대여 시장의 유통 기반이 무너지고, 에로물 소비는 DVD, 인터넷 사이트, 케이블 유료 채널(심야 편성), 인터넷 TV(IPTV) 등 다양한 미디어로 점차 분산되었다.

당시 울릉도에서 몇 안 되는 비디오 가게 주인이자 유일한 음반 가게를 운영하는 배 모 씨의 말은 인터넷 보급으로 변화된 비디오 시장의 실태를 여실히 보여 준다. 2000년 울릉도에 초고속 인터넷이 들어오면서 비디오 대여점에 일어난 변화를 배 씨는 이렇게 말했다.

> 손님이 쪼매씩 줄더라꼬요. 특히 에로비디오 찾는 사람들이 뜸해지고요. 뭔 일인가 싶었더니 집에서 인터넷 영화사이트에 들어가는 거예요. 극장

없는 울릉도에서 방금 들어온 신 프로를 '다 봤다'고 으스대는 사람도 있고…… 참, 컴퓨터 없는 사람들은 PC방에 가 앉아있고요. 비디오가게 말고 당구장, 만화방도 텅텅 비더라꼬요…… 아쉽지만 흐름을 어쩌겠냐.[328]

4) 포털 성인물 퇴출과 에로 산업의 위축

에로 업계가 전성기를 누리던 시절에도 업계 종사자들은 심의 기준이 너무 엄격하다며 늘 불만을 토로했다. 당시 에로 업계에 종사한 한 관계자는 언론 인터뷰에서 "에로비디오는 한 번에 심의가 나오는 일이 절대 없었다. 심의에 들어가면 어느 어느 장면이 안 된다며 심의가 반려됐고 지적받은 장면을 다시 편집해서 넣으면 다시 다른 부분이 문제가 돼 또 반려가 됐다. 그렇게 최소 서너 차례는 심의를 넣어야 겨우 심의가 나왔다. 그게 당연한 일이었다"[329]라며 볼멘소리를 했다. 하지만 정부나 사회단체의 의견은 달랐다. 성인물의 악영향을 차단하려면 심의 기준을 오히려 더 강화해야 한다는 것이다. 이처럼 양립 불가능한 의견 차이 때문에 에로물 심의 기준은 시대 상황에 따라 수시로 규제 완화와 강화 사이를 오갔다.

심의 기준은 1990년대 중반 이후 여러 해에 걸쳐 조금씩 완화되는 추세였다. 그래서 업계에서 희망하는 대로 스쳐지나가는 장면에서는 헤어 누드(음모 노출)도 허용되는 수준까지 규제의 고삐가 느슨해졌다. 그러나 2000년대 초반 O양 비디오 유포 사건과 인터넷 성인 방송의 선정성 논란 등 성인 콘텐츠와 관련된 사건이 연이어 터지면서 비판의 목소리가 높아졌다. 2000년 에로 비디오의 주요 제작사인 한시네마타운은 미성년자를 출연시키고 심의를 마친 영상에 베드신을 추가해 출시하는 범법 행위를 저질러 검찰에 불구속 수사를 받았다. 같은 해 클릭 엔터테인먼트의 대표와 감독이 가출 청소년을 약 1년간 에로 비디오 여러 편에 출연시키고 감독은 성매매를 했다는 혐의로 구속되었다.[330] 이 사건들을 계기로 2001년 영상물등급위원회는 다시 강화된 심의 기준을 도입했고, 에로 비디오에 대한 내용 규제도 더 엄격해졌다.

에로 업계 한 관계자는 2001년 초 에로 비디오 업계가 사실상 문을 닫게 된 계기는 바로 심의였다며 불만을 토로했다. 그는 "2001년 초 대대적인 단속으로 에로비디오 제작사 여러 곳이 문을 닫았고 당시 에로 업계 인력의 상당수가 비교적 심의에서 자유로운 인터넷 성인방송시장으로 흘러갔고 거기도 심의가 심해지면서 아예 해외로 나가 불법 인터넷 성인방송을 제작한 이들도 있다. 그렇게 에로비디오의 시대가 끝나고 기나긴 불황이 시작된 것이다"라고 주장했다.[331] 영상물등급위원회의 엄격한 규제와 경찰의 단속은 가뜩이나 침체하던 에로물 시장이 위축되는 데에 상당한 영향을 미쳤다.

이후 에로물 소비가 모바일 플랫폼으로 옮아가는 동안 신흥 시장인 '에로 모바일' 영역은 잠시 규제의 사각지대로 남아 있었다. 하지만 2005년 인터넷과 휴대전화로 성인 영화를 제공해 온 포털 사이트와 이동 통신 업체에 대한 대대적 단속이 시작되면서 업계는 다시 된서리를 맞았다. 그런데 단속에 걸린 동영상은 대부분 영상물등급위원회에서 '18세 관람가' 등급으로 분류한 것이었다. 더구나 합법적 콘텐츠를 이용자 성인 인증 절차까지 거친 후에 제공하는데 왜 문제가 되느냐고 업체는 강력하게 항의했다. 하지만 검찰의 판단은 달랐다. "심의를 거쳤어도 이를 음란물로 볼 수 있다는 게 법원의 판례이기 때문에 처벌에는 문제가 없다"는 것이다. 일각에서는 검찰의 '음란성' 잣대가 지나치게 자의적이라는 비판과 함께 성인이 합법적으로 성인물을 즐길 권리까지 침해해서는 안 된다는 반론도 있었다.[332]

그러나 공방 끝에 2006년 2월 1일 법원은 포털을 통해 에로 비디오를 공급하는 행위는 위법이라고 판결을 내렸고,[333] 에로 업계는 큰 충격에 빠졌다. 이 판결에 대해 형사정책연구원 김은경 박사는 "이번 판결을 적용하면 온라인뿐 아니라 케이블 TV 등 문제될 곳이 수두룩하다"면서 "법원 판결문에 나와 있지 않지만, 청소년들의 접근이 쉽다는 포털의 특성이 감안된 것 같다"라고 했다. 누구든 마음만 먹으면 인터넷에서 일반 성인물은 물론이고 불법 포르노나 몰카물까지도 손쉽게 접촉하는 현실을 감안해, 법원이 엄격한 음란물 기준을 고수할 수밖에 없었다는 것이다.[334] 주요 수입원을 포털 사이트나 휴대전화 시장에 의존하던 업계 입장에서는 사망 선고나 다름없는 조치였다. 이후 에로 업계는 오랜 침체에 빠져들었다.

4. 대표작 없는 시기

1) 흥행작의 소멸

인터넷이 에로 비디오 시장을 장악하면서 비디오 대여가 사라지고 파일 다운로드의 시대가 열렸다. 인터넷에 범람하는 각종 음란 동영상과 우후죽순으로 늘어난 포르노 사이트는 에로 비디오 시장을 궤멸시켰고, 자본과 배우 수급력을 갖춘 제작사는 대부분 시장에서 사라졌다.[335] 한때 60곳에 육박하던 제작사는 줄줄이 문을 닫았고, 2005년 무럽에는 활동하는 제작사가 두세 곳만 남았다.[336] 에로 비디오 전성기의 주역이던 한시네마타운은 IMF 경제 한파와 에로 비디오 시장 불황을 거치면서 파산했다. 유호프로덕션, 클릭엔터테인먼트와 씨네프로 같은 제작사도 겨우 명맥만 유지했다.

이들은 2003년 이후 신작을 거의 내놓지 못하고 예전 영상을 짜깁기한 동영상을 케이블 채널과 온라인 시장에 공급하는 방식으로 생존을 모색했다. 하지만 이러한 부류의 동영상은 60분 미만의 인터넷 · 모바일용 성인 기획물로 단순 성행위만 담은 조잡한 영상에 불과해, 화제작을 쏟아 내던 전성기에 비해 격세지감을 자아냈다.[337] 제작 여건이 열악해지면서 에로 비디오의 편당 제작비는 평균 500만 원 안팎에 불과할 정도로 대폭 줄어들었다. 콘텐츠의 질 하락은 불을 보듯 뻔했고, 당연히 흥행 성과도 시원찮았다.[338] 이처럼 열악한 여건에서 흥행작이 나오기는 원천적으로 불가능에 가까웠다. 실제로 이 시기에는 이렇다 할 화제작이나 대표작은 나타나지 않았다. 하지만 그 와중에도 사회적 논란을 일으키면서 대중의 주목을 끈 사례도 몇몇 있었다.

2002년 6월 여중생 심미선과 신효순이 미군 장갑차 사고로 사망하는 사건이 발생했다. 이를 계기로 전국에서 반미 시위가 일어나고 유례없이 격렬한 반미 분위기가 조성되었다. 원래 에로 비디오는 충무로 영화가 개봉하기도 전에 발 빠르게 패러디물을 출시하고 각종 유행어를 즉시 제목에 반영할 만큼 유행에 민감했다. 에로 비디오 업계는 심지어 이러한 반미 분위기도 영업에 활용하였다. 이렇게 해서 탄생한 에로 비디오가 바로 〈깃발을 꽂으며〉(2002)와 〈푸쉬와 호세인〉(2003)이다.

공자관 감독의 〈깃발을 꽂으며〉는 특이하게도 반미를 소재로 한 코믹 에로물이다. 주인공 '태극기'는 독립운동가의 자손이지만 호스트바 종업원으로 살아가는 사회적으로 보잘 것 없는 남성이다. 태극기는 여중생 추모 촛불 시위를 우연히 목격하고는 격분해, 주한미군 사령관 부인과 미국 대통령 부인을 자신의 성 노예로 만든다는 내용으로 되어 있다.[339] 특히 주인공은 부와 외모 등 아무것도 가진 게 없는 평범한 남성이지만 놀랄 만한 크기의 성기 하나만으로 미국 여성들을 '정복'해 나간다는 식의 황당한 남성 판타지를 실현한다.

애초의 제목은 〈태극기를 꽂으며〉였으나, 영상물등급위원회에서 등급 보류 판정을 받자 〈깃발을 꽂으며〉로 바뀌었다. 등급위원회에서는 "태극기를 선정적인 영화 제목과 내용에 사용한 것은 국민 정서에 위배되며 주한미군 사령관 및 부시 미국대통령 부인과의 성관계를 직접 표현한 것도 외교관계와 개인의 명예를 훼손할 소지가 크다"는 취지로 등급 보류 판정을 내렸다. 이와 더불어 주인공과 미국 대통령 부인 간의 스캔들을 보도한 신문이 등장하는 장면, 미군 사령관 부인과 벌이는 정사 장면, 태극기가 그려진 팬티, 강간 장면 등 많은 부분이 심의 과정에서 삭제되거나 수정되었고, 로라 부시의 얼굴 역시 모자이크 처리되었다.[340]

이 영화는 무려 다섯 차례나 등급 보류 판정을 받은 후 겨우 심의를 통과했고, 출시된 후에도 '반미 에로 영화'라는 점이 크게 부각되어 사회적 논란을 일으켰다. 서울지방경찰청은 언론사와 영화 잡지사, 홍보사에 배포된 비디오테이프 27개를 모두 긴급 회수했다. 주무 부서인 문화관광부는 직원을 대상으로 자체 시사회를 열어 본 후 '가급적 출시하지 않는 게 좋겠다'는 뜻을 제작사 측에 전달했다. 급기야 주한 미군 공보부에서 유감 성명까지 발표하고 강남경찰서 외사과 형사가 회사에

찾아오는 등 제작사나 감독, 배우까지 큰 고초를 겪었다고 한다.[341]

이러한 물의를 겪으면서도 고집을 꺾지 않고 출시한 데 비해 사실 작품은 형편없었다. '태극기'가 차례로 '정복'하는 미군 여성과 미군 사령관 부인 등은 흑인, 백인 등 다양한 인종으로 설정되었지만 실제로 외국 배우는 기용되지 않았다. 그 대신 한국 에로 배우가 금빛 가발을 쓴 채 백인 배역을 맡거나, 흑인 가발을 쓰고 온 몸에 검은 칠을 한 채 흑인 역으로 등장했다. 제작 기간이 짧고 제작비도 적은 에로 비디오의 특성대로 리얼리티 역시 어설프기 짝이 없는 수준이었다. 외국인 배역을 맡은 출연자가 구사하는 영어는 "Oh. yes!," "You big!" 등 짧은 단어 몇 개뿐으로, 관객의 실소를 자아내는 수준이다. 주인공이 미국으로 건너가 미국 대통령 부인을 '정복'하는 장면에서도 로케이션이나 공항 촬영 등이 생략된 채 진행되어 사실성과 거리가 멀었다. 단지 한 남자가 신문을 보고 있고 그 신문에 한 동양 남자가 미국 대통령 부인과 스캔들을 일으켰다는 기사가 나오는 장면으로만 처리되었을 뿐이다.

또한 정치적 이슈인 반미를 소재로 삼았는데도 반미 시위 장면은 영화 도입부에 아주 잠깐 등장할 뿐 자세하게 언급되지 않는다. 열악한 제작 여건 때문에 자료 화면을 활용했는데, 에로 비디오에서 이런 장면이 나오는 것 자체가 전례 없는 일임은 분명했다. 그러나 반미를 소재로 한 영화인데도 전체 내용을 볼 때 반미 감정은 흥행을 위한 도구로 활용되었다는 인상을 준다. 단지 한국 남자가 미군 여성과 성관계를 맺었다는 사실만으로 한국 남자가 미국 여자를 '정복'했다는 식으로 반미 감정을 해결하는 것은 저급할 뿐 아니라 지극히 남성 중심의 유치한 해법이다. 공자관 감독은 출시 후 〈동아일보〉와 인터뷰에서 "'미국'이 오르가슴을 느꼈다고 해서 '한국'이 이긴 건 아니지 않나? '미국'을 단지 만족시켰을 뿐 아닐까?"라는 기자의 질문에 "그렇지 않다. 자존심을 건 대결이었다. 에로 비디오 소비자는 거의 100%가 남성이다. 만족시키면 이긴 것이다"라고 답변했다.[342]

이필립 감독의 〈푸쉬와 호세인〉(2003)은 미국의 이라크 전쟁 참전 풍자를 담은 퓨전 패러디로 화제가 되었다. 이 영화 역시 〈깃발을 꽂으며〉처럼 반미를 소재로 삼았다는 공통점이 있다. 이국異國의 대통령 푸쉬는 매일같이 뚱뚱한 영부인과 괴로운 섹스를 치르는 데 염증을 느껴 후라이국 호세인 대통령에게 미인을 좀 보내달라며 비서관을 파견한다. 후라이국 대통령궁에 밤늦게 도착한 비서관은 자신을 안내하는 미녀와 꿈결 같은 하룻밤을 보낸다. 그러나 다음 날 아침 호세인 대통령은 비서관의 요청을 냉정하게 거절한다. 화가 치민 푸쉬 대통령은 UN을 통해 후라이국에 경제 제재를 가하고 사찰단을 파견하지만 사찰단 역시 후라이국 미녀 앞에 녹아 버린다. 푸쉬 대통령은 이에 분노해 급기야 후라이국을 상대로 전쟁을 일으킨다는 다소 어처구니없는 내용이다. 여기서 '이국'은 미국, '푸쉬'는 부시 대통령, '후라이국'에서 '후라이'는 거짓말을 의미하는 속어로 이라크를 지칭하며, '호세인'은 후세인 대통령을 가리키는 것으로 보인다. 이 영화는 국내 에로 비디오 중에서는 처음으로 전쟁 풍자를 소재로 삼았다.[343]

이필립 감독은 신문사 인터뷰에서 "방송과 메이저영화가 반미에 대해 입을 다무는 현실이 비참했다. 나라도 내가 할 수 있는 걸 통해 미국에 대해 말해 보고 싶었다. 어떤 이유에서건 전쟁은 선善이 될 수 없는 것 아니냐"라며 반전에 대한 소신으로 영화를 만들었다고 밝혔다. 이 감독은 "에로 비디오라는 형식을 통해 인간의 모든 불행은 과

그림 6-1 국내 에로 비디오 중 처음으로 전쟁 풍자를 소재로 한 〈푸쉬와 호세인〉.

도한 욕망에서 잉태된다는 사실과 공포와 무력을 통해 조성된 억지 평화는 오래가지 못한다는 보편적 진리를 그 형식에 맞춰 보여 주고 있다"라며 우호적으로 평가하는 견해도 있었다. 그러나 일반인이 이 영상을 보고 그렇게 느끼기는 쉽지 않다. 연기는 과장되고 미숙하며, 배경이나 의상은 사실성이 부족하고, 지나치게 의식이 앞서나가 오히려 드라마의 흐름을 깨뜨리는 등 영화의 전반적인 질적 수준은 낮았다. 그렇지만 〈푸쉬와 호세인〉은 에로 비디오로서는 이례적으로 파격적인 소재를 다루었다는 점 때문에 주목을 받았다.[344]

위에서 언급한 두 에로 비디오가 어느 정도 흥행에 성공했는지는 알 수 없다. 관련 기록이 없는 것으로 보아 흥행에서는 그다지 두드러진 실적을 올리지는 못한 듯하다. 하지만 둘 다 흥행보다는 오히려 사회적 논란으로 주목을 끌었다는 점에서 공통점이 있다. 전체적으로 에로 비디오가 시장에서 크게 주목받지 못하는 시장 침체기에, 흥행보다는 일종의 노이즈 마케팅을 통해 관심을 끈 사례인 셈이다.

2) '빨간 마후라'와 일반인 음란물 시대의 개막

1997년 속칭 '빨간 마후라'라는 동영상이 인터넷을 타고 급속히 전파되면서 온 나라를 뒤숭숭하게 만들었다. 이 동영상을 본 사람은 모두 큰 충격을 받았다. 여느 음란물과 달리 이 동영상에 등장하는 인물이 모두 10대인 탓이다. 이 동영상에는 오직 목에 빨간 마후라만 두른 (그래서 이 동영상을 '빨간 마후라'라고 불렀다) 한 소녀와 한눈에 봐도 앳된 얼굴의 소년이 벌이는 성행위 장면이 담겨 있었다. 이 동영상은 처음에는 입소문을 타고 전파되다가 CD로 구워져 손에서 손으로 퍼져나갔다. 이후 인터넷에서 파일로 변조되어 삽시간에 퍼졌다. 이 동영상이 큰 사회적 파문을 일으키자 마침내 경찰이 수사에 착수했고, 추적 끝에 동영상 주인공을 잡고 보니 놀랍게도 모두 중 · 고등학생이었다.[345]

'빨간 마후라'는 여러 가지 측면에서 사회에 큰 충격을 주었다. 경찰 조사에 따르면, 이 동영상은 일종의 '리벤지 포르노'로 밝혀졌다. 등장인물이 어린 학생이라는 점도 충격적이었을 뿐 아니라 화면에 등장한 여중생은 남학생들이 비디오를 찍기 전에 성폭행을 당한 것으로 알려져 사건의 파장은 더 컸다. 이 사건은 1997년 '아동 · 청소년의 성보호에 관한 법률' 제정을 촉진하는 계기가 되었다.[346] 하지만 당시 언론은 이 사건을 대체로 문제 청소년들의 일탈 행위로 다루었고, 특히 동영상에 등장하는 여중생을 그저 '방탕한 15세 소녀'로 몰았다. 여중생은 성폭력 피해를 당한 미성년자였고, 사생활은 당연히 보호돼야만 했다. 그러나 언론의 선정적인 보도로 그녀는 보호받기는커녕 신원과 피해 내용, 사생활이 낱낱이 까발려지는 추가 피해를 입었다. 언론의 선정성과 대중의 관음증이 합쳐 논란을 불러일으킨 사건이었다.

에로 비디오 업계는 '빨간 마후라'가 화제가 되자 곧 〈빨간 보자기〉(1997)란 이름의 패러디물을 내놓았다. 시류에 편승해 흥행을 노리는 에로 비디오가 바로 나왔다는 것은 '빨간 마후라'가 사회에 던져 준 파급 효과가 그만큼 컸다는 사실을 방증한다. 심지어 충무로에서도 이 사건에 참여한 아이들의 후일담을 가상으로 해서 2001년 〈스무살: 어느 소녀의 고백〉이라는 영화를 제작했고, 2006년 개봉작인 〈여교수의 은밀한 매력〉은 '빨간 마후라' 사건을 모티브로 만들어져 화제가 되었다.[347]

'빨간 마후라' 사례가 이 시기 성인물의 경향에 관해 시사하는 점은 무엇일까? 포르노가 시작된 이래로 성인물 유통 방식은 계속 진화해 왔지만 어떤 공통된 틀은 유지되었다. 성인물은 직업 제작자가 만든 상품으로 틈새시장에서 제한된 취향의 소비자층을 겨냥해 유통되었다. 하지만 인터넷의 등장으로 성인물 시장의 이러한 기본 구조가 근본적으로 흔들렸다.

일부층에 국한된 현상이긴 했지만, 일반인이 찍은 몰카는 점차 온라인에서 일상의 일부처럼 자리 잡아갔다. 특히 1990년대에 캠코더가 국내에 보급되면서 일반인 사이에선 자신들의 성관계 장면을 찍은 이른바 '셀프 동영상'이 유행했다. O양 비디오처럼 유명 연예인의 성관계 영상도 있었고, '빨간 마후라'처럼 일반 청소년들이 직접 자신들의 성행위를 촬영한 것도 있었다. 나아가 다른 사람의 성관계 장면을 몰래 촬영해 유포하는 '비디오방 몰카' 영상도 광범위하게 퍼지면서, 몰카는 더욱 자극적이고 변태적 양상으로 진화했다.[348]

처음에는 이러한 동영상이 상업적 성인물 시장을 위협하는 수준은 아니었다. 하지만 2000년대로 접어들면서 양상은 급격하게 바뀌었다. 2000년대 초반 에로 비디오 시장에서 특징적인 부분은 이렇다 할 만한 흥행작이 사라졌다는 것이다. 이제 성인물 유통에서는 직업 제작자가 만든 픽션이 아니라 수많은 일반인이 올리는 논픽션 동영상이 중심이 되었다. 성인물 이용자는 미리 짜놓은 각본에 따라 배우들이 벌이는 허구의 연기가 아니라 실제 일반인이 등장하는 섹스 동영상에 더 열광했다. 화질이 나쁜 것은 문제가 되지 않았다. 사회학자 엄기호에 따르면, 십대 청소년들은 에로 비디오나 하드코어 포르노보다 '빨간 마후라'와 같은 '생生포르노'에 오히려 "더 강렬한 성적 흥분"을 느꼈다고 한다. 10대 청소년들은 인터뷰에서 "립싱크와 라이브 음악의 차이"와 같이 '모방'하고 '연기'하는 성행위보다 실제 성행위가 나오는 동영상이 성적 흥분을 더 불러일으킨다고 말했다.[349]

온라인 불법 성인물 유통은 국경이 없어 이전의 포르노나 에로 비디오와 달리 배포되는 범위에서 제약도 받지 않았다. 내용에서도 이전처럼 심의 제도의 틀 안에서 규제받는 저강도 에로물이 아니라 훨씬 강도 높고 금기의 제약을 전혀 받지 않는 실제 성행위 동영상이 성인물 시장의 주역으로 빠르게 부상했다. 온라인 섹스 동영상은 정상적인 성행위뿐 아니라 변태적 행위, 범죄성 리벤지 포르노 등 대상이나 범죄성 여부도 가리지 않았다. 비록 '빨간 마후라' 파문은 일찍이 1997년에 발생한 사건이지만 2000년대 이후 성인물 시장에서 전개된 흐름의 성격을 단적으로 보여 주는 사례다. '빨간 마후라'가 불러일으킨 파문은 바로 일반인 음란물(혹은 몰래카메라)의 시대가 도래했음을 알리는 전조였다.

7장

에로 콘텐츠의 귀환

미디어 유통 플랫폼이 디지털 환경으로 옮겨 가면서, 에로 산업은 서서히 쇠퇴해 갔다. 하지만 예기치 않은 곳에서 돌파구가 열렸다. 케이블 TV와 위성 방송, IPTV 등 새로운 방송 플랫폼이 등장하면서 늘어난 방송 시간을 채워 줄 콘텐츠가 대거 필요해졌다. 에로물은 저렴한 비용으로 안정된 수입을 보장한다는 점에서 신생 미디어들에게는 매력적인 콘텐츠였다.

신생 미디어를 에로물 이용 경로로 선택한 이용자도 적지 않았다. 인터넷이나 모바일에 익숙하지 않은 장년 세대는 TV 모니터를 더 편안한 시청 미디어로 여겼다. 이러한 장점 덕분에 성인 전용 케이블 채널과 IPTV가 에로물의 주 이용 창구로 부상했다. 2009년 주문형 비디오 서비스인 IPTV 출범 역시 에로 비디오에 새로운 창구를 개척해 주었다. IPTV 서비스 시대가 본격적으로 열리자, 그동안 사실상 폐업 상태이던 에로 비디오 제작사도 하나둘 제작을 재개했다. 공자관 감독의 〈젊은 엄마〉 시리즈가 이러한 환경에서 등장한 대표적인 성공 사례다.

에로 업계는 위성 방송과 IPTV 등 틈새시장을 개척한 데 그치지 않고, 새로 등장하는 미디어 플랫폼에서도 다양한 가능성을 탐색했다. 모바일 시장이나 VR(가상 현실) 기술은 이용하기 편할 뿐 아니라 생생한 체험을 제공해 준다는 점에서 에로물의 속성을 잘 구현할 새로운 플랫폼으로 주목받고 있다.

그러나 콘텐츠의 내용 측면을 보면 상황이 그리 밝지만은 않다. 일반인이 올린 불법 동영상은 이미 각종 온라인 성인 사이트를 장악했다. 해외 포르노물이나 불법 몰카물은 합법적인 성인 콘텐츠와 달리 무료인 데다 공식적 심의도 받지 않은 자극적이고 엽기적인 내용으로 가득 차 있다. 온라인에서는 강도 높은 불법 콘텐츠가 합법적인 콘텐츠를 몰아내는 악순환이 계속되었다.

1. 새로운 에로 비즈니스 모델의 등장

1) 케이블 TV와 위성 방송을 통한 보급

케이블 TV는 국내에 도입된 지 20년이 넘었지만 최근 어느 때보다 더 어려운 시절을 보냈다. 다양한 미디어의 등장으로 시장 경쟁은 훨씬 치열해졌다. 이 때문에 이들은 그간 눈여겨보지 않던 에로물에 눈을 돌렸다. 케이블과 성인물의 조합은 이미 오래전 미국 VCR 산업에서 선례가 있다. 미국에서는 VCR이라는 새 미디어가 보편화하면서 섹스 비디오가 가장 먼저 혜택을 누렸다. 이용자들은 VCR 덕분에 성인 전용 영화관까지 갈 것 없이 비디오테이프를 집에서 편히 감상할 수 있게 된 것이다. 다만 VCR 역시 약점은 있었다. 비디오 가게에서 비디오테이프를 빌리거나 돌려주는 일이 성가셨다. 가게 주인은 그렇다 치더라도 주변 사람 시선도 신경 쓰였다. 케이블 TV는 가입만 하고 나면 남 눈치를 보지 않아도 되니 성인물을 이용하는 데 최적의 미디어였다. 미국의 케이블 TV가 급속하게 발전하게 된 과정에는 이처럼 성인 영화가 중요한 역할을 수행했다.[350]

미국의 사례는 한국에서도 그대로 적용된다. 1995년 3월 케이블 방송은 다채널 시대를 이끌어갈 주역이라는 평가를 받으면서 31개 채널로 요란하게 개국했다. 하지만 애초의 장밋빛 전망과 달리 얼마 지나지 않아 IMF 구제 금융 체제라는 대형 악재가 터졌다. 개국 초기부터 적자에 시달리게 되자, 채널마다 가입자 수를 늘리려고 온갖 방법을 다 동원했다. 상당수의 채널은 심야 시간에 성인물을 대폭 편성하는 방안으로 시청자를 끌어들였다.

DCN(대우시네마네트워크)과 캐치원Catch One 등의 영화 전문 채널에서는 성인 시청자를 겨냥해 에로물을 확대 편성하였다. 캐치원은 1998년 4월 '캐치원 에로티카'라는 에로 영화 코너를 매주 금요일 밤 자정 시간대에 신설했다. 이러한 편성으로 캐치원은 종합유선방송위원회의 제제를 받았지만,[351] 개의치 않고 더 공격적으로 에로 영화 특집을 늘렸다. DCN 역시 매주 금요일 밤 '나이트무비' 코너에서 18세 이상 대상의 성인 영화를 상영했고, 오락 전문 채널(HBS), 드라마 채널(드라마넷)도 '야한 경쟁'에 속속 가세했다.[352]

1999년 캐치원과 DCN은 IMF 경제 위기 이후의 기업 구조 조정 과정에서 동양그룹 산하의 온미디어에 인수 · 합병되어 각각 캐치온과 OCN으로 채널명을 바꾸었다. 하지만 이전과 마찬가지로 캐치온

그림 7-1 OCN에서 처음 제작한 성인 콘텐츠 〈동상이몽〉.

이나 OCN 역시 고정 시청자를 끌어 모으려고 선정적 에로물을 다수 편성했다. 캐치온은 2002년 2월부터 매일 저녁 11시부터 새벽 5시까지 심야 시간에 '에로틱 아일랜드'를 신설했고, OCN은 목요일과 금요일 밤 12시에 '핫 존'이라는 이름으로 성인 영화 블록을 편성했다.

특히 OCN은 단순히 기존 영화와 해외 드라마 위주로 편성하는 방식에서 탈피해 2004년부터는 자체 제작 콘텐츠를 선보였다. OCN에서 가장 먼저 제작한 성인 콘텐츠가 봉만대 감독의 〈동상이몽〉이다. 〈동상이몽〉은 5개의 옴니버스 형태로 구성된 에로물인데, OCN이 총 15억의 제작비를 투입할 정도로 심혈을 기울였다. 특히 당시로서는 파격적인 노출신으로 뜨거운 관심을 끌었다. 〈동상이몽〉은 금요일 심야 시간에 방송된 후 동시간대 시청률 1위를 차지하는 실적을 올려, 케이블 영화 채널의 살길을 마련하는 데 크게 기여했다고 한다.[353]

〈동상이몽〉이 성공한 이후 OCN은 한동안 〈가족연애사〉(2005), 〈메디컬기방 영화관〉(2007), 〈에로틱 판타지 천일야화〉(2007) 같은 성인물 제작에 주력했다. 이 영화들은 모두 자극적인 소재와 파격적인 노출로 성인물 시청자를 겨냥했다. 〈가족연애사〉는 "장성한 세 딸을 둔 한 중년 가정의 사랑과 결혼관, 성 욕망을 코믹하면서도 솔직하게" 화면에 담았다. 〈메디컬기방 영화관〉은 조선 숙종대를 시대 배경으로 삼아 "한양 기방인 영화관의 은밀하고도 화려한 기생 이야기"를 다룬 사극이었다.[354] 〈에로틱 판타지 천일야화〉는 에로틱하고 환상적인 경험담을 옴니버스 형식으로 화면에 담은 8부작 TV 영화다.

2002년 3월 위성 방송 스카이라이프SkyLife가 개국하면서 에로 비디오 업계는 더욱 활력을 찾았다. 스카이라이프의 심야 성인 채널인 스파이스 TV와 미드나잇 채널은 매일 오후 11시부터 새벽 5시까지 에로물을 너덧 편 이상 방영하였다. 미국 플레이보이TV와 프로그램 독점 공급 계약을 체결한 스파이스TV는 국내외 성인 영화와 드라마, 시트콤을 방영했다. 미드나잇채널 역시 유럽, 동남아, 라틴아메리카 등지의 성인 영화를 편성하고 국내 성인 에로 영화도 연간 12편 정도 자체 제작해서 방영했다.[355] 특히 스파이스TV는 2002년 9월 〈보디 오브 재즈〉라는 성인 미스터리 에로물을 필두로 방송용 성인 영화를 매달 두 편씩 자체 제작해 내보냈다. 이 채널은 국내 독립 제작사를 선정해 기존의 16mm 비디오용 에로물과 차별화되는 고품질 성인 영화를 제작한다는 전략을 세웠다. 이에 따라 일반 비디오용 에로 영화 제작비의 4배가 넘는 8000여 만 원을 제작비로 투자했다.[356]

스파이스TV의 제작 방침에 따라 에로 비디오 제작사인 클릭엔터테인먼트와 유호프로덕션은 스카이라이프와 계약을 맺고 에로물을 공급했다. 특히 2004년 스카이라이프에서 방영한 에로물은 대부분 클릭엔터테인먼트가 제작했다. 이 제작사의 간판 에로 배우인 하소연이 주연을 맡은 〈하소연의 섹스파일〉, 〈하소연의 에로서브웨이〉, 〈은빛,

하소연 테마오브러브〉, 〈하소연의 명작동화〉 등의 에로 영화는 새벽 시간대를 거의 독식하다시피 했다. 이 프로그램들은 내용과 소재에서도 새로운 시도를 했다. 일례로 〈하소연의 명작동화〉는 《콩쥐팥쥐》나 《신데렐라》 등 국내외 고전 동화를 에로물로 각색한 것이다. 유호프로덕션도 2004년 스카이라이프와 비디오 공급 계약을 맺고 국내뿐 아니라 일본 현지에서 제작한 비디오와 AV 박람회, 자사 에로 배우의 취중 나체 토크 따위의 이색 영상물도 제공했다.[357]

유통 플랫폼 변화로 비디오 대여점 시장이 급격히 위축되자 제작사들은 이처럼 위성 방송이나 케이블 방송으로 눈을 돌려 생존을 모색했다. 케이블과 위성 TV용 에로 영화를 공급하는 업체 관계자에 따르면 시간대별로 편차는 있지만 흥행에 성공할 경우 대개 편당 2000만~3000만 원 정도 수익을 올렸다고 한다. 케이블과 위성 TV 출범이 그나마 에로 영화가 명맥을 이을 수 있는 틈새시장을 제공한 셈이다.[358]

이렇듯 케이블 TV가 심야 시간대 성인 시장 공략에 적극적으로 나서자, 시민 단체나 시청자 단체를 중심으로 비난의 목소리도 커졌다. 유료 성인 영화 채널인 스파이스TV, 미드나잇채널, 캐치온플러스가 표적이 되었으며, 특히 낮시간대의 성인물 방송에 비판이 집중되었다. 스파이스TV는 2003년 11월 1일 오전 8시부터 오후 4시 사이의 낮 시간에까지 성인용 프로그램을 확대 편성했다. 위성 방송인 스카이라이프는 외부의 비판을 의식해 낮 방송을 자제하다가 11월 18일부터 슬그머니 송출을 시작했다. 이처럼 성인 영화의 낮 방송으로 국내 유료 TV에 저질 문화가 확산하고, 청소년에게 유해한 환경이 조성될 것이라고 시민단체들은 우려했다.[359]

이에 심의 기관인 방송위원회(현 방송통신위원회)가 단속에 나섰다. 하지만 방송위원회의 제재 조치가 고작 시청자 사과, 관계자 징계 정도에 그친 터라 업계에서는 이 제재를 '종이호랑이'처럼 여기고 무시했다. 심의 제도 자체의 문제점도 있었다. 2001년 2월 방송위원회의 방송 프로그램 등급 분류 제도에 따라 사후 심의를 조건으로 업체가 프로그램 등급•을 자율적으로 정하도록 내용 규제가 완화되었다. 업자들은 형식적으로 화면에 등급만 표시한 후 농도 짙은 키스신은 물론이고 심지어 납치와 성폭행 등 비윤리적 음란물도 마구 편성했다. 자율 규제가 유명무실해진 것이다. 이처럼 업계의 자발적 협조가 제대로 이루어지지 않을 경우 청소년층이 유해한 성인 방송에 손쉽게 노출될 수 있다는 문제점이 드러났다.[360]

이 때문에 방송위원회는 강력한 규제 의지를 표명하기 위해, 2003년 2월 심의 제도의 허점을 악용한 위성 방송 성인 채널 미드나잇채널을 방송법 위반 혐의로 검찰에 고발했다. 이 채널은 방송 중지 명령을 받은 프로그램을 일부 장면만 삭제한 뒤 제목만 고쳐 방송해 물의를 일으켰다. 방송위원회가 지상파 TV와 위성 · 케이블을 통틀어 방송 사업자를 검찰에 고발한 사례는 이때가 처음이었다.[361]

2) IPTV, 에로 업계 부활의 시발점

초고속 인터넷망을 이용해 양방향 텔레비전 서비스를 제공하는 IPTV는 에로 업계 부활의 또 다른 계기를 마련해 주었다. 2009년 1월 1일

• 등급은 '모든 연령 시청가'와 '7세 · 12세 · 15세 · 19세 이상 시청가'로 각각 분류돼 있다.

SK브로드밴드와 LG데이콤의 IPTV가 본격적으로 상용 서비스를 시작하면서 IPTV 시대가 막을 열었다. IPTV는 초고속 인터넷과 TV 방송을 겸용한 주문형(VOD: video-on-demand) 방송 · 통신 융합 서비스로, 이용자는 원하는 방송 콘텐츠를 자유롭게 선택해 시청할 수 있다. IPTV의 최대 장점은 시청자가 시간에 구애 받지 않고 다양한 방송 콘텐츠를 선택해 시청할 수 있다는 점이다.[362] IPTV의 장점을 제대로 구현하려면 시청자가 마음껏 고를 수 있도록 다양한 동영상 콘텐츠를 확보해야 했다. 물론 이 콘텐츠에는 성인용 에로물도 포함되었다.

IPTV 서비스가 본격화하자, 그동안 사실상 폐업 상태이던 에로 비디오 제작사도 하나둘 제작을 재개했다. 2000년대 들어와 디지털 다운로드가 활성화하면서 비디오 대여 시장은 몰락했지만, 이전의 극장과 대여점을 대체하는 새 플랫폼이 등장해 에로 업계의 숨통이 트였다.[363] 영화계 관계자에 따르면, '19금 영화'는 극장보다 TV에서 더 인기가 있어 극장 개봉 직후 곧 바로 인터넷 TV로 직행하는 형태가 더 일반적이다. 에로물은 대개 '개봉 프리미엄'을 노리고 극장에서 잠깐 개봉한 후 사실상 극장 매출은 포기하고 IPTV 시장에 집중하는 전략을 구사한다. 그래서 19금 영화는 극장보다 인터넷 다운로드나 IPTV에서 얻는 매출의 비중이 훨씬 더 크다.[364]

영화진흥위원회가 2013년 5월 발표한 자료에 따르면, 유료 VOD 영화의 주 이용자층은 IPTV에 가입한 30, 40대 기혼자로서 안정된 소득원이 있고, 영화에 관심이 많은 계층이다. 유료 VOD 이용자는 대개 스토리가 재미있고, 극장 흥행에 성공했고, 추천인이 많으며, 성인 취향의 콘텐츠를 선호한다. 이런 이유 때문에 성인 영화 제작자는 굳이 극장 상영에서 승부를 보려고 안간힘을 쓰지 않고 유료 VOD 시

장 같은 부가 판권 시장에서 수익을 기대한다.[365]

가령 2010년 개봉한 〈방자전〉은 IPTV에서만 40만 건에 가까운 다운로드 수를 기록하며 9억 원의 매출을 올렸다. 〈완벽한 파트너〉(2011)는 극장 흥행에는 실패했지만, IPTV 방영으로 극장 수입의 3~4배 가량을 더 벌어들여 손실을 면했다. 〈후궁: 제왕의 첩〉(2012) 역시 IPTV에서 성공한 대표적인 사례다. 이 영화는 극장 동원 관객수가 236만 명으로 그해 한국 영화 박스오피스 10위권에도 들지 못했다. 하지만 IPTV에서는 다운로드 수 151만 건을 기록해 그해 온라인 상영관 한국 영화 전체 박스오피스 1위를 차지했다. 과거 비디오 대여 시장에서 에로 영화의 점유율이 압도적이던 것처럼 디지털 온라인 시장에서도 성인 영화의 수요 기반은 탄탄하게 존재한다는 사실을 알 수 있다.[366]

IPTV에서 에로 영화는 저예산 상업 영화의 대표 장르로 자리 잡았다. 이제 에로 영화는 극장 흥행보다 IPTV나 주문형 케이블 비디오를 염두에 두고 제작된다. 저예산 에로 영화 돌풍은 2013년 개봉작인 〈전망 좋은 집〉에서 시작되었다. 〈전망 좋은 집〉은 공인중개소에서 근무하는 두 여자 이야기를 담은 영화다. 이 영화는 부담없이 즐기려고 남자 고객을 만나는 '아라'와 남자들의 노골적인 시선을 꺼리는 '미연'이라는 상반되는 성 가치관을 지닌 두 여자가 벌이는 에피소드를 그렸다. 이 영화는 곽현화와 하나경의 노출로 화제를 모았지만 관객 동원 1500여 명이라는 처참한 성적으로 개봉 1주일 만에 극장 간판을 내렸다. 반면에 IPTV에서 벌어들인 부가 판권 수익은 10억 원대에 달했다. 〈전망 좋은 집〉은 2013년 1월 3일 웹하드 송사리Songsari에서 1일 영화 다운로드 순위 1위를 차지해 화제를 일으켰다. 또한

2013년 IPTV와 케이블 TV의 영화 VOD 이용 건수 15만 7037건을 기록해 전체 영화 중 60위로, 그해 IPTV · 케이블 TV에 상영된 저예산 에로 영화 중 유일하게 100위 안에도 진입했다.[367] 〈전망 좋은 집〉은 이후 시리즈로 2편(2015)과 3편(2016)으로 만들어졌고, 아류작으로 〈전망 좋은 방〉(2012), 〈전망 좋은 해변〉(2012), 〈전망 좋은 차〉(2012), 〈전망 좋은 하우스〉(2013) 등이 잇달아 제작되었다.

2014년에는 저예산 에로 영화가 더욱 눈에 띄게 약진했다. 〈맛 무삭제판〉이 2014년 한 해에만 이용 건수 19만 5688건을 기록하며 전체 순위 38위에 올랐고, 〈화려한 외출 감독판〉도 12만 5091건을 기록하며 69위를 차지했다. 또한 이 시기에는 〈젊은 엄마〉 시리즈가 안방극장에서 흥행몰이를 시작했다.[368] 공자관 감독이 연출한 〈젊은 엄마〉는 '에로 영화의 부활 가능성'을 보여 줬다고 할 정도로 주목을 받았다. 〈젊은 엄마〉는 전처의 어머니와 철없는 전 사위의 사랑이라는 파격적 소재를 다루어 시청자의 관심을 끌었다. 이 영화는 2013년 출시 후 온라인 상영관에서 5위권에 이름을 올렸다.

후속작인 〈젊은 엄마 2〉는 대학 졸업을 앞두고 역할 대행 서비스를 하다 상대 여성의 엄마에게 이끌리게 된다는 설정으로 되어 있다. 이 영화 역시 2014년 10월 IPTV와 디지털 케이블 TV VOD 이용 순위에서 10위에 올랐다.[369] 이후 〈젊은 엄마〉 시리즈는 감독을 바꿔 가며 4편까지 만들어졌고, 〈젊은 엄마: 내 나이가 어때서〉(2015), 〈젊은 엄마: 디 오리지널〉(2016) 등의 후속작도 나왔다. 과거 〈젖소부인 바람났네〉가 비디오 대여 시장에서 흥행에 크게 성공하자 〈만두부인 속터졌네〉, 〈쉬리부인 쏘가리 만났네〉, 〈연필부인 흑심 품었네〉 같은 아류작이 줄을 이은 것과 유사한 패턴이 반복되었다. 특히 〈젊은 엄마: 내

그림 7-2 에로 영화의 부활 가능성을 보여 준 〈젊은 엄마〉.

나이가 어때서〉에는 최근까지도 주류 상업 영화 시장에서 활약하던 배우 채민서(〈가발〉, 〈채식주의자〉에 출연)와 동방우(명계남의 예명)가 출연해 화제가 되었다.[370]

〈젊은 엄마〉 시리즈의 성공을 계기로 비디오 산업 몰락 이후 쪼그라든 한국 성인 영화 시장엔 다시 불이 붙었다. 이후 〈엄마 친구〉, 〈젊은 처제〉, 〈착한 처제〉처럼 가족이나 친인척 호칭을 제목에 갖다 붙인 온갖 근친물 아류작이 쏟아졌다. '엄마' 시리즈로는 〈친구 엄마〉(2015), 〈내 학생의 엄마〉(2016), 〈내 여자의 엄마〉(2016), 〈러시아 엄마〉(2016), 〈일본 엄마〉(2016) 등이 줄을 이었다. '친구' 시리즈로는 〈엄마 친구〉(2015), 〈아빠 친구〉(2016), 〈누나 친구〉(2016), 〈친구 누나〉(2016) 등 비슷한 제목의 영화가 연쇄적으로 출시되었다.

이처럼 저예산 에로 영화가 전반적으로 흥행에 성공을 거두자 '에로 영화의 부활' 가능성을 점치는 견해도 슬슬 고개를 내밀었다. 반면 에로 영화의 전망이 여전히 밝지 않다는 업계 목소리도 존재했다. 에로 업계 출신인 어느 감독은 한국 에로물의 미래가 불투명하다고 판단한 근거로 다음 세 가지를 들었다.

첫째, 현재 에로물 제작이 거의 제작자 생계 유지 수단으로 변질하는 바람에 발전 가능성이 매우 낮아졌다는 것이다. 특히 2000년대 초반 이후에는 에로 영화가 아무나 찍는 '야동' 수준으로 전락하면서 전문성을 갖춘 감독이 줄어들었다. 심지어 6mm 카메라 1대에 촬영 기간 5시간, 제작비 단돈 300만 원으로 제작한 영화라도 본전은 건지는 실정이기 때문에, 제작에 대한 열정도 없이 단지 돈벌이 목적으로 에로 영화를 제작하는 사례가 잦아졌다. 이러한 상황은 당연히 에로 영화의 질적인 하락을 초래했다. 앞서 언급한 감독은 "에로영화 감독 스스로에게 에로영화는 영혼을 담은 작품이 못된다. 이들은 부끄러워서라도 실명으로 나올 의지가 거의 없을 것"이라며 자신도 직업적 수치심 때문에 익명으로 인터뷰한다고 고백했다.[371]

이처럼 에로 영화가 너도나도 손쉬운 돈벌이 대상으로 여기고 달려드는 장르로 바뀌었지만, 정작 제작자에게 성공의 가능성은 높지 않았다. 혹여 영화가 흥행에 성공한다고 해도 감독을 비롯한 연출진에게 돌아오는 수익은 많지 않았다. IPTV 에로 영화의 성공작으로 꼽히는 〈젊은 엄마〉가 대표적인 사례다. 이 영화가 흥행에 대성공을 거둔 덕분에 제작사인 골든타이드픽처스는 6000만 원대의 제작비로 20억 원의 큰 수익을 냈다. 반면에 정작 연출자인 공자관 감독은 고작 4000만 원을 받는 데 그쳤다.[372] 에로 업계에서는 거의 흥행의 보증수표로 통하는 감독조차도 원천적으로 큰돈을 벌 수 없는 구조라는 뜻이다. 사정이 이렇다 보니 전문성을 갖추고 업계에서 오래 종사할 감독을 찾기가 어렵다는 점은 에로 영화계의 성장 가능성을 어둡게 보게 한다.

둘째, 좋은 콘텐츠 제작에는 사람이 중요한데, 수준을 갖춘 배우 캐스팅이 어렵다는 점도 에로 장르의 전망을 비관적으로 보게 하는 요인이다. 1990년대 중반만 해도 에로 배우들은 상대적으로 영화에 애정이 높았고, 스타성과 연기력을 겸비한 인물도 있었다. 하지만 지금은 스타성을 지닌 배우는 거의 에로 영화를 기피한다. 에로를 전문으로 하는 무명 배우는 남녀 통틀어 40명 안팎에 불과해 캐스팅에서 선택 범위가 좁다. 더구나 대다수의 무명 배우는 감정, 발음 등 연기의 기본기도 제대로 갖추지 못해 신작 캐스팅에서 활용할 만한 인재도 많지 않다. 이러한 실정 때문에 에로물 제작자는 늘 심각한 구인난을 겪는다고 했다.[373] 공자관 감독은 에로 영화 제작에 가장 힘든 점을 '캐스팅'이라면서 이렇게 한탄했다. "워낙 배우가 적다. 기존 배우로 가면 쉽지만, 새로운 배우를 찾기가 너무 어렵다. 에로 영화 출연하면 배우 인생이 끝난 거라고 보는 이들이 많다. 여자 배우나 남자 배우나 마찬가지다"라면서 어려움을 호소했다.[374]

사실 연기자 입장에서 보면 에로 업계는 배우에게 근본적으로 불리하게 되어 있어 그다지 매력적인 곳이 못 된다. 2013년 저예산 에로물 돌풍을 일으킨 〈전망 좋은 집〉은 당시 미녀 개그우먼으로 유명세를 탄 곽현화의 출연 사실로도 화제가 됐다. 언론 인터뷰에서 곽현화는 개그우먼에서 연기자로 거듭나고 싶어 영화에 출연했다고 포부를 밝혔다.[375] 그러나 파격적인 노출이 강조된 영화임이 알려지면서 그녀의 연기보다는 노출 여부에 관심이 더 집중되었다. 이 덕분에 〈전망 좋은 집〉은 개봉 직후 각종 영화 웹하드 사이트에서 상위권에 이름을 올렸다.[376] 영화는 성공했지만 정작 곽현화는 배우로서의 명성도 얻지 못한 채 4년째 법정 공방에만 매달려 있다. 곽현화의 주장에 따르면, 배우 본인의 동의 없이 '감독판'이라는 미명하에 상반신 노출신이 포함된 '무삭제 버전'을 감독이 무단 배포했기 때문이다. 에로물 출연은 곽현화 자신에게도 불리하게 작용했다. 연기자로 인정받고 싶다는 애초 바람과는 달리 이후 그녀가 출연한 영화는 에로 코미디 장르인 〈아티스트 봉만대〉 1편에 불과했다.[377] 이 사례는 에로물에 출연하는 여배우는 '노출'과 '섹시'로 이미지가 한정되어 배우로 경력을 이어 가기 어렵다는 점을 잘 보여 준다.

셋째, 현재의 에로 영화 제작 방식이 이용자의 취향 변화를 따라잡지 못하고 낙후된 것도 문제로 지적된다. 에로 영화를 연간 10편 이상 제작 · 배급 · 수입하는 KRCG사의 한 관계자는 "야동이 인터넷에서 쉽게 접하는 콘텐츠가 되면서 에로영화 실수요자들의 입맛이 변했다"라고 진단했다. 그는 "에로영화도 시대에 맞춰 자극적인 소재, 배우들의 과감한 신체노출을 담을 필요가 있다"라며 에로 영화 제작자의 적극적인 변신 노력도 필요하다고 밝혔다. 하지만 현실적으로는 정부 심의에 이어 발주 기업의 요구 사항까지 맞추느라 제작자가 '소신'을 발휘하기는 원천적으로 불가능하다는 변명도 이어졌다. 이 업계 관계자는 "영화진흥위원회의 심의를 통과하더라도 IPTV나 포털에서 별도의 기준을 두고 있어 우리는 이중 기준에 맞춰 제작하고 있다. [미디어 사들이] 개방적인 편이 아니니까 에로영화가 발전하려고 해도 길이 막혀있는 것"이라며 제작에서 새로운 시도가 어렵다고 한탄했다.[378]

이와 같은 수많은 한계에도 불구하고 IPTV가 열어준 새로운 시장은 점차 자본과 사람을 업계로 불러 모았다. 과학기술정보통신부 자료에 따르면, 지난 2013년부터 2017년 6월까지 IPTV 3사가 기록한 성인 VOD 판매 건수는 2778만 9000건, 매출은 597억 2100만 원에 달했다.[379] 이처럼 성인 콘텐츠가 IPTV 서비스 초기부터 꾸준하게 인기를 얻자 한동안 에로 업계를 떠났던 감독들도 속속 메가폰을 다시 잡았다. 박선욱 감독이 〈바캉스〉(2013), 〈옆집소녀〉(2016), 〈처제의 유혹〉(2017) 등으로 제작 활동을 재개했고, 이강림 감독도 〈안해〉(2017)로 복귀하였다. 이들 외에도 경석호(〈맛〉(2013), 〈유부녀들〉(2015) 등 연출), 정대만(〈동창회의 목적〉(2015), 〈내 이웃의 아내〉(2016) 등 연출) 등이 IPTV 성인 영화를 꾸준히 연출하고 있다.

또한 일부 감독의 비관적 전망과 달리 에로 업계에도 새로운 인력이 몰려들고 있다. 〈전망 좋은 집〉(2013)이 작품성이나 완성도는 차치하고 마케팅 성공 사례로 회자되면서, 에로 업계는 이슈를 만들어 낼 만한 비중 있는 여배우를 하나둘씩 끌어들이기 시작했다. 에로 영화 출연이 배우 지명도를 높이는 데는 효과적이라는 사실이 입증되었기 때문이다. 〈전망 좋은 집〉의 하나경이 한 영화제 레드카펫 행사에서 노출이 과한 의상을 입고 넘어진 것이 언론에 뜨거운 관심을 받게 된 일이 대표적인 사례다. 〈전망 좋은 집〉의 성공 이후 걸그룹 출신 배우나 레이싱 모델, 아역 배우 출신이 하나둘씩 에로 영화에 출연하면서 연기자 충원에 새로운 경로가 형성되었다. 인지도를 높이려는 신인 배우가 에로 영화 출연을 활용하는 사례가 생긴 것이다.

에로 업계 입장에서도 걸그룹 출신을 홍보에 활용할 수 있다는 이점이 있다. 2014년에 개봉한 〈바리새인〉이 대표적인 사례다. 이 영화는 달샤벳 출신 비키가 출연했다는 소식이 알려지면서 각종 포털 사이트에서 실시간 검색어 1위를 기록했다. 이 뉴스 덕분에 개봉작은 에로 영화로서는 드물게 단숨에 인지도가 상승하는 효과를 누렸다.[380]

레이싱 모델 출신도 배우로서 인지도를 쌓으려고 에로 영화에 출연하는 사례가 점차 늘고 있다. 레이싱 모델 출신으로 〈동창회의 목적〉(2015)에 출연한 김유연이나 〈공즉시색〉(2015)에 출연한 박초현 등이 대표적이다.

3) IPTV 에로 시대를 열다: 공자관 감독의 사례

2013년 극장과 IPTV에서 개봉한 〈젊은 엄마〉는 업계에서 돌풍을 일으키며 한국 에로물의 역사에서 한 획을 그었다. 비디오 산업의 몰락 이후 존재감을 상실한 에로물 시장은 이 영화로 활력을 찾았다. 〈젊은 엄마〉를 연출한 공자관 감독은 별다른 스토리 없이 정사신만 난무하던 '모텔용' 에로물에 영상미와 스토리를 가미해 완성도를 높였고, 흥행에도 성공했다.[381]

대학에서 연극 영화를 전공한 공자관은 재학 중인 2001년 에로 영화 전문 제작사 클릭엔터테인먼트에 입사하면서 영화계에 발을 들여놓았다. 당시 충무로에서는 감독 '입봉'을 하려면 연출부 막내로 들어가 10년가량 밑바닥에서 궂은 일로 경력을 쌓아야 했다. 그는 충무로의 이러한 도제 시스템에 거부감을 가지고 있었다. 그러던 차 우연히 봉만대의 〈이천년〉과 이필립의 〈쏘빠때 2〉를 보고 '이런 영화를 연출할 수 있다면 에로 영화계도 괜찮을 것 같다'는 생각을 갖게 되었다. 그는 클릭엔터테인먼트에 들어가 곧바로 이필립 감독에게 제작 일을 배웠다. 1년가량 조감독 생활을 하다 2002년 7월 〈위험한 연극〉으로 감독으로 데뷔했다. 이후 〈야망〉(2002), 〈만덕이의 보물상자〉(2002), 〈깃발을 꽂으며〉(2003), 〈로또걸〉(2003), 〈이태원 버스〉(2003),

그림 7-3 공자관 감독의 자전적인 이야기를 그린 충무로 진출작 〈색화동〉.

〈에로 서브웨이〉(2003) 등을 연출했다.[382]

공자관은 클릭엔터테인먼트 소속 감독으로 십여 편의 에로용 비디오를 제작해 편당 3000~4000장 정도 판매 실적을 냈다. 이는 당시 업계 기준으로는 평균치를 넘는 무난한 실적이었다. 하지만 그가 클릭엔터테인먼트에 입사할 무렵에는 편당 1만 장씩 팔렸다고 하니 매출이 반 토막이 난 셈이다. 그가 활동하던 2002~2003년은 에로 비디오 업계가 점차 몰락하던 시기여서 일거리가 없어 고전했다. 결국 2003년 10월 퇴사해 프리랜서로 각종 성인 콘텐츠 제작 일을 시작했다. 외주 제작사에서 케이블 채널에 납품하는 범죄 재현 프로그램을 만들었고, 〈아바타〉 이후 3D 붐이 일었을 때는 3D 성인 영상을, 게임 산업이 한창일 때는 성인 게임용 실사 영상을 찍었다.[383]

공자관은 2007년 청년필름과 클릭엔터테인먼트가 공동 제작한 코믹 에로물 〈색화동〉을 연출하면서 충무로 진출을 꿈꾸었다. 〈색화동〉은 에로 비디오 영화 제작에 뛰어든 영화 감독 지망생 이야기를 그린 자전적인 영화다. 개봉 전인 2006년 12월 국내 에로 영화로는 처음으로 서울독립영화제에 초청됐고, 전국 7개 개봉관에서 스크린 상영도 했다. 그에게는 본격적인 충무로 진출이었다. 하지만 이 영화 데뷔작이 흥행에 실패하자 스마트폰 성인 게임이나 성인 영화를 만드는 이전 생활로 되돌아갔다.[384]

2013년은 공자관이 재기의 발판을 마련한 해였다. 인터넷 게시판에 올라온 이른바 '야설'을 보고 각색해 연출한 〈젊은 엄마〉는 개봉과 동시에 IPTV, 케이블 TV, 인터넷 VOD 다운로드 순위 상위권에 올랐다. 영화 관련 게시글이 SNS와 인터넷을 달구었으며 "19금 IPTV 영화계에 한 획을 그었다"는 호평도 이어졌다.[385] 흥행에도 성공해 그 해 수많은 상업 영화를 제치고 포털 사이트 네이버 영화에서 가장 많은 다운로드를 기록했다.[386]

〈젊은 엄마〉의 설정은 다소 파격적이다. 주인공 노진구는 대학교 2학년 때 신입생 현아와 즉흥적 관계를 갖는데 현아가 임신을 하는 바람에, 애까지 딸린 이른 결혼을 하게 된다. '젊은 아빠' 진구는 넓은 전원주택에서 아내와 아기 그리고 장모인 주희와 살아간다. 겉으로만 보면 행복한 가족의 일원처럼 보이지만, 진구는 늘 불안하다. 출산 후 밤마다 클럽을 전전하던 현아는 결국 집을 나가더니 외국에서 이혼 요구 서류를 보내온다. 장모라곤 하지만 40대 초반의 젊고 매력적인 주희와 사위의 관계가 이 과정에서 팽팽한 긴장감을 준다. 주희가 대저택과 대형 레스토랑을 소유한 부자인 반면, 진구는 데릴사위로 주희 밑에서 레스토랑 점장으로 일하는 초라한 위치에 있다. 섹스신 일변도인 일반 에로 영화와 달리, 〈젊은 엄마〉는 이러한 경제적 권력 관계와 성적 긴장, 가족의 유대감이 결합된 구조에서 전개되어 독특한

그림 7-4 공자관 감독의 재기작인 〈친구 엄마〉.

분위기를 자아낸다. 이 영화는 내러티브 구조에서 1980년대 에로 사극의 '주인 마님-돌쇠' 구도를 현대적으로 각색해 재현했다고 평론가 김형석은 평가했다.[387]

〈젊은 엄마〉가 흥행에 성공한 후, 공자관은 〈허풍〉(2013)과 〈뽕 2014〉(2014) 등의 후속작을 내놓았다. 〈허풍〉은 40대 초중반 남성 4명의 음담패설과 성 판타지를 엮어 대한민국 중년 남성의 자화상을 희화화한 작품으로 부천판타스틱영화제에서도 상영되었다. 〈뽕 2014〉는 이두용 감독의 〈뽕〉(1985)을 원작으로 우크라이나 여성을 여주인공으로 등장시켜 리메이크한 영화다. 2015년에는 밀크픽처스를 설립하고 첫 작품으로 〈친구 엄마〉(2015)를 제작했다.

〈친구 엄마〉는 2013년 이른바 '엄마' 영화 열풍을 일으킨 〈젊은 엄마〉의 시리즈물이다. 이 영화는 '야동'을 통해서만 여자와 성을 아는 순진한 대학생 경수가 짝사랑하던 여자 선배에게 퇴짜를 맞고, 친구 집으로 여행을 떠났다가 친구 엄마와 파격적인 로맨스를 벌인다는 내용이다.[388] 공자관은 이 영화를 '베드신이 있는 사랑 이야기'로 소개하면서, 에로 영화의 전통적인 공식을 깨뜨린 영상물을 선보였다. 지금까지 에로 비디오에서는 영화 시작 10분 안에 베드신이 나와야 하고 베드신이 최소 7~8번은 들어가야 한다는 공식이 불문율처럼 통했다. 하지만 〈친구 엄마〉에서는 영화가 시작한 지 50분이 지나서야 베드신이 나오는 모험을 택했다. 이 영화는 베드신에 치중하던 클릭엔터테인먼트 시절의 스타일을 벗어나 단순히 눈요기뿐 아니라 스토리와 대사 등 완성도를 갖춘 에로 영화를 지향했다는 평가를 받았다.[389]

2. 시청 미디어 진화와 에로물의 미래

1) 확대되는 모바일 시장

2000년대 초반 비디오 대여 시장이 무너지는 혼란기에 에로 업계는 새로운 돌파구를 찾으려 안간힘을 썼다. 휴대전화 단말기가 급속하게 보급되는 추세를 지켜보면서 업계는 모바일 시장에서 미래의 가능성을 읽었다. 무선 인터넷 속도가 점점 빨라져 휴대전화로도 쉽게 동영상을 시청할 수 있었기 때문이다. 가격 경쟁이 치열한 시장에서 이동통신 업체 역시 부가 수익을 창출해 줄 다양한 콘텐츠가 절실했다. 그중 성인물은 수익성이 확실한 콘텐츠 공급원으로 모바일 시장을 빠른 속도로 파고들었다. 성인용 콘텐츠 업체는 SK텔레콤, KTF, LG텔레콤 등의 이동 통신 업체와 제휴를 맺고 성인 동영상과 사진 서비스를 시작했다.[390] 휴대전화용 성인물은 기존 콘텐츠를 무선 플랫폼에 맞게 전환하기만 하면 되니 기술적으로 조달하기 쉬운 콘텐츠였다. 외부 조달이 쉬우니 많은 인력도 필요하지 않고, 저작권 문제도 복잡하지 않아 '돈 벌기 좋은' 사업 항목으로 꼽혔다.[391]

그 후 무선 인터넷망이 개방되고 이동통신사가 아니더라도 휴대전화를 통해 무선 포털 서비스를 제공할 여건이 갖추어지자 성인 콘텐츠 업체까지 모바일 사업에 뛰어들었다.[392] 성인 콘텐츠 제공업자는 SK텔레콤이나 KTF에 인기 연예인 누드 사진이나 성인 비디오를 제공해 큰 수익을 올렸다. 2003년 4월 무렵 성인 콘텐츠 제공업자는 정보 이용료 매출로 이미 월 1억 원 이상을 기록했다. 성인물 콘텐츠 사업이 호황기를 맞은 것이다.[393] SKT의 '준,' KTF의 '핌' 등의 멀티미디어폰 콘텐츠 이용 순위에서 성인 콘텐츠는 벨소리 다운로드와 컬러링에 이어 3위를 차지했고, 매출액도 갈수록 빠르게 늘어났다. 성인 콘텐츠는 성인 시트콤, 섹시 스크린, 모바일 전용 성인 영화, 누드 갤러리, 성인 애니메이션 등의 다양한 장르로 확대되면서 콘텐츠 시장에서 킬러 콘텐츠로 확고하게 자리 잡았다. 바야흐로 에로 비디오 시대는 지고 '에로 IT'가 뜬다는 진단이 나올 정도로 업계의 미래는 밝아 보였다.[394]

TV나 인터넷에 비해 작은 화면에 화질도 나쁘고 상영 시간마저 짧은 모바일 성인물이 이처럼 인기를 끈 이유로는 크게 두 가지를 꼽는다. 첫째는 '익명성,' 즉 야한 영상을 혼자 몰래 볼 수 있다는 점이다. 남 눈치 보면서 비디오 대여점의 에로물 코너를 기웃거리지 않아도 되고, PC와 달리 주변 사람의 시선을 피하기 쉽기 때문에 모바일은 성인 콘텐츠 서비스에 딱 맞는 미디어다. 둘째, 이용 대금 결제가 편리하다. 모바일 성인물 요금 결제는 휴대전화 이용 요금과 합산해

부과하는 후불제 방식이다. 그나마 대여점보다는 조금 덜 번거롭긴 하지만, 인터넷 성인물은 먼저 주민등록번호를 확인하고 신용카드 결제를 거쳐야 하므로 이용하기 아주 성가시다. 반면에 모바일 성인물은 선택한 즉시 바로 보여 주고 요금은 한 달 후에 합산 청구되기 때문에 이용하기 간편하다.[395]

모바일 성인물이 인기를 끌자 사양길에 접어든 에로 비디오 업계에서는 너도나도 모바일용 성인물 제작에 달려들었다. 모바일용 성인물은 이전의 비디오에 비해 특징이나 성격이 많이 달라졌다. 모바일용 에로물은 러닝 타임이 길어야 5분을 넘기지 않는 가운데 짧고 강렬한 스토리를 강조했고, 이 때문에 흔히 여러 에피소드를 엮은 옴니버스나 시리즈물 형식으로 만들어졌다. 당시 인터넷 성인 영화관 쇼타임의 관계자는 "에로영화는 일회용 자위기구와 같은 것이다. 작품성도 겸비하면 좋겠지만 그보다 욕망 해소를 돕는 것이 최고의 목표"라면서 실용성이 모바일 에로물의 특징이라고 강조했다.[396]

이런 상황이다 보니 2~3분짜리 짧은 에피소드 속에 말초적 장면만 담아 저급한 에로물만 넘쳐난다며 에로 비디오 감독마다 불만을 토로했다. 〈가정부〉(2000), 〈여자기숙사 2〉(1999) 등을 연출한 장민기 감독은 2002년 이후에는 오프라인 에로물 일거리가 끊겨 어쩔 수 없이 종종 모바일용 작업을 한다고 했다. 그러면서도 "경제적 이유로 모바일 동영상을 찍으러 갈 때는 '앵벌이'한다는 표현을 쓴다"라고 한탄했다.[397]

이처럼 모바일 시장이 에로 비디오 업계의 대안으로 잠시 각광받는 듯했으나, 이러한 반짝 경기 역시 그리 오래가지는 못했다. 2006년 2월 370만 원에 달하는 휴대전화 요금 고지서를 받은 중학생이 자살한 사건이 결정적인 계기가 되었다. 이 사건을 심층 취재한 KBS 〈추적 60분〉은 비극적 사건의 원인이 모바일 성인물에 있다고 폭로했다. 자살한 중학생의 휴대전화 요금 내역을 살펴보니 성인 만화, 동영상 등 성인물 콘텐츠 접속 요금이 150여만 원에 달했다. 16세에 불과한 중학생이 어떻게 휴대전화로 그 많은 성인물을 접속했는지 모르겠다며, 아버지 강 모 씨는 분개했다. 청소년의 성인물 중독 현상이 심각한 수준에 이르렀다는 사실을 적나라하게 보여 준 사례는 이뿐만이 아니다. 휴대전화를 10개 이상 구입하고, 하루 종일 모바일 게임이며 채팅에 빠져 전화요금이 500만 원이나 연체된 청소년의 사례도 있었다.[398]

이 사건 이전부터 휴대전화용 성인 콘텐츠를 비판하는 목소리는 사회단체를 중심으로 꾸준히 제기되었다. 하지만 이 사례를 계기로 청소년의 음란물 노출을 차단할 수 있도록 정부 대책과 규제가 필요하다는 주장은 힘을 얻었다. 부정적 여론이 급격히 확산하자 정부 관련 기관이 발 빠르게 대응에 나섰다. 경찰은 2006년 5월 이동 통신 3사와 콘텐츠 제공 업체 등 46개 업체와 관련 임직원 50명을 정보통신망 이용촉진 및 정보보호 등에 관한 법률 위반 혐의로 불구속 입건했다.[399] 3개 이동통신사에게는 돈벌이에 급급해 성인 콘텐츠 유포에 '공범'으로 가담했다는 여론의 비난이 쏟아졌다. 통신 3사는 무선 인터넷 성인 콘텐츠 서비스의 전면 중단을 발표했고, 성인물을 공급해 오던 모바일 콘텐츠 제공 업체 역시 속속 성인물 사업 포기를 선언했다.[400]

한동안 침체해 있던 모바일 성인 콘텐츠 시장은 모바일 IPTV 시장이 빠르게 성장하면서 활기를 되찾았다. 모바일 IPTV는 기존 IPTV 서비스를 스마트폰, 태블릿 PC 등 모바일 기기에서 이용할 수 있는 서비스다. 통신사들이 2011년 이후 LTE(Long Term Evolution) 상용 서비스를 도입하자 데이터 전송 속도가 이전보다 훨씬 빨라졌다. 모바일로도 IPTV가 무리 없이 서비스될 수 있는 기술 환경이 조성되었다는 뜻이다. 이에 힘입어 모바일용 IPTV 가입자 수도 빠르게 증가하였다.[401] 통신 3사의 모바일 IPTV 이용자는 2013년 3월에 500만 명을 넘어섰고,[402] 2016년 6월에는 무려 1060만 명을 돌파했다.[403]

모바일 IPTV는 시공간 제약을 받지 않고 개별 이용자 혼자만의 TV로 활용된다. 2014년 LG유플러스가 모바일 IPTV 사용자의 콘텐츠 이용 패턴을 조사한 결과, 이용량은 오후 7시 이후 점차 늘어나 오후 11시에 최대치에 달했다. 이는 하교 시간이나 퇴근길에 모바일 IPTV를 이용하고, 집에서는 혼자만의 시간을 보낼 때 스마트폰으로 동영상을 시청한다는 뜻이다. 가정에서 공동으로 이용하는 TV와 별도로 모바일 IPTV만의 이용 패턴이 나타난 것이다.[404] 모바일 IPTV 이용이 증가하자 성인 콘텐츠 매출도 덩달아 늘어났다. 예를 들어 2015년 5월 올레TV 모바일 가입자 가운데 30대와 40대 여성이 많이 본 영화 장르가 '야한 영화'였다. 〈그레이의 50가지 그림자*Fifty Shades of Grey*〉가 1위를 차지한 데 이어 30대 여성층에서는 10위 권 안에 에로물이 6편, 40대에서는 4편이 올랐다.[405]

이처럼 짧은 기간에 수많은 우여곡절이 있긴 했지만, 미디어 산업 생태계에서나 소비자의 이용 양상에서 모바일이 대세로 떠올랐다는 사실은 부인하기 어렵다. 모바일은 이제 뉴스를 읽고, 영화를 보고, 게임도 하고, 친구와 대화를 나누는 등 모든 커뮤니케이션 형태가 이루어지는 핵심적 장으로 활용된다. 이는 에로물 이용에서도 예외가 아니다. 더 나아가 에로 업계는 모바일이라는 기동력 있고 개인화된 미디어를 가상적 성 체험 공간으로서 상업적 용도로 활용하기 위해 온갖 방안을 모색할 것이다. 모바일 기술의 급속한 발전은 사업자의 상상력이 구현되는 데 힘을 실어 줄 것이다. 더구나 모바일 에로물은 이제 막 진화의 걸음마를 시작했을 뿐이다.

2) VR, 새로운 체험의 장을 열다

과거 사례를 살펴보면, 성인 영화 업계는 새로운 기술이 나타날 때마다 남보다 한발 앞서 수용하는 선구자 역할을 했다. 전통적으로 포르노 업계는 가정용 비디오인 VCR, DVD 플레이어, 초고속 인터넷 등을 다른 콘텐츠 업계보다 일찍 채택하면서 기술 혁신을 선도했다. 콘텐츠 시장에서 확보한 막강한 지분을 토대로, 포르노 업계는 전자 산업에서 기술 표준을 결정하는 과정에서도 큰 영향을 미쳤다. 성인물 콘텐츠의 막강한 시장성 덕분이다.

소니가 포르노 제작업체의 입김에 따라 희비를 경험한 사례가 대표적인 예다. 1980년대에 소니는 베타라는 뛰어난 영상 구현 기술로 가정용 비디오 시장 석권을 노렸지만, 마츠시타의 VHS 방식에 패배해 시장을 내주었다. 당시 포르노 업계가 VHS 방식을 채택했기 때문이다. 2000년대에 들어와서도 DVD 표준 규격을 놓고 소니의 블루레이와 도시바의 HD DVD 방식이 다시 경합을 벌였는데, 이번에는 포르노 업계가 소니의 손을 들어 주었다.[406] 이처럼 포르노는 새로운 기술 도입에서 결정권을 행사하면서 시장에 절대적인 영향력을 행사했고, 새 미디어 플랫폼의 킬러 콘텐츠로도 꾸준히 주목받았다. 가장 원초적이고 자극적인 콘텐츠인 성인물이 소비자의 지갑을 열게 해 신기술 보급을 촉진한 것이다. 이 때문에 포르노는 이미 VHS, 블루레이,

인터넷, 3D TV, UHD TV 기술 확산 과정에서 선도적 역할을 한 것처럼 VR 시장 확대에도 기여할 것이라는 전망이 힘을 받고 있다.[407]

VR 기술은 이용자에게 현실처럼 생생한 체험을 제공해 준다는 점에서 성인물 시청에서 새로운 경지를 개척해 줄 최신 기술로 꼽힌다. 특히 성인물 콘텐츠의 속성을 감안할 때 VR은 시장성이 매우 높은 기술로 주목받고 있다. 성인 콘텐츠와 VR이 접목해서 주는 개인화된 몰입감은 무엇보다 성인 콘텐츠 소비 패턴과 잘 들어맞는다. VR 성인물의 강점은 1인칭 시점에서 구성되는 생생한 체험인데, 이는 기존 성인물 영상보다 훨씬 생생한 느낌을 전해 준다.[408]

VR 기술은 웨어러블 기기인 VR 헤드셋 형태를 통해 구현되는데, 이는 모바일이나 컴퓨터와 연동해 콘텐츠를 생생하게 경험하게 해 준다. 오큘러스와 삼성 '기어VR'이 VR 기기 시장에 먼저 뛰어들었고, HTC와 소니도 앞다퉈 VR 기기를 출시했다. 2014년 구글은 VR 기기 설계도면인 '카드보드' 오픈소스를 공개해 스마트폰 사용자가 가상현실을 저렴한 비용으로 체험할 수 있는 길을 열었다. 시중에는 VR 헤드셋만 이미 20여 종이 출시되었다.[409] 이처럼 VR 헤드셋과 기술은 이미 준비되었는데, 남은 관건은 여기에 담을 콘텐츠다.

포르노물은 VR의 기술적 장점을 구현하기에 가장 적합한 콘텐츠로 거론된다. 만약 예상대로 VR의 최신 기술이 포르노 영상과 결합한다면, 이용자의 포르노 콘텐츠 경험이 새로운 경지로 도약할 가능성이 높다. 이미 미국과 일본에서는 전 세계 시장을 겨냥한 VR용 포르노물 제작을 시작했다. 관련 업체 사이트는 VR용 포르노 트레일러를 홍보물로 올려놓고 잠재적 고객을 유혹하고 있다. 이 사이트는 15일, 3개월, 1년 등 기간별 이용권을 저렴한 가격으로 판매한다.[410] VR 대

그림 7-5 국내 최초 IPTV VR 전용 영화로 제작된 〈외도〉.

중화의 기반이 조성된 셈이다.

VR 성인물은 해외에서 먼저 시작되었지만 인터넷 강국인 국내에서도 은밀하게 퍼져나갔다. VR로 제작된 성인 콘텐츠는 이른바 ‘VR 우동’[•]이라는 은어로 불리면서 마니아 사이에 번지고 있다. 이미 여러 커뮤니티, 웹하드 서비스나 P2P를 통해 영상 파일이나 관련 정보가 유통되었고, 국내 포털 사이트에서도 VR 우동 관련 카페나 블로그가 늘어났다.

이러한 추세에 맞추어 국내에서도 본격적으로 VR 영화가 출시되었다. 2016년 7월 국내 최초 IPTV VR 전용 영화로 제작된 영화 〈외도〉(최우성)가 IPTV에서 상영되었다. 〈외도〉는 억압된 욕망을 주체하지 못하고 친구 남편과 충동적으로 외도를 벌이는 유부녀 이야기를 그린 영화이다. 이 VR 영화는 배우들의 파격 노출과 베드신에 더욱

• ‘야동’과 자음(ㅇㄷ)이 같아 VR을 지칭하는 데 사용되는 은어다.

생생하고 화끈한 현장감과 몰입감을 가미하려고 360도 VR 촬영 기법을 도입했다. 최초의 VR 촬영으로 기록된 〈외도〉는 과거 최초의 3D 제작 한국 영화인 〈나탈리〉와 대비되어 눈길을 끌었다. 당시 최첨단 기법을 도입한 영화가 공교롭게도 모두 에로 영화였다. 2010년 개봉한 〈나탈리〉는 3D 촬영 기법으로 화제를 모았지만 관객 동원은 9만 6000여 명에 그쳐 흥행에는 실패했다. 〈외도〉가 극장 개봉을 생략하고 바로 IPTV 서비스를 선택한 것은 최근 성인용 영화가 IPTV용으로 대거 제작되는 추세와 맥락을 같이한다.[411] 하지만 아마 과거 3D 영화의 흥행 실패가 준 교훈과도 무관하지는 않을 것이다.

2017년 4월에는 VR 성인 영화 〈내 사랑 마오〉와 〈달콤한 유혹〉 제작 발표회가 열렸다. 이 자리에서는 그린라이트픽처스의 성인 VR 플랫폼 서비스를 소개하고 국내 최초 성인 VR 영화와 제작 과정도 공개했다. 주연 배우인 하마사키 마오와 팬미팅 시간도 마련되었다. 일본의 AV가 그랬듯이 우리나라에서도 에로 영화가 VR 대중화를 이끌게 될 것이라고 제작사 관계자는 인터뷰에서 단언했다. 일부에서 우스갯소리처럼 나도는 "한국의 인터넷 속도를 세계 최고 수준으로 이끈 것은 기술이 아닌 '야동'이었다"는 말이 VR 시장에서도 통할 것이라는 얘기다. 이 관계자는 "수년 전부터 우리나라에 IPTV가 확산되면서 에로영화시장의 매출이 급격히 늘었습니다. 곧 VR 전용채널도 개국하게 될 거예요. 늘어나는 수요에 대비할 만큼 충분한 콘텐츠가 필요하게" 될 것이라고 공언했다.[412]

그렇지만 신기술은 새로운 문제점도 낳았다. 인터넷 보급 이후 음란물을 무료로 배포하고 관련 정보를 공유하는 카페가 우후죽순처럼 생겨난 데다, 이러한 사이트에 청소년도 손쉽게 노출되는 것이 사회 문제로 떠오른 지도 이미 오래되었다. 중고 물품 거래 사이트엔 VR 기기와 음란물을 묶어서 파는 판매자까지 등장했다. 이 사이트는 청소년도 자주 방문하는 곳이다. 특히 최근 해외 유명 성인 콘텐츠 업체들이 VR 사업에 앞다투어 진출하면서 VR 포르노 유통이 급증했다. 연간 방문 횟수만 160억 건에 이르는 미국의 성인 사이트는 무료 VR 채널까지 개설해 동영상을 배포한다. 이에 대해 언론학자 이재현은 "초기 인터넷 보급 때 음란물 유통이 봇물을 이뤘듯이 VR이 대중화되는 과정에서도 비슷한 현상이 빚어질 것이 예상된다"라고 했다. 이처럼 VR 포르노가 청소년층에 은밀히 퍼져 나가자 학부모 시민 단체와 경찰청을 중심으로 규제와 제재를 요구하는 목소리도 커졌다.[413]

3. 몰카와 관음증 시대

11세기 영국 코벤트리 지역의 한 영주는 주민에게 가혹한 세금을 부과해 악명이 높았다. 보다 못한 영주 부인 고다이버가 제발 세금 좀 낮춰달라고 간청했다. 그러자 영주는 장난삼아 조건을 달았다. "당신이 벌거벗고 성 안을 한 바퀴 돌면 모를까." 고다이버는 망설임 끝에 영주의 요구를 실행에 옮겼다. 주민들에게는 "내가 말을 타고 알몸으로 지날 동안 창문을 닫아 달라"고 당부했다. 주민들 역시 생계가 걸린 절박한 문제였기에 부인의 요청에 기꺼이 응했다. 하지만 톰이라는 재단사만 호기심을 참지 못하고 창문 틈으로 여인의 알몸을 훔쳐보았다. 그러자 톰은 하늘의 벌을 받아 실명하고 말았다고 한다. 관음증을 의미하는 표현인 '피핑 톰Peeping Tom'은 이 고사에서 탄생했다. 이는 인

간의 못 말리는 관음증 성향을 지칭하는 용어로 통용된다.[414]

인간에게 훔쳐보기란 성 욕망의 일부를 차지한다. 기술 발달로 성 콘텐츠가 대량 생산되면서 관음증은 사회 전반의 현상으로 무차별 확산했다. 인터넷 때문에 언제 어디서나 관음증 콘텐츠가 넘쳐나는 시대가 구현되자 뭔가 색다르고 더 화끈한 볼거리를 찾는 사람도 늘어났다.[415] 모든 사람이 스마트폰으로 손쉽게 동영상을 촬영하는 환경에서는 일반인이 찍은 동영상조차도 유튜브에서 화제를 일으킨다. 이제 몰카는 관음증 시대를 대표하는 병적인 징후의 하나로 자리 잡았다.[416]

1) 몰래카메라라는 어두운 역사의 시작

국내에서 애초 '몰래카메라'란 용어는 1990년대 초반 리얼리티를 표방한 오락 프로그램에서 황당한 상황을 설정해 놓고 출연자를 속이는 방송 기법에서 유래했다. 지금도 여전히 이 용어를 같은 의미로 사용하긴 하지만, 그보다는 다른 용도로 더 자주 쓴다. 몰카는 상대방의 허락 없이 성관계나 신체 부위를 촬영하는 범죄 행위를 뜻하는 은어로 의미가 변질했다.[417]

처음에는 예능용이던 몰래카메라가 범죄에 전용되어 심각한 사회 문제로 변한 결정적인 계기는 1997년 '빨간 마후라' 사건이다. 이전에도 몰래카메라 영상이 청계천 상가나 세운상가를 통해 암암리에 유통된다는 소문은 나돌았지만, 빨간 마후라 사건은 워낙 충격적이어서 널리 대중의 주목을 끌었다. 중학생과 고등학생이 나온 성범죄 몰카 영상이 시중에 유포된다는 소문이 돌자 경찰이 수사에 나섰고, 이를 계기로 몰래카메라라는 단어는 매우 부정적인 의미로 사람들의 뇌

리에 각인되었다. 이 사건은 몰래카메라는 단어의 뜻까지 바꿔놓을 정도로 사회에 미친 충격의 강도가 컸다.

1997년에는 기업이 고객 감시용으로 몰래카메라를 활용한 사례가 발각되어 파란이 일었다. 당시 서울 신촌의 한 백화점이 '도난 방지'를 이유로 여성 화장실 천장에 몰카를 설치한 사실이 들통이 났다. 이 소식이 알려지자 해당 백화점을 겨냥해 불매 운동이 전개되는 등 엄청난 사회적 파장이 일었다. 몰래카메라가 기업의 상업적 용도에 이용된 사실 자체도 우려할 만한 일이지만, 이 영상이 유출되어 악용될 소지도 있어 문제는 더 심각하게 받아들여졌다. 어쨌든 이 사건으로 여론이 크게 나빠지자, 이듬해 카메라를 이용한 촬영 행위를 범죄로 규정해 처벌하는 제도가 도입되었다.[418]

이후에도 몰카가 연루된 사건은 연이어 발생했다. 1999년 'O양 비디오,' 2000년 'B양 비디오' 사건이 터졌는데, 두 사건 모두 연예인의 섹스 장면이 녹화된 영상물이 유출된 사례였다. 두 사건 다 개인 프라이버시에 해당하는 정보를 의도적으로 유출시킨 악질 범죄 행위였는데도, 온라인에서는 오히려 가해자보다 피해자가 더 가혹한 비난을 받는 이상한 방향으로 여론이 전개되었다.

위에서 언급한 사건들은 성행위 몰카물이 원래 촬영 맥락이나 범죄성 여부와 무관하게 에로물로 전용되어 소비될 위험성이 있다는 사실을 적나라하게 보여 주었다. 실제로 사회 일각에서, 심지어 일부 언론조차도 은근히 여성 비하적이고 관음증적인 맥락에서 몰카물 유출 사건을 바라보기도 했다. 예컨대 "불쌍하기는 하지만 이것은 너무도 '포르노 혁명'이다. 이것은 한국 포르노계의 역사를 다시 쓸 것이다"라는 말도 나왔다. 심지어 "해외에서는 '애널'이, 일본에서는 '변태적 성행위 포르노'가 있지만, 한국을 대표하는 포르노는 몰래카메라다" 라는 주장까지 공공연하게 나오면서 남성 중심의 관음증 성향을 노골적으로 드러냈다.[419]

2) '누구나 잠재적 피해자': 몰카 범죄의 현 실태

몰카 촬영 장비는 다양한 형태로 진화하고 있다. 매년 새로 등장하는 몰카 장비는 상상을 불허하는 수준에 도달했다. 2005년에 볼펜 몰카가 처음 출시된 이후 안경, 모자, 단추, 넥타이 등 입고 걸치는 물품뿐 아니라 나사못, 액자, 전등, 생수통, 마우스, 휴대전화 거치대에 이르기까지 거의 모든 일상용품이 몰카를 은폐하는 촬영 도구로 변신했다. 2013년부터 2017년 6월까지 전파연구원에서 인증 받은 변형 카메라는 모두 163종으로 매년 30~40종이 새로 출시된다. 이 장비는 대부분 몰카로 악용된다.[420]

몰카 장비가 혁신을 거듭하는 동안 몰카 범죄 역시 광범위하게 확산했다. 과거에는 수사 · 정보 기관, 심부름 업체 종사자나 사용하던 전문 장비까지 널리 보급되면서, 평범한 사람까지 몰카 범죄에 가담했다. 지금은 직장인, 민박집 주인, 식당 종업원 등 겉보기에는 멀쩡한 직업 종사자도 별다른 죄의식 없이 도둑 촬영 행위를 저지른다. 처음에는 호기심으로 훔쳐보기를 시작하지만, 점차 카카오톡이나 커뮤니티 게시판에서 영상을 공유하고, 성인 사이트를 찾아다니게 된다. 그러다 몰카 촬영물을 사고파는 데까지 손대는 사람도 생겨난다.[421]

몰카를 보고 즐기는 소비층은 훨씬 더 광범위하게 존재한다. 일간베스트(일베)라는 사이트에는 명절 무렵이 되면 '사촌 동생'이라는 제목의 게시물이 대거 올라온다. 친인척 모임에서 10~20대 젊은 여성의 뒷모습을 촬영한 사진, 특히 다리 부분에 초점을 맞춰 찍은 사진이 많다. 2017년 나흘 동안의 설 연휴 기간에만 삭제 글을 포함해 79건이 게시됐다. 이런 몰카 게시물은 열람자 수만 적어도 1만 5000명에 달하고, 다운로드 횟수도 평균 200회 이상이다.[422]

광범위한 몰카 확산은 성범죄자를 양산했다. 2017년 6월 프랑스 국적의 50대 남성이 소형 카메라를 목욕 바구니에 넣어 수영장 탈의실과 샤워실을 몰래 찍다가 경찰에 붙잡혔다. 7월에는 현역 국회의원의 아들이자 현직 판사가 서울 지하철 열차 안에서 다른 사람의 신체를 몰래 촬영한 혐의로 불구속 입건됐다. 심지어 음란물 공유로 유발되는 반응을 즐기려고 유포하는 수준을 넘어, 헤어진 여자 친구에게 앙심을 품고 이른바 '리벤지 포르노(디지털 성폭력)'를 퍼뜨리는 악질 범죄도 늘어났다. 경찰청 집계에 따르면 몰카 범죄는 2012년 2400건에서 2015년 7623건으로 해마다 빠르게 증가했다.[423]

몰카를 퍼트리는 사람에게 범죄라는 인식이 거의 없다는 점은 더욱 심각한 문제다. 상업적 포르노물에 비해 일반인 몰카 영상은 음란성이 그다지 심각하지 않고 심지어 범죄도 아니라는 통념이 의외로 널리 퍼져 있다. 몰카물의 온라인 유통 감시 단체인 디지털성범죄아웃의 하예나 대표는 "몰카를 찍어 올린 가해자들을 만나 보면 대부분 장난이었다고 대답하며 죄책감이 아예 없다"라며 "자신이 올린 몰카 촬영물에 대한 반응이 쏟아질 때 영웅이 된 듯한 느낌을 즐긴다"라는 반응이 흔히 나온다고 말했다.[424]

하지만 당사자 동의를 받지 않은 채 성적 수치심을 유발하는 사진과 영상을 촬영하고 유포할 경우 성폭력범죄 처벌 등에 관한 특례법에 따라 5년 이하의 징역이나 1000만 원 이하의 벌금에 처해진다. 돈벌이를 목적으로 유포하는 범죄 행위는 7년 이하의 징역이나 3000만 원 이하의 벌금으로 처벌이 더 강화된다. 몰카 범죄는 성인 포르노물 유통보다 가중 처벌 대상이다. 포르노물 노출은 출연 배우의 자발적 계약에 따라 이루어지지만, 몰카는 당사자 동의는커녕 인지조차 하지 못한 상태에서 인격이 침해된다는 점에서 더욱 심각한 범죄다.[425]

3) 성인물로 악용되는 몰카

몰카 영상은 개인 간에 알음알음 돌려보는 데 그치지 않고 본격적인 영리 목적으로도 전용된다. 수위 높은 몰카 동영상은 성인 포르노 영화처럼 일종의 상업 포르노물로 소비된다. 디지털성범죄아웃의 하예나 대표는 "모든 성인사이트에 몰카 동영상이 유통된다. 최근 국산 동영상이라고 업로드된 건 다 몰카라고 볼 수 있다"라고 말했다.[426] 몰카 동영상 중에는 일반인뿐 아니라 성매매 업소에서 당사자 동의를 받지 않은 채 촬영된 영상도 있다. 이 동영상에서는 남성 얼굴만 식별이 어렵도록 모자이크 처리되고, 여성의 얼굴은 대개 그대로 노출된다. 일반인을 촬영한 몰카 동영상이 기승을 부리는 이유는 배우를 고용해 만든 포르노물보다 현실감이 있어 더 잘 팔리기 때문이다. 몰카는 배우의 연기가 아니라 실제 성행위를 촬영한 것이어서 관음증을 더 자극한다. 2017년 8월의 기사에 의하면 한 성인 사이트에는 4436건의 몰카 성행위 동영상이 업로드되었고, 새 몰카 영상이 평균적으로 매일 4건 정도 올라왔다. 영상별 조회수는 최소 8000여 회에서 최대 7만 5000여 회에 달했다. 이 수치는 이 사이트의 일본 상업 포르노 영

상의 조회수(200~8000여 회)의 10배쯤에 해당하는 규모다.[427]

몰카가 인기를 끌자 성인 사이트마다 회원수 불리기에 나섰다. 그 원조격인 소라넷은 한때 회원 100만 명을 확보하며 불법적인 몰카물 유통의 중심으로 떠올랐다. 소라넷 이후 수많은 아류 사이트도 공격적인 마케팅에 나서면서 몰카물 유통을 부추겼다. 성인 사이트에서 몰카로 확보한 회원은 수입 규모와 직결된다. 성인물이 직거래되는 웹하드에서는 음란물 판매 대금이 운영자의 주된 수입원이지만, 성인 사이트는 회원에게 게시물을 공짜로 보여 주는 대신 광고 게재로 돈을 번다. 성매매 알선이나 음란물 판매 수입도 있지만 광고 수입 비중이 훨씬 더 크다. 가령 2015년 경찰에 체포된 윤 모 씨의 성인 사이트는 음란물 46만 건을 유통시켜 3개월 동안 6800만 원에 달하는 광고 수입을 올렸다. 주간베스트야동이라는 성인 사이트는 게시물 30만 건을 올려 불법 광고로 8000만 원을 벌었다. 방송통신위원회의 2015년 상반기 실태 조사에 따르면 유해 사이트 접속 순위 10위권 안에 드는 성인 사이트는 월간 접속자 수가 PC에서 10만~67만 명, 모바일에서는 43만~82만 명에 이르며 월간 페이지뷰가 최고 4600만 뷰를 기록할 정도로 대규모 사업으로 성장했다.[428]

일반인이 제작한 불법 몰카물이 엄청난 상업적 가치를 갖게 되자, 여러 성인 사이트는 온갖 방법을 동원해 몰카 영상 수집에 뛰어들었다. 상품성 있는 몰카물에 상금이나 대가를 지불하는 것이 가장 고전적인 수법이다. 한때 '몰카 대부'로 통하던 정 모 씨는 2016년 말 검거될 때까지 약 3년 반 동안 몰카 촬영물 판매로 연 1억 원 이상을 벌었다. 정 씨는 길거리에서 여성 신체 부위를 몰래 촬영하는 한편, 유명 병원의 의사인 것처럼 행세하면서 여성 30~40명과 성관계를 맺고

그림 7-6 몰래카메라 범죄 적발 건수의 연도별 추이

단위: 건

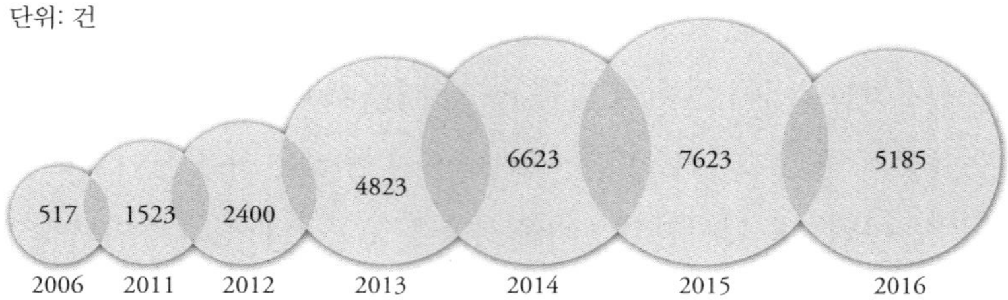

자료: 경찰청

출처: 김범수 (2017. 8. 26).

이 장면을 촬영해 성인 사이트에 팔아넘겼다. 판매 대가로 정 씨는 매달 약 1000만 원에 해당하는 비트코인을 챙겼다.[429]

촬영 기법도 더 교묘해졌다. 회원수 121만 명으로 국내 최대 성인 사이트이던 AVSNOOP은 스마트폰에 가짜 뉴스를 올려놓은 후 이용자가 무심코 화면을 클릭하면 스마트폰 카메라로 자동 촬영되는 몰카 앱을 제작해 배포하는 수법을 썼다. 이 앱으로 다른 여성의 신체를 몰래 촬영한 사람은 확인된 숫자만 32명에 달했다. 이 사이트는 폐쇄될 때까지 무려 17억 원을 벌어들였다.[430]

과도한 엿보기 문화는 불법 성인 사이트를 낳고, 상업적 사이트는 수많은 개인에게 다시 몰카 촬영을 독려하는 식의 생산-유통-소비의 은밀한 고리가 형성되었다. 2015년 워터파크와 수영장 여자 샤워실에서 여성 200여 명의 알몸을 몰래 촬영하다가 적발된 사건이 대표적인 사례다. 젊은 여성인 최 모 씨는 채팅 앱으로 알게 된 강 모 씨 요구대로 스마트폰으로 샤워실 내부에서 몰카를 찍어 전달하고 건당 30만~60만 원씩 모두 200만 원을 챙겼다. 강 씨는 이를 다시 다른 사

람에게 판매하고 SNS에도 유포했다.[431]

이처럼 몰카물은 촬영 기기 발전과 거대한 음란물 유통 시장을 기반으로 급속히 성장했다. 몰카물은 성인물 시장 판도도 바꿔 놓았다. 일반인 몰카물의 범람은 에로물 업계에 엄청난 타격을 입혔다. 몰카물로 대표되는 일반인 포르노물은 불법 성인 사이트를 중심으로 광범위하게 유통되면서 상업적 성인물의 자리를 잠식해 갔다. 이러한 상황에 대해 성인 콘텐츠 제작사 관계자는 이렇게 평가했다.

> 성인 콘텐츠 시장의 기반은 온라인입니다. 요즘에는 극장 개봉 영화처럼 성인 콘텐츠를 만들어 IPTV 시장을 통해 성인 콘텐츠가 유통되기도 하지만 에로비디오를 비롯한 성인 콘텐츠는 아무래도 인터넷 다운로드 시장이 중심이었습니다. 그런데 그런 기반을 완전히 빼앗겼습니다. 아무래도 일본과 서양의 포르노가 아무런 제지 없이 불법 유통되는 게 결정적입니다. 그런데 최근에는 몰카가 그 자리를 모두 빼앗아 갔습니다. 워터파크 샤워실 몰카처럼 자극적인 동영상이 온라인에서, 그것도 공짜로 돌아다니는데 누가 돈을 내고 합법적인 성인 콘텐츠를 보겠습니까. 인터넷 다운로드와 IPTV 등 부가판권 시장이 활성화되면서 에로비디오도 부활할 수 있을 거란 기대가 컸는데 오히려 이런 몰카들만 살맛이 났습니다. 그런 몰카와 싸우는 합법적인 성인 콘텐츠 업계는 사멸 위기입니다.[432]

이 제작사 관계자가 주장한 대로 각종 온라인 성인 사이트는 일반인이 올린 불법 동영상 콘텐츠가 완전히 장악한 상태다. 합법 성인 콘텐츠는 기업 차원에서 계약을 맺고 유통되므로 유료일 뿐 아니라 심의 규정에 따라 노출 수위도 제약을 받는다. 반면에 불법 몰카물이나 해외 포르노물은 훨씬 자극적이고 노출 제한이 없는 데다 이용료도 공짜다. 불법 콘텐츠 범람으로 합법 성인 콘텐츠는 점차 설자리를 잃고, 온라인에서는 자극적이고 엽기적인 영상이 넘쳐나는 악순환이 계속되었다.

한때 성인물은 에로 비디오처럼 온건한 성인물이든 더 자극적인 포르노물이든 직업 제작자가 만든 콘텐츠로서 제한된 성인물 시장 내에서만 유통되었다. 비록 에로물은 사회적 지탄 대상으로 사회 통념과 금기의 경계를 아슬아슬하게 넘나들기는 했지만 허용된 테두리가 존재했다. 국가는 에로물의 소재나 수위가 사회적으로 허용 가능한 범위를 벗어나지 않도록 관리하고 규제하는 일을 맡았고 그러한 통제는 어느 정도 가능했다. 하지만 온라인 시대에는 국경과 지리적 거리를 넘어 인터넷과 모바일이 미치는 세상 구석구석까지 악성 포르노물이 번졌다. 내용에서 금기는 사라졌고, 상상할 수 있는 모든 파격적 소재와 영상이 성인물에 침투했다. 물론 악성 포르노물의 부작용을 감시하고 인위적으로 규제하는 일도 이제는 불가능해졌다. 성 욕망의 무분별한 분출을 억제하던 판도라의 상자가 열린 것이다.

4. 에로물을 둘러싼 논란

에로물은 온갖 비판 속에서도 늘 문화 산업의 한 부문으로 존재했다. 에로물의 구체적인 존재 방식은 당시의 기술 발전 양상과 시장 여건, 제도적 환경에서 영향을 받으며 끊임없이 변신해 왔다. 1970~1980년대에는 영화의 한 하위 장르로서 권위주의 체제하에서 억압된 불만의 분출구 구실을 했다. 1980년대 말에는 정치 민주화로 자유분방한 성 표현이 터져 나오는 분위기에서 비디오테이프라는 새로운 미디어를 활용한 에로 비디오 장르가 탄생했다. 하지만 인터넷이 등장해 성인물 유통 경로가 온라인으로 점차 옮아가자 에로 비디오 시장은 급격히 무너졌다. 그 대신 에로 비디오는 IPTV나 케이블 등 제한된 틈새시장에서 생존을 모색하는 방향으로 눈을 돌렸다. 한편에서는 합법적으로 유통되는 에로물 시장이 점차 위축된 반면, 다른 한편에서는 온갖 불법 몰카물이 온라인 공간에서 넘쳐났다. 성인물 유통이 직업 제작자 중심에서 일반인이 주도하는 온라인 중심으로 옮아가면서, 이제는 제도적 규제나 금기에 아무 거리낌 없이 온갖 엽기적 콘텐츠가 넘쳐나고 사회 전체가 관음증에 물들어 가고 있다.

이처럼 성인물은 온갖 외부 제약에도 불구하고 끈질긴 생명력을 유지해 왔지만, 예나 지금이나 에로물의 존재 이유를 합리화할 만한 그럴듯한 명분을 찾기는 쉽지 않다. 그렇지만 성인물이 시대를 막론하고 사회적 필요악처럼 강인한 생명을 유지해 왔으며 여기에는 나름대로 이유가 있었다는 사실은 부인할 수 없다. 과거 경험을 보면, 에로물 규제 강화는 변칙적인 음성적 유통을 조장하면서 오히려 더 큰 해악을 낳았다. 한국 에로 비디오의 짧은 역사에서는, 시장 여건 악화로 에로물이 산업으로 존속하기 어려워지거나, 제도적 규제로 에로물의 존립 자체가 위협받을 때도 있었다. 하지만 이러한 상황에서는 합법적 성인물이 밀려난 공백을 불법 성인물이 차지하면서 때로는 오히려 더 심각한 사회적 부작용이 발생했다.

이처럼 역사적 시기마다 에로물의 존재 양식은 놀랄 정도로 다양하지만 적어도 한 가지 사실만은 분명하다. 에로물은 비판과 멸시 대상이면서도 동시에 많은 사람이 갈구하는 욕망의 대리 구현 수단으로 존재하는 양면성을 지닌다. 에로 비디오는 여성 혐오와 왜곡된 성 인식을 유포하고 성 욕망을 부추겨 성범죄를 유발한다는 이유로 사회악의 근원으로 비판을 받았다. 하지만 에로물은 인간의 원초적인 성 욕망을 대리 충족해 주는 기능을 한다는 옹호론과 함께 끈질긴 생명력을 유지했다. 에로물에 대해서는 상반된 주장이 공존하면서 논란이 지속되고 있다. 바로 이처럼 엇갈린 평가야말로 에로물이라는 사회 현상의 본질적 특징을 잘 보여 준다.

1) 에로물 옹호론

영상 오락물로서 에로물을 바라보는 시각은 성에 대한 인식과 밀접하게 얽혀 있다. 에로 비디오를 보는 시각은 크게 긍정과 부정이라는 두 견해로 양분할 수 있다. 긍정적 견해 안에서도 성인물을 수용하는 이유나 정도에 따라 다양한 의견으로 나누어진다. 에로 비디오를 긍정하거나 옹호하는 견해의 특징은 대략 다음과 같다.

첫째, 다양한 형태의 긍정적 견해는 모두 공통된 전제에서 출발한다. 인간, 특히 남성은 원초적 본능인 성 욕망을 반드시 해소해야 하는 존재라고 보고, 에로물은 이를 간접적으로나마 충족해 주는 기능을 한다는 것이다. 인간이 성에 관심을 갖는 것은 자연스러운 일이고, 에로 비디오는 성 욕망을 가상 형태로 채워 주기 때문에 나름대로 사회적 효용성을 지닌다는 전제에서 이들은 주장을 펼친다. 에로 비디오 팬인 한 남성의 발언은 바로 이 맥락에서 시청 행위를 합리화한다.

생활이 처지거나 그랬을 때, 밑바탕의 힘을 받쳐주죠, 남자한테는 꼭 필요하다잖아요. 부부 같은 경우는 몇십 년 살다보면 한계가 있잖아요. 그랬을 때 그런 영화를 접하면 다르게 볼 수 있고, 총각도 자위행위 같은 거는 일주일에 두 번 정도는 해야지 생활 리듬 자체가 맞다고 하더라구요. 그럴 때 도구가 다 필요하잖아요. 상상하는 것보다는…… 그런 영상을 통해가지고 했을 때, 스트레스 같은 것도 쉽게 없어지고(남성 D).[433]

드물기는 하지만 몇몇 실태 조사 결과 역시 에로 비디오를 비롯한 성인물이 욕망 해소 기능을 수행한다는 주장의 근거로 활용된다. 이노우에 쎄쓰코의 일본 AV 산업 연구서인 《15억 원의 육체산업》(2002)에 따르면, '어떤 목적으로 성인 비디오를 보느냐'는 질문에 조사 대상 남성의 64.6%가 '자위행위용'이라고 응답했고, 다음으로 '기분 전환이나 스트레스 해소를 위해서'(37.5%)나 '성에 대한 관심'(20.8%)에서 본다고 답했다.[434] 대다수 남성에게 성인 비디오는 성욕을 채워 주거나 발산하는 통로이자 수단으로 활용된다는 것이다. 이노우에는 이를 근거로 성인 비디오의 존재 자체가 문제라기보다는 섹스를 묘사하는 방식이 더 문제일 뿐이라고 주장한다.

둘째, 성인물 소비가 대리 만족과 카타르시스로 남성의 성욕을 해소하기 때문에 성폭력을 예방하거나 줄이는 기능을 한다고 에로 비디오 옹호자는 주장한다. 이노우에의 조사에서도 성인 비디오를 보지 않으면 억눌린 성욕이 성범죄를 부를 수도 있으므로 성인 비디오는 필요하다는 견해를 밝힌 사람도 있었다.[435] 이러한 입장은 에로 비디오 마니아나 제작자의 진술에서도 흔히 발견된다. 예방 주사는 저강도의 인위적 자극으로 면역 기능을 높여 준다는 통념이 있는데, 위의 주장은 바로 이와 비슷한 논리에 근거한다. 에로 업계 현직 감독의 다음 발언은 이러한 인식을 잘 보여 준다. 이들의 주장에 동조하는 남성들도 있다.

> [성매매 특별법 생기고] 성범죄가 더 늘었습니다. 성인 시장을 막는 게 성범죄를 더 늘어나게 한다니까요. 성인 시장이 욕구를 해소하게 하니까……(제작자 마).[436]

> 일본 같은 경우는 사창가에 있는 애들 데려다가 교복 입히고 출연시키고 하거든요. 걔들이 더 예쁘고 그러면 밖에 나가 (실제 미성년자를) 안 찾거든요(남성 D).[437]

셋째는 에로 비디오의 사회적 효과나 기능을 실용적 이익 측면에서 파악하는 입장이다. 에로 비디오는 비록 바람직하지는 않지만 욕구 해소라는 순기능에 비해 해악은 상대적으로 온건한 수준에 그치기 때문에 허용해야 한다는 것이다. 성 표현을 담은 성인물에는 법의 테두리뿐 아니라 사회 통념과 윤리가 허용하는 범위를 넘어서는 것도 많다. 불법으로 암암리에 유통되는 외국 포르노나 몰래카메라물은 내용의 폭력성, 선정성, 그리고 자극적인 정도에서 규제를 받지 않기 때문에 특히 청소년층에 미치는 해악이 크다. 반면에 에로 비디오는 성인물이면서도 정상적인 심의 절차와 유통 경로를 거쳐 유통되는 합법적 콘텐츠이므로 문제점이 상대적으로 적다는 것이다. 이 점을 근거로 에로물이 사회적으로 유익하지는 않을지라도 포르노나 몰래카메라 같은 최악의 성인물보다는 낫다는 '차악론'이 등장한다.[438]

성폭력을 예방하려면 성 욕구 해소용 콘텐츠 제공이 불가피하다면서, 포르노나 몰래카메라 등 사회적으로 지탄받는 형태보다는 에로물이 상대적으로 훨씬 낫다고 에로 업계 종사자들은 강변한다. 필자들이 인터뷰한 에로 비디오 제작자(제작자 가)는 "변태적이고 내용이 심각한 외국 포르노나 불법 몰카보다 심의를 거친 한국 에로물이 우리 정서에 맞고 (내용이) 좋다"라면서 에로 비디오의 긍정적인 측면을 강조했다.[439] 만일 합법적 성인물을 제도적으로 차단할 경우 불법 몰카물처럼 자극적인 콘텐츠가 창궐해 사회 문제를 오히려 더 심화시킬 것이라는 논거로 이들은 현실론을 변호한다. 적어도 에로 비디오라는 합법적 성인 콘텐츠는 사회적 해악의 가능성이 그만큼 낮다는 것이다. 이러한 견해는 대중의 통념에 깊숙이 스며들어 있어, 심지어 신문 칼럼에서도 종종 등장한다.

> '즐기는 성'에 대한 논의가 가열되고 성풍속이 개방화, 공개화하고 있는 시대 상황은 '성인 전용 문화'로서의 에로물을 옹호하고 있다. 에로 영화가 시장을 장악한 뒤로 불법 복제된 외국산 포르노가 자취를 감췄다. 결국 텔레비전이나 영화, 광고 등 제도권 문화가 부추기는 성에 대한 환상의 마지막 배출구로서의 에로 비디오의 의미는 평가 절하하기 힘든 상황이다.[440]

넷째, 에로 비디오를 성인물이 아니라 콘텐츠 상품으로 보고 산업 육성의 관점에서 옹호론을 펴는 견해도 있다. '에로 비디오'에서 '에로'가 아니라 '비디오'나 '콘텐츠'에 방점을 찍는 상대주의 시각인 셈이다. 에로 제작사의 한 현직 감독(제작자 사)은 인터뷰에서 "(에로물도) 하나의 문화, 문화는 다양해야 하는 것"[441]이라고 주장했는데, 이 발언은 바로 이러한 인식을 잘 드러낸다. 이 시각에서 보면 에로물은 다른 대중문화 장르와 마찬가지로 경쟁력을 갖추는 한 어엿하게 하나의 문화 시장 부문이자, 국가가 나서 적극 보호, 육성해야 할 산업 원동력이다. 실제로 이 제작자는 한국 에로물 산업이 세계적인 경쟁력을 갖추었기 때문에 적극 육성해야 한다고 주장했다. 또 다른 제작사 대표는 이렇게 말했다.

> 성인물은 전 세계에 통할 수 있어요. 언어가 필요 없잖아. 경쟁력이 있죠, 중국 같은 경우는 심의가 있기 때문에 일본이나 서양 포르노는 거기 맞지 않아요. 우리나라 에로가 딱 맞죠…… 중국은 반일감정이 심해서 한국 게[에로 비디오] 경쟁력이 있거든. 외국 거에 비해 우리나라 영화는 경쟁력이 떨어지지만 에로는 경쟁력이나 기술이 떨어지지 않아요(제작자 가).[442]

물론 업계 이해 당사자인 제작자만 이러한 요지의 주장을 펼치는 것은 아니다. 문화를 어떤 규범적 평가 대상이 아니라 산업과 경쟁력이라는 틀을 통해서 보는 시각은 그 문화를 즐기는 일반인 사이에도 널리 퍼져 있다. 청소년에 유해하다는 이유로 게임에 대한 규제는 심한 편인데, 많은 게임 애호가는 산업 논리를 들어 게임물 규제에 반대한다. 에로물의 산업 경쟁력을 근거로 에로물 내용의 '과도한 규제'에 반대하는 논리와 큰 차이가 없는 셈이다.

이상에서 소개한 에로 비디오 옹호론의 근거가 과연 타당한 것인지는 물론 논란의 여지가 있다. 옹호론을 지지하는 근거 못지않게 반증하는 사례도 적지 않다. 예컨대, 성인물 시청이 성 욕망을 해소해준다는 주장은 옹호론에서 공통적으로 등장하는 논리적 근거다. 하지만 성인물 시청이 성 욕망을 감소시키는지, 아니면 오히려 성 욕망을 더 부추기는 것인지는 확실하지 않다. 실제로 성인용 영화를 보고 모방 범죄를 저지르는 사례도 드물지 않기 때문이다.

또한 에로물 제작자들은 에로물이 심의를 거쳤으므로 불법 포르노에 비해 문제가 없다는 논리를 변호의 근거로 자주 내세운다. 하지만 불법 성인물은 유해하기 때문에 철저하게 차단해야 한다면서도, 정작 에로 비디오 심의 제도는 표현의 자유를 제약한다며 완화하거나 철폐해야 한다고 주장하는 모순된 태도를 이들은 종종 드러낸다.[443] 이는 옹호론의 허술한 논리 구조를 잘 드러내는 예다.

어떻게 보면 성인물에 관대한 견해가 많은 것은 일부 고정팬 외에는 대다수의 사람이 성인물을 이용하지 않거나 무관심하기 때문이다. 특히 여성 중에는 에로물이나 포르노를 즐기지 않거나 관심을 보이지 않는 사람이 상대적으로 많다. 성인물이 원래 남성의 시각에 맞춘 것이다 보니 많은 여성은 한두 번 호기심에 접해 보고는 혐오감을 느끼고 그만둔다. 다만 사회적으로 남성의 성욕은 참을 수 없는 현상이라는 통념에 익숙하다 보니 성인물의 필요성을 용인하는 견해에 동조하기 쉽다. 남성도 이러한 식으로 긍정적 입장을 취하는 사례가 적지 않다. 그러나 이들 중에서도 막상 실제 콘텐츠를 보고 난 후에는 충격을 받고 부정적 의견으로 전환하는 사람도 있다. 특히 몰카나 강간 신화를 담은 성인물을 시청한 후에는 태도 변화가 더 두드러진다.[444]

2) 에로물 비판론

비록 정도 차이는 있더라도 성인물 장르의 성격 자체가 성 상품화에 근거하기 때문에, 늘 비판 대상으로 오르내린다. 에로 비디오도 성인물의 한 형태이기 때문에 이 비판에서 자유롭지 않다. 에로물에 비판적인 이들은 도덕적 보수주의자와 여성주의자들이 대표적이다.

이들이 내세우는 비판의 요지는 대략 세 가지로 정리할 수 있다. 첫째, 성인물은 여성 비하와 왜곡된 성 관념을 유포한다는 점이다. 둘째, 좀 더 근본적인 수준에서 보자면, 성인물이 제공하는 성적 쾌락 자체가 남성의 시각에서 구성된 변태적 쾌락을 제공한다는 점이다. 셋째, 범죄 예방론은 종종 성인물 옹호론의 근거가 되는데, 오히려 성인물이 성적 충동을 부추겨 범죄의 온상으로 이어질 수 있다는 점이다.

여성 비하와 성 관념 왜곡

에로 비디오가 가장 자주 비판받는 부분은 여성 비하와 왜곡된 성 관념을 조장한다는 점이다. 이는 성인물의 주제나 제목만 보더라도 쉽게 짐작할 수 있다. 우리와 사정은 조금 다르긴 하지만, 일본 성인 비디오의 주제 유형을 훑어보면 이 점이 잘 드러난다. 이노우에 쎄쓰코는 일본 성인 비디오를 주제별로 미소녀물, 여배우물, 부인물, 강간물, 몰래카메라, 치한물, 동성애물, 기획물 등 9가지 유형으로 분류했다. 이 분류는 한국 에로 비디오에서도 상당 부분 그대로 적용되는 내용이다.[445]

- 미소녀물: 세일러복을 입은 롤리타 풍의 여배우가 주인공인 성인물

- 여배우물: 미디어의 아이돌 여배우가 주인공인 성인물
- 부인물: 30대 이상의 유부녀를 주인공으로 한 성인물
- 강간물: 여성을 강간하는 내용을 담은 성인물
- 몰래카메라: 여자 화장실 풍경이나 샤워 장면을 몰래 찍은 것처럼 설정한 성인물
- 치한물: 지하철 안이나 으슥한 밤길에 여성을 희롱하는 내용을 담은 성인물
- 동성애물: 동성끼리의 성행위를 묘사한 성인물
- 기획물: TV에 방영할 수 없는 전라의 모습이나 성행위 장면을 담은 성인물
- 기타: 여성의 신체의 일부를 찍은 페티시즘이나 SM물

이 유형 중에는 여배우물 등 비교적 '정상적인' 일부 유형을 제외하면 대부분 불륜, 소아성애, 성범죄 등의 반사회적 성행위를 소재로 삼아 제작된 것이 많다. 여성을 남성과 대등한 성 파트너가 아니라 이들의 의사와 무관하게 수단과 방법을 가리지 않고 욕망 분출 대상으로 여기는 인식이 근간을 이룬다. 이러한 설정은 특히 성인물을 시청하는 남성에게 심각하게 왜곡된 성 관념을 조장할 뿐 아니라 삐뚤어진 여성관에 근거해 여성 혐오를 부추길 우려도 있다.

물론 모든 성인 비디오가 폭력적이고 여성 비하적인 내용을 담은 것은 아니다. 하지만 많은 에로 비디오와 성인물에서 강간, 몰래카메라, 추행 따위의 성범죄 행위가 늘 등장할 뿐 아니라 자극적이고 폭력적인 성행위 장면도 일상적으로 등장한다. 시청자가 이러한 장면을 늘 접하다 보면 자칫 일탈적 범죄 행위를 정상으로 인식하는 잘못을

범할 우려도 있다. 특히 폭력이나 강간을 당한 여성이 2, 3분도 지나지 않아 몸을 내맡기며 교성을 지르는 설정은 남성들에게 '여성들은 겉으로는 거친 성행위를 싫어하는 것처럼 행동하지만 속으로는 좋아한다'는 오해를 불러일으켜 강간을 정당화할 위험이 크다.[446]

실제로 에로 비디오를 즐겨보는 수용자들과 인터뷰해 본 결과, 일부는 미성년 여성의 등장, 몰카 형식이나 강간을 정당화하는 에로 비디오 내용을 그다지 문제시하지 않을 뿐 아니라 오히려 더 선호하기도 했다. 어느 남성 인터뷰 대상자는 여성이 처음에 거부하다가 좋아하는 장면을 보면 "좋죠…… 어떻게 보면 반항을 굴복시키는 거니까, '정복'이라는 표현을 쓰잖아요?"(남성 H)라고 말했다. 남성 G는 지하철 성추행 몰카 형식의 에로 비디오를 시청하고는 "자극적이죠. 여관에서나 부부끼리가 아니라서 더 자극적이고. 흥분되고"[447]라고 말했다. 에로 비디오를 자주 시청하다 보니 여성 비하와 여성 대상 범죄를 당연시하는 태도를 자신도 모르게 내면화하게 된 것이다.

한국형 성인물인 에로 비디오는 장면 묘사와 신체 노출에서는 해외 포르노에 비해 훨씬 온건하고 강도가 약한 것으로 알려졌다. 하지만 내용에서는 여성 비하와 왜곡된 성 관념 조장이라는 문제점은 똑같이 안고 있다. 이러한 문제점은 에로 비디오의 소재나 설정, 제목 등에서 잘 드러난다. 김은진은 한국 에로 비디오에서 흔히 사용되는 제목을 7가지 유형으로 분류하고, 제목에 담긴 여성관을 살펴보았다.[448]

㉠ 영계일수록 좋다: 〈미소녀 자유학원〉, 〈원조교제〉, 〈남선생과 여제자〉

㉡ 근친상간이 짜릿하다: 〈누나〉, 〈이모〉, 〈처제〉

㉢ 여자는 섹스 도구, 물건, 음식이다: 〈젖소부인 바람났네〉, 〈콤파스부인

다리 벌렸네〉, 〈어르신 밥상〉, 〈가정식 백반〉, 〈불타는 조개구이〉, 〈떡 시키실 분〉, 〈만득아, 조개 받아라〉, 〈영계 백숙〉

ⓡ 강간이 스릴 있다: 〈자취방 습격사건〉, 〈러브호텔 습격사건〉, 〈여자 콜렉터〉

ⓜ 섹스는 여자를 정복하는 것이다: 〈깃발을 꽂으며〉

ⓑ 몰래 보는 것이 좋다: 〈K양의 비디오〉, 〈여대생 졸업 누드앨범〉, 〈몰카 자유학원〉

이처럼 에로 비디오 제목에는 여성이 성적 정복 대상이자 도구라든지, 강간 같은 폭력 수단이 정당화된다든지, 훔쳐보기나 근친상간 대상으로까지 삼아도 무방하다든지 하는 왜곡된 인식이 강하게 투영되었다. 포르노물과 에로 비디오 사이에 차이가 있다면 신체 노출이나 성행위 장면이 상대적으로 심하지 않다는 점 정도일 뿐 여성을 보는 시각 자체에는 둘 사이에 큰 차별성이 없다.

실제로 김준호와 김은경은 성적 노골성, 공격성, 사회적 협약 위반이라는 척도를 기준으로, 불법 외국 하드코어 포르노 54종과 합법적으로 유통되는 한국 에로 비디오 59종을 내용 분석한 후 다음과 같은 결론을 내렸다. 성적 노골성에서는 불법 음란물이 우세했지만, 예상과 달리 에로 비디오가 불법 포르노보다 오히려 공격적인 묘사 빈도가 더 잦았고 표현의 심각성도 더 두드러졌다. 또한 공격적 행위를 용인하거나 멋지게 표현하면서 사회 규범에서 벗어나는 메시지를 전달하는 데에는 오히려 합법적 에로 비디오가 더 심각한 문제점을 드러냈다.[449] 에로 비디오는 포르노에 비해 노출 강도는 약하지만 소재 선정, 시각적 구성과 즐거움의 본질에서는 포르노와 마찬가지로 유해

한 메시지라는 뜻이다. 아마 이 점에서 성인 비디오를 겨냥한 일본 학자 스기타 사토시의 비판은 에로 비디오에도 적용될 수 있을 것이다.

> 성인 비디오가 전달하는 이데올로기는 영상이 지닌 직접적인 힘으로 강렬한 인상과 도발적 자위행위를 통해 여성을 그저 육체화시켜 버린다. 성인 비디오 중에는 여성을 강간, 감금, 조련, 몰래카메라, 가택 침입 등의 대상으로 다룬 작품들이 않은데, 그런 것들을 보는 남성들은 자위행위를 함으로써 여성에게 가하는 성폭력에 동참하는 것과 마찬가지지만 그것을 쾌락으로 간주해 버린다.[450]

남성의 시선으로 구성된 성적 쾌락

에로 비디오에서 가장 근본적인 문제는 성 묘사를 통해 제공되는 즐거움의 속성 자체가 오로지 남성의 시각에서 구성된 성적 쾌락이라는 점에 있다. 에로 비디오는 일부 남성에게는 성적 쾌락을 줄지 몰라도 대다수 여성에게는 혐오나 모멸감을 조성할 수 있도록 구성된다. 따라서 여성의 관점에서는 성 묘사가 남녀가 공유하는 쾌락이 아니라 약자에게 가해지는 일방적 폭력으로 인식될 우려가 있다.

〈젖소부인 바람났네〉라는 비디오의 제목은 이 점을 잘 보여 주는 대표적인 사례다. 이 제목은 여성의 가슴을 동물의 신체적 특징에 비유해 비하하고 여성을 남성의 성적 대상으로만 파악했다. 이 비디오는 남성의 볼거리나 시각적 쾌락이라는 관점에서 접근했기 때문에, 신체 특성으로 여성의 정체성을 규정한 것이다. 당시 몇몇 여성 단체들은 이처럼 가부장적 여성관에 내재한 심각한 문제점을 적나라하게 보여 주는 대표적 사례로 〈젖소부인 바람났네〉를 지목했다.[451]

1996년 3 · 8 세계여성의 날을 기념하는 여성대회에서는 여성 권익 신장에 걸림돌이 된 5인을 처음으로 선정해 발표했는데, 여기에 〈젖소부인 바람났네〉의 작가가 포함되었다. 에로 비디오 〈젖소부인 바람났네〉 1, 2편의 대본을 집필한 작가 최강주 씨는 여자 주인공을 윤리 · 도덕은 안중에 없이 성적 쾌락에만 관심 있는 인물로 그려 여성상을 왜곡했다는 사유로 걸림돌 목록에 이름을 올렸다.[452] 여성문화예술기획이 그해 20대와 30대 여성 관객을 대상으로 실시한 조사에서도 응답자의 절반 이상(57.8%)이 여성을 성적 대상으로 묘사한 〈젖소부인 바람났네〉를 문제 여성상으로 꼽았다.[453]

에로 비디오는 남성 위주의 시각에서 여성을 상품화해 묘사했다는 점으로 비판받았지만, 역설적으로 바로 그 때문에 남성들에게 인기를 끌었다. 하지만 에로 비디오 시청자를 대상으로 한 조사에 따르면 많은 여성이 에로 비디오의 여성 묘사를 자신이나 여성에 대한 폭력으로 받아들였다. 이 점에서 에로 비디오의 시각적 구조가 안고 있는 본질은 몰래카메라나 별 차이가 없었다. 다음은 이 조사에서 여성들이 에로 비디오에 관해 진술한 내용이다.[454]

> 거리에 다니는 일반 여자들까지 성적 대상으로 보겠구나 싶으니까 열받죠. [……] 에이! 표지 사진은 불쾌하죠. 여자들 집단으로 벗겨놓고 찍은 거(여성 라).

> 여자로서의 수치심. 정말, 그 남자를 순간적으로 죽이고 싶은…… 여자를 상품 하나로 내놓은 거잖아. 살래, 말래? 먹어 볼래, 말래? 여자 배우는 찍으면서 수치심 안 들었을까? 그렇다고 해서 무슨 고발 프로라면 울

분이 덜 들텐데 그것도 아니고(여성 사).

성인물은 성 욕구를 더 자극한다

에로 업계 종사자는 에로물이 성 욕구를 해소해 성범죄 예방에 기여하므로 나름대로 사회적으로 유익하다고 주장한다. 하지만 옹호론의 근거를 반박하면서, 성인 비디오는 성 욕구를 오히려 더 자극해 더 강한 욕망을 불러일으킨다는 반론도 있다.

일본에서는 1990년대 후반부터 여성에 대한 성폭행을 소재로 하는 일명 '강간물'이 많이 만들어졌다. 이처럼 강간물이 유행한 이유에 대해 한 30대 남성은 이렇게 밝혔다. 이 남성은 "강간이나 폭력을 좋아하는 건 아니지만 평범한 성행위는 시시해서 그런 밋밋한 걸 보려고 성인 비디오를 찾지는 않겠죠. 하지만 자극이 자극을 낳는다고 할까, 나 자신도 모르게 더 자극적인 것을 찾게 되더군요"라고 답했다.[455] 성인물에 탐닉하면서 지속적으로 성적 자극을 받으면 더 강도 높은 자극을 찾게 되고 심지어 성범죄로도 이어진다는 뜻이다. 국내 에로 비디오 시청자를 심층 인터뷰한 연구에서도 비슷한 주장이 많이 나왔다.[456]

> 더 그렇죠. 사실 허무하고. 그 욕구라는 게 안 채워져요. 호기심 생기고 그런 생각이 들면 그래서 보고, 보고 나면 더 욕망이 생기고…… 그래서 더 보고 또 보고…… [……] 카타르시스 그런 게 아니고, 오히려 과장되고 증폭되는 면이 많죠(남성 F).

> [에로 비디오를 보면] 욕망이 더 생기죠…… 성폭력 더 생기겠죠. 실습

하려고. 나도 솔직히 [에로 비디오를 보고] 저런 행위를 해 봤으면 좋겠다는 생각을 했었고(남성 J).

이 밖에도 에로 비디오 장르의 흐름에서도 위의 주장을 뒷받침하는 근거는 찾기 어렵지 않다. 에로 비디오 초기 대표작인 〈젖소부인 바람났네〉 시리즈는 유부녀의 일탈인 불륜을 배경으로 전개된다. 불륜 역시 당시의 도덕관과 배치되는 일탈성 주제이긴 하지만, 시간이 지날수록 에로 비디오는 훨씬 더 엽기적이거나 일탈적인 방향으로 치닫는다. 1990년대 말 등장한 〈미소녀 자유학원〉 시리즈는 미성년자를 연상시키는 여자 재수생을 여주인공으로 설정해, 롤리타 콤플렉스의 요소를 도입했다. 후속작은 심지어 형수나 처제, 장모 등 근친물까지 등장시켜 더 비윤리적인 설정으로 확장했다. 물론 표면적으로는 심의 통과를 위해 친형수나 친처제가 아니라 아는 형수, 아는 처제 등으로 근친물의 설정을 살짝 비껴갔다. 불법 포르노에 비해 노출도 덜했다. 하지만 이처럼 표면적인 차이는 있지만 에로 비디오의 설정이나 소재는 불법 해외 포르노물이나 몰카물을 점점 닮아갔다. 에로물 장르의 역사에서 나타나는 이러한 추이는 에로 비디오 시청자들이 비교적 정상적인 성관계에 만족하지 못하고 갈수록 더 강도 높은 성인물을 요구하는 징후로 해석해도 무방하다.

최근 들어서 몰카나 엽기적 성추행 등 다양한 형태의 성범죄가 사회적 이슈로 부쩍 부각되고 있다. 이는 아마 사람들이 쉽게 접하는 성인물의 강도가 점점 강해지는 것과 무관하지는 않을 것이다. 로빈 모건Robin Morgan은 "포르노가 이론이라면 강간은 그 실천"이라고 비판했는데,[457] 그는 바로 성인물과 성범죄의 밀접한 관련성을 지적한 셈이다. 안드레아 드워킨Andrea Dworkin은 바로 이러한 맥락에서 "포르노그래피는 여성에게 선포하는 전쟁이며 인간의 존엄이나 자아 그리고 인간적 가치에 대한 끝없는 공격이다"라고까지 단언했다.[458]

3) 에로물도 포르노다

앞서 살펴본 것처럼 온갖 부정적 시선과 비난, 제도적 규제 시도에도 불구하고 에로물은 살아남았다. 인간에게 성 욕망은 기본적 본능의 일부이며, 관음증은 이 욕망을 충족하는 방편 구실을 했다. 에로물은 대중의 관음증이라는 원초적 욕망을 겨냥한 대중문화 장르다. 성 욕망이 존재하는 한, 성을 상품화하는 대중문화 시장이 사라지지는 않을 것이다. 하지만 성인물이 갖고 있는 폭력성과 위험성을 감안할 때, 국가 제도와 성인물 공급자는 표현의 자유와 윤리적, 법적 일탈의 경계에서 줄타기하는 위태로운 양상을 지속할 것이다.

에로 비디오는 보수적인 한국 사회에서 그나마 온건한 수준에서 성 욕망 분출의 장을 제공하면서 폭력적 포르노물의 범람을 견제하는 성인물 장르 구실을 했다. 그러나 콘텐츠 유통 기반이 인터넷 중심으로 넘어가면서 에로 비디오의 존재 양상은 빠르게 바뀌어 가고 있다. 온라인에서 불법 몰카물과 포르노가 판치는 시대가 도래하면서, 성 표현물이 성적 금기를 넘지 않도록 견제하던 장치는 사실상 사라졌다. 한국에서는 인터넷 최강국에 걸맞게 온라인 유통망이 잘 구축되어 있어, 굳이 합법적 경로를 거치지 않더라도 누구나 에로물뿐 아니라 불법 포르노나 몰카물에 이르기까지 다양한 성인물을 쉽게 접할 수 있다. 에로 비디오는 VCR 기술 등장 이후 한때 성인물 시장을 석권하다시피 한 적도 있었으나, 이제는 불법 성인물에 밀려 존립을 위협받고 있다. 에로 비디오는 모바일이나 케이블 TV 등의 경로를 통해 제한된 틈새시장을 겨우 공략하는 궁색한 상황에 놓여 있다.

온라인에서 넘쳐나는 불법 성인 콘텐츠의 심각한 문제점은 굳이 언급할 필요조차 없다. 불법 성인물의 폐해에 가려 잘 부각되지 않았지만, 에로 비디오 역시 본질에서는 포르노와 비슷한 문제점을 안고 있다. 에로 비디오는 심의를 거친 합법적 성인물이라는 점을 자기 방어 논리로 삼았지만, 포르노 같은 유해 성인물의 문제점에서 자유롭지는 않다. 에로 비디오는 단지 포르노나 몰카물과 달리 노출이나 내용이 온건한 수준에 그친다는 점에서 규제의 칼날을 피해 왔을 뿐이다. 에로비디오가 심의를 통과하는 과정에서 형성된 텍스트 관행은 이용자가 자기 합리화와 방어 심리를 가동하기에 편리한 알리바이를 제공해 주었다. 특히 에로물이 그럴듯한 내러티브와 영상 기법을 갖추고, 멜로나 코믹 등의 타 장르와 융합한 형태로 변신한 후에는, 사람들이 에로 비디오를 성인물로 즐기면서도 성인물이 아닌 것처럼 인식하는 착시 현상도 발생한다.

에로 비디오의 유해성은 노골적인 성적 노출보다는 오히려 소재 선택이나 스토리 구조가 사회 규범에서 현저히 벗어나는 반사회적 메시지를 담고 있다는 데 있다. 비교적 오래전의 연구 결과를 보더라도 국내 에로 비디오는 외국 하드코어 포르노에 비해 성 표현의 노골성에서는 정도가 약했지만, 여성에 대한 공격적 묘사 빈도나 표현의 심각성, 사회 규범에서의 일탈 정도에서는 오히려 더 심각한 문제점을 드러냈다는 점을 상기할 필요가 있다.[459]

특히 최근 에로 비디오는 자극적인 불법 성인물에 밀려나 틈새시장에서 가까스로 생존을 모색하면서 갈수록 포르노의 내용을 닮아가고 있다. 예를 들어 '가학적 혹은 피학적 성행위'는 원래 외국 포르노에서나 보던 자극적 소재였지만, 지금은 합법적 에로 비디오에서도 종종 등장한다. 에로 비디오는 전통적으로 뚜렷한 스토리 구조를 기반으로 하고 그사이에 간간이 성행위 장면을 가미하는 정도에 그치는 것이 관행이었으나, 지금은 아예 스토리나 대사 없이 성행위만을 묘사한 영상물도 출현했다.[460]

좀 더 근본적으로 보면 에로물의 문제점은 유해 성인물을 걸러내는 심의 제도의 한계 문제에 그치지 않고, 성인물이 유통되는 우리 사회의 구조적 맥락과도 이어져 있다. 성인물은 현실에서 불가능한 판타지를 상상의 세계에서 체험해 주도록 하는 창작물이다. 하지만 성인물의 내용은 어느 정도는 현실을 반영하기 때문에 현실과 분리된 텍스트로만 간주할 수는 없다. 어떻게 보면 성인물의 반사회적 내용은 수용자들의 왜곡된 현실관에 근거를 둔다. 성인물의 내용은 수용자의 일상적 삶의 방식과 인식 수준을 반영하며 이러한 인식 수준은 법과 제도 형태로 구체화되기도 한다. 공식 심의를 거쳐 유통되는 에로 비디오에서조차 반사회적인 소재와 스토리, 표현이 일상적으로 등장하는 것은 근본적으로는 여성을 성적 대상으로만 여기고 여성에 대한 일상적 폭력에 관대한 가부장적 사회 관행과 무관하지 않다. 최근 이슈화한 미투운동의 수많은 사례는 이러한 일상적 폭력이 관행이라는 이름으로 사회 전반에 깊숙이 배어 있음을 말해 준다.

한국 사회에서는 왜곡된 가부장적인 풍토에서 유독 남성의 성 일탈에 관대한 분위기가 조성되었고, 에로 비디오는 바로 남성의 일그러진 성 욕망을 충족하는 장르 구실을 했다. 그렇지만 이러한 환경에서 성장한 탓에, 성 표현물을 자주 접한 남성조차도 정작 제대로 된 성교육은 받지 않아 성에 대해 의외로 무지한 실정이다. 그래서 온건한 에로 비디오에서조차 허황되고 반사회적인 성적 판타지를 부추기는 내용이 넘쳐났다. 누구든지 왜곡된 성인물을 도처에서 손쉽게 접하지만, 정작 제대로 된 성인 콘텐츠는 찾아보기 어렵다.

현실적으로 성은 개인의 자유에 속하는 사적 영역으로 법적 규제를 통해 관리할 수도 없고, 기술적으로도 온라인에 넘쳐나는 불법 성인물을 완벽하게 걸러낼 방도도 없다. 비록 느리고 불확실한 해법이긴 하나, 결국 문제 해결의 열쇠는 깨어 있는 소비자에게서 찾아야 한다. 하지만 이들이 성에 대해 올바른 인식과 안목을 갖도록 유도하고 이를 위해 제대로 된 콘텐츠가 제공되도록 하는 일은 제작자와 정책입안자의 책임이다.

그동안 에로물에 대한 규제는 콘텐츠 전반의 내용이나 예술성 측면에서 접근하는 대신에 주로 노출 수위 등 표면적인 문제점에만 집중되고 성 표현물 전반의 일탈적 메시지에 대해서는 너그러운 경향이 있었다. 그러다 보니 에로물은 교묘하게 성 표현 장면만 심의를 통과할 정도의 수준에 맞췄을 뿐 내용은 점점 더 과격하고 반사회적, 반여성적인 포르노를 닮아 갔다. 그런데도 사회에서는 이를 무심하게 방치해 왔다. 성인 콘텐츠 심의 제도를 행정적 관리의 편의성 측면에서만 접근했을 뿐 정책이 갖고 있는 교육적 효과 측면을 간과한 것이다.

이와 더불어 성인물의 폭력성과 반사회적 범죄 측면에 대한 엄격한 대응과 피해자에 대한 제도적 배려를 담은 종합적 정책도 필요하다. 2018년 4월 30일 정부는 몰카로 발생하는 피해를 줄이기 위해 여성가족부 산하에 '디지털 성범죄 피해자 지원 센터'를 설치해 유포된 영상 삭제를 지원하고 처벌을 강화하는 방향으로 관련 법 개정을 추진한다고 발표했다. 최근의 기술 흐름을 감안할 때 시의적절한 정책 대응이라 할 수 있다.

그러나 심의 제도나 법적인 피해구제 등 제도만으로 모든 문제를 해결할 수는 없다. 성인물에서 드러난 심각한 병폐들은 오래된 사회 문화적 환경이 만들어 낸 결과물이자, 우리의 일상적 관행에 깊숙이 배어든 왜곡된 가부장적 성 의식의 반영이기도 하다. 성인물에 나타난 왜곡된 성 묘사는 일상에 침투한 폭력적 관행과 이어져 있다. 이처럼 복잡하게 얽힌 사회 문제에 대해 진지하게 살펴보고 비판하면서 변화의 방향을 모색하는 일은 대중문화 이용자이자 시민인 우리에게 맡겨진 책임이기도 하다.

부록: 한국 에로 비디오 연대기

연도	내용	대표 작품
1972	• 최초의 상업 포르노 영화 〈딥 스로트*Deep Throat*〉, 미국 영화관에서 정식 개봉	
1979	• 제10회 전자 박람회에서 VCR 국내 첫 소개	〈꽃순이를 아시나요〉
1981	• 4월, '음반에 관한 법률 2차 개정'에 따른 비디오물 정의와 관련법 마련, 국내 비디오 제작사 26개 업체 등록 • 삼성전자, 국산 VCR 생산 시작 • 공연윤리위원회 비디오물 심의 시작	〈앵무새 몸으로 울었다〉, 〈세 번은 짧게, 세 번은 길게〉, 〈조용한 방〉
1982	• 야간 통행금지 해제 • 〈애마부인〉 개봉	〈애마부인〉 〈산딸기〉, 〈빨간 앵두〉
1983	• 비디오 저작권 문제 본격적 거론	〈애마부인 2〉
1984	• 대기업, 비디오테이프 산업 진출 • 비디오 대여점이 5000개로 확대	〈산딸기 2〉
1985	• 국내 최초의 비디오 월간지 〈비디오〉 창간	〈변강쇠〉, 〈뽕〉, 〈어우동〉, 〈깊고 푸른 밤〉
1986	• 7월, '한 · 미 통상협상' 체결로 미국 직배사 진출 계기 마련 • 12월, '제6차 영화법 개정'으로 영화 산업 개방 • 12월, 국내 VCR 보급률 7% 도달	〈변강쇠〉

1987	• 세계저작권협약(UCC) 가입 • 대기업의 국내 비디오 소프트 유통 산업 본격 진출 • 대우그룹의 우일영상, MGM/UA, 컬럼비아 트라이스타와 독점 판권 대행 계약 • 유호프로덕션 설립	〈변강쇠2〉
1988	• 미국 직배사 UIP-CIC 설립, 20세기 폭스, 워너브러더스 한국 지사 설립 • 12월, 제2차 한 · 미 영화 협상 타결로 영화 시장 전면 개방 • 최초의 에로 비디오 〈산머루〉 제작 출시 • 에로 전문 중소 제작사 설립(대영프로덕션, 세경, 우성, 무비뱅크 등)	〈산머루〉, 〈고금소총〉, 〈매춘〉, 〈매화〉
1989	• 한 · 미 지적소유권 실무 협의 • SKC, 워너 브러더스와 계약 체결	〈나녀목〉, 〈땅꾼과 부인〉, 〈매춘25시〉, 〈빨간 여우〉, 〈여교주〉
1990	• 컬럼비아 트라이스타 국내 진출 • (사)한국영상음반판매대여업협회 설립 • 제1회 영상음반대상 시상식 개최 • 한시네마타운 설립	〈야시장〉, 〈신사동 부인〉
1991	• 3월, '음반 및 비디오물에 관한 법률' 개정 시행 • 비디오 판매, 대여업 등록제 • 비디오물 개념 등장 • 케이블 TV 시험방송	〈B타임의 정사〉, 〈고금소총2〉, 〈인간 빠리꾼〉, 〈서울차타레부인〉, 〈미아리 텍사스〉
1992	• 국내 영상 음반 업계 전문 신문 〈영음마당〉 창간 • 우일영상 직판 영업제 도입 • 연예인 누드집(가수 유연실) 발간 → 한국간행물윤리위원회로부터 음란물로 판정.	〈비밀정사〉, 〈정사수표〉
1993	• 1월, CIC 비디오물 직배(직판) 유통 • 우일영상, SKC, 스타맥스, 드림박스, 미디아트 등 직판제 실시 • 폭스 비디오 국내 진출 • 12월, 세음미디어(대우) 홈비디오 사업 진출	〈내 남자를 탐한 여자〉, 〈티코 아저씨와 그랜저 사모님〉, 〈무엇에 쓰는 물건인고〉

1994	• 4월, '공연윤리위원회' 비디오 심의 등급 4단계로 세분화 • 5월, 문체부 문화산업국 신설 — 영상음반과 독립 • 비디오방 합법성 인정 • 6월 한국 통신, 최초로 인터넷 상용 서비스 개시 • 10월, 영상 주문 방송(VOD) 시험 서비스 시행 • 한국케이블TV방송협회 설립 • 연극 〈미란다〉, 공연 음란죄로 최초 유죄 선고	〈성애의 여행〉, 〈미인촌〉, 〈보쌈부인〉, 〈춘자의 전성시대〉, 〈물꺼리〉, 〈거기 누구 없소〉
1995	• 2월, 한국음반협회, (사)한국영상음반협회로 명칭 변경 • 3월, 케이블 TV 개국(24개 PP, 48개 SO) • 7월 중소 비디오 제작사 협의회 발족 • '영상진흥기본법' 시행 • 8월, 새한미디어 홈 비디오 사업 진출 • 〈젖소부인 바람났네〉 출시	〈젖소부인 바람났네〉, 〈빨간 애마〉, 〈샤넬 No.5〉, 〈에로틱 걸〉, 〈성 그리고 에로스〉, 〈빨간 애마〉, 〈유니폼 정사〉, 〈토요일 밤부터 일요일 새벽까지 2〉
1996	• 6월, '음반 및 비디오물에 관한 법률 2차 개정안' 전면 시행 • 비디오물 개념 확대(디스크 형태의 새 영상물 비디오물 개념에 포함) • (사)한국비디오물감상실업협회 발족 • 공연윤리위원회 영화 사전 심의 제도 헌법재판소 위헌 판결 • 12월, 삼성 DVD 플레이어 출시 • 이승희, 누드집 《버터플라이》 발간	〈어쭈구리〉, 〈사모님 열 받았네〉, 〈사랑은 뭘로 하지〉, 〈말 타고 뛰어봐〉 〈뜨거운 뉴스〉, 〈여자 빨래방〉, 〈무쏘 남자 무쏘 여자〉, 〈요구대로 해줄게〉
1997	• 영화 사전 심의 폐지, 영화 상영 등급 부여 및 보류제도 도입 • 9월, 청소년보호법 시행 • 10월, 영상물 심의 기구 '한국공연예술진흥협회' 출범 • SKC 직판 철수와 대리점제 영업으로 변경 • 7월, 최초의 인터넷 방송 M2스테이션 개국 • '빨간 마후라' 유포 사건	〈빨간 보자기〉, 〈모텔 성인장에서 생긴 일〉, 〈야참〉, 〈옹녀와 뽕녀촌〉, 〈신락원〉, 〈매춘유격대〉, 〈뒷구멍〉, 〈넌 내꺼야〉, 〈탈선 춘향전〉
1998	• SKC, 영화 비디오 사업 철수 • 일본 문화 부분 개방(4대 영화제 수상작)	〈미소녀 자유학원〉, 〈어쭈구리9〉

1999	• 6월, 영상물등급위원회 발족 • 영화 등급 보류 제도 축소(6개월 → 3개월) • 음반 · 비디오물 및 게임물에 관한 법률 제정(게임물 법제화) • 비디오물 사전 심의 제도 폐지 및 등급 분류 제도 도입 • 비디오물 광고물 심의 폐지 • 삼성, 대우 등 대기업 영상 사업 철수 • 소니픽쳐스, 국내 최초 DVD 영화 〈아름다운 비행〉 출시 • 영상물등급위원회, DVD물 심의 대상 포함 • O양 비디오 유출 사건	〈도쿄 섹스피아〉, 〈만두부인 속터졌네〉, 〈몰카 자유학원〉, 〈미소녀 자유학원 2~5〉, 〈바람꽃〉, 〈쏘빠때〉
2000	• 2월, 인터넷 성인 방송 엔터채널 개국 • 케이블 초고속 인터넷 사업 시작 • 인터넷 성인 방송국 잇달아 개국 • B양 비디오 유출 사건	〈연어〉, 〈천애〉, 〈귀공녀〉, 〈이천년〉, 〈처제의 일기〉, 〈유리의 순결상실〉, 〈유리의 첫 경험〉, 〈유리의 침실〉
2001	• 비디오물 광고물 심의 제도 부활 • 연예인 누드집 발간 시작	〈아파바〉, 〈밤의 황제〉
2002	• 영화 등급 보류 제도 폐지 및 제한 상영가 제도 신설 • 2월, 케이블 심야 성인 채널 HBO플러스 시작 • 3월, 디지털 위성 방송 본방송 시작, 심야 영화 채널 스파이스TV 시작 • 〈문화일보〉, 매주 에로 비디오 비평 기사인 '헉! 에로 비디오' 연재	〈미소녀 자유학원 8〉, 〈만덕이의 보물상자〉, 〈야망〉, 〈언톨드 스토리〉, 〈만덕이의 보물상자〉, 〈이쁜이〉
2003	• 음란물 사이트 '소라넷' 개설	〈깃발을 꽂으며〉, 〈로또걸〉, 〈이태원 버스〉, 〈맛있는 섹스 그리고 사랑〉, 〈푸쉬와 호세인〉
2004	• 이승연 위안부 누드집 파문	〈동상이몽〉, 〈젖소부인 바람났네 12〉
2005	• 2월, 디지털 케이블 TV 상용 서비스 개시 • SKT, KTF, LGT 등 이통 3사 성인 서비스 중단	〈가족 연애사〉

2006	• 영화진흥법 폐지 및 영화 및 비디오물의 진흥에 관한 법률 제정 • 외국 영화 수입 추천 제도 폐지 • 18세 관람가 → 청소년 관람 불가로 명칭 변경 • 비디오물 개념 확대에 따라 온라인 영상물 등급 분류 제도 도입 • 20세기 폭스, 유니버설, 파라마운트사: 국내 DVD 시장 철수 • 음란물 유포 혐의로 '김본좌' 구속	〈현대성생활백서 1~16〉, 〈일반인비디오 1~15〉
2007		〈메디컬 기방 영화관〉, 〈천일야화〉, 〈색화동〉
2008	• 비디오물 등급 보류 제도 위헌 결정	〈가루지기〉, 〈색다른 동거〉
2009	• SK브로드밴드, LG데이콤의 IPTV 상용 서비스 개시 • 비디오물 등급 보류 제도 폐지 및 제한 관람가 신설 • 영상물 내용 정보 기술제 도입	〈미공개 원본필름〉, 〈논픽션 섹스극장〉
2012	• 인터넷 뮤직 비디오 등급 분류 제도 실시 • 영화 전문위원제 및 등급 분류 경량화 제도(전체, 청불) 실시	〈전망 좋은 집〉, 〈전망 좋은 해변〉, 〈전망 좋은 차〉
2014	• 세계 최초 UHD 상용 서비스 시작 • IPTV 실시간 가입자 1000만 돌파	〈뽕 2014〉, 〈젊은 엄마 2〉, 〈허풍〉
2015		〈전망 좋은 집 2〉, 〈젊은 엄마 3〉, 〈동창회의 목적〉, 〈착한 처제〉
2016	• 영화 및 비디오물의 진흥에 관한 법률 개정안 발의 • 등급 분류 경량화 제도 확대(전체, 12세, 15세, 청불) • 국내 최초 IPTV VR 전용 영화 〈외도〉 상영(7월) • 4월, 소라넷 폐쇄	〈외도〉, 〈전망 좋은 집 3〉, 〈내 학생의 엄마〉, 〈누나 친구〉, 〈친구 누나〉, 〈옆집 누나〉

주

1. 이윤종 (2013), "포르노그래피, 바디 장르, 그리고 페미니즘: 1980년대 한국 에로영화에 대한 페미니즘 논의를 중심으로," 〈문화과학〉, 75, p.247.
2. 강소원 (2007), 〈1980년대 한국 '성애영화'의 섹슈얼리티와 젠더 재현〉, 중앙대학교 첨단영상대학원 박사 학위 논문, p.22.
3. 주성철 (2013), 《에로영화 훔쳐보기: '에로'와 '19금' 사이에서, 한국 에로영화 변천사》. 영화진흥위원회.
4. 주성철 (2013).
5. 주성철 (2013. 10), "에로영화 훔쳐보기," 〈한국영화〉, 43호, p.40.
6. 허미선 (2015. 8. 7), "[비바100] '젊은 엄마' 시리즈는 계속된다. 골든타이드픽처스 양건의 대표," 〈브릿지경제〉. http://www.viva100.com/main/view.php?key=20150806010000933
7. 김미현 외 (2006), 〈영화산업 부가시장 활성화 방안 연구〉, 영화진흥위원회, pp.41~46.
8. Thomas Scharts (1981), *Hollywood Genre*, [한창호 · 허문영 옮김, 《할리우드 장르의 구조》, 한나래, 1995], p.69.
9. 임정식 (2010. 11. 14), "한국영화의 에로티시즘(1): 65년 '춘몽' 첫 외설 시비," 〈스포츠조선〉. http://news.chosun.com/site/data/html_dir/2010/11/14/2010111400782.html
10. 유정은 (2004. 7. 29), "[인터뷰] 40년 만의 감개무량한 복원, 〈춘몽〉의 유현목 감독," (2017. 11. 8). http://news.maxmovie.com/6017
11. "벽 속의 여자 (1970)," Daum 영화 (2017. 11. 29). http://movie.daum.net/moviedb/main?movieId=21024
12. 박은주 (2004. 5. 3). "영상자료원서 60~80년대 애정영화전: 온 몸으로 말한 세상, 에로," 〈조선일보〉. http://srchdb1.chosun.com/pdf/i_service/pdf_ReadBody.jsp?Y=2004&M=05&D=03&ID=0405035501
13. 최연진 (2016. 5. 8), "별들의 고향(블루레이)," (2017. 6. 21). http://wolfpack.tistory.com/1180671037
14. "록이 선정한 한국영화 100선: 별들의 고향" (2017. 11. 29), 네이버 블로그. http://blog.naver.com/PostView.nhn?blogId=oldcine&logNo=220863992405
15. "별들의 고향 (1974): 이장호의 데뷔작" (2009. 2. 16), 네이버 블로그 (2017. 11. 29).

http://blog.naver.com/oldcine/70042301149

16. 심진경 (2017. 5. 10), "(김영찬 심진경의 명작은 시대다) 청년이 호스티스를 만났을 때," 〈국민일보〉, 문화면.
17. "별들의 고향 (1974): 이장호의 데뷔작" (2009. 2. 16).
18. 심진경 (2017. 5. 10).
19. "별들의 고향 (1974): 이장호의 데뷔작" (2009. 2. 16).
20. 최연진 (2016. 5. 8).
21. 이현진 (2014), "1980년대 성애영화 재평가를 위한 소고," 〈현대영화연구〉, 18, p.117.
22. 이현진 (2014), p.102.
23. 이형석 (2011. 2. 27), "한국영화 최초의 키스신은?" 〈헤럴드경제〉, (2017. 11. 7). http://news.heraldcorp.com/view.php?ud=20110225000730&md=20120422221220_BL
24. 이현진 (2014), p.99.
25. 이상훈 (2010. 2. 1), "TV와 영화관의 끝없는 경쟁의 산물, '3D,'" 〈IT Chosun〉 (2017. 7. 20). http://it.chosun.com/news/article.html?no=1636481&sec_no=
26. "글래머 안소영 전라 출연" (1982. 1. 6), 〈경향신문〉. 이현진 (2014), p.99에서 재인용.
27. 한국영상협회 (2001). 《2001년판 한국비디오연감》, p.49.
28. 한국영상협회 (2001), p.49.
29. 최현숙 (2016), 《할배의 탄생: 어르신과 꼰대 사이, 가난한 남성성의 시원을 찾아》, 이매진, pp.76~77.
30. 박일근 (1998. 6. 2), "음란비디오 카페 대학가 등서 성업," 〈한국일보〉, p.23.
31. 김환기 (2014. 7. 2), "'노다지' 미군 쓰레기," 〈세계일보〉. http://www.segye.com/newsView/20140702005128
32. 송원섭 (2012. 10. 20), "실비아 크리스텔, 영원한 '개인교수'를 추모하며," (2017. 8. 8). http://fivecard.joins.com/1066
33. 송원섭 (2012. 10. 20).
34. 김미현 (편) (2006), 《한국 영화사: 開化期에서 開花期까지》, 커뮤니케이션북스, p.265.
35. 이현진 (2014), p.94.
36. 심산 (2001. 4), "'애마 부인'의 아버지," 〈씨네 21〉, 296호. http://www.cine21.com/news/view/?mag_id=1295
37. 달 (2002. 7. 21), "영화, 계급, 사회적 리얼리즘 — 한국의 사회적 리얼리즘 영화와 계급 · 계급 정체성," 다음 카페 이상한 나라 미감 (2017. 8. 5). http://cafe.daum.net/migam/8bEK/34?q=80%B3%E2%B4%EB%20%C3%CA%B9%DD%C0%C7%20%B8%AE%BE%F3%B8%AE%C1%F2%20%BF%B5%C8%AD%B4%C2%20%C7%D1%B1%B9%C0%C7%20%BB%EA%BE%F7%C8%AD%A1%A4%B1%D9%B4%EB%C8%AD%BF%A1%20%B5%FB%B8%A 5%20%C0%CE%BA%BB%C1%D6%C0%C7%C0%FB%20%B0%A1%C4%A1

38. 박주성 (2012. 6. 28). "에로영화 10편을 모은 무료기획전, '땡볕'," 〈뉴시스〉. http://news.joins.com/article/8603348
39. 주성철 (2015. 11. 13), "헨젤과 그랬대, 싸 보이지만 괜찮아," 〈씨네21〉.
40. "애마부인 (1982)" (2017. 6. 23), Daum 영화 (2017. 11. 29). http://movie.daum.net/moviedb/main?movieId=1257
41. "변강쇠 (1986)" (2017. 11. 29), Daum 영화. http://movie.daum.net/moviedb/main?movieId=2254
42. Beverly J. Ross (1996), "Does Diversity in Legal Scholarship Make Difference?: A Look at the Law of Rape," Dickinson Law Review, 100(4), pp.808~810.
43. Susan Jeffords (1994), Hard Bodies: Hollywood Masculinity in the Reagan Era, New Brunswick, NJ: Rutgers University Press.
44. 이현진 (2014), pp.108~112.
45. 김형석 (2010. 8. 17), "한국영화잔혹사? 검열과 심의의 연대기," 네이버 영화 (2017. 7. 24). http://today.movie.naver.com/today/today.nhn?sectionCode=SPECIAL_REPORT&sectionId=685
46. "이대근 〈변강쇠〉가 에로영화? 하층민 대표 인권영화 해명" (2011. 12. 27), 〈뉴스엔〉.
47. 강소원 (2007); 이현진 (2014).
48. 임영주 (2003. 11. 7), "Nude — 벗었다, 왜?" 〈경향신문〉, p.33; "유연실 누드집 발간 출판사, 등록 취소 마땅" (1994. 1. 3), 〈연합뉴스〉. http://v.media.daum.net/v/19940103144800886?f=o
49. "에로티시즘/예술인가 외설인가" (1992. 11. 7), 〈국민일보〉.
50. "에로티시즘/예술인가 외설인가" (1992. 11. 7).
51. "에로티시즘/예술인가 외설인가" (1992. 11. 7).
52. 임영주 (2003. 11. 7).
53. "음란물 제조 · 판매 18명 구속/2명 입건 · 5명 수배" (1990. 2. 7), 〈경향신문〉, p.14.
54. "음란물 제조 · 판매 18명 구속/2명 입건 · 5명 수배" (1990. 2. 7).
55. "음란비디오복제 38명 구속/152명 입건… 테이프 4만 9000개 압수" (1991. 10. 21), 〈세계일보〉, p.14.
56. "음란비디오물 방영/6개 유선방송 적발" (1991. 11. 3), 〈세계일보〉, p.19.
57. "외제 음란테이프 판매/비디오가게주인 구속" (1991. 12. 3), 〈동아일보〉, p.22.
58. "유해환경 누가 만들었나" (1990. 10. 26), 〈경향신문〉, p.3.
59. "에로티시즘/예술인가 외설인가"(1992. 11. 7).
60. 한국영상협회 (2001), p.49.
61. 한국영상협회 (2001), p.52.
62. 장원석 (2014. 9. 1), "영욕의 한국영화 110년 — 울타리(스크린쿼터) 낮춰도 안방 지키며 흥행몰이," 〈이코노미스트〉, 1251호, 커버스토리. https://jmagazine.joins.com/economist/

view/302817

63. 문화체육부 (1997), 〈문화산업백서 1997〉, pp.186~187.

64. 문화관광부 (2000), 〈문화산업백서 2000〉, p.331.

65. 이다혜 (2003. 2. 6), "스크린 진기록 대행진 [2]," 〈씨네21〉. http://m.cine21.com/news/view/?mag_id=17059

66. 한국영상협회 (2001), p.20.

67. 한국영상협회 (2001), p.22.

68. 전석호 (1999), 《포르노 섹스 그리고 미디어》, 가산출판사, p.20.

69. 장원석 (2014. 9. 1).

70. 씨젤 (2015. 5. 13), "한국 에로영화의 르네상스, 2000년대 초반 에로비디오를 돌아본다," (2017. 5. 7). http://cizel.kr/bbs/board.php?bo_table=10_46&wr_id=4143

71. 비됴알바 (2008. 12. 5), "80년대 한국영화를 돌아보며: 70~80s 국내흥행순위," (2017. 5. 7). http://blog.naver.com/hanyu313/60058524394

72. 이영진 (2002. 2. 8), "1982년 〈애마부인〉, 그리고 에로영화는 어떻게 달려왔는가," 〈씨네21〉. http://www.cine21.com/news/view/?mag_id=7409 접속 2017.05.07.

73. 리노 (2001. 6. 2), "[영화 장비] 16mm와 35mm 영화| 공연&영상," (2017. 8. 23). http://cafe.daum.net/gradart/Q0x/123?q=16mm%20%BF%B5%C8%AD%20%C0%E5%C1%A1

74. 씨젤 (2015. 5. 13).

75. 한국영상협회 (2001), p.55.

76. 문화체육부 (1997), pp.186~187.

77. 조준 (1993. 12. 29), "'판권료' 단맛에 영화는 질식," 〈시사저널〉. http://www.sisapress.com/journal/articlePrint/108134

78. 조준 (1993. 12. 29).

79. "국산 영화 비디오 인기人氣 폭발" (1991. 6. 4), 〈연합뉴스〉. http://v.media.daum.net/v/19910604113200854?f=o

80. "국산 영화 비디오 인기人氣 폭발" (1991. 6. 4).

81. 문화체육부 (1997), p.198.

82. 박은주 (1996. 12. 20), "에로 비디오만이 성인문화 배출구인가," 〈한국일보〉.

83. "산머루 5 (1994)" (2017. 7. 25), 〈Daum 영화〉. http://movie.daum.net/moviedb/main?movieId=27027

84. 달사랑 (2016. 3. 21), "90년대 한국에로의 역사." http://cafe.daum.net/zzuzzu00/U3Tu/311?q=%BF%A1%B7%CE%BA%F1%B5%F0%BF%C0%20%BB%EA%B8%D3%B7%E7%20%B0%B3%BA%C0

85. 한국영상협회 (2001), p.55.

86. 김형석 (2007. 11. 17), "이젠 잊혀진 '은밀한 추억'을 더듬다," 〈중앙선데이〉, 36호. http://

news.joins.com/article/2950634

87. 남기환 (2001. 2), "이색보고 에로비디오 백태: '용의 국물'에서 'JSA 공동정사구역'까지," 〈신동아〉, (2017. 9. 20). http://shindonga.donga.com/library/3/05/13/100930/4

88. 박은주 (1996. 12. 20),

89. 임영호 · 김은진 · 홍찬이 (2008), "도덕경제와 에로장르 종사자의 직업 정체성 구성," 〈언론과 사회〉, 16권 2호, p.123.

90. "인물정보: 박용준" (2017. 5. 8), 〈무비스트〉. http://www.movist.com/movist3d/movist.asp?id=31429

91. 시네마트3 (2014. 1. 11), "그 여자는 밤배를 타지 않았다(백준기/이예진/소비아 주연)," 비디오 자켓 표지 (2017. 8. 23). http://cinemart3.blog.me/90188204361

92. 새날이 올 때까지 (2012. 1. 28), "2011년 한미 FTA 범국본 보고서(30, 최종회)," (2017. 5. 19). http://m.blog.daum.net/rootstone/101#start)

93. 문화관광부 (2000), p.333.

94. 한국영상협회 (2001), p.56.

95. "인터넷 · TV로 인기 이동… 사양길" (2004. 11), 〈한경Business〉, 제466호 (2017. 11. 7).http://magazine.hankyung.com/business/apps/news?popup=0&nid=10&c1=1001&nkey=2006090400466224591&mode=sub_view

96. 김형석 (2007. 11. 17.)

97. 전규일 (2000. 9. 4), "'16mm 에로' 뜨거운 입김 성인시장 달군다," 〈한국경제매거진〉, 248호. http://magazine.hankyung.com/business/apps/news?popup=0&nid=1&c1=1001&nkey=2006090400248000031&mode=sub_view

98. 유병호 (2003), p.50.

99. 박은주 (1996. 12. 20).

100. 유병호 (2003), p.6.

101. 문화체육부 (1997), p.189.

102. 문화체육부 (1997), p.194.

103. 문화관광부 (2000), p.331.

104. 문화체육부 (1997), pp.194~195.

105. 한국영상협회 (2001), p.18.

106. 문화체육부 (1997), p.195.

107. 한국영상협회 (2001). p.19.

108. 한국영상협회 (2001), p.28.

109. 영상물등급위원회 (2017. 4. 15), "등급분류 변천과정," http://www.kmrb.or.kr/guide/history.do

110. "음반 및 비디오물에 관한 법률" (2017. 4. 15), 다음백과사전. http://100.daum.net/encyclopedia/view/b17a2449a

111. "음반 및 비디오 법률, 몰수조항은 위헌" (1996. 1. 3), 〈연합뉴스〉. http://v.media.daum.net/v/19960103164800196?f=o

112. 여울 편집위원 (2013. 8. 2), "금지곡 백서," 〈서울대학교 교지 관악〉, 47호 (2017. 11. 30). http://kwanak.tistory.com/308

113. 영상물등급위원회 (2017. 4. 15).

114. 유병호 (2003), p.48.

115. 김형석 (2007. 11. 17).

116. 박은주 (1996. 12. 20).

117. 홍성식 (2005. 10. 5), "베드신 많이 봐서 좋겠다구요?" 〈오마이뉴스〉, (2017. 4. 4). http://v.media.daum.net/v/20051005145815038?f=o

118. 달사랑 (2016. 3. 21).

119. 임영호 · 김은진 · 홍찬이 (2008), p.125.

120. 애국플라워 (2007. 11. 16), "〈인물〉 3류라는 인식에서 벗어나 한국적인 에로비디오시장 개척 할 것," (2017. 4. 2). http://cafe.daum.net/_c21_/bbs_search_read?grpid=1B84R&fldid=7rbQ&datanum=540&docid=1B84R7rbQ54020071116155403

121. 임영호 · 김은진 · 홍찬이, 2008, p.132.

122. 애국플라워 (2007. 11. 16).

123. 애국플라워 (2007. 11. 16).

124. Pierrot Le Fou (2009. 9. 5), "악령속의 사춘기 Malabimba (1979)," It Came from Outer Space — 장르 영화 전문 아카이브 (2017. 4. 4). http://itcamefromouterspace.tistory.com/4

125. 애국플라워 (2007. 11. 16).

126. 홍성식 (2005. 10. 5).

127. 박인호 (2007. 11. 27), "에로영화의 '공사' 대부분 스스로 한다," 〈일간스포츠〉 (2017. 4. 4). http://v.media.daum.net/v/20071127130815607?f=o

128. 김두호 (2007. 12. 18), "인터뷰365," (2017. 4. 4). http://i365.mk.co.kr/paper/news/view.php?newsno=401

129. 김형석 (2011. 3. 21), "에로계의 대부 한지일," 〈일요신문〉, 제984호. http://ilyo.co.kr/?ac=article_view&entry_id=40832

130. 이윤정 (1996. 12. 20), "에로 비디오 제작자 한지일씨: 어른들이 볼 건 다 보면서 에로물 탓하나……" 〈한국일보〉, 문화면.

131. 달사랑 (2016. 3. 21).

132. 신연수 (1997, 2, 18), "[연예가 프리즘] 공륜 , 에로물 〈젖소부인〉 제목변경 요구," 〈동아일보〉. http://news.donga.com/List/Series_70090000000004/3/70090000000004/19970218/7233452/1

133. 별게다 (2004. 11. 17), "속 터지고 열받은 만두부인," dcinside.com 갤러리 (2017. 5. 25).

http://gall.dcinside.com/board/view/?id=p_debate&no=64031

134. 김두호 (2007. 12. 18).

135. 임영호 · 김은진 · 홍찬이 (2008), p.125.

136. 임영호 · 김은진 · 홍찬이 (2008), p.125.

137. 이윤정 (1996. 12. 20).

138. 박은주 (1996. 12. 20).

139. "에로비디오 천국" (1996. 10. 31), 〈전자신문〉, (2017. 4. 5). http://www.etnews.com/199610310017?m=1

140. 박인호 (2007. 11. 27).

141. 박인호 (2007. 11. 27).

142. 임영호 · 김은진 · 홍찬이 (2008), p.120, 주 5.

143. 박인호 (2007. 11. 27).

144. 임영호 · 김은진 · 홍찬이 (2008), p.123.

145. "에로물 패러디 기발 '제목 – 구성 철저히 베껴'" (1999. 11. 19), 〈한국일보〉, p.21.

146. 임영호 · 홍찬이 · 김은진 (2009), "문화산업 주변부 종사자의 삶과 커리어: 한국 에로물 감독의 구술 생애사," 〈언론과 사회〉, 17권 3호, p.37.

147. 고경석 (2007. 11. 16), "색의 세계에 오신 것을 환영합니다," TicketLink (2017. 4. 5). http://blog.naver.com/memo/MemologPostView.nhn?blogId=0zb&logNo=80089665997&currentPage=1&listtype=0

148. 김은진 (2001), 〈성인들의 한국 에로비디오 수용에 관한 연구: 성적 욕망과 여성묘사에 관한 해독을 중심으로〉, 부산대학교 대학원 석사 학위 논문, p.66.

149. 박은주 (1996. 12. 20).

150. 이윤정 (1996. 12. 20).

151. 이경호 (2015. 6. 15), "한지일 '에로계 대부? 오해 풀고 싶다' 영화배우 한지일 인터뷰," 〈머니투데이〉 (2017. 4. 5). http://star.mt.co.kr/view/stview.php?no=2015061507034399807&outlink=2&SVEC

152. 임영호 · 홍찬이 · 김은진 (2009), p.40.

153. 임영호 · 김은진 · 홍찬이 (2008), p.135.

154. 남기환 (2001. 2).

155. "〈젖소부인 바람났네〉의 부인, 진도희" (2006. 1. 26), 〈일간스포츠〉. http://news.joins.com/article/2125981

156. 김훤주 (2001. 4. 23), "자본의 논리와 닮은 '젖소부인 시리즈'," 〈경남도민일보〉 (2017. 4. 5). http://www.idomin.com/news/articleView.html?idxno=13148

157. 이교동 (2000), "젖소부인을 위한 변명: 에로비디오의 정치경제학," 고길섶 외, 《삐라에서 사이버문화까지 문화읽기》, 현실문화연구, pp.483~485에서 재인용.

158. 신연수 (1997. 2. 18).

159. 신연수 (1997. 2. 18).
160. 남기환 (2001. 2).
161. 김형석 (2010. 8. 2), "'한국 에로비디오의 혁명' 진도희," 〈일요신문〉, 제951호. (2001. 4. 23). http://ilyo.co.kr/?ac=article_view&entry_id=38620
162. 김형석 (2010, 8, 2).
163. 김형석 (2010. 8. 2).
164. 김형석 (2007. 11. 17).
165. 달사랑 (2016. 3. 21).
166. 김형석 (2010. 11. 8), "에로틱 이슈 메이커 정세희," 〈일요신문〉 (2017. 4. 23). http://ilyo.co.kr/?ac=article_view&entry_id=39560
167. 김형석 (2010. 11. 8).
168. 박은주 (1996. 12. 20).
169. 박정준 (2014. 8. 14), "어쭈구리," (2017. 5. 2). https://watcha.net/mv/eojjuguri-1996/mzblex
170. @hiskarma, "유호프로덕션 작품으로……" 트위터, (2013. 9. 24). https://twitter.com/hiskarma/status/382496035387748352
171. 변희재 (2017. 5. 2), "소녀가 살고 있었다네. 에로배우 이규영과 유리," 〈대자보〉. http://www.jabo.co.kr/data/jabo_co_kr/old/25th/mh25-5.htm
172. "누들누드" (2017. 5. 2). https://watcha.net/mv/nudlnude-1998/m7ygxz
173. 유대란 (2017. 5. 2), "이런 상상 해본 적 있잖아, 누들누드," Chaeg, (2017. 5. 2). http://www.chaeg.co.kr/%EC%9D%B4%EB%9F%B0-%EC% 83%81%EC%83%81-%ED%95%B4%EB%B3%B8-%EC%A0%81-%EC% 9E%88%EC%9E%96%EC%95%84-%EB%88%84%EB%93%A4%EB%88%84%EB%93%9C/
174. 김필국 (1999. 2. 12), "대학로 또 벗기기 연극 성행 논란 — 누들누드 등," 〈MBC 뉴스데스크〉 (2017. 5. 2). http://imnews.imbc.com/20dbnews/history/1999/1777134_19514.html
175. 이형복 (2001. 7. 26), "'누들누드' 이번엔 인터넷 점령," 〈경기일보〉 (2017. 5. 2). http://www.kyeonggi.com/news/articleView.html?idxno=69709
176. anisarang (2006. 3. 8), "한국 애니메이션 작품들과 각각의 특징들," (2017. 11. 7). http://phenixe.tistory.com/111
177. 김지룡 (1999. 8. 30), "'누들누드'의 성공 비결," 〈동아일보〉, 오피니언. (2017. 11. 7). http://news.donga.com/List/Series_70040100000030/3/70040100000030/19990830/7465716/1
178. 박은주 (1996. 12. 20).
179. 남기환 (2001. 2); "[웃자! 웃자!] 에로비디오 제목 다시보기," 〈중앙일보〉 (2004. 3. 16). http://news.joins.com/article/1986936; 이병학 (2017. 8. 3). "[ESC] 에로영화, 패러디 제

목 총정리," 〈한겨레〉. http://www.hani.co.kr/arti/specialsection/esc_section/305371.html#csidx250cd9c610e7f14b7cf2fdfe78233ca 등의 분류를 참고해서 재구성하였음.

180. 씨젤 (2015. 5. 13).

181. 남기환 (2001. 2).

182. "[성인전용관] 기발한 에로영화 제목 미국은 한 술 더 떠" (2004. 5. 25), 〈한국일보〉.

183. 탁진현 (2008. 6. 13), "[뉴스플러스 ①] 대박 이름, 通하였느냐?" 〈세계일보〉. http://v.entertain.media.daum.net/v/20080613101013426

184. 한국영상협회 (2001), p.58.

185. 문화관광부 (2000), p.332.

186. 이송화 (2002. 4. 10), "성인 전용문화가 몰려온다," 〈서울신문〉, p.19. http://www.seoul.co.kr/news/newsView.php?id=20020410019001

187. 전규일 (2000. 9. 4).

188. 전규일 (2000. 9. 4).

189. 유진우 (2001. 5. 7), "다시 찾아온 신 부흥기." http://ctlife.co.kr/200102/Movie/Mov_Issue/Description/.../issue_rep22.asp

190. 전규일 (2000. 9. 4).

191. 영상물등급위원회 (2002), 《등급분류연감》, p.88.

192. 빛나는 뿌리 (2015. 1. 14), "한국 에로영화의 르네상스, 2000년대 초반 에로 비디오를 돌아본다," (2017. 5. 5). http://blog.naver.com/puff_2000/220239560479

193. 배수경 (2004), pp.59~60.

194. 문화관광부 (2000), p.352.

195. 이용인 (2002. 12. 26), "에로감독 봉만대 충무로행 이유는?" 〈주간조선〉, 1734호. http://weekly1.chosun.com/wdata/html/news/200212/20021223000015.html

196. 이용인 (2002. 12. 26).

197. 영상물등급위원회 (2002), 〈2001 심의연감〉, pp.51~52.

198. 정경문 (2000. 12. 9), "불법 16mm 에로비디오 '철퇴'," 〈한국일보〉.

199. 태원준 (2000. 12. 29), "10대 출연 에로물 제작업자 등 첫 구속," 〈국민일보〉, p.26,

200. 이준섭 (2001. 5. 9), "윤리가 서야 나라가 선다(17): 에로비디오 '선정성' 어디까지," 〈세계일보〉, p.17.

201. 유병호 (2003), p.26.

202. 유진우 (2001. 5. 7).

203. 김태훈 (1999. 11. 4), "[포커스] '넘버 3'이지만 열정으로 벗는다," 〈주간조선〉, 1576호.

204. 우승현 (2002. 2. 7), "성인용 비디오 변화 바람," 〈문화일보〉, p.21. http://www.munhwa.com/news/view.html?no=2002020701012130081002

205. 영상물등급위원회 (2002), p.52.

206. 이용인 (2002. 12. 26).

207. 김형석 (2002. 2. 7), "작가주의 선언한 에로감독 5人 누구인가," 〈문화일보〉, p.21.
208. 이용인 (2002. 12. 26).
209. 이용인 (2002. 12. 26).
210. 김형석 (2002. 2. 7).
211. 김형석 (2002. 2. 7).
212. 김형석 (2002. 2. 7).
213. 김형석 (2002. 2. 7).
214. 이용인 (2002. 12. 26).
215. 이용인 (2002. 12. 26); 김형석 (2002. 8. 9). "〈헉! 에로비디오〉 충무로 '에로배우 거부감' 심하다," 〈문화일보〉, p.16.
216. 이용인 (2002. 12. 26).
217. 김현정 (2002. 8. 9), "에로영화계의 스타감독에서 데뷔작 준비하는 봉만대 감독 스토리 (2)," 〈씨네21〉. http://www.cine21.com/news/view/?mag_id=11953
218. 김현정 (2002. 8. 9).
219. 나권일 (2003. 7. 14), "환갑 때까지 섹스만 찍겠다," 《시사저널》http://www.sisapress.com/journal/articlePrint/89119
220. 마태운 (2002. 8. 22), "에로와 극영화는 대등한 문화," 《문화일보》, p.31. http://www.munhwa.com/news/view.html?no=2002082201013105099002
221. 하기호 (2002. 8. 9), "그리고, 에로영화가 진화하기 시작했다." 〈씨네21〉. http://www.cine21.com/news/view/?mag_id=11952
222. 김현정 (2002. 8. 9).
223. 김현정 (2002. 8. 9).
224. 김영호 (2003. 6. 26), "맛있는 섹스, 그리고 사랑," 〈부산일보〉.
225. "봉만대" (2017. 5. 15), 나무위키. https://namu.wiki/w/%EB%B4%89%EB%A7%8C%EB%8C%80
226. 영상물등급위원회 (2002), p.52.
227. 영상물등급위원회 (2002), p.52.
228. 영상물등급위원회 (2002), p.53~54.
229. "나? 에로배우 '부끄럼 없이 벗는다'" (2001. 1. 4), 〈주간동아〉, 266호. http://weekly.donga.com/3/all/11/64571/1
230. "나? 에로배우 '부끄럼 없이 벗는다'" (2001. 1. 4).
231. Junk House (2012. 1. 9), "에로영화계의 전설 이규영," 네이버 블로그 (2017. 6. 14). http://blog.naver.com/pauliks75?Redirect=Log&logNo=70128513214
232. 김형석 (2002. 2. 7).
233. 이영진 (2002. 2. 8).
234. 김형석 (2002. 4. 4), "〈헉! 에로비디오〉 '페티쉬'," 〈문화일보〉, 문화면.

235. 김형석 (2011. 2. 28), "[그 배우의 섹시그래피] '에로계의 심은하' 이규영," 〈일요신문〉, 제981호. http://ilyo.co.kr/?ac=article_view&entry_id=40643
236. "나? 에로배우 '부끄럼 없이 벗는다'" (2001. 1. 4).
237. 빛나는 뿌리 (2015. 1. 14).
238. 김형석 (2011. 2. 28).
239. 김형석 (2011. 2. 28).
240. 달사랑 (2016. 3. 21).
241. 김형석 (2011. 2. 28).
242. 김형석 (2011. 2. 21), "[그 배우의 섹시그래피] 에로의 아이콘 하소연," 〈일요신문〉, 제980호. http://ilyo.co.kr/?ac=article_view&entry_id=40551
243. 김형석 (2011. 2. 21).
244. 변희재 (2017. 5. 2).
245. 나권일 (2002. 7. 8), "그녀는 어디서 무엇을 하나: 은퇴한 에로 여배우 상당수 유흥업소 취업… 연극 · TV 출연 등 새길 찾기도," 〈시사저널〉. http://www.sisapress.com/journal/article/86999
246. 윤상길 (2013. 8), "(시대의 스타, 추억의 명배우 ⑥): 안소영. 에로영화 제단에 봉헌된 비운의 글래머 스타," 〈월간중앙〉, 294호 (2017. 12. 2). http://jmagazine.joins.com/monthly/view/298499
247. 윤상길 (2013. 8).
248. "에로배우 출신 성은, 하유선 관심 집중" (2007. 9. 27), 〈매일경제〉.
249. 김형석 (2011. 2. 21),
250. 우승현 (2002. 2. 7), "에로배우 열혈팬 뭉쳐라," 〈문화일보〉. http://www.munhwa.com/news/view.html?no=2002020701012130081004
251. 김형석 (2002. 1. 10), "무인도의 남녀 두쌍 3박4일간 정사 '야한 밤'," 〈문화일보〉. http://www.munhwa.com/news/news_print.html?no=2002011001012930081002
252. 김형석 (2002. 4. 4).
253. 송태형 (2000. 3. 20), "성인전용 방송국 잇따라 개국," 〈한국경제〉. http://news.naver.com/main/read.nhn?mode=LSD&mid=sec&sid1=102&oid=015&aid=0000200083
254. 송태형 (2000. 3. 20).
255. 우승현 (2002. 3. 4), "성인사이트 'AV매거진'," 〈문화일보〉. http://munhwa.com/news/view.html?no=2002030401011430081002
256. 김은진 (2001), p.35.
257. 김민정 (2003. 1. 12), "비디오숍 숨은 공신 에로비디오 따라잡기," 〈일요신문〉, 제556호. http://ilyo.co.kr/?ac=print&entry_id=11865
258. 편집부 (1999), "'O양 비디오' 사건," 〈저널리즘 비평〉, 27, p.87.
259. 편집부 (1999), p.87.

260. 편집부 (1999), pp.88~89.
261. 김용래 (1999. 3. 17), "'O양 비디오' 인터넷 확산 기여," 〈서울경제〉. http://www.sedaily.com/NewsView/1HQ4SD459K
262. 정철환 (2005. 1. 21), "[연예인 X파일] 보도 반나절 안 돼 해외까지 퍼져," 〈한국일보〉.
263. 한국전산원 (2000), 〈한국인터넷백서〉, p.26.
264. 권민 (2005), 〈사이버 공간에서의 음란물 규제에 관한 연구〉, 국민대학교 석사 학위 논문, p.9.
265. 전영선 (2002. 12. 24), "[문화] 연예인 누드집 '계산된 상술'로 대중 현혹," 〈문화일보〉. http://www.munhwa.com/news/view.html?no=2002122401011930256002
266. 양성희 (2003. 6. 2), "[문화] 미녀들이 옷을 벗는다," 〈문화일보〉. http://www.munhwa.com/news/view.html?no=2003060201011930072004
267. "서울지법, 이승희 누드집은 음란물" (1998. 10. 14), 〈부산일보〉.
268. 유영규 (2003. 7. 3), "인터넷 달구는 연예인 누드," 〈서울신문〉. http://www.seoul.co.kr/news/newsView.php?id=20030703022001
269. 유영규 (2003. 7. 3).
270. 양성희 (2003. 6. 2).
271. 이승훈 (2003. 7. 1), "상업적 연예인 누드, 자발적 네티즌 누드," 〈한겨레〉.
272. 양성희 (2003. 6. 2).
273. 박성희 (2003. 7. 8), "[천자 칼럼] 누드 열풍," 〈한국경제〉.
274. 장성현 (2003. 10. 1), "연예계 누드 '광풍'…… 그 속살," 〈매일신문〉. http://www.imaeil.com/sub_news/sub_news_view.php?news_id=32410&yy=2003
275. 장성현 (2003. 10. 1).
276. 이승훈 (2003. 7. 1).
277. 홍석우 (2003. 3. 12), "[성인물] '비디오에서 인터넷으로'," 〈한국일보〉.
278. 유세경 · 정윤경 (2002), "영화 창구로서의 인터넷 영화 사이트 특성과 기능에 관한 연구," 〈한국언론학보〉, 46(2), pp.489~490.
279. 유세경 · 정윤경 (2002), pp.489~490.
280. 박원식 (2000. 7. 18), "[인터넷 성인영화 사이트] 에로영화, 인터넷서 '당당한 외출'," 〈한국일보〉.
281. 박영태 (2001. 6. 7), "'에로의 바다'서 금맥 캔다…… 인터넷포털 성인콘텐츠로 수익올리기," 〈한국경제〉.
282. 김주현 (2001. 4. 17), "'에로의 바다'로 가는 포털사이트: 대형 포털 성인콘텐츠로 돈벌이 혈안," 〈경향신문〉.
283. 김주현 (2001. 4. 17).
284. 황남준 (2001. 4. 27), "국내 30개 성인영화사이트 전부 유해매체물," 〈헤럴드경제〉.
285. 박경호 (2005. 3. 28), "음란물 운영 포털 등 35명 기소," 〈서울신문〉.

286. 전필수 (2005. 3. 28.), "검찰, 포털 성인물 운영자 26명 기소. 휴대폰도 수사," 〈머니투데이〉. http://v.media.daum.net/v/20050328063952050?f=o

287. 박경호 (2005. 3. 28).

288. 정완 (2003. 1/2), "인터넷 성인방송의 문제점과 대응책," 〈형사정책연구소식〉 제75호, p.18.

289. 안순모 (2002. 4. 17), "인터넷 성인방송 '아직도 겨울'," 〈경향신문〉. http://news.khan.co.kr/kh_news/khan_art_view.html?artid=200204171711331&code=960100

290. 안순모 (2002. 4. 17).

291. 유희경 (2000. 8. 11), "'선정성'비난 불구.. 인터넷 성인방송, 밤낮없이 뜨겁다," 〈문화일보〉. http://www.munhwa.com/news/view.html?no=2000081116000101

292. 조두진 (2000. 5. 11), "인터넷 성인방송 핑크빛 경쟁," 〈매일신문〉. http://www.imaeil.com/sub_news/sub_news_view.php?news_id=14626&yy=2000

293. 김호일 (2000. 8. 4), "인터넷 성인방송 '아찔'," 〈부산일보〉. http://news20.busan.com/controller/newsController.jsp?newsId=20000804000132

294. 이희정 (2000. 8. 7), "인터넷 성인방송 '규제강화'," 〈한국일보〉. http://hankookilbo.com/v/427d7899d0804e0bbc1420091a693426

295. 박종우 (2001. 2. 2), "[인터넷] 인터넷 성인방송들 재기의 몸부림," 〈동아일보〉.

296. 안순모 (2002. 4. 17).

297. 곽래건 (2012. 11. 18), "[Why] '야동과 전쟁' 10년, 다 틀어막고 있지만… '토렌트'는 사각지대," 〈조선일보〉. http://news.chosun.com/site/data/html_dir/2012/11/16/2012111601269.html

298. "한동안 뜸하더니…… 스팸메일 다시 기승" (2001. 6. 4), 〈국민일보〉. http://news.naver.com/main/read.nhn?mode=LSD&mid=sec&sid1=105&oid=005&aid=0000058522

299. 배성재 (2006. 10. 19), "꼬리 잡힌 포르노 공급 대부," 〈국제신문〉, 6면. http://www.kookje.co.kr/news2011/asp/newsbody.asp?code=0300&key=20061019.22006215316

300. 홍은미 (2006. 10. 18), "'포르노의 황제 김본좌를 석방하라' 네티즌 아우성," 〈일간스포츠〉. http://news.joins.com/article/2479892

301. lucyopp (2017. 10. 11), "[본문스크랩] 너희들 중에 하드에 야동한편 없는 자, 나에게 돌을 던져라.," http://blog.naver.com/PostView.nhn?blogId=lucyopp&logNo=110188460983

302. "'김본좌 쯤이야' 포르노 2만여편 유포한 '포르노 지존'" (2009. 12. 15), 〈경향신문〉.

303. "한때 대한민국 야동계를 뒤흔들었던 야동계의 거물" (2017. 10. 11), 〈꿀팁 블로그〉. http://honeytip.tistory.com/2886

304. 곽래건 (2012. 11. 18).

305. 조재진 (2015. 12. 2), "일반인 성관계 동영상 인기 까닭," 〈일요신문〉, 제1229호. http://ilyo.co.kr/?ac=article_view&entry_id=153627

306. 김태일 (2015, 12, 07), "'넘치는' 소라넷 아류사이트 대해부," 〈일요시사〉. http://www.ilyosisa.co.kr/news/articleView.html?idxno=90992
307. 조재진 (2015. 12. 2).
308. 배재성 · 한동엽 (2016. 5. 31), "[이슈 인사이드] 소라넷 흥망성쇠 17년… 폐쇄 뒤 100만 회원은 유사 사이트로," 〈중앙일보〉. http://news.joins.com/article/20104489
309. 최은경 (2006. 6. 13), "소라넷 운영자 서울대 출신 부부… 경찰, 검거 주력," 〈조선일보〉. http://news.chosun.com/site/data/html_dir/2016/06/13/2016061301497.html
310. 김태일 (2015, 12, 07).
311. 김태일 (2015. 12. 07).
312. 강영훈 (2017. 5. 16), "'제2의 소라넷' 회원 121만명 음란물사이트 운영자 잡혔다," 〈연합뉴스〉. http://m.news.naver.com/read.nhn?oid=001&aid=0009267728&sid1=001
313. 편집부 (2005. 11. 17), "한국 영화 산업마저 안전하지 않다 벼랑 끝에 선 한국 DVD 산업 3," 〈필름 2.0〉, http://blog.naver.com/sbstyle/60019600931
314. 편집부 (2005. 11. 16), "DVD 제작, 출시사들의 힘겨운 몸부림 벼랑 끝에 선 한국 DVD 산업 2," 〈필름 2.0〉; 편집부 (2005. 11. 17); "영화 불법 다운에 DVD산업 '녹다운'" (2008. 9. 2), 〈한국일보〉.
315. 영상물등급위원회 (2002), p.53.
316. 김미현 외 (2006), pp.43~44.
317. 김미현 외 (2006), pp.45~46.
318. 백인성 (2010. 11. 22), "불법 영상물 범람 탓에 DVD산업 무너져," 〈경향비즈〉. http://biz.khan.co.kr/khan_art_view.html?code=920401&artid=201011221833441
319. 편집부 (2005. 11. 16).
320. 백인성 (2010. 11. 22).
321. 편집부 (2005. 11. 15), "한국 DVD 시장 붕괴하나? 벼랑 끝에 선 한국 DVD 산업 1," 〈필름2.0〉. http://blog.naver.com/sbstyle/60019600869
322. 편집부 (2005. 11. 15).
323. 편집부 (2005. 11. 15).
324. 백인성 (2010. 11. 22).
325. 편집부 (2005. 11. 15).
326. 문화관광부 (2002), p.393.
327. 편집부 (2005. 11. 16).
328. 문권모 (2001. 6. 14), "울릉도 비디오가게 운영 배상용씨," 〈동아일보〉.
329. 조재진 (2015. 7. 1), "[18금 연예통신] 에로영화업계 '에로' 타이틀 벗기," 〈일요신문〉.
330. 채병건 (2000. 12. 29), "미성년 알몸 비디오 제작자 첫 기소," 〈중앙일보〉. http://gangnam02.joins.com/news/article/Article.aspx?total_id=4017061&sc=&mc=; 송원영 (2002. 5. 16). "[표주박] 이경영씨 상대 여고생 영화감독과도 원조교제," 〈한국일보〉.

http://hankookilbo.com/v/127d0693e611488599227e8c08944940
331. 조재진 (2015. 7. 1).
332. 김태규 (2005. 3. 28), "검찰, 포털 성인물 운영자 26명 기소… 휴대폰도 수사," 〈한겨레〉. http://www.hani.co.kr/arti/society/society_general/21602.html
333. 이인숙 · 송형국 (2006. 2. 2), "적법심사 거친 인터넷포털 성인용 동영상 "음란하다" 유죄판결 파문," 〈경향신문〉.
334. "性관념 변했지만 음란물 기준 바꿀 때 아니다" (2007. 7. 21), 〈중앙선데이〉, 19호, p.13. http://news.joins.com/article/2800427
335. 홍성식 (2005. 10. 5).
336. 안동환 (2005. 4. 8), "[안동환기자의 현장+] 에로비디오 촬영현장을 가다," 〈서울신문〉. http://www.seoul.co.kr/news/newsView.php?id=20050408009001
337. 신용우 (2005), "등급분류연감," 〈영상물등급위원회〉, 109, p.112.
338. 안동환 (2005. 4. 8).
339. 구교선 (2003. 2. 11), "하소연 출연한 '깃발을 꽂으며'," 〈무비스트〉. http://www.movist.com/movist3d/read.asp?type=13&id=4852
340. 최규일 (2003. 1. 4), "에로비디오 '태극기를 꽂으며' 파문," 〈일간스포츠〉. http://news.joins.com/article/1968965#none
341. 최규일 (2003. 1. 4).
342. 이승재 (2003. 1. 09), "[이승재 기자의 현장칼럼] 촛불시위소재 성인영화," 〈동아닷컴〉 (2017. 10. 9). http://news.donga.com/View?gid=7900082&date=20030109
343. 홍성식 (2003. 8. 27), "부시는 알까? 한국 에로비디오의 주인공이 된 것을," 〈오마이스타〉. http://star.ohmynews.com/NWS_Web/OhmyStar/at_pg.aspx?CNTN_CD=A0000140814
344. 홍성식 (2003. 8. 27).
345. 윤미경 (2008. 5. 9), "'빨간 마후라'의 악몽," 〈머니투데이〉. http://news.mt.co.kr/mtview.php?no=2008050908591242013&outlink=1&ref=http%3A%2F%2Fsearch.naver.com
346. 정용인 · 이범준 (2015. 2. 3), "[표지이야기] 위헌 제청에드 논란 불씨는 여전," 〈주간경향〉, 1112호. http://weekly.khan.co.kr/khnm.html?mode=view&code=115&artid=201501271549211&pt=nv
347. 최재욱 (2006. 3. 5), "'여교수의 은밀한 매력'의 비밀은 '빨간 마후라'," 〈스포츠경향〉. http://entertain.naver.com/read?oid=144&aid=0000010007
348. 홍주성 (2016. 10. 6), "[나는 남성 페미니스트입니다 ②] 구글에서 '길거리'를 검색하면 몰카가 쏟아지는 나라," 〈여성신문〉. http://www.womennews.co.kr/news/98377
349. 이윤종 (2016), "장선우와 에로비디오: 1990년대 한국의 전환기적 포르노 영화," 〈대중서사연구〉, 22권 4호, pp.178～179.
350. 이신우 (2002. 11. 14), "[오후여담] IT강국의 역설," 〈문화일보〉.

351. 윤정훈 (1999. 10. 13), "캐치원 · 종방위 '에로영화 숨바꼭질'," 〈국민일보〉.
352. 배국남 (1999. 3. 25), "케이블 야한 경쟁," 〈한국일보〉.http://hankookilbo.com/v/60109255c84540e0803e3f482ed6657f
353. 남우정 (2014. 3. 11), "[M+기획… 'OCN' ①] 자체제작 드라마로 케이블 채널의 활로 개척," 〈MBN 스타〉. http://star.mbn.co.kr/view.php?no=381427&year=2014
354. 박정민 (2010. 12. 18), "[케이블 드라마] '동상이몽'부터 '야차'까지," 〈TV리포트〉. http://www.tvreport.co.kr/?c=news&m=newsview&idx=82211
355. 이송화 (2002. 4. 10).
356. 조재영 (2002. 8. 10), "국내 첫 방송용 성인영화 제작," 〈연합뉴스〉.
357. "사양길 에로물 기사회생 내막" (2004. 3. 7), 〈일요신문〉, 제616호. http://ilyo.co.kr/?ac=article_view&entry_id=7780
358. 이명구 (2007. 11. 22), "에로는 죽지 않는다, 다만 진화할 뿐," 〈중앙선데이〉, 제36호. http://news.joins.com/article/2950632#none
359. 김영화 (2003. 11. 19), "유료TV '주간 연장방송' 논란/대낮부터 낯 뜨거운 성인영화 채널," 〈한국일보〉.
360. 조민중 · 이태영 (2008. 5. 2), "케이블 TV 넘치는 음란 성인물… 규제장치는 허술," 〈세계일보〉. http://www.segye.com/newsView/20080501002422
361. 김호경 (2003. 2. 26), "'저질' 성인채널 철퇴… 방송위 , 금지프로 방영 '미드나잇' 검찰 고발키로," 〈국민일보〉.
362. 이현우 (2009. 1. 2), "2009 IPTV시대 개막, 지상파 방송3사의 운명은?" 〈뉴스엔〉. http://www.newsen.com/news_view.php?uid=200901021508471001
363. 김형석 (2014. 4. 18), "에로영화 신작열전, 에로는 오래 지속된다," 〈맥스무비〉. http://news.maxmovie.com/127446#csidx63a4b0cc894ca9685f79a87a8136c4c
364. 이해리 (2013. 7. 30), "여름 극장가 '야한 영화' 늘어나는 이유는?" 〈스포츠 동아〉. http://sports.donga.com/3/all/20130729/56735372/3
365. 주성철 (2013. 10), p.39.
366. 주성철 (2017. 8. 3), "[ESC] 리모콘 꾹꾹, 빨간 세상이 펼쳐지네," 〈한겨레〉. http://www.hani.co.kr/arti/specialsection/esc_section/805365.html#csidx3f133a10dfdde7db55ea34c9f8ad6f3
367. 이해리 (2013. 7. 30); 이원광 (2016. 4. 16), "IPTV가 뜨겁다… '저예산 에로영화, 260만 영화보다 인기'," 〈머니투데이〉. http://news.mt.co.kr/mtview.php?no=2016041409380311042&outlink=1&ref=http%3A%2F%2Fsearch.naver.com
368. 이원광 (2016. 4. 16).
369. 김성희 (2015), "에로영화, 부활할 수 있을까?" 〈한국영화〉, 58호, p.7.
370. 주성철 (2017. 8. 3).
371. 이시연 (2014. 7. 22), "IPTV 시장 커졌는데 …… 에로영화 왜 안될까," 〈일요신문〉,

1158호. http://ilyo.co.kr/?from_mobile=1&ac=article_view&entry_id=85524
372. 김진수 (2016. 11. 14), "나부터 '음란마귀' 씌어야," 〈신동아〉, 686호. http://shindonga.donga.com/3/all/13/777717/1
373. 이시연 (2014. 7. 22).
374. 이정국 (2017. 8. 3), [ESC] "공자관'으로 산다는 건……' 더 야하게, 뻔하지 않게'," 〈한겨레〉. http://www.hani.co.kr/arti/specialsection/esc_section/805369.html#csidxbe4441c4a43b154a36d2dac08658248
375. 김솔지 (2017. 9. 11), "곽현화 ''전망좋은집' 노출장면, 배우로서 안 좋은 이미지 박힐까 두려웠다'," 〈MBN 스타〉. http://star.mbn.co.kr/view.php?year=2017&no=609436&refer=portal
376. 민교동 (2014. 2. 18), "충무로 살색 열풍 왜.. .실제 수익 대박?" 〈데일리안〉.
377. 이은지 (2013.9.4.), "곽현화 '봉만대,' 안 본 사람은 에로영화라 하겠죠'," 〈마이데일리〉. http://www.mydaily.co.kr/new_yk/html/read.php?newsid=201309040805401124&ext=na
378. 이시연 (2014. 7. 22).
379. 정윤희 (2017. 9. 13), "IPTV 성인 VOD 매출 '쏠쏠,' 5년간 600억원," 〈헤럴드경제〉. http://news.heraldcorp.com/view.php?ud=20170913000040
380. 신상민 (2014. 12. 8), "[영화 결산 ⑥] 에로 영화의 재개, 그러나 작품성의 한계," 〈티브이데일리〉.
381. 이정국 (2017. 8. 3).
382. 김진수 (2016. 11. 14).
383. 백승찬 (2016. 3. 8), "'젊은 엄마'의 공자관 '100년도 못사는 인생, 즐기자'," 〈경향신문〉. http://news.khan.co.kr/kh_news/khan_art_view.html?artid=201603081043591&code=960401
384. 김진수 (2016. 11. 14).
385. 김진수 (2016. 11. 14).
386. 이현아 (2015. 11. 17), "'친구엄마' 공자관 감독 '친구엄마와의 로맨스는 남자 판타지'," 〈한국일보〉. http://www.hankookilbo.com/v/4fb504afa03df952fc9b215310d9d51a
387. 김형석 (2014. 4. 18).
388. 김진수 (2016. 11. 14).
389. 백승찬 (2016. 3. 8).
390. 한익재 (2001. 9. 8), "성인콘텐츠 휴대폰에 급속 침투," 〈헤럴드경제〉.
391. 박도제 (2002. 12. 27), "'돈벌이 급급' 구설수," 〈헤럴드 경제〉.
392. 김인진 (2002. 9. 30), "성인콘텐츠 사이트 무선 웹에 마수 뻗쳐," 〈전자신문〉.
393. 김민하 (2003. 4. 19), "성인 모바일서비스 급성장," 〈헤럴드경제〉.
394. 서일호 · 이용인 (2003. 6. 5), "[집중탐구] 성인영상물 — 에로비디오 지고 '에로IT' 뜬다," 〈주간조선〉, 1756호.

395. 서일호 · 이용인 (2003. 6. 5).
396. 이명구 (2007. 11. 22).
397. 서일호 · 이용인 (2003. 6. 5).
398. 오미정 (2006. 3. 10), "휴대전화 요금 370만원, 내 아들을 죽였다," 〈노컷뉴스〉. http://www.nocutnews.co.kr/news/131745#csidx26ca3f4d85f1d8a80ca2f3a2dab3a88
399. 지호일 (2006. 5. 9), "이통 3사 야설 장사 198억 챙겨… 경찰 , 관련업체 46곳 · 임직원 50명 입건," 〈국민일보〉.
400. 심화영 (2006. 10. 23), "성인 CP들 '새 영역 찾자'," 〈디지털타임스〉.
401. 황지혜 (2014. 2. 13), "모바일 IPTV 때를 만나다," 〈매일경제〉.
402. 강희종 (2013. 3. 27), "모바일 IPTV 이용자 500만명 돌파," 〈디지털 타임스〉.
403. 이설영 (2016. 6. 16), "이통사 새 먹거리 모바일IPTV, 경쟁 불 붙었다," 〈파이낸셜 뉴스〉.
404. 황지혜 (2014. 2. 13).
405. 안창현 (2015. 5. 31), "뭘 보나 했더니 1위도, 2위도 '야한 영화'… 모바일 여성의 '사생활'," 〈한겨레〉.
406. 권태성 (2015. 3. 9), "[VR 시대가 온다] 가상현실 대중화… 포르노에 달렸다?" 〈이투데이〉. http://www.etoday.co.kr/news/section/newsview.php?idxno=1086684#csidxf01c2645c3340fbb70c887f427a9594
407. 권태성 (2015. 3. 9).
408. 이정환 (2016. 4. 23). "VR엔 야동이 없다, 우동이 있을 뿐," 〈동아사이언스〉. http://dongascience.donga.com/print.php?idx=11703
409. 권태성 (2015. 3. 9).
410. 권태성 (2015. 3. 9).
411. 이소연 (2016. 7. 5), "'외도' 19금 IPTV 영화 360도 VR 영상으로 즐겨라," 〈스포츠투데이〉. http://stoo.asiae.co.kr/news/view.htm?idxno=2016070516014132756
412. 이충진 (2017. 4. 18), "VR이 에로영화를 만났을 때… '색다른 세상이 열린다'," 〈스포츠경향〉. http://sports.khan.co.kr/news/sk_index.html?art_id=201704181754003&sec_id=564001&pt=nv#csidx99b62897f6e8f0fa1619df67f2efd96
413. 손국희 · 백수진 (2016. 4. 12), "뭘 보는지 겉으론 몰라…… 교실서 'VR우동' 돌려보는 학생들," 〈중앙일보〉. http://news.joins.com/article/19874512
414. 이기환 (2015. 9. 1), "[여적] 몰카공화국," 〈경향신문〉. http://news.khan.co.kr/kh_news/khan_art_view.html?artid=201509011747181&code=960100
415. 김범수 (2017. 8. 26), "[S 스토리] 넘치는 콘텐츠… 디지털 관음증 원인," 〈세계일보〉. http://www.segye.com/newsView/20170825002713
416. 조재진 (2015. 8. 26), "'몰카 활개' 성인콘텐츠업계 직격탄," 〈일요신문〉, 제1215호. http://ilyo.co.kr/?ac=article_view&entry_id=139257
417. "몰카" (2017. 11. 18), 다음백과. http://100.daum.net/encyclopedia/

view/47XXXXXd1318

418. 박수진 · 고한솔 (2017. 9. 6), "'몰카'는 예능이 아니라 범죄다," 〈한겨레〉. http://www.hani.co.kr/arti/society/society_general/809839.html

419. 하예나 (2017), "한 번의 클릭, 한 번의 가해: 디지털 성폭력," 〈반성폭력〉 vol.11, pp.13~14.

420. 박재현 (2017. 8. 5), "[관음의 나라] 몰래 찍고… 보고… 관음에 중독된 사회," 〈한국일보〉. http://www.hankookilbo.com/v/0854834a7edb4cdcb875078de1f0f929

421. 박재현 (2017. 8. 5).

422. 박재현 (2017. 8. 5).

423. 김범수 (2017. 8. 26), "[S스토리] 어둠 속에 숨어 '번뜨이는 눈'… 몰래 돌려보며 '쑥덕이는 입'," 〈세계일보〉. http://www.segye.com/newsView/20170825002714

424. 박재현 (2017. 8. 5).

425. 박재현 (2017. 8. 5).

426. 박재현 (2017. 8. 5).

427. 박재현 (2017. 8. 5).

428. 박재현 (2017. 8. 5).

429. 박재현 (2017. 8. 5).

430. 박재현 (2017. 8. 5).

431. 박재현 (2017. 8. 5).

432. 조재진 (2015. 8. 26).

433. 김은진 (2001), p.98.

434. Inoue Setsko (2002), *AV Sangyo*. [임경화 옮김. 〈15조원의 육체산업: AV 시장을 해부하다〉. 씨네21북스. 2009], pp.80~81.

435. Inoue (2002), p.82.

436. 임영호 · 김은진 · 홍찬이 (2008), p.129.

437. 김은진 (2001), pp.101~102.

438. 임영호 · 김은진 · 홍찬이 (2008), pp.127~128.

439. 임영호 · 김은진 · 홍찬이 (2008), p.128.

440. 박은주 (1996. 12. 20).

441. 임영호 · 김은진 · 홍찬이 (2008), p.129.

442. 임영호 · 김은진 · 홍찬이 (2008), p.129.

443. 임영호 · 김은진 · 홍찬이 (2008), p.128.

444. 김은진 (2001).

445. Inoue (2002), pp.34~35.

446. Inoue (2002), p.103.

447. 김은진 (2001), p.99.

448. 김은진 (2011), "미디어, 섹슈얼리티를 만나다," 《여성학: 여성 지역 문화》 신정.

449. 김준호 · 김은경 (1994), 〈음란물의 유해성과 그 규제사례에 관한 연구: 음란비디오에 대한 내용분석을 중심으로〉, 한국형사정책연구원, pp.84~89.

450. Inoue (2002), p.157에서 재인용.

451. 신연수 (1997. 2. 18).

452. "「젖소부인…」극작가 · 성희롱사건판사등 여성권익 걸림돌 5인에 선정" (1996. 3. 7), 〈경향신문〉.

453. "참을 수 없는 영화속 여성상 '젖소부인': 여성관객 919명 설문조사" (1996. 12. 4). 〈국민일보〉.

454. 김은진 (2001), p.113.

455. Inoue (2002), p.158.

456. 김은진 (2001), p.72, 74.

457. Robin Morgan, "Theory and Practice: Pornography and Rape," in Laura Lederer (Ed.), *Take Back the Night: Women on Pornography*, New York: William Morrow, 1980. pp.134, 139.

458. 조국 (2003), "음란물 또는 포르노그래피 소고," 〈서울대학교 法學〉, 44권 4호, p.141에서 재인용.

459. 김준호 · 김은경 (1994), pp.84~89.

460. 영상물등급위원회 (2015), 〈2015 영상물 등급분류 연감〉, pp.136~137.

참고 문헌

강소원 (2007). 〈1980년대 한국 '성애영화'의 섹슈얼리티와 젠더 재현〉, 중앙대학교 첨단영상대학권 박사 학위 논문.

권민 (2005). 〈사이버 공간에서의 음란물 규제에 관한 연구〉. 국민대학교 석사 학위 논문.

김미현 외 (2006). 〈영화산업 부가시장 활성화 방안 연구〉. 영화진흥위원회.

김미현 (편) (2006). 《한국 영화사: 開化期에서 開花期까지》. 커뮤니케이션북스.

김성희 (2015). "에로 영화, 부활할 수 있을까?" 〈한국영화〉, 58호.

김유리 · 이나영 (2012). "'한국 야동,' 구성적 조건과 의미화의 맥락," 〈미디어, 젠더, 문화〉, 24호, pp.49~87.

김은진 (2001). 〈성인들의 한국 에로비디오 수용에 관한 연구: 성적 욕망과 여성묘사에 관한 해독을 중심으로〉. 부산대학교 대학원 석사 학위 논문.

김은진 (2011). "미디어, 섹슈얼리티를 만나다." 부산여성사회교육원 (편), 《여성학: 여성 지역 문화》. 신정, pp.75~105.

김준호 · 김은경 (1994). 〈음란물의 유해성과 그 규제사례에 관한 연구: 음란비디오에 대한 내용 분석을 중심으로〉. 한국형사정책연구원.

문화관광부 (2000). 〈2000 문화산업백서〉.

문화관광부 (2002). 〈2002 문화산업백서〉.

문화관광부 (2003). 〈2003 문화산업백서〉.

문화체육부 (1997). 〈1997 문화산업백서〉.

박진형 (2001). "대체된 포르노그래피: 1990년대 후반 한국에로영화의 양상," 〈영상예술연구〉, 1호, pp.186~206.

배수경 (2004). 〈한국 영화검열제도의 변천에 관한 연구〉. 중앙대학교 첨단영상대학원 석사 학위 논문.

신숙 (2005). 〈비디오 대여시장에서 영화 흥행요인에 관한 연구〉. 추계예술대학교 석사 학위 논문.
영상물등급위원회 (2002). 〈2001 심의연감〉.
영상물등급위원회 (2003). 〈2002 등급분류연감〉.
영상물등급위원회 (2015). 〈2015 영상물 등급분류 연감〉.
유병호 (2003). 〈한국에로비디오의 변천과 발전방향에 관한 연구〉. 명지대학교 문화정보학과 석사 학위 논문,
유세경 · 정윤경(2002). "영화 창구로서의 인터넷 영화 사이트 특성과 기능에 관한 연구," 〈한국언론학보〉, 제46-2호, pp.485~522.
이교동 (2000). "젖소부인을 위한 변명: 에로비디오의 정치경제학." 고길섶 외, 《문화읽기: 삐라에서 사이버문화까지》. 현실문화연구, pp.478~487.
이윤종 (2013). "포르노그래피, 바디 장르, 그리고 페미니즘: 1980년대 한국 에로영화에 대한 페미니즘 논의를 중심으로," 〈문화과학〉, 75, pp.244~271.
이윤종 (2016). "장선우와 에로비디오: 1990년대 한국의 전환기적 포르노 영화," 〈대중서사연구〉, 제22권, 4호, pp.143~186.
이현진 (2014). "1980년대 성애영화 재평가를 위한 소고," 〈현대영화연구〉, 18, pp.93~126.
임영호 · 김은진 · 홍찬이 (2008). "도덕경제와 에로장르 종사자의 직업 정체성 구성," 〈언론과 사회〉, 16권, 2호, pp.107~147.
임영호 · 홍찬이 · 김은진 (2009). "문화산업 주변부 종사자의 삶과 커리어: 한국 에로물 감독의 구술 생애사," 〈언론과 사회〉, 17권, 3호, pp.2~50.
전석호 (1999). 《포르노, 섹스 그리고 미디어》. 가산출판사.
조국 (2003). "음란물 또는 포르노그래피 소고," 〈서울대학교 法學〉, 44권, 4호, pp.141~162.
주성철 (2013). 《에로영화 훔쳐보기: '에로'와 '19금' 사이에서, 한국 에로영화 변천사》. 영화진흥위원회.
주성철 (2013. 10). "에로영화 훔쳐보기," 〈한국 영화〉, 43호, pp.34~40.
최현숙 (2016). 《할배의 탄생: 어르신과 꼰대 사이, 가난한 남성성의 시월을 찾아》. 이매진.
편집부 (1999. 5). "'O양비디오' 사건," 〈저널리즘 비평〉, 27호, pp.86~96.
한국영상협회 (2001). 《2001년판 한국비디오연감》.
한국전산원 (2000). 〈한국인터넷백서〉.
함충범 (2015). "1990년대 영화진흥법의 제 · 개정 과정 및 양상 연구," 〈한국예술연구〉, 제11호, pp.33~54.

Inoue, Setsuko (2002). *AV Sangyo*. [임경화 옮김.《15조원의 육체 산업: AV 시장을 해부하다》. 씨네21북스. 2009].

Jeffords, Susan (1994). *Hard Bodies: Hollywood Masculinity in the Reagan Era*. New Brunswick, NJ: Rutgers University Press.

Morgan, Robin (1980). "Theory and Practice: Pornography and Rape," in Laura Lederer (ed.), *Take Back the Night: Women on Pornography*. New York: William Morrow, pp.109~118.

Ross, Beverly J. (1996). "Does Diversity in Legal Scholarship Make Difference?: A Look at the Law of Rape," *Dickinson Law Review*, 100(4), pp.808~810.

Schatz, Thomas (1981). *Hollywood Genres*. [한창호 · 허문영 옮김.《할리우드 장르의 구조》. 한나래. 1995].

"性관념 변했지만 음란물 기준 바꿀 때 아니다" (2007. 7. 21). 〈중앙선데이〉, 19호, p.13. http://news.joins.com/article/2800427

@hiskarma. "유호프로덕션 작품으로...." 트위터, (2013. 9. 24). https://twitter.com/hiskarma/status/382496035387748352

"[새영화] 홍콩판 나쁜 영화 '메이드 인 홍콩'." (1998. 4. 21). 〈연합뉴스〉. http://v.media.daum.net/v/19980421135000454?f=o

"'김본좌 쯤이야' 포르노 2만여편 유포한 '포르노 지존'," (2009. 12. 15). 〈경향신문〉.

"「젖소부인…」 극작가 · 성희롱 사건 판사 등 여성 권익 걸림돌 5인에 선정" (1996. 3. 7). 〈경향신문〉.

"〈젖소부인 바람났네〉의 부인, 진도희" (2006. 1. 26). 〈일간스포츠〉. http://news.joins.com/article/2125981

"국산 영화 비디오 인기人氣 폭발" (1991. 6. 4). 〈연합뉴스〉. http://v.media.daum.net/v/19910604113200854?f=o

"국풍팔십일" (2017. 7. 20). 한국민족문화대백과사전. http://100.daum.net/encyclopedia/view/14XXE0068866

"나? 에로배우 "부끄럼 없이 벗는다" (2001. 1. 4). 〈주간동아〉, 266호. http://weekly.donga.com/3/all/11/64571/1

"누들누드" (2017. 5. 2). https://watcha.net/mv/nudlnude-1998/m7ygxz

"록이 선정한 한국 영화 100선: 별들의 고향" (2017. 11. 29). 네이버 블로그. http://blog.naver.com/PostView.nhn?blogId=oldcine&logNo=220863992405

"몰카" (2017. 11. 18). 〈다음 백과〉. http://100.daum.net/encyclopedia/

view/47XXXXXd1318
"벽 속의 여자 (1970)", Daum 영화 (2017. 11. 29). http://movie.daum.net/moviedb/main?movieId=21024
"변강쇠(1986)" (2017. 11. 29). Daum 영화. http://movie.daum.net/moviedb/main?movieId=2254
"별들의 고향 (1974): 이장호의 데뷔작" (2009. 2. 16). 네이버 블로그 (2017. 11. 29). http://blog.naver.com/oldcine/70042301149
"봉만대" (2017. 5. 15). 나무위키, https://namu.wiki/w/%EB%B4%89%EB%A7%8C%EB%8C%80
"사양길 에로물 기사회생 내막" (2004. 3. 7). 〈일요신문〉, 제616호. http://ilyo.co.kr/?ac=article_view&entry_id=7780
"산머루 5 (1994)." Daum 영화. (2017. 7. 25). http://movie.daum.net/moviedb/main?movieId=27027
"서울지법, 이승희 누드집은 음란물" (1998. 10. 14). 〈부산일보〉.
"애마부인 (1982)" (2017. 6. 23). Daum 영화. (2017. 11. 29). http://movie.daum.net/moviedb/main?movieId=1257
"에로물 패러디 기발 '제목-구성 철저히 베껴'" (1999. 11. 19). 〈한국일보〉.
"에로 배우 출신 성은, 하유선 관심 집중" (2007. 9. 27). 〈매일경제〉.
"에로비디오 천국" (1996. 10. 31). 〈전자신문〉. (2017. 4. 5). http://www.etnews.com/199610310017?m=1
"에로티시즘/예술인가 외설인가" (1992. 11. 7). 〈국민일보〉.
"외제 음란테이프 판매/비디오가게주인 구속" (1991. 12. 3). 〈동아일보〉.
"유해환경 누가 만들었나" (1990. 10. 26). 〈경향신문〉.
"음란물 제조 · 판매 18명 구속/2명 입건 · 5명 수배" (1990. 2. 7). 〈경향신문〉.
"음란 비디오물 방영/6개 유선 방송 적발" (1991. 11. 3). 〈세계일보〉.
"음란 비디오 복제 38명 구속/백52명 입건… 테이프 4만 9천개 압수" (1991. 10. 21). 〈세계일보〉.
"음반 및 비디오 법률, 몰수 조항은 위헌" (1996. 1. 3). 〈연합뉴스〉. http://v.media.daum.net/v/19960103164800196?f=o
"음반 및 비디오물에 관한 법률" (2017. 4. 15). 다음백과사전. http://100.daum.net/encyclopedia/view/b17a2449a
"이대근 〈변강쇠〉가 에로영화? 하층민 대표 인권영화 해명" (2011. 12. 27). 〈뉴스엔〉.
"인물 정보: 박용준," (2017. 5. 8). 〈무비스트〉. http://www.movist.com/movist3d/

movist.asp?id=31429

"인터넷 · TV로 인기 이동… 사양길" (2004. 11). 〈한경Business〉, 제466호, (2017. 11. 7).http://magazine.hankyung.com/business/apps/news?popup=0&nid=10&c1=1001&nkey=2006090400466224591&mode=sub_view

"참을 수 없는 영화속 여성상 "젖소부인": 여성 관객 919명 설문 조사" (1996. 12. 4). 〈국민일보〉.

"한동안 뜸하더니…… 스팸메일 다시 기승" (2001. 6. 4). 〈국민일보〉. http://news.naver.com/main/read.nhn?mode=LSD&mid=sec&sid1=105&oid=005&aid=0000058522

"한때 대한민국 야동계를 뒤흔들었던 야동계의 거물" (2017. 10. 11). 꿀팁 블로그. http://honeytip.tistory.com/2886

anisarang (2006. 3. 8). "한국 애니메이션 작품들과 각각의 특징들," 티스토리 (2017. 11. 7). http://phenixe.tistory.com/111

Junk House (2012. 1. 9). "에로영화계의 전설 이규영," 네이버 블로그 (2017. 6. 14). http://blog.naver.com/pauliks75?Redirect=Log&logNo=70128513214

lucyopp (2017. 10. 11). "[본문 스크랩] 너희들 중에 하드에 야동 한편 없는 자, 나에게 돌을 던져라," http://blog.naver.com/PostView.nhn?blogId=lucyopp&logNo=110188460983

Pierrot Le Fou (2009. 9. 5). "악령속의 사춘기 Malabimba (1979)," It Came from Outer Space — 장르 영화 전문 아카이브 (2017. 4. 4). http://itcamefromouterspace.tistory.com/4

강영훈 (2017. 5. 16). "'제2의 소라넷' 회원 121만명 음란물 사이트 운영자 잡혔다," 〈연합뉴스〉. http://m.news.naver.com/read.nhn?oid=001&aid=0009267728&sid1=001

강희종 (2013. 3. 27). "모바일 IPTV 이용자 500만명 돌파," 〈디지털 타임스〉. http://www.dt.co.kr/contents.html?article_no=2013032802010151742001

고경석 (2007. 11. 16). "색의 세계에 오신 것을 환영합니다," TicketLink (2017. 4. 5). http://blog.naver.com/memo/MemologPostView.nhn?blogId=0zb&logNo=80089665997&currentPage=1&listtype=0

곽래건 (2012. 11. 18). "[Why] '야동과 전쟁' 10년, 다 틀어막고 있지만… '토렌트'는 사각지대," 〈조선일보〉. http://news.chosun.com/site/data/html_dir/2012/11/16/2012111601269.html

구교선 (2003. 2. 11). "하소연 출연한 '깃발을 꽂으며'," 〈무비스트〉. http://www.

movist.com/movist3d/read.asp?type=13&id=4852
권태성 (2015. 3. 9). "[VR 시대가 온다] 가상현실 대중화… 포르노에 달렸다?" 〈이투데이〉. http://www.etoday.co.kr/news/section/newsview.php?idxno=1086684#csidxf01c2645c3340fbb70c887f427a9594
김두호 (2007. 12. 18). "인터뷰365," (2017. 4. 4). http://i365.mk.co.kr/paper/news/view.php?newsno=401
김민정 (2003. 1. 12). "비디오숍 숨은 공신 에로비디오 따라잡기," 〈일요신문〉, 제556호. http://ilyo.co.kr/?ac=print&entry_id=11865
김민하 (2003. 4. 19). "성인 모바일서비스 급성장," 〈헤럴드경제〉.
김범수 (2017. 8. 26). "[S 스토리] 넘치는 콘텐츠… 디지털 관음증 원인," 〈세계일보〉. http://www.segye.com/newsView/20170825002713
김범수 (2017. 8. 26). "[S 스토리] 어둠 속에 숨어 '번뜨이는 눈'… 몰래 돌려보며 '쑥덕이는 입'," 〈세계일보〉. http://www.segye.com/newsView/20170825002714
김솔지 (2017. 9. 11). "곽현화 ''전망좋은집' 노출 장면, 배우로서 안 좋은 이미지 박힐까 두려웠다," 〈MBN 스타〉. http://star.mbn.co.kr/view.php?year=2017&no=609436&refer=portal
김영록 (2017. 9. 8). "'쉽지 않네요'… 곽현화, 노출 논란 '전망좋은집' 감독 무죄 한탄," 〈스포츠조선〉. (2017. 11. 14). http://sports.chosun.com/news/ntype.htm?id=201709090100074900005424&servicedate=20170908
김영화 (2003. 11. 19). "유료TV '주간 연장방송' 논란/대낮부터 낯 뜨거운 성인영화 채널," 〈한국일보〉.
김용래 (1999. 3. 17). "'O양 비디오' 인터넷 확산 기여," 〈서울경제〉. http://www.sedaily.com/NewsView/1HQ4SD459K
김인진 (2002. 9. 30). "성인콘텐츠 사이트 무선 웹에 마수 뻗쳐," 〈전자신문〉.
김주현 (2001. 4. 17). "'에로의 바다'로 가는 포털사이트: 대형포털 성인콘텐츠로 돈벌이 혈안," 〈경향신문〉.
김지룡 (1999. 8. 30). "'누들누드'의 성공 비결," 〈동아일보〉 오피니언 (2017. 11. 7). http://news.donga.com/List/Series_ 70040100000030/3/70040100000030/19990830/7465716/1
김진수 (2016. 11. 14). "나부터 '음란마귀' 씌어야," 〈신동아〉, 686호. http://shindonga.donga.com/3/all/13/777717/1
김태규 (2005. 3. 28). "검찰, 포털 성인물 운영자 26명 기소… 휴대폰도 수사," 〈한겨레〉. http://www.hani.co.kr/arti/society/society_general/21602.html

김태일 (2015. 12. 07). "'넘치는' 소라넷 아류사이트 대해부," 〈일요시사〉. http://www.ilyosisa.co.kr/news/articleView.html?idxno=90992

김태훈 (1999. 11. 4). "[포커스] '넘버3'이지만 열정으로 벗는다," 〈주간조선〉, 1576호.

김필국 (1999. 2. 12). "대학로 또 벗기기 연극 성행 논란 ― 누들누드 등," 〈mbc 뉴스데스크〉 (2017. 5. 2). http://imnews.imbc.com/20dbnews/history/1999/1777134_19514.html

김현정 (2002. 8. 9). "에로영화계의 스타감독에서 데뷔작 준비하는 봉만대 감독 스토리(2)," 〈씨네21〉. http://www.cine21.com/news/view/?mag_id=11953

김형석 (2002. 1. 10). "무인도의 남녀 두쌍 3박4일간 정사 '야한 밤'," 〈문화일보〉. http://www.munhwa.com/news/news_print.html?no=2002011001012930081002

김형석 (2002. 2. 7). "작가주의 선언한 에로감독 5人 누구인가," 〈문화일보〉

김형석 (2002. 4. 4). "〈헉! 에로 비디오〉 '페티쉬'," 〈문화일보〉, 문화면.

김형석 (2007. 11. 17). "이젠 잊혀진 '은밀한 추억'을 더듬다," 〈중앙선데이〉, 36호. http://news.joins.com/article/2950634

김형석 (2010. 8. 2). "'한국 에로비디오의 혁명' 진도희," 〈일요신문〉, 제951호. (2001. 4. 23). http://ilyo.co.kr/?ac=article_view&entry_id=38620

김형석 (2010. 8. 17). "한국영화 잔혹사? 검열과 심의의 연대기," 네이버 영화. (2017. 7. 24). http://today.movie.naver.com/today/today.nhn?sectionCode=SPECIAL_REPORT&sectionId=685

김형석 (2010. 11. 8). "에로틱 이슈 메이커 정세희," 〈일요신문〉 (2017. 4. 23). http://ilyo.co.kr/?ac=article_view&entry_id=39560

김형석 (2011. 2. 21). "[그 배우의 섹시그래피] 에로의 아이콘 하소연," 〈일요신문〉, 제980호. http://ilyo.co.kr/?ac=article_view&entry_id=40551

김형석 (2011. 2. 28). "[그 배우의 섹시그래피] '에로계의 심은하' 이규영," 〈일요신문〉, 제981호. http://ilyo.co.kr/?ac=article_view&entry_id=40643

김형석 (2011. 3. 21). "에로계의 대부 한지일 " 〈일요신문〉, 984호. http://ilyo.co.kr/?ac=article_view&entry_id=40832

김형석 (2014. 4. 18). "에로영화 신작열전, 에로는 오래 지속된다," 〈맥스무비〉. http://news.maxmovie.com/127446#csidx63a4b0cc894ca9685f79a87a8136c4c

김호경 (2003. 2. 26). "'저질' 성인채널 철퇴… 방송위 , 금지프로 방영 '미드나잇' 검찰 고발키로," 〈국민일보〉.

김호일 (2000. 8. 4). “인터넷 성인방송 ‘아찔’,” 〈부산일보〉. http://news20.busan.com/controller/newsController.jsp?newsId=20000804000132

김환기 (2014. 7. 2). “‘노다지’ 미군 쓰레기,” 〈세계일보〉. http://www.segye.com/newsView/20140702005128

김효정 (2017. 4. 8). “살기 위해 만든 ‘포르노’ 영화, 일본을 뒤흔들다,” 〈오마이뉴스〉. http://star.ohmynews.com/NWS_Web/OhmyStar/at_pg.aspx?CNTN_CD=A0002313681&CMPT_CD=P0001

김휜주 (2001. 4. 23). “자본의 논리와 닮은 ‘젖소 부인 시리즈’,” 〈경남도민일보〉 (2017. 4. 5). http://www.idomin.com/news/articleView.html?idxno=13148

나권일 (2002. 7. 8). “그녀는 어디서 무엇을 하나: 은퇴한 에로 여배우 상당수 유흥업소 취업… 연극 · TV 출연 등 새길 찾기도,” 〈시사저널〉. http://www.sisapress.com/journal/article/86999

나권일 (2003. 7. 14). “환갑 때까지 섹스만 찍겠다,” 〈시사저널〉.http://www.sisapress.com/journal/articlePrint/89119

남기환 (2001. 2); “[웃자! 웃자!] 에로비디오 제목 다시보기,” 〈중앙일보〉 (2004. 3. 16). http://news.joins.com/article/1986936

남기환 (2001. 2). “[이색 보고] 에로비디오 백태: ‘용의 국물’에서 ‘JSA 공동정사구역’까지,” 〈신동아〉, (2017. 9. 20). http://shindonga.donga.com/library/3/05/13/100930/4

남우정 (2014. 3. 11.). “[M+기획… ‘OCN’ ①] 자체제작 드라마로 케이블 채널의 활로 개척,” 〈MBN 스타〉. http://star.mbn.co.kr/view.php?no=381427&year=2014

달 (2002. 7. 21). “영화, 계급, 사회적 리얼리즘 — 한국의 사회적 리얼리즘 영화와 계급 · 계급 정체성,” 다음 카페 이상한 나라 미감. (2017. 8. 5). http://cafe.daum.net/migam/8bEK/34?q=80%B3%E2%B4%EB%20%C3%CA%B9%DD%C0%C7%20%B8%AE%BE%F3%B8%AE%C1%F2%20%BF%B5%C8%AD%B4%C2%20%C7%D1%B1%B9%C0%C7%20%BB%EA%BE%F7%C8%AD%A1%A4%B1%D9%B4%EB%C8%AD %BF%A1%20%B5%FB%B8%A5%20%C0%CE%BA%BB%C1%D6%C0%C 7%C0%FB%20%B0%A1%C4%A1

달사랑 (2016. 3. 21). “90년대 한국에로의 역사.” http://cafe.daum.net/zzuzzu00/U3Tu/311?q=%BF%A1%B7%CE%BA%F1%B5%F0%BF%C0%20%BB%EA%B8%D3%B7%E7%20%B0%B3%BA%C0

리노 (2001, 6, 2). "[영화 장비] 16mm와 35mm 영화| 공연 & 영상," (2017. 8. 23). http://cafe.daum.net/gradart/Q0x/123?q=16mm%20%BF%B5%C8%AD%20%C0%E5%C1%A1
마태운 (2002. 8. 22). "에로와 극영화는 대등한 문화," 〈문화일보〉, p.31. http://www.munhwa.com/news/view.html?no=2002082201013105099002
문권모 (2001. 6. 14). "울릉도 비디오가게 운영 배상용씨," 〈동아일보〉.
민교동 (2014. 2. 18). "충무로 살색 열풍 왜…… 실제 수익 대박?" 〈데일리안〉.
박경호 (2005. 3. 28). "음란물 운영 포털 등 35명 기소," 〈서울신문〉.
박도제 (2002. 12. 27). "'돈벌이 급급' 구설수," 〈헤럴드 경제〉.
박수진 · 고한솔 (2017. 9. 6). "'몰카'는 예능이 아니라 범죄다," 〈한겨레〉. http://www.hani.co.kr/arti/society/society_general/809839.html
박영태 (2001. 6. 7). "'에로의 바다'서 금맥 캔다…… 인터넷포털 성인콘텐츠로 수익올리기," 〈한국경제〉. http://news.hankyung.com/article/2001060651791
박원식 (2000. 7. 18). "[인터넷 성인 영화 사이트] 에로영화, 인터넷서 '당당한 외출'," 〈한국일보〉.
박은주 (1996. 12. 20). "에로 비디오만이 성인문화 배출구인가," 〈한국일보〉.
박은주 (2004. 5. 3). "영상자료원서 60~80년대 애정영화전: 온 몸으로 말한 세상, 에로," 〈조선일보〉. http://srchdb1.chosun.com/pdf/i_service/pdf_ReadBody.jsp?Y=2004&M=05&D=03&ID=0405035501
박인호 (2007. 11. 27). "에로영화의 '공사' 대부분 스스로 한다," 〈일간스포츠〉 (2017. 4. 4). http://v.media.daum.net/v/20071127130815607?f=o
박일근 (1998. 6. 2), "음란 비디오 카페 대학가 등서 성업," 〈한국일보〉, p.23.
박재현 (2017. 8. 5). "[관음의 나라] 몰래 찍고… 보고… 관음에 중독된 사회," 〈한국일보〉. http://www.hankookilbo.com/v/0854834a7edb4cdcb875078de1f0f929
박정민 (2010. 12. 18). ["케이블 드라마] '동상이몽'부터 '야차'까지," 〈TV리포트〉. http://www.tvreport.co.kr/?c=news&m=newsview&idx=82211
박정준 (2014. 8. 14). "어쭈구리," (2017. 5. 2). https://watcha.net/mv/eojjuguri-1996/mzblex
박종우 (2001. 2. 2). "[인터넷] 인터넷 성인 방송들 재기의 몸부림," 〈동아일보〉.
박주성 (2012. 6. 28). "에로 영화 10편을 모은 무료 기획전, '땡볕'," 〈뉴시스〉. http://news.joins.com/article/8603348
배국남 (1999. 3. 25). "케이블 야한 경쟁," 〈한국일보〉.http://hankookilbo.com/v/60109255c84540e0803e3f482ed6657f

배성재 (2006. 10. 19). "꼬리 잡힌 포르노 공급 대부," 〈국제신문〉, 6면. http://www.kookje.co.kr/news2011/asp/newsbody.asp?code=0300&key=20061019.22006215316

배재성 · 한동엽 (2016. 5. 31). "[이슈 인사이드] 소라넷 흥망성쇠 17년… 폐쇄 뒤 100만 회원은 유사 사이트로," 〈중앙일보〉. http://news.joins.com/article/20104489

백승찬 (2016. 3. 8). "'젊은 엄마'의 공자관 '100년도 못사는 인생, 즐기자'," 〈경향신문〉. http://news.khan.co.kr/kh_news/khan_art_view.html?artid=201603081043591&code=960401

백인성 (2010. 11. 22). "불법 영상물 범람 탓에 DVD 산업 무너져," 〈경향비즈〉. http://biz.khan.co.kr/khan_art_view.html?code=920401&artid=201011221833441

변희재 (2017. 6. 14). "소녀가 살고 있었다네. 에로 배우 이규영과 유리," 〈대자보〉. http://www.jabo.co.kr/data/jabo_co_kr/old/25th/mh25-5.htm

별게다 (2004. 11. 17). "속 터지고 열받은 만두부인," dcinside.com 갤러리. (2017. 5. 25). http://gall.dcinside.com/board/view/?id=p_debate&no=64031

비됴알바 (2008. 12. 5). "80년대 한국 영화를 돌아보며: 70~80s 국내흥행순위," (2017. 5. 7). http://blog.naver.com/hanyu313/60058524394

빛나는 뿌리 (2015. 1. 14). "한 에로 영화의 르네상스, 2000년대 초반 에로 비디오를 돌아본다," (2017. 5. 5). http://blog.naver.com/puff_2000/220239560479

새날이 올 때까지 (2012. 1. 28). "2011년 한미 FTA 범국본 보고서(30, 최종회)," (2017. 5. 19). http://m.blog.daum.net/rootstone/101#start)

서일호 · 이용인 (2003. 6. 5). "[집중 탐구] 성인 영상물-에로비디오 지고 '에로IT' 뜬다," 〈주간조선〉, 1756호.

손국희 · 백수진 (2016. 4. 12). "뭘 보는지 겉으론 몰라…… 교실서 'VR 우동' 돌려보는 학생들," 〈중앙일보〉. http://news.joins.com/article/19874512

송원섭 (2012. 10. 20). "실비아 크리스텔, 영원한 '개인교수'를 추모하며," (2017. 8. 8). http://fivecard.joins.com/1066

송원영 (2002. 5. 16). "[표주박] 이경영씨 상대 여고생 영화감독과도 원조교제," 〈한국일보〉. http://hankookilbo.com/v/127d0693e611488599227e8c08944940

송태형 (2000. 3. 20). "성인전용 방송국 잇따라 개국," 〈한국경제〉. http://news.naver.com/main/read.nhn?mode=LSD&mid=sec&sid1=102&oid=015&aid=0000200083

시네마트3 (2014. 1. 11). "그 여자는 밤배를 타지 않았다(백준기/이예진/소비아 주연)," 비디오 자켓 표지 (2017. 8. 23). http://cinemart3.blog.me/90188204361

신상민 (2014. 12. 8). "[영화 결산 ⑥] 에로 영화의 재개, 그러나 작품성의 한계," 〈티브이데일리〉.

신연수 (1997. 2. 18). "[연예가 프리즘] 공륜 , 에로물 「젖소부인」 제목변경 요구," 〈동아일보〉.

심산 (2001. 4). "'애마 부인'의 아버지," 〈씨네 21〉, 296호. http://www.cine21.com/news/view/?mag_id=1295

심진경 (2017. 5. 10). "(김영찬 심진경의 명작은 시대다) 청년이 호스티스를 만났을 때," 〈국민일보〉, 문화면.

심화영 (2006. 10. 23). "성인 CP들 '새 영역 찾자'," 〈디지털타임스〉.

씨젤 (2015. 5. 13). "한국 에로영화의 르네상스, 2000년대 초반 에로 비디오를 돌아본다" (2017. 5. 25). http://cizel.kr/bbs/board.php?bo_table=10_46&wr_id=4143

아사달 (2006. 10. 18). "음지의 슈바이처 '김본좌'는 무죄," 〈도깨비뉴스〉.

안동환 (2005. 4. 8). "[안동환 기자의 현장+] 에로 비디오 촬영현장을 가다," 〈서울신문〉. http://www.seoul.co.kr/news/newsView.php?id=20050408009001

안순모 (2002. 4. 17). "인터넷 성인방송 '아직도 겨울'," 〈경향신문〉. http://news.khan.co.kr/kh_news/khan_art_view.html?artid=200204171711331&code=960100

안진용 (2017. 2. 6). "'애마부인' 꼬리표…… 엄마 안소영이 살아온 '싱글맘 20년'," 〈문화일보〉. http://www.munhwa.com/news/view.html?no=2017020601032312069001

안창현 (2015. 5. 31). "뭘 보나 했더니 1위도, 2위도 '야한 영화'… 모바일 여성의 '사생활'," 〈한겨레〉.

애국플라워 (2007. 11. 16). "〈인물〉 3류라는 인식에서 벗어나 한국적인 에로비디오시장 개척 할 것," (2017. 4. 2). http://cafe.daum.net/_c21_/bbs_search_read?grpid=1B84R&fldid=7rbQ&datanum=540&docid=1B84R7rbQ54020071116155403

양성희 (2003. 6. 2). "[문화] 미녀들이 옷을 벗는다," 〈문화일보〉. http://www.munhwa.com/news/view.html?no=2003060201011930072004

여울 편집위원 (2013. 8. 2). "금지곡 백서," 〈서울대학교 교지 관악〉, 47호 (2017. 11. 30). http://kwanak.tistory.com/308

영상물등급위원회 (2017. 4. 15). "등급분류 변천과정." http://www.kmrb.or.kr/guide/history.do

오미정 (2006. 3. 10). "휴대전화 요금 370만원, 내 아들을 죽였다," 〈노컷뉴스〉. http://www.nocutnews.co.kr/news/131745#csidx26ca3f4d85f1d8a80ca2f3a2dab3a88

우승현 (2002. 2. 7). "성인용 비디오 변화 바람," 〈문화일보〉, p.21. http://www.munhwa.com/news/view.html?no=2002020701012130081002

우승현 (2002. 2. 7). "에로배우 열혈팬 뭉쳐라." 〈문화일보〉. http://www.munhwa.com/news/view.html?no=2002020701012130081004

우승현 (2002. 3. 4). "성인사이트 'AV 매거진'," 〈문화일보〉. http://munhwa.com/news/view.html?no=2002030401011430081002

유대란 (2017. 5. 2). "이런 상상 해본 적 있잖아, 누들누드," 〈Chaeg〉 (2017. 5. 2). http://www.chaeg.co.kr/%EC%9D%B4%EB%9F%B0-%EC%83%81%EC%83%81-%ED%95%B4%EB%B3%B8-%EC%A0%81-%EC%9E%88%EC%9E%96%EC%95%84-%EB%88%84%EB%93%A4%EB%88%84%EB%93%9C/

유영규 (2003. 7. 3). "인터넷 달구는 연예인 누드," 〈서울신문〉. http://www.seoul.co.kr/news/newsView.php?id=20030703022001

유정은 (2004. 7. 29). "[인터뷰] 40년 만의 감개무량한 복원, 〈춘몽〉의 유현목 감독," (2017. 11. 8). http://news.maxmovie.com/6017

유진우 (2001. 5. 7). "다시 찾아온 신 부흥기," http://ctlife.co.kr/200102/Movie/Mov_Issue/Description/.../issue_rep22.asp

유회경 (2000. 8. 11). "'선정성' 비난 불구…… 인터넷 성인방송, 밤낮없이 뜨겁다," 〈문화일보〉. http://www.munhwa.com/news/view.html?no=2000081116000101

윤미경 (2008. 5. 9). "'빨간 마후라'의 악몽," 〈머니투데이〉. http://news.mt.co.kr/mtview.php?no=2008050908591242013&outlink=1&ref=http%3A%2F%2Fsearch.naver.com

윤상길 (2013. 8). "(시대의 스타, 추억의 명배우 ⑥: 안소영. 에로영화 제단에 봉헌된 비운의 글래머 스타," 〈월간중앙〉, 294호 (2017. 12. 2). http://jmagazine.joins.com/monthly/view/298499

윤정훈 (1999. 10. 13). "캐치원 · 종방위 '에로영화 숨바꼭질'," 〈국민일보〉.

이경호 (2015. 6. 15). "한지일 '에로계 대부? 오해 풀고 싶다' 영화배우 한지일 인터뷰." 〈머니투데이〉 (2017. 4. 5). http://star.mt.co.kr/view/stview.php?no=2015061507034399807&outlink=2&SVEC

이기환 (2015. 9. 1). "[여적] 몰카공화국," 〈경향신문〉. http://news.khan.co.kr/kh_news/khan_art_view.html?artid=201509011747181&code=960100

이다혜 (2003. 2. 6). "스크린 진기록 대행진 [2]," 〈씨네21〉. http://m.cine21.com/news/view/?mag_id=17059

이명구 (2007. 11. 22). "에로는 죽지 않는다, 다만 진화할 뿐," 〈중앙선데이〉, 제36호. http://news.joins.com/article/2950632#none

이병학 (2017. 8. 3). "[ESC] 에로영화, 패러디 제목 총정리," 〈한겨레〉. http://www.hani.co.kr/arti/specialsection/esc_section/805371.html#csidx250cd9c610e7f14b7cf2fdfe78233ca

이상훈 (2010. 2. 1). "TV와 영화관의 끝없는 경쟁의 산물, '3D,'" 〈IT Chosun〉 (2017. 7. 20). http://it.chosun.com/news/article.html?no=1636481&sec_no

이설영 (2016. 6. 16). "이통사 새 먹거리 모바일IPTV, 경쟁 불 붙었다," 〈파이낸셜 뉴스〉.

이소연 (2016. 7. 5). "'외도' 19금 IPTV 영화 360도 VR 영상으로 즐겨라," 〈스포츠투데이〉. http://stoo.asiae.co.kr/news/view.htm?idxno=2016070516014132756

이송화 (2002. 4. 10). "성인 전용문화가 몰려온다," 〈서울신문〉, p.19. http://www.seoul.co.kr/news/newsView.php?id=20020410019001

이승재 (2003. 1. 9). "[이승재 기자의 현장칼럼] 촛불시위소재 성인영화," 〈동아닷컴〉 (2017. 10. 9). http://news.donga.com/View?gid=7900082&date=20030109

이승훈 (2003. 7. 1). "상업적 연예인 누드, 자발적 네티즌 누드," 〈한겨레〉.

이시연 (2014. 7. 22). "IPTV 시장 커졌는데…… 에로영화 왜 안될까," 〈일요신문〉, 1158호. http://ilyo.co.kr/?from_mobile=1&ac=article_view&entry_id=85524

이신우 (2002. 11. 14). "[오후여담] IT강국의 역설," 〈문화일보〉.

이영진 (2002. 2. 8). "1982년 〈애마부인〉, 그리고 에로영화는 어떻게 달려왔는가," 〈씨네21〉. (2017. 5. 7). http://www.cine21.com/news/view/?mag_id=7409

이용인 (2002. 12. 26). "에로감독 봉만대 충무로행 이유는?" 〈주간조선〉, 1734호. http://weekly1.chosun.com/wdata/html/news/200212/20021223000015.html

이용인 (2002. 12. 26); 김형석 (2002. 8. 9). "〈헉! 에로비디오〉 충무로 '에로배우 거부감' 심하다," 〈문화일보〉, p.16.

이원광 (2016. 4. 16). "IPTV가 뜨겁다… '저예산 에로영화, 260만 영화보다 인기'," 〈머니투데이〉. http://news.mt.co.kr/mtview.php?no=2016041409380311042&outlink=1&ref=http%3A%2F%2Fsearch.naver.com

이윤정 (1996. 12. 20). "에로비디오 제작자 한지일 씨: 어른들이 볼건 다 보면서 에로물 탓하나……" 〈한국일보〉, 문화면.

이윤종 (2016). "장선우와 에로비디오: 1990년대 한국의 전환기적 포르노 영화," 〈대중서사연구〉, 22권 4호, pp.178~179.

이은지 (2013. 9. 4). "곽현화 '봉만대,' 안 본 사람은 에로영화라 하겠죠'," 〈마이데일리〉. http://www.mydaily.co.kr/new_yk/html/read.php?newsid=201309040805401124&ext=na

이인숙 · 송형국 (2006. 2. 2). "적법심사 거친 인터넷포털 성인용 동영상 '음란하다' 유죄판결 파문," 〈경향신문〉.

이정국 (2017. 8. 3). [ESC] "공자관'으로 산다는 건…' 더 야하게, 뻔하지 않게'," 〈한겨레〉. http://www.hani.co.kr/arti/specialsection/esc_section/805369.html#csidxbe4441c4a43b154a36d2dac08658248

이정환 (2016. 4. 23). "VR엔 야동이 없다, 우동이 있을 뿐," 〈동아사이언스〉. http://dongascience.donga.com/print.php?idx=11703

이준섭 (2001. 5. 9). "윤리가 서야 나라가 선다(17]: 에로 비디오 '선정성' 어디까지," 〈세계일보〉, p.17.

이충진 (2017. 4. 18). "VR이 에로 영화를 만났을때… '색다른 세상이 열린다,'" 〈스포츠경향〉. http://sports.khan.co.kr/news/sk_index.html?art_id=201704181754003&sec_id=564001&pt=nv#csidx99b62897f6e8f0fa1619df67f2efd96

이해리 (2013. 7. 30). "여름 극장가 '야한 영화' 늘어나는 이유는?" 〈스포츠 동아〉. http://sports.donga.com/3/all/20130729/56735372/3

이해리 (2013. 7. 30); 이원광 (2016. 4. 16). "IPTV가 뜨겁다… '저예산 에로영화, 260만 영화보다 인기'," 〈머니투데이〉. http://news.mt.co.kr/mtview.php?no=2016041409380311042&outlink=1&ref=http%3A%2F%2Fsearch.naver.com

이현아 (2015. 11. 17). "'친구엄마' 공자관 감독 '친구엄마와의 로맨스는 남자 판타지'," 〈한국일보〉. http://www.hankookilbo.com/v/4fb504afa03df952fc9b215310d9d51a

이현우 (2009. 1. 2). "2009 IPTV시대 개막, 지상파 방송3사의 운명은?" 〈뉴스엔〉. http://www.newsen.com/news_view.php?uid=200901021508471001

이형복 (2001. 7. 26). "'누들누드' 이번엔 인터넷 점령," 〈경기일보〉 (2017. 5. 2). http://www.kyeonggi.com/news/articleView.html?idxno=69709

이형석 (2011. 2. 27). "한국영화 최초의 키스신은?" 〈헤럴드경제〉. (2017. 11. 7). http://news.heraldcorp.com/view.php?ud=20110225000730&md=2012

0422221220_BL
이희용 (1997. 4. 24). "[영화評] 고감도 화면 돋보인 '비트'," 〈연합뉴스〉. http://v.media.daum.net/v/19970424171400681?f=o
이희정 (2000. 8. 7). "인터넷 성인방송 '규제강화'," 〈한국일보〉. http://hankookilbo.com/v/427d7899d0804e0bbc1420091a693426
임영주 (2003. 11. 7). "Nude — 벗었다, 왜?" 〈경향신문〉, p.33; "유연실 누드집 발간 출판사, 등록취소 마땅" (1994. 1. 3). 〈연합뉴스〉. http://v.media.daum.net/v/19940103144800886?f=o
임정식 (2010. 11. 14). "한국영화의 에로티시즘 (1): 65년 '춘몽' 첫 외설 시비," 〈스포츠조선〉. http://news.chosun.com/site/data/html_dir/2010/11/14/2010111400782.html
장성현 (2003. 10. 1). "연예계 누드 '광풍'…… 그 속살," 〈매일신문〉. http://www.imaeil.com/sub_news/sub_news_view.php?news_id=32410&yy=2003
장원석 (2014. 9. 1). "영욕의 한국영화 110년 — 울타리(스크린쿼터) 낮춰도 안방 지키며 흥행몰이," 〈이코노미스트〉, 1251호, 커버스토리. https://jmagazine.joins.com/economist/view/302817
전규일 (2000. 9. 4). "'16mm 에로' 뜨거운 입김 성인시장 달군다," 〈한국경제매거진〉, 248호. http://magazine.hankyung.com/business/apps/news?popup=0&nid=1&c1=1001&nkey=2006090400248000031&mode=sub_view
전영선 (2002. 12. 24). "[문화] 연예인 누드집 '계산된 상술'로 대중 현혹," 〈문화일보〉. http://www.munhwa.com/news/view.html?no=2002122401011930256002
전필수 (2005. 3. 28.). "검찰, 포털 성인물 운영자 26명 기소. 휴대폰도 수사," 〈머니투데이〉. http://v.media.daum.net/v/20050328063952050?f=o
정경문 (2000. 12. 9). "불법 16mm 에로비디오 '철퇴'," 〈한국일보〉.
정용인 · 이범준 (2015. 2. 3). "[표지이야기] 위헌 재청에도 논란 불씨는 여전," 〈주간경향〉, 1112호. http://weekly.khan.co.kr/khnm.html?mode=view&code=115&artid=201501271549211&pt=nv
정윤희 (2017. 9. 13). "IPTV 성인 VOD 매출 '쏠쏠,' 5년간 600억원," 〈헤럴드경제〉. http://news.heraldcorp.com/view.php?ud=20170913000040
정철환 (2005. 1. 21). "[연예인 X파일] 보도 반나절 안 돼 해외까지 퍼져," 〈한국일보〉.
조두진 (2000. 5. 11). "인터넷 성인방송 핑크빛 경쟁," 〈매일신문〉. http://www.imaeil.com/sub_news/sub_news_view.php?news_id=14626&yy=2000

조민중 · 이태영 (2008. 5. 2). "케이블 TV 넘치는 음란 성인물… 규제장치는 허술," 〈세계일보〉. http://www.segye.com/newsView/20080501002422

조재영 (2002. 8. 10). "국내 첫 방송용 성인영화 제작," 〈연합뉴스〉.

조재진 (2015. 12. 2). "일반인 성관계 동영상 인기 까닭," 〈일요신문〉. 제1229호. http://ilyo.co.kr/?ac=article_view&entry_id=153627

조재진 (2015. 7. 1). "[18금 연예 통신] 에로영화업계 '에로' 타이틀 벗기," 〈일요신문〉.

조재진 (2015. 8. 26). "'몰카 활개' 성인콘텐츠 업계 직격탄," 〈일요신문〉, 제1215호. http://ilyo.co.kr/?ac=article_view&entry_id=139257

조준 (1993. 12. 29). "'판권료' 단맛에 영화는 질식," 〈시사저널〉. http://www.sisapress.com/journal/articlePrint/108134

주성철 (2015. 11. 13). "헨젤과 그랬대, 싸보이지만 괜찮아," 〈씨네21〉.

주성철 (2017. 5. 23). "화녀(김기영, 1971)," 한국 영화데이터베이스. http://www.kmdb.or.kr/column/masterpiece_list_view_new.asp?choice_seqno=209

주성철 (2017. 8. 3). "[ESC] 리모콘 꾹꾹, 빨간 세상이 펼쳐지네," 〈한겨레〉. http://www.hani.co.kr/arti/specialsection/esc_section/805365.html#csidx3f133a10dfdde7db55ea34c9f8ad6f3

지호일 (2006. 5. 9). "이통 3사 야설 장사 198억 챙겨… 경찰, 관련업체 46곳 · 임직원 50명 입건," 〈국민일보〉.

채병건 (2000. 12. 29). "미성년 알몸 비디오 제작자 첫 기소," 〈중앙일보〉. http://gangnam02.joins.com/news/article/Article.aspx?total_id=4017061&sc=&mc=;

최규일 (2003. 1. 4). "에로비디오 '태극기를 꽂으며' 파문," 〈일간스포츠〉. http://news.joins.com/article/1968965#none

최연진 (2016. 5. 8). "별들의 고향(블루레이)," (2017. 6. 21). http://wolfpack.tistory.com/1180671037

최은경 (2006. 6. 13). "소라넷 운영자 서울대 출신 부부… 경찰, 검거 주력," 〈조선일보〉. http://news.chosun.com/site/data/html_dir/2016/06/13/2016061301497.html

최재욱 (2006. 3. 5). "'여교수의 은밀한 매력'의 비밀은 '빨간 마후라'," 〈스포츠경향〉. http://entertain.naver.com/read?oid=144&aid=0000010007

최호원 (2013. 12. 18). "한국 영화감독들의 연출료 수입은?" 〈SBS 뉴스〉. http://news.sbs.co.kr/news/endPage.do?news_id=N1002138150&plink=OLDURL&plink=COPYPASTE&cooper=SBSNEWSENDhttp://news.sbs.co.kr/news/endPage.

do?news_id=N1002138150&plink=OLDURL
탁진현 (2008. 6. 13). "[뉴스플러스 ①] 대박 이름, 通하였느냐?" 〈세계일보〉. http://v.entertain.media.daum.net/v/20080613101013426
태원준 (2000. 12. 29). "10대 출연 에로물 제작업자등 첫구속," 〈국민일보〉, p.26,
편집부 (2005. 11. 15). "한국 DVD 시장 붕괴하나? 벼랑 끝에 선 한국 DVD 산업1," 〈필름2.0〉. http://blog.naver.com/sbstyle/60019600869
편집부 (2005. 11. 16). "DVD 제작, 출시사들의 힘겨운 몸부림 벼랑 끝에 선 한국 DVD 산업2," 〈필름 2.0〉
편집부 (2005. 11. 17); "영화 불법 다운에 DVD 산업 '녹다운'" (2008. 9. 2). 〈한국일보〉.
편집부 (2005. 11. 17). "한국 영화 산업마저 안전하지 않다 벼랑 끝에 선 한국 DVD 산업3," 〈필름 2.0〉. http://blog.naver.com/sbstyle/60019600931
하기호 (2002. 8. 9). "그리고, 에로영화가 진화하기 시작했다." 〈씨네21〉. http://www.cine21.com/news/view/?mag_id=11952
한익재 (2001. 9. 8). "성인콘텐츠 휴대폰에 급속 침투," 〈헤럴드경제〉.
허미선 (2015. 8. 7). "[비바100] '젊은 엄마' 시리즈는 계속된다. 골든타이드픽처스 양건의 대표," 〈브릿지경제〉. http://www.viva100.com/main/view.php?key=20150806010000933
홍석우 (2003. 3. 12). "[성인물] '비디오에서 인터넷으로'," 〈한국일보〉.
홍성식 (2003. 8. 27). "부시는 알까? 한국 에로비디오의 주인공이 된 것을," 〈오마이스타〉. http://star.ohmynews.com/NWS_Web/OhmyStar/at_pg.aspx?CNTN_CD=A0000140814
홍성식 (2005. 10. 5). "베드신 많이 봐서 좋겠다구요?" 〈오마이뉴스〉. (2017. 4. 4). http://v.media.daum.net/v/20051005145815038?f=o
홍은미 (2006. 10. 18). "'포르노의 황제 김본좌를 석방하라' 네티즌 아우성," 〈일간스포츠〉. http://news.joins.com/article/2479892
홍주성 (2016. 10. 6). "[나는 남성 페미니스트입니다 ②] 구글에서 '길거리'를 검색하면 몰카가 쏟아지는 나라," 〈여성신문〉. http://www.womennews.co.kr/news/98377
황남준 (2001. 4. 27). "국내 30개 성인영화사이트 전부 유해매체물," 〈헤럴드경제〉.
황지혜 (2014. 2. 13). "모바일 IPTV 때를 만나다," 〈매일경제〉.

찾아보기